中國學術思想研究輯刊

二二編

林慶彰主編

第17冊

貞觀治道與法家思想

管力吾著

花木蘭文化出版社

國家圖書館出版品預行編目資料

貞觀治道與法家思想／管力吾 著 -- 初版 -- 新北市：花木蘭文化出版社，2015〔民104〕

目 2+288 面；19×26 公分

（中國學術思想研究輯刊 二二編；第17冊）

ISBN 978-986-404-374-3（精裝）

1. 貞觀之治 2. 法家

030.8 104014688

ISBN-978-986-404-374-3

中國學術思想研究輯刊

二二編 第十七冊 ISBN：978-986-404-374-3

貞觀治道與法家思想

作　　者　管力吾

主　　編　林慶彰

總 編 輯　杜潔祥

副總編輯　楊嘉樂

編　　輯　許郁翎

出　　版　花木蘭文化出版社

社　　長　高小娟

聯絡地址　235 新北市中和區中安街七二號十三樓

　　　　　電話：02-2923-1455／傳真：02-2923-1452

網　　址　http://www.huamulan.tw 信箱 hml 810518@gmail.com

印　　刷　普羅文化出版廣告事業

封面設計　劉開工作室

初　　版　2015 年 9 月

全書字數　284511 字

定　　價　二二編 22 冊（精裝）新台幣 40,000 元

貞觀治道與法家思想

管力吾　著

作者簡介

管力吾，湖南桃源人，1938 年生。海軍官校 51 年班，海軍工程學院電子系卒業，美國田納西大學電機碩士及國立屏東教育大學中國語文碩士，國立高雄師範大學中國文學博士。服務海軍 28 年，之後任教東方技術學院電子工程學系，與理工結緣近五十載。教職退休後，投身自幼即不能忘情之中國文學。軍職、教職及攻讀文學學位期間，發表論文二十餘篇，著有《韓非政治思想探析》一書。

提　要

學者多以貞觀時代乃力求施行儒家治道，近乎儒家治世之時代，本書則由貞觀治道之真實內涵辨析治道中蘊含之儒、法兩家思想，因漢以後能影響治道之思想，僅此二家。全書著力於推證「貞觀治道，法家思想色彩重於儒家思想」之立論基礎，並予以系統之呈現。

法家思想下之君王持國，所倚賴的「帝王之具」為法、術、勢三者。貞觀時代，唐太宗向法、重法、決事於法之程度，超越親情與私恩，貞觀群臣之向法深度，也與太宗之旨向若合符節。

太宗有玄鑒深遠，人所不測之人格特質，其在君王獨擅的用術藝術上，表現尤為突出。善能掌握人性之特質，將儒家標榜之恩情、仁義等，一一融入術中，治事御人，天機神隱，人或入其術中而不自覺，或雖有自覺而不能自拔。

太宗之任勢，主在以法輔勢，以勢行法，將君勢提昇至更高之高度。法家之慧見：法與自然之勢結合而為人設之勢，中材之主，操人設之勢即可以妥善治國。唐太宗聰明睿智，掌握法、術、勢三大治國利器，宜乎有貞觀之治。

唐承隋之後，典章制度襲隋之處實多。隋祚二世而滅，太宗在隋之二帝間，鑒戒惕勵，反其道而行，冀得其正，但欲罷不能而循隋二帝之跡者亦所在多有，鑒戒與取法往往盤根錯節。

法家以法為治道之惟一手段，儒家以法為治道之輔助手段，貞觀之朝，則以法為治道之主要手段。雖非唯一手段，但定位遠在輔助手段之上。法家君王之用術與任勢，在太宗之行事中，處處可見其斧鑿刀痕，而太宗刻意仿效儒家精神所行的仁義諸事，後之儒者對其批判遠多於讚美，蓋因此等假仁借義之事，頗多可歸於術用。

法家思想之特色為重事功、尚實利。太宗之為政，偏向於法家之崇功務實。相較之下，儒家思想只能扮演一定程度之浸潤角色。指導貞觀治道之思想，當屬之法家。

謝　誌

聽完口考後的恭賀聲，步出高師大的文學大樓，突然對這棟四年來進出多次的典雅建築，有了依依不捨的感覺。師長們課堂上期盼弟子成器的殷殷教誨，同學間問題辯解時的唇鋒相對與課後的泯然一笑，剎時裏一一湧上心頭。七十六歲的老學生，拿下這頂渴望多年的中國文學博士冠冕，那張讓自己愛不釋手又令當年大學「老」同學們羨慕不已的學生證，也該到功成身退隱身幕後的時候了。

自八年前以旁聽生身分受教於徐師漢昌起，在探索學術與思想的道路上就一路追隨。碩士論文的指導，想必已使徐師為此一駑鈍學生耗去不少心血，博上論文又找上門來，面對眼前的耄耄學生，既不便叱責，又不忍拿出威嚴，這種感受，別位老師大約很難體會。謝謝老師悉心的指導，學生八年前對法家之所知猶如一張白紙，得大師調教，點點滴滴，日聚月累，八年間腹笥中應已存有一些老師期許的東西，也自許此後能不負於師。

就學期間諸多師生間的互動，在記憶的匣子裡總是歷歷如繪。典章制度、詩詞章句如數家珍的、記憶力超強的陳宏銘老師，一起始便能記起我這多年前上過他空大面授課的老學生；林晉士老師鐵畫銀鉤的板書和得東坡神授的蘇詞意境，加上一副詠唱詩詞的好歌喉……；林文欽老師能殺盡一切瞌睡蟲的精闢授課和令人如癡如醉的影音教材……；蔡崇名老師和許老雍老師使人觸動心靈、長令心智不可遏止成長的思想析理……。

衷心感激論文口考的五位老師，徐師漢昌和林晉士老師自不必說，來自北部、中部的劉文起老師、蔡信發老師和李威熊老師，能耐著性子把學生這篇枯澀的論文略讀一遍已自不易，諸位碩學鴻儒更是直探全文的本末，洞幽察微，令人自心底折服。指正的瑕漏和疏失之處，亟有益於全文的嚴謹和趨於完善。四小時耳提面命的口考洗禮，學生自覺思想上又提昇了一層境界。

同學們西窗共讀時的美好情境，弦歌（加上卡拉 OK 時的放歌）繞樑的深情餘韻，在在都將成爲生命旅程上的永恆回憶。謝謝資老、雪惠、靖芬、靖婷、文俊、啓新打從謝師宴後的一路相挺，高師大學術殿堂數年因緣聚合交會時互放的光亮，必將時時閃耀在以後的彼此之間。

對我的白頭已皆老的另一半，十年來壓在頭上的不可承擔之重，終於在兩頂扯平的博士帽照片中得到了解脫。從唸碩士班起的兩千多個日子，十指靈巧的妳，鍵壞了二台電腦，把我厚可二、三尺的手寫稿一一轉成工整的課堂報告和學期報告，加上兩篇罕用字不在少數的學位論文，鍵入的恐怕早已是七位數的字數了罷！長年中夜伴讀，還須常常用盈盈笑臉安慰進程不順遂而面多不豫之色的枕邊人，緊急時段更連著一個多星期的通宵不寐……認了罷，情到深處無怨尤！從妳處得來的，必會有同樣的——如果不是更多的——深情回報。

謹以此文獻給去世多年的父親和高齡九七的母親，五十六年之前，當你們的長子踏出東部偏鄉一所職業學校的大門進入軍校，心中始終不曾忘記兩位老人家期許上進的叮嚀。這遲來的成果，當是你們所切盼，可也是當初絕未曾想到的。

管力吾　謹誌

中華民國一〇三年六月

目次

第一章　緒　論

第一節　研究動機與目的

自進入研究所決定以思想爲研究範域始，即特別留意於儒法、道法、儒道間之融合與互動，蓋思想中儒、道、法三家各有使人深思神往之處，而儒法間之互動，更屬引人入勝。碩士論文以《韓非政治思想探析》爲題，此篇亦倖蒙思想研究輯刊採擷而成爲筆者第一本專著。〔註1〕「政治」一辭釋義頗多〔註2〕而「治道」者，政治之策略與方法。中國歷史上，有數個可以稱爲「治」

〔註 1〕管力吾：《韓非政治思想探析》，中國學術思想研究輯刊十二編第 24 冊，新北市：花木蘭文化出版社，2011 年 9 月。

〔註 2〕「各思想家透過不同的傳統和方式來理解政治的意涵。政治一直被視爲政府的藝術或與國家有關的事務；政治亦是公共事務的處境與管理；政治是透過爭論和妥協來達成衝突的解決；再者，政治也是社會運作過程中的一種資源之生產和分配」（ANDREW HEYWOOD 著，林文斌、劉兆隆譯：《政治學》，臺北市：韋伯文化事業出版社，1999 年 4 月再版，頁 34。）第二次世界大戰結束後，在美國政治科學中占重要地位的行爲研究方面，「著作的共同點是，認爲政治是個人之間和集團之間不斷發生相互作用的一種過程。」（《大不列顛百科全書中文版》，臺北：丹青圖書有限公司，1987 年 9 月，第 17 冊，頁 418。）一般中文辭書之簡釋政治，或謂政治乃「行政上所施行的一切治國之事」（臺灣商務印書館編審委員會：《增修辭源》，臺北市：臺灣商務印書館，1978 年 11 月增修台二版，頁 95。），或謂政治是「統治國家一切行爲之總稱」（臺灣中華書局編輯部：《辭海》，臺北市：臺灣中華書局，1972 年 2 月大字修訂臺五版，頁 1297。），終不如　國父孫中山先生所云的「政就是眾人的事，治就是管理，管理眾人的事便是政治。」（秦孝儀主編：《國父全集》，臺北市：近代中國出版社，1989 年 11 月，第 1 冊，頁 55。）

的盛事，學者咸以（此亦爲泛泛眾生之意象）「貞觀之治」乃儒家思想所引導的「儒治」。〔註3〕稱引貞觀治道之書莫過於《貞觀政要》〔註4〕，展讀是書並與舊、新《唐書》及《資治通鑑》對照，神往之餘，但覺書中人物之言語與行事，與向來所讀管、商、韓非之書頗多相似，因思漢宣帝之言：「漢家自有制度，本以霸王道雜之，奈何純任德教，用周政乎？」〔註5〕雖然朝有更迭，世有代謝，而帝王之治道，必多有傳承學習之一脈，法家思想之用世，斷不可或缺，所差者其成分之多少而已，貞觀如此，歷朝歷代亦如此。環顧近年論儒法思想之著作，言及貞觀治道者極少，而將貞觀治道與法家思想併論者，幾乎絕無僅有，〔註6〕遺珠於地，必待有心人撿拾。個人服務於軍旅近三十年，對領導統御及鞏固領導中心等議題（與法家之治道可以產生聯想）別有會心，閱讀相關議題，頗能產生不同於一般人之感受，探討貞觀治道，於前所研究之韓非政治思想，有繼承更多創新，此一工作，亦深合筆者之志趣，斯爲對此一主題研究之動因。

前云讀《貞觀政要》與《資治通鑑》，對貞觀人物之言語與行事，由管、商、申、韓之記言、記事觀之，似曾相識；則仔細檢讀，條陳縷析，探討並證出貞觀治道與法家思想之密切關係，乃對此一主題研究之目的。

〔註3〕羅彤華：《貞觀之治與儒家思想》（與《唐代的縣與縣令》合編），新北市：花木蘭文化出版社，2010年，頁4，廣引勞思光、牟宗三、蕭公權、韋政通諸先生關於儒家德治思想整個的系統概念及理論特色，而小結爲「在傳統政治中，最讓人有施行儒家治道，近乎儒家治世的意象的，應屬貞觀時代了。貞觀君臣無論在商論治道上，在執行政務上，在對經學的重視上，都表現出極濃厚的儒家韻味，甚至孫國棟先生認爲，他們是以儒家思想爲指引政治運作的內在精神。」

〔註4〕四庫全書總目將《貞觀政要》列於史部雜史類，提要云：「太宗爲一代令辟，其良法善政，嘉言嫩行，臚具是篇，洵足以資，法鑒前代，經筵進講，每多及之，故中興書目稱歷代寶傳，至今無闕佚讀。」元朝儒臣戈直曾對唐宋時期流傳之各種《政要》古本加以整理編輯，校勘注釋，由唐至元，儒者柳芳、歐陽修、司馬光、范祖禹、胡寅……等對是書均有論說而暢其義，元代大如吳澄爲之題辭，以爲世不可無，明憲宗且親爲之製序，稱美之言至矣。

〔註5〕《漢書·元帝本紀》，頁77。

〔註6〕1974～75年中國大陸「四人幫」時期，在儒法鬥爭的「評法批儒」風潮之下，唐太宗被戴上法家的桂冠，被認爲是繼秦皇、漢武以來的法家路線代表者。見趙克堯、許道勳：《唐太宗傳》，北京市：人民出版社，2005年，頁434。但此一主題並未有學術作品留傳。

第二節　立論基礎

本論文之立論，以「貞觀治道，法家思想色彩重於儒家思想」之假設作爲立論基礎，由研究求證中，逐章予以呈現。之所以有此項立論，乃基於下列因素：

一、以主角而論，懸諸儒家論仁之標準，李世民並非仁人，由玄武門前後之系列發展觀察，其得帝位之手段也絕非義事，以非仁義之人而主導諸家學者所云的儒家仁義思想所行之事，其純淨度與眞實度皆啓人疑竇。以仁義之要求加諸於政治人物雖近乎苛求，但以之透視其思念之發軔，卻爲不得不有之考量。

二、一代大儒朱熹並不認可太宗之治爲儒家的仁治。朱熹謂：

> 太宗之心，則吾恐其無一念之不出於人欲也，直以其能假仁借義，以行其私，而當時與之爭者，才能知術既出其下，又不知有仁義之可飭，是以彼善於此，而得以成其功耳。若以其能建立國家，傳世久遠，便謂其得天理之正，此正是以成敗論是非，但取其獲禽之多，而不羞其詭遇之不出於正也。〔註 7〕

人欲即人之嗜欲，荀子謂：「今人之性，生而有好利焉，……生而有疾惡焉，……生而有耳目之欲有好聲色焉。」〔註 8〕法家之治道，建基於對人性之掌控，韓非謂：「凡治天下，必因人情，人情者有好惡，故賞罰可用；賞罰可用，則禁令可立，而治道具矣。」〔註 9〕近代學者之研析法家思想者，亦深得此要，故有「韓非通篇所論，莫非人欲也。」〔註 10〕是亦知太宗之心，無一念不自法家思想基素之「人欲」出。

三、貞觀二十二年正月（按：太宗崩於貞觀二十三年五月），太宗書《帝範》以貽太子，其末云：

> 吾在位以來，所制多矣。奇麗服翫、錦繡珠玉不絕于前，此非防欲

〔註 7〕陳亮：《龍川文集・附錄》朱子之〈論漢祖唐宗只是暗合於道答陳同甫〉，秦皇島市：中華書局，1985 年，頁 374。

〔註 8〕《荀子・性惡》，頁 329。（本文對《荀子》內文之引註，頁碼參照梁啓雄：《荀子柬釋》，臺北市：臺灣商務印書館，1965 年 5 月。）

〔註 9〕《韓非子・八經》，頁 150。（本文參考多本《韓非子》之集解、集釋、校釋、釋評。對《韓非子》內文之引註，頁碼參照陳啓天：《增訂韓非子校釋》，臺北市：臺灣商務印書館，1994 年 11 月。）

〔註 10〕謝雲飛：《韓非子析論》，臺北市：東大圖書公司，1989 年，頁 144。

也；高台深池，每興其役，此非儉志也；犬馬鷹鶻，無遠必致，此非節心也；數有行幸，以亟勞人，此非屈己也。斯事者，吾之深過，勿以茲爲是而後法焉。但我濟育蒼生，其益多；平定寰宇，其功大。益多損少人不怨，功大過微德未虧，然猶之盡美之縱，於焉多愧，盡善之道，顧此懷慚……〔註11〕

對自己一生功過，頗有「其言也善」的反思。其「濟育蒼生，其益多；平定寰宇，其功大。」確屬實至名歸，令人無可置疑。但「益多損少人不怨」是否「人不怨」且暫不置評，「功大過微德未虧」之「德未虧」則大有商榷餘地。明憲宗御製貞觀政要序，有云：「於戲，太宗在唐，爲一代英明之君，其濟世康民，偉有成烈，卓乎不可及已；所可惜者，正心修身，有愧於二帝三王之道，而治未純也。」〔註12〕以帝王之高度看唐太宗，其「正心修身，有愧於二帝三王之道」適足以說明「德未虧」之不實；二帝三王，儒家之聖君，亦正可以說明太宗之不能入於儒君一列。

四、貞觀四年《資治通鑑》描述貞觀之治〔註13〕的實況，近於韓非所描述之法家理想盛世而遠於〈禮運大同篇〉之儒家理想盛世。（本文將於第六章再以三個史有記載的盛世之治相比較。）

（一）貞觀之治實況，《資治通鑑》之記述爲：

元年，關中饑，米斗直絹一匹；二年，天下蝗，三年，大水，上勤而撫之，民雖東西就食，未嘗嗟怨。是歲，天下大稔，流散者咸歸故里，米斗不過三、四錢，終歲斷死刑纔二十九人。東至於海，南極五嶺，皆外户不閉，行旅不齎糧，取給於道路焉。上謂長孫無忌曰：「今頡利成擒，其尊長並帶刀宿衛，部落皆襲衣冠，魏徵力也。」……房玄齡奏：「閱府庫甲兵，遠勝隋世。」〔註14〕

〔註11〕唐太宗：《帝範》，中國子學名著集成本。

〔註12〕吳兢：《貞觀政要》，臺北市：河洛圖書出版社，1975年，頁11。

〔註13〕《貞觀政要．論政體》所描述者，則與《資治通鑑》之記載稍有出入，其述云：「（太宗）深惡官吏貪濁，有枉法受財者，必無赦免，……由是官吏多自清謹。制馭王公、妃主之家，大姓豪猾之伍，皆畏威屏跡，無敢侵欺細人。商旅野次，無復盜賊，囹圄常空，馬牛布野，外户不閉。又頻致豐稔，米斗三四錢，行旅自京師至於嶺表，自山東至於滄海，皆不齎糧，取給於路。入山東村落，行客經過者，必厚加供待，或發時有贈遺。此皆古昔未有也。」吳兢：《貞觀政要》，頁41。

〔註14〕《資治通鑑》卷一百九十三，太宗貞觀四年，頁6084。

（二）儒家理想的大同盛世

大道之行也，天下爲公，選賢與能，講信修睦，故人不獨親其親，不獨子其子，使老有所終，壯有所用，幼有所長，鰥寡孤獨廢疾者皆有所養；男有分，女有歸，貨惡其棄於地也不必藏於己，力惡其不出於身也不必爲己，是故謀閉而不興，盜竊亂賊而不作，故外户而不閉，是謂大同。〔註15〕

（三）法家之理想盛世

故至安之世，法如朝露，純樸不散；心無結怨，口無煩言。故車馬不疲弊於遠路，旌旗不亂於大澤，萬民不失命於寇戎，雄駿不創壽於旗幢；豪傑不著名於圖書，不錄功於盤盂，記年之牒空虛。〔註16〕

貞觀之治所云之家給人足，民無怨聲，境內平靖，法無所施，皆已著錄於儒法兩家之盛世，其兵備無所用，四方無戰塵，見於法而不見於儒，而儒家的大同盛世之另一境界：「人不獨親其親，不獨子其子，使老有所終，壯有所用，幼有所長，鰥寡孤獨廢疾者皆有所養；男有分，女有歸」，則貞觀之治較之尚有一段距離。

五、魏徵爲貞觀一代名臣，其敢言與直諫，貞觀眾臣無出其右，茲摘錄《貞觀政要》之一段文字：貞觀十六年（按：魏徵卒於貞觀十七年正月），太宗問特進魏徵曰：「朕克己爲政，仰企前烈。至於積德、累仁、豐功、厚利，四者常以爲稱首，朕皆庶幾自勉。人苦不能自見，不知朕之所行，何等優劣？」徵對曰：「德、仁、功、利，陛下兼而行之。然則內平禍亂，外除戎狄，是陛下之功。安諸黎元，各有生業，是陛下之利。由此言之，功利居多，惟德與仁，願陛下自強不息，必可致也。」〔註17〕太宗所孜孜致力者，德與仁歸類於儒，功與利則歸於法。其「德、仁、功、利，陛下兼而行之」，可知太宗是儒法之治道並行，魏徵於太宗之功與利，舉實具陳，至於德與仁之成就則不著一字，且明言「功利居多，惟德與仁，願陛下自強不息」。以是知太宗用儒家治道時著力輕，故德仁之功小，用法家治道著力重，故功利之成效大。

由以上五點，「貞觀治道，法家思想之色彩重於儒家思想」之假設（即立論基礎）應能成立。武德九年，太宗初即位，即有「每思治道，或深夜方寢」

〔註15〕《禮記・禮運篇》（見鄭玄：《禮記鄭註》，臺北市：學海出版社，1981 年 9 月，頁 281。）

〔註16〕《韓非子・大體》，頁 715。

〔註17〕《貞觀政要・君臣鑒戒》，頁 141。

〔註 18〕之事，聞張玄素之名，召而問以爲政之道，玄素所答的「治道」咸是法家之語，〔註 19〕斯乃本篇以「貞觀治道與法家思想」命題之旨。故本文乃將於陳述貞觀治道之外，逐章鋪陳其所透顯之法家思想。

第三節　研究範圍與方法

研究範圍涵歷史與思想兩部分。歷史方面，貞觀之人與事多涉及先朝與前代，亦觸及後朝，故史實之研究範圍定爲隋文帝開皇元年至唐高宗弘道元年（581～683，自楊堅稱帝至高宗之崩逝）。思想方面，貞觀治道所涉及之思想與儒法兩家密切相關，故必須溯自先秦（而對比儒家理想的堯舜之治，更必須在歷史與思想上遠溯至並無信史之五帝）。由孔子言禮所及之殷周〔註 20〕以至初唐。二千餘年間，世變滄桑，思想由多元性之發展，隨而有混合、變化、統一之趨向，〔註 21〕儒、法之相關層面，自須予以論述。

研究方法上，對研究範圍所涵蓋期間歷史事件錯綜復雜之因果關係，使用歷史研究法，以系統且嚴謹之程序，對歷史資料進行蒐集、鑑定與解釋，〔註 22〕並提出研究之發現。假設乃理論之化身，〔註 23〕史料之蒐集，即以前節立論基礎之假設，在所涵涉之歷史與思想範圍中搜尋選取。假設理論之爲用，乃「指導觀察，協助從觀察的浩瀚目標中選擇。」〔註 24〕思想方面，因治道乃儒、法兩家之所推重，儒家原始之政治思想，止於秦漢而再無進展，〔註 25〕

〔註 18〕《資治通鑑》卷一百九十二，高祖武德九年，頁 6026。

〔註 19〕玄素答云：「隋主好自專庶務，不任羣臣；羣臣恐懼，唯知稟受奉行而已，莫之敢違。以一人之智決天下之務，借使得失相半，乖謬已多，下諛上蔽，不亡何待！陛下誠能謹擇羣臣而分任以事，高拱穆清而考其成敗以施刑賞，何憂不治！（見《資治通鑑》卷一百九十二，高祖武德九年，頁 6028。）張玄素之事，見本文第三章第三節「貞觀群臣之涉法思想」。

〔註 20〕《論語・爲政》子曰：「殷因於夏禮，所損益可知也。周因於儀禮，所損益可知也。其或繼周者，雖百世可知也。」

〔註 21〕參見韋政通：《中國思想史》，臺北市：水牛圖書出版公司，2003 年，13 版二刷，頁 389～447。

〔註 22〕吳明清：《教育研究：基本觀念與方法之分析》，臺北市：五南圖書公司，1994 年 8 月初版五刷，頁 254、255。

〔註 23〕杜維運：《史學方法論》，臺北市：三民書局，2001 年，頁 79。

〔註 24〕同上註。作者所引頗柏之言。

〔註 25〕徐復觀：〈儒家對中國歷史運命掙扎之一例〉，收於氏著《學術與政治之間》，臺北市：臺灣學生書局，1980 年 4 月，頁 389。

而法家思想於秦亡之後亦終止其理論上之發展，〔註26〕故儒家之《論語》、《孟子》、《荀子》，法家之《管子》、《商君書》、《韓非子》均爲本論文倚爲分析之圭臬。

在歷史研究法的作爲上，本論文於基本論點的提煉與推演乃歸納方法與演繹方法并用，演繹方法用於歷史研究，是先建立假說，並由此假說尋求符合此假說之史實；歸納方法則係將蒐集之史料作系統之分析，以發掘及呈現其實質內涵，亦即研究者企求之結論。歸納與演繹兩種方法時時交流，由早期較爲粗略之歸納，形成假設，再根據假設作細密之歸納與演繹，使資料之脈絡明晰，然後作最後之綜合，故歸納與演繹兩種方法具有相輔相成之效。

第四節　文獻探討

本論文旨在探討唐太宗貞觀時代所行之治道，文獻檢索最頻繁者爲《貞觀政要》、《舊唐書》、《新唐書》與《資治通鑑》四書。《貞觀政要》之篇目率皆爲本論文針對之主題；對舊、新《唐書》之本紀、列傳、表志之引用，多集中於貞觀一朝；對《資治通鑑》所引述之年代範圍較廣，但大部分皆聚焦於唐紀之貞觀時期。爰就此四書及其他參引較多之文獻述論之。

一、《貞觀政要》

作者吳兢（669～749年），唐汴州浚儀（今開封）人，通曉經史著述。武后大足元年（701年）受召入史館，與知名史學家劉知幾、徐堅等同纂史書。《貞觀政要》之成書年代，史無明文記載，舊、新《唐書・吳兢傳》對《政要》皆未著一字。全書共十卷，四十篇，爲作者在史職期間，蒐錄舊史，根據卷冊、實錄、疏奏等第一手資料，選取貞觀年間太宗與魏徵、王珪、房玄齡、杜如晦等四十五人之論政內容，以君道、政體、任賢、求諫、擇官等爲題，對太宗之德政與治術多所贊頌。《政要》頗具史料價值，多爲舊、新《唐書》及《資治通鑑》所取資。《政要》旨在論述軍國之政與人倫之紀，以求懲惡勸善，對史料之細微部分，如人名與官名之對應、時間之先後等，頗見牴牾，然小疵不足以損其價值。

〔註26〕蕭公權：《中國政治思想史》，臺北市：中國文化學院出版部，1980年10月，頁265、271。

《貞觀政要》之版本頗多，而以戈直集解本較為完整且流行廣泛。戈本並採唐宋儒者柳芳、劉煦、宋祁、孫甫、歐陽脩、曾鞏、司馬光、孫洙、范祖禹、馬存、朱黼、張九成、胡寅、呂祖謙、唐仲友、葉適、林之奇、眞德秀、陳惇脩、尹起莘、程祁及未詳名字之呂氏（撰《通鑑精義》者）等二十二人之評論（稱為〈集論〉），附於每章篇末，並益以戈直本人之按語。此對於解讀部分內容之更深一層意義，亟有裨益，往往為本論文析論儒法思想之選材。

二、《舊唐書》

原名《唐書》，五代後晉時劉昫等奉敕官修，迨宋歐陽脩等再撰《唐書》時，遂以成書時代之先後，冠舊、新二字於書名之前，以資區別。《舊唐書》修撰時間短促，自天福六年（941）發凡起例至開運二年（945）定稿上呈，為時僅四年，故剪裁欠妥、輕重失調、繁簡不當之處所在多有。是書主要以可循之唐代國史、實錄為藍本，唐代前期之文獻資料完整，可依之國史、實錄甚多，故《舊唐書》之前半部（約以唐穆宗為界）材料翔實、敘事詳明。後期因史失其官，無復善本，編纂者自採雜說，乃見其疏漏與雜亂。《新唐書》出而《舊唐書》之流傳乃大不如前，但儒者之稱美《舊唐書》之長而攻訐《新唐書》之短者亦不絕。

貞觀在唐之初期，恰為《舊唐書》記述最完美之時段，本紀與列傳之記述，《舊唐書》遠較《新唐書》更為詳實，文字篇幅往往舊為新之二倍以上。本論文因聚焦於貞觀，故參攷引述亦以《舊唐書》為主，而以《新唐書》補其缺遺。司馬光編《資治通鑑》，選用兩唐書資料時，前期亦多以《舊唐書》為主。《四庫全書總目》既稱許其前期能存班范舊法之長，亦指出其未能鉤稽本末、貫通首尾之短，許其為瑕瑜不掩之作，可稱公允。

三、《新唐書》

宋歐陽脩、宋祁等奉敕編撰，其事始於慶曆四年（1044），成書於嘉祐五年（1060），歷時凡十七載，參與修撰者不乏當代名人，如范鎮、王疇、宋敏求、呂夏卿、劉羲叟、王堯臣等，可謂鉅耗心力矣。

《新唐書》乃是因《舊唐書》之修撰：「紀次無法，詳略失中，文采不明，事實零落。」而撰者「哀世之士，氣力卑弱，言淺意陋，不足以起其文。」（見曾公亮上宋仁宗表文）故其修編乃針對《舊唐書》之缺失，以事增文省之原則，擴增《舊唐書》之表、志，列傳較《舊唐書》新增三百三十一傳（同時亦刪去《舊唐書》六十一傳），以其「文省」之故（如《舊唐書》之〈本紀〉有三十萬字，《新唐書》將之筆削爲九萬字，《舊唐書》之列傳幾乎無一篇未遭改動，除少數人物如劉晏、陸贄、高力士等因有新史料加入而字數擴增外，餘均相當幅度減少。）在大幅「事增」之下，全書不過由《舊唐書》之三百零九萬字擴增至三百六十九萬字。宋代文治大興，佚失之殘編故冊，次第出現，《新唐書・藝文志》所載唐代史事，凡百數十種均爲修《舊唐書》時所未見者，故其據以參攷之資料亦較爲精詳，尤以表、志部分爲然。《新唐書》特設〈奸臣〉、〈叛臣〉、〈逆臣〉等類之記傳，以儒家正統「君臣行事之始終」爲之判別，頗見「春秋」筆法。又棄駢從散，《舊唐書》中之詔、誥、章、疏四六行文者，盡皆刪之。其他部分不能或不忍刪之駢文，則將之改寫爲散文。春秋筆削及棄駢從散，固然建立《新唐書》本身之特色，但因此而失佚之史料不容忽視，其思想上之「導讀」，讀史時亦宜仔細思考。

本論文參斟之表、志，多取新不取舊。列傳之資料雖以《舊唐書》爲主，但亦比對《新唐書》以期有所增補，如寫開元之治姚崇所請之十事諫言，即見於新而不見於舊。

四、《資治通鑑》

宋司馬光受詔編撰，由英宗治平二年（1065）起始，神宗元豐七年（1084）書成奉上，歷時凡十九年。其網羅宏富，體大思精固不待言，而攸關治道，〔註27〕幾乎成爲宋及後世歷代君臣必讀之典籍。《資治通鑑》述事上起周威烈王二十三年（前 403），下迄後周世宗顯德六年（959），貫穿十六代，囊括一千三百餘年，《四庫全書總目》稱其「爲前古之所未有」良非過譽。

司馬光之編撰《通鑑》，固是「研精極慮，窮竭所有，日力不足，繼之以夜。遍閱舊史，旁采小說，簡牘盈積，浩如烟海。抉擿幽隱，校計毫釐」〔註

〔註27〕宋神宗〈資治通鑑序〉稱《通鑑》「其所載明君、良臣，切摩治道，議論之精語，德刑之善制，天人相與之際，休咎庶證之原，威福盛衰之本，規模利害之效，良將之方略，循吏之條教，斷之以邪正，要之於治忽，辭令淵厚之體，箴諫深切之意，良謂備焉。」（見《資治通鑑》，頁 33。）正說明此書之所以「資治」而爲論治道者之不能忽。

〔註28〕《資治通鑑》進書表，見原書頁 9607。

28〕而精力「盡於此書」，即註者胡三省釋《通鑑》三十年，顛沛戰亂之間，三失其稿，最後完成之註（均散入《通鑑》正文之下），尤可稱嘔心瀝血。《通鑑》而有胡註，更屬集兩美於一身。〔註 29〕

學者云《資治通鑑》乃轉手起載，其所根據之史料，如《史記》、《漢書》、《後漢書》等今日仍在，無法取得第一手原書之地位，不能作爲史料運用，但特別說明唐及五代爲例外。〔註 30〕舊、新《唐書》雖早於《通鑑》，但爲司馬光采用者不及十之五，隋、唐一體，故《通鑑》隋、唐（並及於五代）之資料，極爲翔實宏富。本論文之史實部分，用《資治通鑑》爲主，輔以兩《唐書》及《貞觀政要》，乃形勢之不得不然。

五、上述四書之外，本論文論述引用頻繁者，尚有《帝範》及《劍橋中國隋唐史》二書。《帝範》爲唐太宗手撰賜太子之言，凡十二篇，曰：〈君體〉、〈建親〉、〈求賢〉、〈審官〉、〈納諫〉、〈去讒〉、〈戒盈〉、〈崇儉〉、〈賞罰〉、〈務農〉、〈閱武〉、〈崇文〉，皆爲治道之所繫。《帝範》成書於貞觀二十二年，距太宗之崩逝祇一歲，而太宗其時之健康狀況已相當程度之惡化，更不諱言生死之事，是書貽太子之言、是必出自肺腑，〔註 31〕其言也眞，其言也善。《劍橋中國隋唐史》隋、唐（武德、貞觀）部分，分別爲芮沃壽（耶魯大學教授）、霍華德·韋克斯勒（伊利諾斯州厄巴納·香潘大學歷史與亞洲研究副教授）所撰，取異國學者「他山之石，可以攻錯」之觀點，彼等免於「爲尊者諱、爲賢者諱」之立場與不受中國傳統思想左右之視角，其評述往往可以撥開障蔽歷史之迷霧。

第五節　論文架構

本論文共分六章

第一章緒論。說明本論文研究之動機與目的，並以「貞觀治道，法家思想之色彩重於儒家思想」之立論基礎，透顯貞觀治道中必然有法家思想作爲指導。論文涵攝歷史與思想兩個層面，故分別就歷史與思想二層面說明研究之範圍與方法，並就引用之相關文獻予以探討。

〔註 29〕胡三省之註，實兼校註之性質，對有關典章、制度、音韻、訓詁均有詳細註釋，對官制、地理之考訂尤爲精詳。

〔註 30〕杜維運：《史學方法論》，頁 105。

〔註 31〕太宗書告李治：「（此書）脩身治國，備在其中。一旦不諱，更無所言矣。」（見《資治通鑑》卷一百九十八，太宗貞觀二十二年，頁 6251。）

第二章貞觀治道。分六節論述，依次爲：求諫納諫、兼聽閤議；任賢肅貪、輕刑褒忠；科舉公平、去讒戒懼；寓兵利農、儉約明賞；振武修文、羈縻和親；驕惰滋生、漸不克終。率皆根據歷史事實，論列以太宗爲重心之貞觀君臣所言所行之涉及治道者，除第六節稍欠可稱許之處外，要皆指出貞觀所以成治之原因。

第三章貞觀治道之重法。首節論述法家思想在貞觀治道中之定位。次節列論法家思想在貞觀時期之映現。此節又下分：用人唯才，使人如器；公平公正，去私從公；明賞顯罰，治國化民；誠信自許，言易行難；依循律令，國之大事；兢兢業業，奉法畏天等六目，一一列述法家思想在諸目中映現之情況。第三節貞觀群臣涉法之言行。以思想可以取諸言，尤可顯諸行。列述魏徵、房玄齡、戴胄、蕭瑀、權萬紀、張玄素、孫伏伽、李靖等人涉法之言行，用以指述彼等言行所映射之法家思想。第四節以法把持天下。列述太宗（尤以貞觀後期）以「法」控馭、束縛及權驅勢壓諸事，使法之行使，受到相當程度之扭曲。

第四章貞觀治道之任勢。分四節論述，第一節執柄處勢、法勢連橫。第二節絕患於疑、鋤抑武將。第三節集權保祚、貶逆彰忠。第四節天威九鼎、君尊臣卑。分論貞觀全期太宗之用勢與固勢。

第五章貞觀治道之用術。用「以術御人，天機神隱」、「降尊趨卑，融情入術」、「人欲爲心，仁義入術」、「術制四夷，方遇佛道」四節，論述太宗不同於尋常的以術用爲治道之特色。

第六章貞觀之治與貞觀治道的回顧。分由一、貞觀之治的瑜中之暇；二、襲隋之跡與以隋爲鑑；三、貞觀治道的法儒之辨；四、治與治道——由貞觀之治談起等四節析述，探討貞觀之治的得中之失，貞觀爲治的汲取與鑑戒之處，以及治與治道間之關係。

第七章結論。綜述前六章之要，並歸結由立論基礎所追求之研究目的。

第二章　貞觀治道

貞觀時期（626～649）迄今已逾一千三百年。自來稱頌貞觀之治的文字，可謂汗牛充棟，但對於貞觀何以致治，亦即對貞觀治道之論述，則多只能於稱美貞觀治績的描述中探得一鱗半爪。〔註1〕治績之美胥賴治道之成功，應是毋庸置言。「道」有理與術二義，亦即道理與方法，本章所述係就方法面而言，至於「理」之一端，則待第六章言「治與治道」時為之析論。吳兢為史官，以儒家學者〔註2〕之觀點撰《貞觀政要》，其自敘《政要》：「詞兼質文，義在懲勸；人倫之紀備矣，軍國之政存焉。」〔註3〕則是書之儒家質性自不待言。《貞觀政要》分十卷四十目〔註4〕，「軍國之政」皆已入於四十目之內，而「軍

〔註1〕吳兢《貞觀政要》稱美貞觀之治：「太宗時政化，良足可觀，振古而來，未之有也。」（《貞觀政要》吳兢自序），見原書頁19。

〔註2〕史官全為儒家學者，國人之記述者或未明指，外國學者對此則直言不諱。前耶魯大學芮沃壽教授在其《劍橋中國隋唐史》中多次提及此一觀點，如：（言煬帝之拒諫）「……儒生認為在國家大事中平衡帝王和官僚權力時，『勸諫』作用是必不可少的。這一可能真正導致國家滅亡的結構，肯定是以後的（全是儒家的，按：原文如此，作者在「全是儒家的」五字前後加上括號）史學家對煬帝苛加指責。」（見原書頁126）；「但他（煬帝）開鑿運河的工程是最受儒家史學家痛恨和批判的目標。」（見原書頁132）；「撰實錄和修史的儒家官員一般不贊成中央權力過度擴大和統治的君王無節制地使用這種權力。」（見原書頁136）；「儒家修史者對煬帝道義上的評價的確是苛刻的，因為他們把他描寫成令人生畏的典型的『末代昏君』。」（見原書頁146）記述煬帝事蹟者全為唐代史官，吳兢亦為其中之一。

〔註3〕《貞觀政要・吳兢自序》，頁19。

〔註4〕其篇目依次為：論君道、論政體、論任賢、論求諫、論納諫、論君臣鑒戒、論擇官、論封建、論太子諸王定分、論尊敬師傅、論教戒太子諸王、論規諫太子、論仁義、論忠義、論孝友、論公平、論誠信、論儉約、論謙讓、論仁

國之政」乃治道之要項。本章敘貞觀治道，多針對選取之四十目內容，爲求合節，乃以原篇目爲之命題，其治道思想之歸於儒或歸於法，將於其後各章析論之，故此處不宜望篇目之命題而生義，以爲所云者乃儒家治道。今謹以求諫納諫、兼聽閣議；任賢肅貪、輕刑褒忠；科舉公平、去讒戒懼；寓兵利農、儉約明賞；振武修文、羈縻和親；驕惰滋生、漸不克終諸端，分由六節，對貞觀治道作系統性之論述。所須申明者，治道有其針對性與階段性，治道亦因君王本人之因素而轉移，故不能冀求其前後之一成不變，亦不能苛責其漸不克終。本文之述治道，著重於當時針對之問題與達成之效果。

第一節　求諫納諫、兼聽閣議〔註 5〕

求諫納諫，謂君王求納臣下之諫言。兼聽謂君王由多項管道，聽取各方意見以察知下情。閣議謂諸宰相（唐爲多相制）議事於廷閣。

一、宋范祖禹以「畏義而好賢，屈己以從諫，刻厲矯揉，力于爲善」〔註 6〕作爲貞觀所以成治之原因（捨此之外，范氏並未言及其他「致貞觀之治」的原因），以是知，好賢從諫至少可列爲貞觀治道的柱石之一。

徵詢、諫諍之事，自古已然，公卿列士以至於百工庶民，蓋已普遍行之。〔註 7〕春秋時期，納諫與否，往往成爲檢驗明君、昏君的標準之一。《左傳》記事，對此也均津津樂道。在君爲納諫，在臣爲進諫，荀子之言諫云：

> 從命而利君謂之順，從命而不利君謂之諂；逆命而利君謂之忠，逆命而不利君謂之篡；不卹君之榮辱；不卹國之臧否，偷合苟容以持祿養交而已耳，謂之國賊。君有過謀過事，將危國家殞社稷之懼也，

惻、慎所好、慎言語、杜讒邪、論悔過、論奢縱、論貪鄙、崇儒學、論文史、論禮樂、論務農、論刑法、論赦令、論興亡、論貢賦、論征伐、論安邊、論行幸、論畋獵、論災祥、論慎終。

〔註 5〕貞觀可入於治道之項次實多，《貞觀政要》即列述其四十項，本文擇其要者並參以個人所見，分五節二十目論述，每節四目，其標目或不能如每節一目之明晰省淨，而合四目爲一節，其各目內容之不能協合者，必也所在多有。

〔註 6〕《唐鑑》卷六，頁 54。

〔註 7〕《史記・周本紀》召公諫厲王，以水喻民，其言「是故爲水者，決之使導。爲民者宣之使言。故天子聽政，使公卿至於列士獻詩。瞽獻曲。史獻書。師箴、瞍賦矇誦、百工諫、庶人傳語、近臣盡規、親戚補察、瞽史教誨、耆艾脩之、而后王斟酌焉。」（見司馬遷撰，瀧川龜太郎會註考證：《史記》，臺北市：洪氏出版社，1982 年 10 月，頁 77。本文所引《史記》之文，頁碼參照是書。）

> 大臣父兄，有能進言於君，用則可，不用則去，謂之諫。〔註8〕

以是知臣之諫言，其性質是革君之非，使君能辨忠奸、識賢愚，以求安國利民，而君之納諫，則在使下情上達，由臣子的諫言中，君王如同面對明鏡，察知自己的對錯得失。〔註9〕

唐太宗在玄武門事件後承帝位，一心以成爲聖明之君王自許。「從諫」一辭，首見於貞觀元年王珪（571～639）之對：「臣聞木從繩則正，后從諫則聖。」〔註10〕君欲從諫，則必待臣之有諫，更必待眾臣之多諫。貞觀一朝，多見太宗求諫之言。貞觀元年，太宗語公卿：

> 人欲自照，必須明鏡；主欲知過，必藉忠臣。主若自賢，臣不匡正，欲不危敗，豈可得乎？……公等每看事有不利於人，必須極言規諫。〔註11〕

自茲而始，太宗亟亟求諫之事，見之於史傳或臣下諫疏中者不絕於書。〔註12〕不僅要求臣下對己直諫，亦復要求對太子進盡忠言。貞觀七年，太宗謂于志寧（588～665）、杜正倫（？～658，時爲太子左、右庶子）曰：

> 朕年十八，猶在民間，民之疾苦情僞，無不知之。及居大位，區處世務，猶有差失。況太子生長深宮，百姓艱難，耳目所未涉，能無驕逸乎！卿等不可不極諫！〔註13〕

〔註8〕《荀子・臣道》，頁181。

〔註9〕魏徵爲貞觀諫臣之楷模。魏徵死，太宗謂侍臣曰：「人以銅爲鏡，可以正衣冠，以古爲鏡，可以見興替，以人爲鏡，可以知得失；魏徵沒，朕亡一鏡矣」（《資治通鑑》卷一九六・唐紀十二，太宗貞觀十七年，頁6184。）

〔註10〕《舊唐書》列傳第二十王珪傳，原文出自《尚書・說命》，「后」謂古代之君王。按：《貞觀政要・求諫》亦載有太宗之言與王珪之對，行文有一、二字不同，而內容無異。「木從繩則直，后從諫則聖」之語，太宗且於貞觀十七年引之以誨太子李治。

〔註11〕《貞觀政要・論求諫》，頁78。

〔註12〕舉其要者：貞觀二年，太宗謂侍臣：「人君必須忠良輔弼，乃得身安國寧，……朕今志在君臣上下，各盡至公，共相切磋，以成治道，公等各宜務盡忠讜，匡救朕惡，終不以直言忤意，輒相責怒。」（《貞觀政要・論求諫》，頁82。）
貞觀五年，太宗謂執政曰：「朕常恐因喜怒妄行賞罰，故欲公等極諫。公等亦宜受人諫，不可以己之所欲，惡人違之。苟自不能受諫，安能諫人。」（《資治通鑑》，太宗貞觀五年，頁6091。）
同年，太宗謂侍臣曰：「治國如治病，病雖愈，猶宜將護，儻遽自放縱，病復作，則不可救矣。今中國幸安，四夷俱服，誠自古所希，然朕日愼一日，唯懼不終，故欲數聞卿輩諫爭也。」（《資治通鑑》，太宗貞觀五年，頁6091）

〔註13〕《資治通鑑》，太宗貞觀七年，頁6104。

在太宗的殷切求諫之下，貞觀初期的諫風之盛，蓋爲中國歷史上所未有。以諫知名之魏徵（580～643），一人即諫二百餘事，〔註 14〕太宗並未以其多諫爲嫌，貞觀十三年，尙語魏徵：「……雖復帝祚長短，委以玄天，而福善禍淫，亦由人事。朕每思之，若欲君臣長久，國無危敗，君有危失，臣須極言。」〔註 15〕魏徵之外，其他如房玄齡（578～648）、王珪、戴冑（？～633）、張玄素（？～664）、馬周（601～648），固亦諫中之健者，而賢臣之外，佞臣、夷狄之臣、宮妾等，亦莫不能諫。〔註 16〕

二、求諫與納諫，允爲太宗治道之要者。勇於求諫固已爲難，善能納諫尤爲不易，而勵精求治之主，則殷切求諫與屈己從諫，兩行其是。早在太宗即帝位而尙未改元之前，即曾謂民部尚書裴寂（570～629）：「比多上書言事者，朕皆黏之屋壁，得出入省覽，每思治道，或深夜方寢。」〔註 17〕同年，通鑑之記事亦云：「上勵精圖治，數引魏徵入臥內，訪以得失，徵知無不言，上皆欣然嘉納。」

曾鞏以太宗之屈己從諫爲「有天下之志」；司馬光以太宗之「好用善謀，樂聞直諫」（蓋二者亦果與因之彼此相依）爲隋末大亂之餘「拯民於水火之中，而措之衽席之上」的主要原委，而程祁更以太宗之「諫無不從，謀無不獲」爲有唐三百年之基的要因。（以上俱見戈本《貞觀政要》頁 42、43。）戈直列「謙虛納諫」爲太宗的君人三大德之首〔註 18〕，諸賢之見，異曲而同工！

一時之求諫或一事之納諫，固可作爲太宗人格特質中的「君人之大德」，

〔註 14〕《舊唐書・魏徵傳》載有太宗對魏徵之語：「卿所陳諫，前後二百餘事，非卿至誠奉國，何能若是？」惜乎魏徵之諫言，泰半不存，今本《魏鄭公諫錄》僅錄其諫諍事一百零四則。

〔註 15〕《貞觀政要・論行幸》，頁 440。

〔註 16〕元朝儒士戈直論太宗之求諫、納諫云：「太宗之求諫，可謂切矣；而其納諫，亦可以爲難矣。……一時之臣，非特大臣能諫，小臣如皇甫德參，無不諫也；非特內臣能諫，外臣如李大亮，無不諫也；非特文臣能諫，武臣如尉遲敬德，亦無不諫也；非特庭臣能諫，宮妾如充容徐惠，亦無不諫也。賢臣而能諫，固也，佞臣如裴矩亦諫焉；中國之臣能諫，固也，夷狄之臣如契苾何力亦諫焉。蓋自三代而下，求諫之誠，納諫之美，未能或之先也。」（《貞觀政要》戈直按語，頁 79。）

〔註 17〕《資治通鑑》卷一百九十一，高祖武德九年，頁 6026。

〔註 18〕戈氏謂太宗「君人之大德有三：一曰『謙虛納諫』，二曰『知人善任』，三曰『恭儉愛民』；後世人君之德，未有過焉者也。」（見《貞觀政要》戈直按語，頁 44。）

而將諫諍之事納入制度，廣增其效益，蓋亦自太宗始。〔註 19〕《資治通鑑》記云：

> 己亥，制：「自今中書、門下及三品以上入閣議事，皆命諫官隨之，有失輒諫。」〔註20〕

貞觀元年，太宗用王珪之言，詔諫官隨中書門下同三品入閣，〔註 21〕諫官自茲隨宰相入閣，預聞政事，雖不參與議決國政大計，但既能預聞國謀，必能由不同之角度察知缺失，太宗亦能在眾宰相之閣議與本人的聽斷之餘，聽取諫官之進諫，正反兩面了解各種不同之情況與意見，進而作明確之裁決與補正。「有失，輒許諫官諫止，（乃）貞觀致政之本。」〔註 22〕所言縱不中亦相去不遠。

貞觀二十二年（按太宗卒於貞觀二十三年），太宗作《帝範》以貽太子，欲其綿延克紹之意也甚明，其「納諫」篇云：

> 夫王者高居深視，虧聽阻明，恐有過而不聞，懼有闕而莫補，所以設鞀樹木，思獻替之謀，傾耳虛心，佇中正之說，雖在僕隸芻蕘，猶不可棄也，言之而非，雖在王侯卿相，未必可容；其義可觀，不責其辯，其理可用，不擇其文。至若折檻懷疏，標之以作戒，引裾卻坐，顯之以自非，故云忠者瀝其心，智者盡其策，臣無隔情於上，君能徧照於下。昏主則不然，說者拒之以威，勸者窮之以罪，大臣惜祿而莫諫，小臣畏誅而莫言；恣暴虐之心，極荒淫之志，其爲壅塞，無由自知，以爲德超三皇，材過五帝，至於身亡國滅，豈不悲哉！此拒諫之惡也。

其明於納諫，亟於納諫，誠可謂昭昭此心，可鑒天日。所以能「比迹湯武，庶幾成康」〔註23〕其在斯乎！

三、兼聽謂廣泛聽取各種意見。在君王而言，即是有多種管道，由眾多

〔註 19〕諫官之設置始於秦，此後各朝或承而增省員額（員無定制），或廢而不用，情形不一。但立制以諫官隨入大政之議事廳，則自貞觀始。

〔註 20〕《資治通鑑・太宗貞觀元年》，頁 6031。

〔註 21〕《舊唐書・王珪傳》貞觀元年，王珪對太宗之問治云：「臣聞木從繩則正，后從諫則聖。故古者聖主，必有諍臣七人，言而不用，則相繼以死。陛下開聖慮，納芻蕘，臣處不諱之朝，實願罄其狂瞽。」太宗稱善，敕自今後中書門下及三品以上入閣，必遣諫官隨之。

〔註 22〕《貞觀政要》集論，宋高宗時諫官胡寅之語，頁 81。

〔註 23〕《新唐書・太宗本紀》，頁 48。歐陽脩贊太宗之語。

的臣子中，察知下情，瞭解事態之各個層面，以決定國事之大政方針，以明見臣下之賢佞忠奸。兼聽爲求諫、納諫之另一個層面，蓋廣開言路，聽言納諫，亦是兼聽之一端。

貞觀二年，太宗問魏徵何謂明君、暗君。魏徵答以：「君之所以明者，兼聽也；其所以暗者，偏信〔註 24〕也。……是故人君兼聽納下，則貴臣不得壅蔽，而下情必得上通也。」〔註 25〕

貞觀六年，正是突厥已滅，遠夷入貢，符瑞日至，年穀頻登的國勢昌盛之時，太宗謂侍臣：

> 看古之帝王，有興有衰，猶朝之有暮，皆爲蔽其耳目，不知時政得失：忠正者不言，邪諂者日進，既不見過，所以至於滅亡。朕既在九重，不能盡見天下事，故布之卿等，以爲朕之耳目。莫以天下無事，四海安寧，便不存意。〔註 26〕

通下情而防壅蔽，斯乃明君明事之本。貞觀三年孔穎達（574～648）爲太宗釋《論語》，曾諫太宗勿炫耀聰明，勿以才凌人、飾非拒諫，其末云：「上下情隔，君臣道乖，自古滅亡，莫不由此也。」〔註 27〕忠正者不言、邪諂者日進與炫耀聰明、以才凌人，事或有異，所造成之耳目蒙蔽，下情不通則一，而兼聽確也有《尚書》所言「詢于四岳，闢四門，明四目，達四聰」〔註 28〕的通下情而防壅蔽之效。太宗建制於未亂，保邦於未危，其居安思危之心，實爲成就貞觀之治的動因。

四、閣議謂議國政大事於廷閣：唐代爲多相制，輔佐君王的宰相非止一人〔註 29〕，既可防止集權於貴臣，又能收議政的集思廣益之效。諸宰相有定

〔註 24〕偏信謂片面的相信一人或一種意見，即所謂「聽有門户」（《韓非子·内儲說上》）或由於懷愛而聽，或由於貴臣壟斷言路。魏徵言中並舉秦二世偏信趙高，梁武帝偏信朱异；隋煬帝偏信虞世基以致身亡國滅之例，以彰明兼聽之所以爲治。

〔註 25〕《資治通鑑》，貞觀二年，頁 6047。此語並見《貞觀政要·論君道》，頁 5。

〔註 26〕《貞觀政要·論政體》，頁 27。

〔註 27〕《貞觀政要·論謙讓》，頁 295。

〔註 28〕《尚書·虞書·舜典》卷二，秦皇島市：中華書局，1985 年 1 月，頁 24。

〔註 29〕唐初沿襲隋之三省六部制，三省即尚書省、中書省和門下省，尚書令、中書令與侍中即爲宰相。因太宗即位前曾任尚書令，故貞觀一朝的尚書令不實授，而以左右僕射代尚書令爲宰相。太宗爲求集思廣益，亦令其他層級不同之官員，以「參知政事」、「同平章事」、「同中書門下三品」之名入閣議事，而爲實質之宰相。（當時在門下省設有政事堂，以供宰相議事，凡參與政事堂議事之官員皆爲宰相，故「宰相」非專指一人，而是一集合名詞。）

期之會議，而遇國政大計，則君相共同論事〔註 30〕，最後由皇帝裁決，此亦符合《韓非子》「事至而結智，一聽而公會」〔註31〕的宗旨。貞觀四年，東突厥降服後，爲處理安置其歸附之部落的「詔議安邊之策」〔註 32〕，即爲「閣議」具體實施之範例。清代史學家趙翼評論太宗之納諫時，有謂太宗：「深知一人之耳目有限，思慮難周，非集思廣益難以求治。」〔註 33〕此蓋可以作爲此節「求諫納諫、兼聽閣議」治道之結語。

第二節　任賢肅貪、輕刑褒忠

任用賢臣作爲君王理國之輔佐；肅清貪黷以正官箴而廉士風；寬簡刑罰以成仁恩愛民之政；褒揚獎勉臣子之忠節以勗勉臣下恪盡臣道，皆爲貞觀所以成治之要項。

一、任用賢臣佐理君王以成治道，儒、法兩家皆然，所不同者，「賢臣」之義涵，兩家有別。儒家之賢臣，以德爲先，才智其次；法家之賢臣，以忠君聽用爲先，公正明察爲要，〔註 34〕以是觀察太宗之用人，庶幾乎可知其權衡。

吳兢在《貞觀政要‧論任賢》篇中，列述房玄齡、杜如晦、魏徵、王珪、李靖、虞世南、李勣、馬周八人之生平事蹟及太宗與彼等之君臣互動，其列述之先後，或亦包含其個人對賢臣排序之次第。〔註 35〕

〔註 30〕戈直爲之贊云：「唐制，入閣儀最爲後世美稱。蓋天子既御紫宸殿，復移仗御便殿，百官隨入，曰『入閣』。太宗用王珪言，詔諫官隨中書門下同三品入閣：……茲太宗所以致治之美歟！」（見《貞觀政要》戈直按語，頁 81。）

〔註 31〕《韓非子‧八經》，頁 153。

〔註 32〕《貞觀政要‧議安邊》，頁 428。

〔註 33〕趙翼《二十二史箚記》卷十九，頁 358。

〔註 34〕法家要求之賢臣，具有「公正而無私」的賢與「智術之士」的智，其智術之士乃是遠見、能法者。「知術之士，必遠見而明察……能法之士，必強勁而勁直。」（見《韓非子‧孤憤》）儒家之賢者，主有過輒諫、法家之賢臣，則是絕對服從國君，幫助國君行法。所謂「賢者之爲人臣，北面委質，無有二心。朝廷不敢辭賤，軍旅不敢辭難，順上之爲，從主之法，虛心以待令，而無是非也。」（見《韓非子‧有度》。無是非謂對君王之命令沒有任何褒貶。）

〔註 35〕其排序並非以官職之高下（蓋各人有其仕途之昇降，且非同時），亦非以其功業之大小，對比貞觀十七年太宗圖畫二十四功臣於淩煙閣之次第，則八人中有六人入選，其次第爲杜如晦第三，魏徵第四，房玄齡第五，李靖第八，虞世南第二十，李勣第二十三，而王珪、馬周不與焉。

貞觀元年，太宗謂房玄齡等：「致理之本，惟在於審」〔註36〕引《尚書》「任官惟賢才」以訓。二年，又語封德彝：「致安之本，惟在得人。」〔註37〕貞觀四年，評隋文帝之喜察不明，事皆自決，而自謂云：「朕則不然，擇天下賢才，寘之百官，使思天下之事，關由宰相，審熟便安，然後奏聞。」〔註38〕貞觀十三年，謂侍臣：「……能安天下者，惟在用得賢才。」〔註39〕貞觀一朝，頒求賢詔凡四次。〔註40〕貞觀二十二年，《帝範》貽太子，其謂「求賢」云：

> 夫國之匡輔，必待忠良，任使得人，天下自治。……士之居世，賢之立身，莫不戢翼隱鱗，待風雲之會；懷奇蘊異，思會遇之秋。是明君旁求俊義，博訪英賢，搜揚側陋，不以卑而不用，不以辱而不尊，……故舟航之絕海也，必假橈楫之功，鴻鵠之凌雲也，必因羽翮之用，帝王之爲國也，必藉匡輔之資。故求之斯勞，任之斯逸。照車十二，黃金累千，豈如多士之隆，一賢之重，此乃求賢之貴也。〔註41〕

在在強調賢才對治國之重要，並將賢才息隱而待風雲際會之特質，與夫君王用賢、尊賢之道垂示太子，剴切的將治國之道傳承嗣君。

人才各有所宜，能力更自有別，才未必兼，能各有偏，才能既殊，任政亦異。唐太宗深知用人如器之理，適人適所，可以集眾人才之美，在其自撰之〈金鏡〉中，言及用人之道，能見及「賢未必盡善，眾之所謂毀，未必全惡」、「人才有長短，不必兼通」、「捨短取長，然後爲美」〔註42〕之理，異乎一般之才德論，可知其識見之高遠。

太宗對求賢之認知，絕非止於言，其用賢更有超乎尋常人君之胸襟與魄力。不避親讎，如：高士廉（577～647）、長孫無忌（？～659）之出於至親，

〔註36〕《貞觀政要．論擇官》，頁144。

〔註37〕《貞觀政要．論擇官》，頁148。

〔註38〕《資治通鑑》卷一百九十三，頁6080；另《貞觀政要．論政體》亦言此事，義同而辭略異，見頁24。

〔註39〕《貞觀政要．論擇官》，頁156。

〔註40〕分別爲貞觀十一年四月之〈採訪孝悌儒術等詔〉，貞觀十五年之〈求訪賢良限來年二月集泰山詔〉，貞觀十八年二月之〈薦舉賢能詔〉，貞觀二十一年六月之〈搜訪才能詔〉（按《全唐文》卷一將〈搜訪才能詔〉定名爲〈令天下諸州舉人手詔〉）。

〔註41〕《帝範》卷一，頁36。

〔註42〕《全唐文》卷十，頁50。

屈突通、尉遲敬德（585～658）、魏徵、王珪之出於仇讎；〔註43〕不別士庶，如：崔敦禮、李玄道之出於名門士族，馬周、劉洎（？～646）之出於布衣寒庶；文武兼顧，如：房玄齡、虞世南、溫彥博之文才，李靖（571～649）、李勣（594～669）、侯君集（？～643）之武略；漢夷並用：漢族的才俊之士，固勿論矣，突厥族之阿史那社爾（604～655）、阿史那忠（610～675），鐵勒族之契苾何力（？～677）俱蒙重用。貞觀一朝，賢才輩出，著於名姓者，由早年秦王府之十八學士，〔註44〕凌煙閣之二十四功臣〔註45〕以及更多數的在此之外的文臣武將〔註46〕舖陳出綿密的賢才網絡。謂太宗的貞觀之治爲賢才之治，或不爲過。

二、肅貪所以去貪黷之爲害，乃爲政治官之大要，吳兢謂太宗：

> 深惡官吏貪濁，有枉法受財者，必無赦免；在京流外有犯贓者，皆遣執奏，隨其所犯，寘以重法，由是官吏多自清謹制馭。〔註47〕

太宗訓誡群臣，每以戒貪惜身相勉〔註48〕，嚴懲貪黷之同時，亦厚給俸祿以養廉。貞觀二年，太宗謂侍臣：

> 朕嘗謂貪人不解愛財也。至如內外，官五品以上，祿秩優厚，一年所得，其數目多。若受人財賄，不過數萬，一朝彰露，祿秩削奪，此豈是解愛財物，規小得而大失者也。〔註49〕

〔註43〕魏、王皆隱太子之心腹故舊，《資治通鑑》記高祖武德九年十二月（時李世民已即位而未改元）之事云：「上屬精求治，數引魏徵入臥內，訪以得失；徵知無不言，上皆欣然嘉納。」（見原書頁6026。）

〔註44〕杜如晦、房玄齡、虞世南、褚亮、姚思廉、李玄道、蔡允恭、薛元敬、顏相時、蘇勛、于志寧、蘇世長、薛收、李守素、陸德明、孔穎達、蓋文達、許敬宗等十八人。

〔註45〕依序爲長孫無忌、李孝恭、杜如晦、魏徵、房玄齡、高士廉、尉遲敬德、李靖、蕭瑀、段志玄、劉宏基、屈突通、殷開山、柴紹、長孫順德、張亮、侯君集、張公瑾、程知節、虞世南、劉政會、唐儉、李世勣、秦叔寶。

〔註46〕概數舊、新唐書之傳記及頻頻出入於《資治通鑑》、《貞觀政要》之人名，其要者約有戴胄、崔仁師、岑文本、孫伏伽、張玄素、張蘊古、韋挺、李百藥、褚遂良、歐陽詢、顏師古、閻立本、李道宗、薛萬徹、郭孝恪、蘇定方、程名振、王玄策、執失思力、李思摩諸人。

〔註47〕《貞觀政要・論政體》，頁41。

〔註48〕如：貞觀初，太宗謂侍臣：「人有明珠，莫不貴重，若以彈雀，豈非可惜？況人之性命甚於明珠，見金錢財帛，不懼刑網，徑即受納，乃是不惜性命。明珠是身外之物，尚不可彈雀，何況性命之重，乃以博財物耶？」（見《貞觀政要・論貪鄙》，頁326。）

〔註49〕《貞觀政要・論貪鄙》，頁326。

勖勉受高位、食厚祿之人臣，必須持身清廉，勿因財賄而蹈法網。

貪欲爲人性之一環，甚難戒絕，太宗亦深知此情。唐有按察之制，君王不時遣使重臣，名曰黜陟大使，巡行地方，整飭官箴，肅貪去濁即爲巡察使的主要任務之一。貞觀八年正月，太宗在〈遣使巡行天下詔〉中，明告天下，自己雖在宮朝，亦能明見萬里：「乃聞連帥刺舉，或乖共治之寄，縣司主吏，尚多黷貨之罪。」〔註 50〕太宗令有司制定考課之法，以「四善、二十七最」爲考課之依據，將官員考第由上上、上中……而至下下，分爲九等，其「居官諂詐，貪濁有狀」者爲下下。〔註 51〕能在考課中居下下，尚屬情節輕微未及於刑者，踰越法限，則嚴懲不貸。貞觀十九年《資治通鑑》記云：

> 滄州刺史席辯坐贓污，二月，庚子，詔朝集使臨觀而戮之。〔註 52〕

詔令各地方政府進京之朝貢特使（朝集使），全體前往刑場親觀行刑斬首，俾血濺刑場之觸目驚心畫面，能收肅貪的殺一儆百之效。誅戮之外，太宗對不忍殺之勳舊功臣，也別有一番整治之道：貞觀元年，右驍衛大將軍長孫順德受人餽絹，事覺，太宗於殿庭賜順德絹數十匹。大理少卿胡演惑而問：「順德枉法受財，罪不可赦，奈何復賜之絹？」太宗答以：「彼有人性，得絹之辱，甚於受刑；如不知愧，一禽獸耳，殺之何益！」〔註 53〕（按：長孫順德有開國之功，名列淩煙閣二十四功臣圖像第十五，本傳有事蹟而無生卒年。）

三、「輕」是相對的形容用字，輕刑謂相對於舊有的刑而言，犯同樣之罪，依法所判之刑度較低，及（或）執行刑罰的方式，較舊有者更爲人道。

隋煬帝苛法濫刑，使民不聊生，盜賊蠭起，唐高祖初定天下，將大業（煬帝）所用的煩峻之法《大業律令》盡行削除，以隋文帝時的《開皇律》爲基準，權衡增減，制定較《開皇律》更爲寬簡的《武德律》。〔註 54〕

唐太宗對省刑罰、薄稅歛的儒家仁政之理甚有認知，在即位改元前的武

〔註 50〕《唐大詔令集・按察》卷一百三。並見《全唐文》卷五，頁 22。

〔註 51〕《唐六典》卷二，《吏部尚書・考功郎中》。

〔註 52〕《資治通鑑》卷一百九十七，頁 6216。

〔註 53〕《資治通鑑》卷一百九十二，頁 6032。

〔註 54〕高祖李淵以寬簡易知作爲損益《開皇律》的指導原則，「因開皇律令而損益之，……務在寬簡，取便於時。」（見《舊唐書・刑法志》，頁 2134。）

德九年，與群臣論止盜，對主張用重法的意見一笑置之，〔註 55〕而以「朕當去奢省費，輕徭薄賦，選用廉吏，使民衣食有餘，則自不爲盜，安用重法邪！」〔註 56〕作結。太宗欣然認同魏徵「王政本於仁恩，所以愛民厚俗」之意，「遂以寬仁治天下，而於刑法尤慎。」〔註 57〕

太宗輕刑之治道有一貫徹之歷程：貞觀元年，「命吏部尚書長孫無忌（？～659）與學士、法官更議定律令，寬絞刑五十條爲斷右趾」〔註 58〕；貞觀四年，除鞭背刑；〔註 59〕貞觀五年，制自今決死刑者皆覆奏；〔註 60〕貞觀六年，廢除自古以來的刖刑而代之以流刑；〔註 61〕貞觀十一年，從輕從理改革舊傳的連坐法。〔註 62〕

自貞觀元年至貞觀十年，經十年努力所勒成的一代之典《唐律》（即《貞觀律》），於貞觀十一年正月詔頒全國，〔註 63〕《唐律》之注重劃一性、強調

〔註 55〕通鑑高祖武德九年記云：「丙午，上與群臣論止盜，或請重法以禁之，上哂之曰……」（見原書頁 6025。）

〔註 56〕《資治通鑑》卷一百九十二，頁 6026。

〔註 57〕《新唐書・刑法志》，頁 1412。

〔註 58〕《資治通鑑》卷一百九十二，頁 6031。

〔註 59〕貞觀四年，「上讀《明堂鍼灸書》，云『人五藏之系，咸附於背』。戊寅，詔自今毋得笞囚背。」見《資治通鑑》卷一百九十三，頁 6083。

〔註 60〕貞觀五年十二月，「制『決死囚者，二日中五覆奏，下諸州者三覆奏；……有據法當死而情有可矜者，錄狀以聞。』由是全活甚眾。」（見《綱鑑易知錄・太宗文武皇帝貞觀五年》。《資治通鑑》卷一百九十三，頁 6090 并詳記此事。）

〔註 61〕此爲貞觀元年「寬絞刑五十條爲斷右趾」之後續，自茲以後，斷肢之刑的爭論持續數年，至貞觀六年始定。見《唐會要・議刑輕重》，頁 707。《劍橋中國隋唐史》在第四章〈修訂法典〉一節中亦詳考此事。（見〔英〕崔瑞德編、中國社會科學院歷史研究所西方漢學研究課題組譯：《劍橋中國隋唐史》，北京市，中國社會科學出版社，1990 年，頁 206〈本文及註 2〉。）

〔註 62〕同州人房強之弟以謀反伏誅，強當連坐。太宗嘗錄囚徒，憫其將死，爲之動容，顧謂侍臣曰：「刑典仍用，蓋風化未洽之咎。愚人何罪，而肆重刑乎？更彰朕之不德也。用刑之道，當審事理之輕重，然後加之以刑罰，何有不察其本而一概加誅，非所以恤刑重人命也。然則反逆有二：一爲興師動眾，一爲惡言犯法。輕重有差，而連坐皆死，豈朕情之所安哉？」更令百僚詳議。定律之後，祖孫與兄弟緣坐，俱配沒；其以惡言犯法不能爲害者，兄弟免死，配流爲允。（見《舊唐書・刑法志》，頁 2136。）

〔註 63〕貞觀元年，太宗任命長孫無忌、房玄齡及眾多之學士、法官，本「意在寬平」之旨厘改法律，以《開皇律》及《武德律》爲參佐，「革弊蠲苛」、「刑清化洽」（《舊唐書・崔仁師傳》之語，頁 2621），歷時十年始告完成。

穩定性與簡約性，均爲往代所少見。〔註 64〕對後世也影響深遠，爲後五代、宋、元、明、清制定律典的依據。〔註 65〕《資治通鑑》記云：

比古死刑，除其大半，……比隋律減大辟九十二條，減流入徒者七十一條，凡削煩去蠹，變重爲輕者，不可勝紀。〔註 66〕

嚴耕望在其論述唐代文化中有謂：「就輕刑一端而言，笞不過二百，流不過三千里，役不過四年，死不過絞斬，無終身囚禁淩遲磔鋸之刑；緣坐限於父子，亦無族誅之制。凡此皆與現代法律學說爲近。」〔註 67〕

四、盡己之謂忠。〔註 68〕忠爲儒家教誨的臣事君之道〔註 69〕，蓋爲君者，莫不希望其臣子竭誠盡己以奉君上，褒忠乃是以褒揚獎勉鼓勵誘導臣子對君王的盡忠之道。

太宗的褒忠事蹟，盛大而具規模者有二，一爲貞觀十七年二月，命圖畫功臣〔註 70〕長孫無忌、王孝恭等二十四人於凌煙閣，〔註 71〕俾使功名長在丹青，永留青史。二爲以功臣勳戚陪葬昭陵。〔註 72〕貞觀十一年二月，太宗詔云：

佐命功臣，或義深舟楫，或謀定帷幄，或身摧行陣，同濟艱危，克

〔註 64〕趙克堯、許道勳：《唐太宗傳·貞觀律令的修訂》，北京市：人民出版社，2005 年，頁 184～187。

〔註 65〕同上註，頁 184。

〔註 66〕《資治通鑑》卷一百九十四，頁 6126。

〔註 67〕嚴耕望：〈唐代文化約論〉，收於韓復智編：《中國通史論文選輯》下冊，臺北市：臺灣學生書局，1976 年增訂版，頁 11、12。

〔註 68〕此語今日之眾人已能琅琅上口，首次以此解見諸文字者，爲朱熹《四書章句集注·離婁章句下》，朱釋云：「忠者，盡己之謂。」(見原書頁 298。)

〔註 69〕《論語·八佾第三》定公問君使臣，臣事君，如之何？孔子對曰：「君使臣以禮，臣事君以忠。」本文儒、法對舉，以忠，乃儒家誨臣的事君之道，而法家並不以之爲然；韓非云：「……君通於不仁，臣通於不忠，則可以王矣。」(《韓非子·外儲說右下》，頁 589。)以及「……此謂君不仁，臣不忠，則可以霸王矣。」(《韓非子·六反》，頁 92。)

〔註 70〕圖畫功臣就相當程度之意義而言乃褒功，但亦所以褒忠；本朝人物，赤膽忠心，功在朝廷，亦功歸於主，此所以貞觀一朝諸將領之統兵平服四夷，史書所誌，功屬太宗焉。

〔註 71〕二十四功臣序列及名諱見本章註 45。圖像皆眞人大小，當時二十四功臣中已有數人辭世，故畫爵不書諡號者，其人尚健在，畫爵書諡者，其人已死。

〔註 72〕陪葬昭陵之制並非全爲褒功（忠）而設，蓋皇家勳戚亦在其中，但陪葬昭陵寓有甚重的褒功（忠）之意，勳戚以外的陪葬者，葬時依生前功績之大小，有不同規模之陪葬榮典，亦有不同程度之塋墓規格。

成鴻業，追念在昔，何日忘之！使逝者無知，咸歸寂寞，若營魂有識，還如疇曩，居止相望，不亦善乎！自今以後，功臣密戚及德業佐時者，如有薨亡，宜賜塋地一所，及以秘器，窀穸之時，喪事無闕。所司依此營備，稱朕意焉。〔註 73〕

在世時爲君臣，死而有知，尚能居止相望，〔註 74〕眞可謂「不亦善乎」！昭陵有陪葬墓一百五十五座〔註 75〕，「宰相魏徵之墓距李世民的陵寢很近」、「魏徵、徐懋功（李勣）、李靖等文武官員的墓葬規格，都不低於甚至高於嫡親公主和許多密戚。」〔註 76〕忠心耿耿的房玄齡、長孫無忌固是長相左右，〔註 77〕赤忠感人的阿史那思摩（李思摩？～645）亦在一側不遠，〔註 78〕入宿衛的四夷君長更是不棄不離。

貞觀十二年，太宗詔云：「隋故鷹擊郎將堯君素（？～618），雖桀犬吠堯，有乖倒戈之志，而疾風勁草，實表歲寒之心，可贈蒲州刺史，仍訪其子孫以聞。」堯君素爲隋將，煬帝大業十三年（《通鑑》記事隋恭帝義寧元年）守河東，力拒高祖李淵，力屈而誓死不降，且擒殺高祖女婿（桂陽公主之夫）趙慈景，梟首城外；高祖執其妻持不死金券至城下勸降，爲君素射殺，河東倉粟盡，人相食，君素一心守死，全不動搖，其效忠隋室之志，唯天可表。〔註 79〕

阿史那思摩忠於頡利可汗（？～634），堯君素忠於隋主楊廣，所忠之對象俱非李世民，而太宗并而表彰之，其褒忠之意，古今少人能及，而勗勉臣下盡忠之心，也意在言外。

〔註 73〕《舊唐書・太宗本紀》，頁 47。

〔註 74〕李世民的陵墓位於海拔一千一百餘公尺的九嵕山主峰之中，其下則爲眾功臣密戚的陪葬墓。「相望」也者，君王俯視臣下，臣下則仰望君王，一如生前。

〔註 75〕據宋王溥《唐會要・陪陵名位・昭陵陪葬名氏》記數。（見《唐會要》卷二十一，頁 413、414。）

〔註 76〕王煥斗：《貞觀遺蹟見聞》，北京市：新華出版社，1986 年，頁 5、6。

〔註 77〕與房玄齡齊名的杜如晦則不在〈昭陵陪葬名氏〉之內，或另有原因。

〔註 78〕阿史那思摩爲突厥之部落酋長。李靖、李勣大破突厥，諸部落酋長皆棄突厥頡利可汗歸降，獨思摩追隨頡利，不棄不離，最後與頡利同時被擒。太宗嘉其忠，拜右武侯大將軍，賜姓李，尋以思摩爲北開州都督，使統頡利舊眾。事見《資治通鑑》卷一百九十三。思摩之後矢志效忠唐室。

〔註 79〕事見《隋書・堯君素傳》。君素後爲其左右薛宗、李楚客所殺，傳首長安。

第三節　科舉公平、去讒戒懼

開科取士，破除選人之門第地域觀念；理政至公，決事公平而識治體；去除讒佞之徒，以免其毀善害能而危國；在上者以戒慎恐懼之心，惕勵本身之自覺。四者率皆貞觀爲治之術及君王自勵之道。

一、科舉乃分設科目，以考試取士，亦即「分科舉人」，「開科取士」，考試入選者得以入仕。「科舉」之名，首見於唐德宗之「欲廢科舉」〔註 80〕，後之論科舉者，或以爲科舉始於唐代，但實則隋代之進士科即是科舉，祇是當時無科舉之名而已。而開創進士科者，則是後代史者千夫所指之隋煬帝。雖《隋書》並無此一紀錄，但唐、宋、明、清諸多史書史料，甚至野史、小說、筆記皆明白記載進士科創立於隋煬帝之手。〔註 81〕

學者有謂科舉制乃唐代輝煌文化的四大柱石之一，〔註 82〕之所以爲柱石，蓋立基於制度之健全合理。在科舉制成爲用人的主流之前，人才選拔所含之主觀因素甚多，如兩漢、魏晉之「選舉」制，由郡守向朝廷選舉人才，以品德之是否高尚爲主要標準，既不易客觀量化，亦難以確實考察，〔註 83〕頗多流於郡守個人之主觀好惡；其後之「九品中正」制之拔舉人才，則幾乎全憑家世，在世家宦族把持之下，「上品無寒門」，極不公平。而科舉制則打破門第、地域、年齡界限，學子通過考試公平競爭，優勝者入仕爲官，政府機構因科舉而有源源不斷的社會各階層精英湧入，得以不斷更新而更具活力；知識分子亦因科舉而有正當之出路，精力時間多用於統治階級所律定之

〔註 80〕見李肇：《國史補》卷下，頁 56，貞元十二年。

〔註 81〕史書部分，唐：杜佑《通典》云：「煬帝始建進士科」（見卷 14〔選舉典二．歷代制中〕）鄭樵《通志》、馬端臨《文獻通考》皆云隋煬帝創立進士科。宋、金：歐陽修《新唐書．選舉志上》：「進士科起於隋大業中」（頁 1166），《金史．移剌履傳》追述「進士之科起於隋大業中」（頁 2100）。史料及學人著作：武則天天授年間（690～692）薛登上疏曰：「煬帝嗣興，又變前法，置進士等科。」（《舊唐書．薛登傳》，頁 3138。）唐人楊綰於唐肅宗即位之初上疏，有「煬帝始置進士科」（《舊唐書．楊綰傳》，頁 3430。）朱熹《通鑑綱目》卷 36 明確指出進士科始建於隋煬帝大業二年。顧炎武《日知錄》：「隋煬帝置明經、進士二科。」（卷 16〈明經〉條）稗史小說如劉肅《大唐新語》（卷 10〈釐革〉）、王定保：《唐摭言》（卷一〈散序進士〉）、李昉：《太平廣記》（卷 178〈貢舉一．總述進士科〉）等，均言進士科（或進士、明經二科）始建於隋煬帝。

〔註 82〕另三支柱石爲租庸調制、府兵制與三省制。見李定一：《中華史綱》，臺北市：傳記文學出版社，1986 年，頁 293。

〔註 83〕隋煬帝於大業五年六月，將舉拔人才中的「德行」科廢除，或亦與此有關。

考試典籍，不易萌生異想，亦相對的有助於社會之安定。太宗雖非科舉制之創始者，但卻是科舉制之宏揚及使其發揮關鍵效用之肇始者，貞觀元年，即「朝廷盛開選舉」，〔註 84〕科舉考試之次數較前大幅增加，幾乎年年均有來自各地之學子進京參加考試，其中試者且蒙太宗之親自接見，〔註 85〕兼以國子監之擴大規模，收納大批優秀學子〔詳本章第五節二（二）〕，兩者相互作用，遂使科舉制度成為中國考試制度最重要之一頁。

科舉之科目甚多〔註 86〕，其中進士、明經兩科，最為學子所尚，尤以進士科為最，蓋一旦得第，未來仕途上一展抱負之空間遠較他科寬廣。學者亦以眾多之科目，頗能拔取眞才，切合實用。〔註 87〕科舉將權力、財富、地位與學識相結合，造成中國社會重才、重教育的傳統，而此一傳統，至今不衰，其影響不可謂不大。

唐代之科舉雖非稗史所言之盛於貞觀，〔註 88〕但貞觀時代之推動與拓展，亦是功不可沒。

二、公平謂不偏頗，不以所欲私其所愛，亦不以所不欲妄加於所讎。《管子・形勢》有「天公平，故美惡莫不覆；地公平，故小大莫不載」之語，欲致公平，必須有寬廣之心胸，豁達大度，秉公去私，以天地之公平為法。

太宗在處理政事上，多次展現其公平之器度。武德九年九月，在裁定勳臣爵邑而諸將爭功之紛紜中，先房、杜而後其叔父（淮安王李神通？～631），

〔註 84〕《舊唐書・戴冑傳》，頁 2532。又《唐摭言》卷一亦有「進士科始於隋大業中，盛於貞觀、永徽之際」的記載。

〔註 85〕《文獻通考》卷二十九，頁 276。又《劍橋中國隋唐史》亦有當時「應試者人數還是不多，中試者一年只十多人」之記述。（見原書頁 213。）

〔註 86〕《新唐書・選舉志》記曰：「其科之目，有秀才，有明經，有俊士，有進士，有明法，有明字，有明算，有一史，有三史，有《開元禮》，有道舉，有童子。而明經之別，有五經，有三經，有二經，有學究一經，有三禮，有三傳，有史科。此歲舉之常選也。」

〔註 87〕施義勝：《唐太宗與貞觀之治》，臺北市：臺灣商務印書館，1970 年，頁 69。

〔註 88〕五代王定保云：「進士科始於隋大業中，盛於貞觀、永徽之際，縉紳雖位極人臣，不由進士者，終不為美。」（見《唐摭言》卷一）經陳寅恪先生之考證，則是：「唐代科舉之盛，肇於高宗之時，成於玄宗之代，而極於德宗之世。」（見陳寅恪：《元白詩箋證稿》）對照《劍橋中國隋唐史》所舉之貞觀每年中試者僅十餘人，則陳氏之考證可以確信。傅樂成先生亦言，武則天掌權時（自其為皇后時便已開始），為對抗唐初之功臣集團，乃大力發展進士科，吸收新進人物，漸而形成新興的統治階級。（參見傅樂成：《中國通史》，臺北市：大中國圖書公司，1968 年，頁 388、389。）

即已令眾人悅服。〔註 89〕稍後處理秦府舊人未遷官者之嗟怨時，太宗謂：

古稱至公者，蓋謂平恕無私。丹朱、商均子也，而堯舜廢之；管叔、蔡叔兄弟也，而周公誅之。故知君人者，以天下爲公，無私於物。昔諸葛孔明小國之相，猶曰：「吾心如稱，不能爲人作輕重。」況我今理大國乎？……用人但問堪否，豈以新故異情！〔註 90〕

貫徹其擇賢才而用，委任原太子府、齊王府之賢才而未遑顧及原秦王府未得官之舊人。

貞觀十七年，太宗姊長廣公主（高祖第五女）之子趙節，因參與太子承乾謀反獲罪，太宗至姊所，長廣公主以首擊地，泣宥子罪，太宗亦拜泣云：

賞不避仇雠，罰不阿親戚，此天下至公之道，不敢違也，以是負姊。〔註 91〕

趙節終不免伏誅問斬，而太宗秉公所傷的姊弟之情，或亦永不能復。

自身爲公平之典範外，太宗亦以公平勗勉其臣下。貞觀二年，太宗謂房玄齡等（時玄齡爲宰相）曰：

爲政莫若至公，昔諸葛亮竄廖立、李嚴於南夷，亮卒而立、嚴皆悲泣，有死者，非至公能如是乎！又高熲爲隋相，公平識治體，隋之興亡，繫熲之存沒。朕既慕前世之明君，卿等不可不法前世之賢相也！〔註 92〕

爲政之要，確乎莫貴於公平。孔子以「舉直錯諸枉，則民服；舉枉錯諸直，則民不服。」〔註 93〕答魯哀公，是則民心之順服，在於有國者之無私。公平識治體之另一角度，是乃不公平不能識治體。在國家，公平則民服；在朝廷，公平則臣服。服則忠誠任事，無有二心。公平之心，出於器量與識見，識見固須外求，而器量則生於當事者之人格特質，太宗表現於公平諸事上的人格特質，殊少可以批評之處，亦爲歷代帝王之所不及。太宗在貞觀一朝之理國治事，順多逆少，其公平之器量應爲主要的原因之一。

〔註 89〕《資治通鑑》卷一百九十二，高祖武德九年，頁 6022、6023。

〔註 90〕《貞觀政要・論公平》，頁 257。而《資治通鑑》卷一百九十二，高祖武德九年，對同一事件之記述，則稍有出入。通鑑記太宗之所言云：「王者至公無私，故能服天下之心。……設官分職，以爲民也，當擇賢才而用之，豈以新舊爲先後哉！」（見原書頁 6023。）

〔註 91〕《資治通鑑》卷一百九十七，太宗貞觀十七年，頁 6197。

〔註 92〕《資治通鑑》卷一百九十二，太宗貞觀二年，頁 6048。

〔註 93〕《論語・爲政》

前云制度之健全合理爲唐代輝煌文化的柱石，而公平實乃制度健全合理之無形因素，如科舉制使全國優秀學子均能有公平之機會一較高低即屬其中之一。「法者，天下之至平」〔註94〕太宗另有多項在法制上力持公平之舉措，併於下章〈貞觀之治中的重法內涵〉中論述之。

三、去讒，謂去除讒佞。崇飾惡言以毀善害能謂之讒，〔註95〕巧諂善辯謂之佞。太宗有謂：

> 夫讒佞之徒，國之蝨賊也。爭榮華於旦夕，競勢利於市朝，以其諂諛之姿，惡忠賢之在己上；姦邪之志，恐富貴之不我先，朋黨相持，無深而不入；比周相習，無高而不升。令色巧言，以親於上，先意承旨，以悅於君……蘩蘭欲茂，秋風敗之，王者欲明，讒人蔽之，此姦佞之危也。斯二者危國之本。砥躬礪行，莫尚於忠言，敗德敗正，莫踰於讒佞。〔註96〕

以是知太宗對讒佞之徒，深惡痛絕。知其人爲讒佞，以天子之威，去之不難，其難處在於辨識。蓋訐言與直言難辨，讒臣與忠臣難分。貞觀之初，太宗極力求諫，常語群臣：「公等每看事有不利於人，必須極言規諫。」〔註97〕唐制，御史台負責監察彈劾，所屬諸御史幾同於皇帝之耳目（亦不時反映民意），貞觀五年，侍御史權萬紀（？～643）與李仁發以屢屢舉察彈劾而受太宗寵信，大臣連房玄齡在內均數被譴怒（此前尚有彈劾張蘊古按事不實，致蘊古被斬之事），魏徵諫曰：「萬紀等小人，不識大體，以訐爲直，以讒爲忠……」〔註98〕，則不僅謂權萬紀等不辨訐直讒忠之青紅皀白，言語中亦反映太宗之寵信彼等，同歸於不辨訐直讒忠。但魏徵之見，並非確論，權萬紀雖不爲魏徵等貞觀名臣所喜，但卻絕非不識大體之小人，〔註99〕

〔註94〕歐陽修語。另《新唐書・張亮傳》，頁3829，亦有長孫無忌、房玄齡在張亮臨刑前赴獄中語張亮云：「法者，天下平，與公共爲之。」

〔註95〕《莊子・漁父》「好言人惡謂之讒」（見《傅佩榮解讀莊子》，臺北市：立緒文化事業公司，2002年，頁543。本文所引《莊子》頁碼從此書），《荀子・修身》「傷良曰讒」。（見《荀子柬釋》，頁14。）

〔註96〕《帝範》卷二，去讒第六，頁57～63。

〔註97〕《貞觀政要・論求諫》，頁79。

〔註98〕《資治通鑑》卷一百九十三，太宗貞觀五年，頁6088。按：《貞觀政要・直諫》亦誌此事，文辭略異而記述更爲詳盡。

〔註99〕權萬紀並非貞觀一朝之要角，《舊唐書》且未爲之立傳，但其名氏出現於此一時期中凡五次，除此處所述因彈劾爲太宗所寵信外，尚有貞觀十年，因建議開採宣、饒二州之銀礦，（可使國庫年得益數百萬緡）被太宗責備不進賢才，

《新唐書・權萬紀傳》稱美其廉潔儉約，雖倔強固執，但爲人正直。死於王事，追贈崇榮。

讒言所及之對象多爲大臣、重臣，如魏徵、房玄齡、李靖、尉遲敬德等。〔註 100〕蓋讒告大臣、重臣若得逞，則告者常有榮華富貴。史錄中鮮有記載讒人之名或事，但貞觀之能成治，太宗善能辨識讒忠，應爲原因之一。太宗臨崩前，召長孫無忌及褚遂良（597～659）入臥內，謂遂良曰：「無忌盡忠於我，我有天下，多其力也，我死，勿令讒人間之。」〔註 101〕其懼讒人危國之心，至死猶在念念。

四、「戒懼」或非治道，但允爲產生治道之源，太宗一心圖治，常戒愼乎其所不睹，恐懼乎其所不聞，更何況其可聞可睹之事！因戒懼而有所不爲，故少有惡政，因戒懼而知所警惕，故少蹈過失，其影響貞觀治道大矣。

太宗因戒懼而力圖避免者有四，一曰嗜欲，貞觀之初，太宗謂侍臣：

專言銀稅之利；貞觀十一年，時權萬紀爲吳王恪之長史，侍御史柳範彈劾吳王數出田獵損民擾人時，太宗曰：「長史權萬紀事吾兒，不能匡正，罪當死。」柳範對曰：「房玄齡事陛下，猶不能止畋獵，豈得獨罪萬紀！」李世民大怒，拂衣入內室；貞觀十六年，李世民選剛直之士以輔諸王，權萬紀復被選爲齊王李祐之長史，貞觀十七年，因數諫齊王，嚴格約束齊王所親近之羣小，並報知李世民齊王之知過且「必能悛改」，而齊王素行如故終遭萬紀彈劾時，在奉詔進京之半途爲齊王遣人追殺。以上數事，均不能入權萬紀於讒佞之列。

〔註 100〕魏徵爲秘書監時，有告徵謀反者，太宗曰：「魏徵昔吾之讎，祇以忠於所事，吾遂拔而用之，何乃妄生讒構！」遽斬所告者；貞觀十九年，太宗在親征高麗之途中，命留守之房玄齡得以便宜行事，有赴玄齡處告玄齡有密謀者，玄齡將告者驛送行在，知所告者爲房玄齡後，不問情由，既叱令將告者腰斬；而貞觀期中，房玄齡以「微譴」免官還家，又復起用者數次；貞觀四年，李靖攻滅突厥，御史大夫蕭瑀劾奏李靖破頡利牙帳，御軍無法，突厥珍物被虜掠俱盡，李靖因之遭太宗大加責讓，但以功大仍賜絹千匹，加授左光祿大夫，未幾，太宗詔見李靖謂曰：「前有人讒公，今朕意已寤，公勿以爲懷。」復賜絹二千匹。貞觀九年，李靖攻滅吐谷渾，因責罰行軍總管高甑生（李世民爲秦王時之舊屬）誤失軍期，高銜恨誣告李靖謀反，查屬子虛烏有且高甑生因之除官減死流邊，但李靖亦因而闔門杜絕賓客，雖親戚亦不妄見；尉遲敬德爲李世民親信，久從其征戰，玄武門事件，殺齊王元吉，擐甲持矛衛至李淵前「宿衛」，爲李世民之奪得帝位立有大功。貞觀十三年，時敬德爲鄜州都督，李世民嘗謂敬德：「人或言卿反，何也？」對曰：「臣反是實！臣從陛下征伐四方，身經百戰，今之存者，皆鋒鏑之餘也。天下已定，乃更疑臣反乎！」因解衣投地，出其瘢痍。李世民爲之流涕曰：「卿復服，朕不疑卿，故語卿，何更恨邪！」（見原書頁 6144。）

〔註 101〕《資治通鑑》卷一百九十九，太宗貞觀二十三年，頁 6267。

> 爲君之道，必須先存百姓，若損百姓以奉其身，猶割股以啖腹，腹飽而身斃。若安天下，必須先正其身，未有身正而影曲，上理而下亂者。朕每思傷其身者，不在外物，皆由嗜欲以成其禍……朕每思此，不敢縱逸。〔註102〕

太宗頗知正心修身而後國治天下平之道，而嗜欲乃正心修身之大妨，必須力圖避免。二曰暴虐，貞觀三年，太宗謂侍臣：

> 君臣本同治亂，共安危，……隋煬帝暴虐，臣下鉗口，卒令不聞其過，遂至滅亡，虞世基等尋亦誅死。前事不遠，朕與卿等，可得不慎，無爲後所嗤。〔註103〕

太宗治國多以亡隋爲前車之鑑，煬帝有者，彼必不思有，煬帝爲者，彼必不欲爲，煬帝以暴虐而臣下鉗口，乃至不聞忠諫而導致亡國亡身，此正太宗必欲去暴虐之故。三曰放縱，貞觀五年，太宗謂侍臣：

> 治國如治病，病雖愈，猶宜將護，儻遽自放縱，病復作，則不可救矣。今中國幸安，四夷俱服，誠自古所希，然朕日愼一日，唯懼不終，故欲數聞卿輩諫諍也。〔註104〕

貞觀五年正是突厥初平，四夷共擁太宗爲天可汗，而貞觀大治跡象已顯之時。太宗臨高而懼，居安思危，不敢遽自放縱。蓋隋末亂象方始撫平，猶重病之得治而愈，病則唯恐復發，國則唯恐復亂，有此一念，方屬長治久安之思。四曰自滿，貞觀六年，宴三品以上官員於丹霄殿，太宗語態從容謂彼等：

> 中外乂安，皆公卿之力。然隋煬帝威加夷夏，頡利跨有北荒，統葉護雄據西域，今皆覆亡，此乃朕與公等所親見，勿矜強盛以自滿也。
>
> 〔註105〕

有國家者最驚心於亡國之病，尤驚心於強盛大國之覆亡。隋朝盛時，甲兵百萬，開疆拓土，國勢威震夷夏；東突厥頡利可汗雄霸漠北，睥睨當代；西突厥統葉護可汗（？～628）臣服西域諸國，併鐵勒、控烏孫，稱雄一方，曾幾何時，霸業鴻圖一一皆付之流水。國脈起伏雖繫乎時運，而大國之覆亡多源始自君臣之驕矜自滿，故太宗以此自誡並告誡諸臣。

〔註102〕《貞觀政要·論君道》，頁3。按《資治通鑑》繫此事於武德九年玄武門事件之後。（見原書頁6026。）

〔註103〕《貞觀政要·論君臣鑒戒》，頁129。

〔註104〕《資治通鑑》卷一百九十三，太宗貞觀五年，頁6091。

〔註105〕《資治通鑑》卷一百九十四，太宗貞觀六年，頁6097。

因戒懼而有畏憚。貞觀二年，太宗謂侍臣：

人言天子至尊，無所畏憚。朕則不然，上畏皇天之監臨，下憚群臣之瞻仰，兢兢業業，猶恐不合天意，未副人望。〔註 106〕

所以畏天，是因天命靡常，惟德是依，自己若是敗德亂行，不能成爲天命之所歸——民命之所歸——則焉能期國祚長久？所以憚臣，是因作爲天子者，宜爲天下之表率，爲萬民所景仰，不能有任何不堪之事爲臣下所嗤笑。君若舟，民若水，水能載舟，亦能覆舟。「天子者，有道則人推而爲主，無道則人棄而不用，誠可畏也。」〔註 107〕則太宗之所畏憚者，不僅皇天與群臣而已。

貞觀四年，太宗謂侍臣：

朕有二喜一懼，比年豐稔，斗粟三錢，一喜也；北虜久服，邊鄙無虞，二喜也；治安則驕侈易生，驕侈則危亡立至，此一懼也。〔註 108〕

其可喜者，有名有實，亙古少有，皆可以爲大喜；其所懼者，尚是無形無兆，而太宗引以爲懼，此則驕侈不易生，而危亡亦不能至矣。

戒嗜欲，戒暴虐，戒放縱，戒自滿，畏皇天，憚群臣，畏民心之棄君不用，懼驕侈之引致危亡，似乎太宗之治國，無時不在戒懼之中。此種戒懼，激發其憂患意識，時時惕勵其爲君王之自覺。準此，則貞觀之治建基於戒懼之上，或不爲過。

第四節　寓兵利農、儉約明賞

寓兵於農，滋榮農業，爲兵與農固築根本，有兵之備與農之利；去奢從儉，君王節制私欲，戢止靡費以啓臣民；彰明賞黜，以懲惡勸善，而顯君王二柄之刑德。

一、足食，足兵乃爲政之要，〔註 109〕足食之法，莫過於滋榮農業，而足兵則必需有充沛可用之兵源。養兵乃最爲糜費國家資源之事，戰時或不得不傾府庫以支應，平時則不能長此以往。唐初——尤以貞觀時期——所行的府兵之制，實爲值得稱道的寓兵於農，兼顧武備與農業生產的良法美制。

府兵制乃北周所首創，隋因之。北周以府兵併吞北齊，隋以府兵併吞江

〔註 106〕《資治通鑑》卷一百九十二，太宗貞觀二年，頁 6048。

〔註 107〕《貞觀政要・論政體》，頁 27。

〔註 108〕《綱鑑易知錄》唐紀，太宗文武皇帝貞觀四年，頁 181。

〔註 109〕《論語・顏淵第十二》「子貢問政。子曰：『足食，足兵，民信之矣。』」

南，完成統一。易言之，府兵制並非貞觀之朝所建立。〔註 110〕蘇轍謂府兵制之效能：「內重不敢為變，外重不敢為亂，未有如唐制之得者也。」〔註 111〕但北周之府兵並不能防阻隋文帝的篡位（如蘇轍所云的防止「內重」），隋的府兵亦未能助煬帝戢止大業後期蠭起的暴亂，而獨於貞觀時期兼有防止「內重」與「外重」〔註 112〕之效，且貞觀之後此等效能又逐漸消失，此點將於稍後述利農之均田制時論及。

唐府兵制之不同於前代者，乃府兵為國家唯一之正規軍，其任務有三，一為番上宿衛，二為戍邊征防，三為接受軍府之訓練，並負有防衛地方之責。此種制度之另一層面，乃是顯現中央皇權之擴張。〔註 113〕府兵制的選兵教戰，乃是「擇魁健材力之士為之。首盡蠲租調，而刺史以農隙教之。」〔註 114〕以今義釋之，則府兵制乃是介乎徵兵制與募兵制之間的一種兵制，因其對所「府」之兵有所選擇，故非普遍徵召之徵兵，又其係在農閒時實施訓練，故亦非完全脫離生產之募兵，但兼有徵兵及募兵之間的一些質性。貞觀的府兵制：

> 凡府以衛士一千二百人為上府，一千人為中府，八百人為下府。在赤縣為赤府，在畿為畿府。衛士以三百人為團，有校尉，五十人為隊，三十人為火，有長，備六馱馬驢。米糧介胄，戎器鍋幕，貯之府庫，以備武事。關內置府三百六十一，積兵士十六萬，舉關中之眾，以臨四方。迺置十二軍，分關中諸府以隸焉。每歲十一月，以衛士帳於兵部，以俟徵發，天下衛士尚六十萬。〔註 115〕

曾鞏謂府兵：「民有農之實，而兵之備存；有兵之名，而農之利在。」〔註 116〕府兵之利，乃有武事時可以為兵以征戰，而平時則能散之農畝以自給，誠所謂「居閒歲則櫜弓力穡，將有事則釋耒荷戈。」〔註 117〕府兵均「有土」之殷

〔註 110〕《新唐書》卷五十，頁 1324，兵志：「府兵之制，起自西魏、後周，而備於隋，唐興因之。」

〔註 111〕蘇轍：《欒城應治集・唐論》。

〔註 112〕蘇轍以諸侯、王國擁重兵為外重，其弊在易於反叛朝廷：「高祖之世，反者九起，其遺孽餘烈至於文、景，而為淮南、濟北、吳楚之亂。」

〔註 113〕高明士、邱添生、何永成、甘懷真：《隋唐五代史》，臺北市：里仁書局，2010 年，頁 151。

〔註 114〕《文獻通考》卷一五一，兵考 3。

〔註 115〕《唐會要》卷七十二，府兵，頁 1298。

〔註 116〕《貞觀政要・論政體》集論，頁 42。

〔註 117〕《舊唐書・文苑・劉蕡傳》，頁 5074。

重農民充任，〔註 118〕兵器自備，兵器之操練純熟，戰鬥力強，軍紀亦較佳，眾家對此制多予好評。〔註 119〕貞觀時期長安附近有府兵二十六萬拱衛，中央對外用武，徵召地方兵員，如臂之使指；地方請兵弭平區域性之騷亂，亦能獲得迅速之發兵回應。將帥征戰有充沛之兵源，征戰結束則將帥回朝，兵歸於野，亦免除野心者擁兵自重的弊病，謂其爲良法美制，誠不爲過。

二、利農謂以有益、有利之適宜方法加諸於農事，以滋榮農業生產。諸項利農方法之能否列於優先之順位實施，則端在君王是否有此認識。貞觀二年，太宗謂侍臣曰：

> 凡事皆須務本，國以人爲本，人以衣食爲本；凡營衣食，以不失時爲本。〔註 120〕

不失時謂不失農時。農事春耕、夏耘、秋穫、冬藏，各有一定之時機，不可使之延誤。十六年，再復斯言：

> 國以民爲本，人以食爲命，若禾黍不登，則兆庶非國家所有。……今省徭賦，不奪其時，使比屋之人，恣其耕稼。〔註 121〕

民爲邦本——太宗之「國以人爲本」、「國以民爲本」——是儒家傳統的政治思想。中國以農立國，百分之九十以上的人口是農民，民爲邦本固已寓農（農民）爲邦本之意，而衣食（尤以食爲然）爲邦本之民活命所必需，則種種能使衣食豐足的利農措施，自必提升至爲政之首務。

貞觀一朝的利農興農措施，多端並舉，如勸課農桑，不奪農時；增殖人口，發展生產；設置義倉，救災備荒；開墾荒地，興修水利，推行均田以及與之適切配合的租庸調法。〔註 122〕因均田制與前述之府兵制成敗密切相關，

〔註 118〕據《唐律疏議·擅興》（卷十六）所誌，點檢府兵之優先次序爲：「財均者取強，力均者取富，財力又均，先取多丁。」故入選府兵者，擁地多之富裕農民（永業田可自由買賣，土地兼併自是無形中進行）因序在前，自有較高之比率。

〔註 119〕如前述蘇轍、曾鞏及宋儒孫甫等，亦有持反面意見者，王夫之《讀通鑑論》卷十一，謂：「……唐府兵之未盡革也，求兵於免租免庸之夫，……寓兵於農之可行於今也，不智而不仁，學焉而不思，亦忍矣哉！」（見原書頁 479、480。）其所論或係開元以後之府兵狀況。

〔註 120〕《貞觀政要·論務農》，頁 369。

〔註 121〕同上註，頁 372。

〔註 122〕租庸調爲唐代之賦役制度，編户之丁男授田一頃，歲輸粟二斛，謂之租。歲輸絹二匹，綿三兩（輸布者加五分之一，麻三斤）或輸銀十四兩謂之調。役人力，歲二十日，閏月加二日，不役者日輸絹三尺，謂之庸。有田則有租，

必須予以明白之分析，而貞觀一朝興修水力之勤也爲可述之特色，除此之外，其他望文生義即可以知其大端者則敘述從略。

均田係將「國有地」（不含一般地主、土地所有者之地），以規定之數量，分配予十八歲以上納入戶口編制內（編戶）的男丁，每丁所分配者有「永業田」和「口分田」兩項，永業田由個人私有，可以買賣，可以傳予子孫；口分田則僅有使用權，人死後或年滿六十歲時由國家收回。租庸調法爲均田制之配套措施，每丁每年向政府繳納一定數量的「租」和「調」，另須服役若干日，不願服役者，納絹代役。

困擾均田制最大的，是「狹鄉」與「寬鄉」〔註 123〕問題，狹鄉多爲人口密集，生活機能較好，單位土地收穫量較佳之處，寬鄉則反是。丁男之居狹鄉者，多不能分配到規定數量之土地，但其租、庸、調之賦役，卻並不因未配到足額土地而有差別。凡配得之土地與規定數差距愈小者，其均田農民之負擔愈輕，否則以更小之土地生產，負擔同樣之賦役，相形之下自是較重。

在一定範圍之區域內，地主（土地私有者）所佔之土地愈大，則可用以「均田」的公有地愈少，能納入均田的編戶數便愈少（地主亦納入編戶，其所佔土地雖遠大於每一均田編戶之土地，但一戶地主只以編戶一戶計），府兵以編戶之丁男爲徵集來源，編戶之多少，不僅與租庸調之賦役所得之多少息息相關，更是府兵兵源質與量之指標。

隋末暴亂，許多的私有土地擁有者遭到殺害，〔註 124〕被殺害者遺留之土地，相當多數成爲政府用於均田的土地，這些土地多集中在人口稠密之狹鄉，因而狹鄉均田的地少丁多之情況得見緩和。政府更以實質的獎勵措施，誘導人丁遷往人少地多之寬鄉，如授予更多之土地，給予租賦優惠，積極興築水利建設等。這些措施在唐高祖時即已開始，但太宗治下的貞觀年間，卻以更

有户則有調，有丁則有庸。租庸調制使田納租，（唐之租爲年收成的四十分之一，較諸漢之三十分之一爲低。）户輸調，丁服役，負擔平均分佈，且亦達到輕徭薄賦之目的。

〔註 123〕「狹」與「寬」並非所在地區之寬廣狹小，而是指國家可資分配的土地與該區應分配土地丁男間之比例。可分配之田多，須田丁男少之處稱寬鄉，可分配之田少，丁男多之處稱狹鄉。

〔註 124〕魏晉以來的世族莊園，在隋末暴亂中遭到相當嚴重之摧毀。山東、河西、江淮等地區的抗隋「義軍」和亂民，對富人、士子、貪官，格殺不赦，在山東之例，有「群盜得隋官及山東士子皆殺之。」（《舊唐書》卷五十四竇建德傳），河西關謹等要「盡殺隋官，分其家產。」（《舊唐書》卷五十五李軌傳），江淮杜伏威對「官人貪濁者，無輕重皆殺之。」（《舊唐書》卷五十六杜伏威傳）。

高的關注，投入更多的資源解決狹鄉寬鄉問題，故狹鄉之人口不致過擠，寬鄉人口不致過少，均田制乃能更爲有效的推行。實施府兵制的先決條件，是每個被選中的府兵必須占有一定面積之土地，因均田而入選之府兵，更占府兵之絕大多例（其編戶數遠多於地主之戶數），有編戶始有均田，有編戶始有府兵，貞觀時期「均田農民在總人口數中分量最高」〔註 125〕，故隋、唐的府兵、均田條文出入不大，而貞觀時期卻獨能獲得兩制之最佳效果。再往後，即因人口成長之問題，狹鄉每一人丁均田分得之土地逐年下降〔註 126〕，終於使均田分地之條文成爲具文，而府兵制也無以爲繼。〔註 127〕

水利爲發展農業之根本，水利建構完善，農業必然受益而欣欣向榮。「寬鄉」之所以人丁不願前往，亦多因水利建設不足，農業生產困難之故。貞觀年間，常有水旱，〔註 128〕或淹沒農田莊稼，或赤地千里，皆爲民生農業之大害。太宗且曾因水患而下詔自責，〔註 129〕在悉心投注之下，貞觀一朝之水利建構，斐然可觀，據《新唐書・地理志》、舊、新《唐書》薛大鼎、賈敦頤等之傳記內，檢索其構築之水利建設，計開鑿湖泊一、堰四、渠九、塘十、池一、陂十三，〔註 130〕共三十餘處鉅大的水利工程，相當程度的解除了水旱之害。

三、節儉爲儒家崇尚之美德。〔註 131〕君王之棄奢從儉者，或其本性使然，

〔註 125〕汪籛：〈唐太宗〉，原載於 1979 年《北京大學學報》，收於《唐太宗與貞觀之治論集》，頁 19。

〔註 126〕每年有成丁的大量丁男，其對均田土地的需求遠大於成丁死亡或年滿六十六歲退回之口分田。

〔註 127〕促成兩制廢止之原因，尚有土地兼併（因永業田可以買賣），貴族繁殖，商業資本逐漸抬頭，農民奴婢化等因素，但均遠不如人口成長之影響來得大。

〔註 128〕貞觀元年，山東大旱；二年，京師旱，蝗蟲大起；三年，大水；十一年，洛水氾濫，水淹洛陽宮。

〔註 129〕貞觀十一年七月，洛水氾濫，浸洛陽宮壞左掖門，毀宮寺十九所，漂沒民家六百餘家，溺死者六千餘人。太宗責己，令群臣直言政之得失，並下詔自責云：「暴雨爲災，大水泛溢，靜思厥咎，朕甚懼焉。文武百官，各上封事，極言朕過，無有所諱。」見《舊唐書・五行志》，頁 1352。

〔註 130〕貞觀元年，建雲門堰、弘農渠、材塘、折腳塘；三年，建柵城渠；六年，建洛水堰、百枝池；十年，建瓜谷堰；十一年，建葛榮渠、利人渠；十二年，鑿陽陂湖；十七年，建涑水渠；十八年，鑿雷塘、勾城塘；二十一年，建長豐渠；二十三年，建十石壚渠；又貞觀期中（未註年份）建滹沱堰、晉渠、無棣渠、鑿諸泉塘、瀝潯塘、永豐塘、橫塘、頡洋塘、回清塘，以及陂池十三處。

〔註 131〕論語八佾：林放問禮之本。子曰：「大哉問。禮，與其奢也，寧儉。」述而篇：子曰：「奢則不孫，儉則固。與其不孫也，寧固。」孟子滕文公上：「賢君必恭儉禮下。」

如漢光武帝與隋文帝；或知所利害而行之，「唯欲躬務儉約，必不輒爲奢侈」〔註 132〕的原因，在於恐懼因奢而「身戮國滅，爲天下笑」（太宗評隋煬帝之語）；另一原因則爲國家財賦不豐，不容帝王奢侈靡費。太宗之去奢從儉，應是上述之二、三兩原因。〔註 133〕

太宗自即位之始，即崇尚節儉。〔註 134〕有云：

> 夫聖世之君，存乎節儉，富貴廣大，守之以約。……茅茨不翦，采椽不斲，舟車不飾，衣服無文，土堦不崇，大羹不和，非憎榮而惡味，乃處薄而行儉。〔註 135〕

太宗的節儉省費措施表現在以下諸端：

（一）武德九年十一月（太宗已即帝位，尚未改元），將之前高祖所封宗室郡王皆降爲縣公，理由乃不欲勞百姓以養自家之宗族。〔註 136〕（降爵則封賞供奉隨之而降。）

〔註 132〕《貞觀政要・論務農》，頁 372。

〔註 133〕太宗治國，處處以亡隋爲鑑，不欲蹈其覆轍。歷代貢賦之制，悉以納入户籍編制内之「編户」爲課征對象，而入唐之初，全國編户數大幅減少，直至貞觀末年，尚不及隋代全盛時的三分之一。此一現象，學者咸以隋末暴亂，殺人盈野，以及因饑荒或死或逃解釋，蓋作戰殺伐，自必殺人盈野，而《資治通鑑》載太宗貞觀二年之詔，亦有：「隋末亂離，因之饑饉，暴骸滿野，傷人心目」之語。外國學人則持不同之看法，《劍橋中國隋唐史》唐史高祖、太宗兩代史的作者霍華德・韋克斯勒有謂：「太宗行政上的一大失敗是在全國推行的財政制度。609 年的隋代户數差不多是九百萬，到了高祖時代下降到不足二百萬，到了太宗末期，仍在三百萬以下，不到隋代户數的三分之一。這個差別並不表示實際人口災難性的下降，而是説明作爲課税根據的人口登記的鬆懈和低效率。漏籍最厲害的地方是全國最富、人口最多的河北和河南兩道，那裡的登記數只爲隋代人口的百分之十七和百分之十。幸虧太宗施政相對節儉，因爲全國約有三分之二的應納税的人逃避了課税而未受到懲罰。」（《劍橋中國隋唐史》，頁 208。）作者之爲此言，並非憑空臆測，而是審愼參酌另二篇專文：浦立本，〈隋唐時期之户口登記〉、崔瑞德，〈晚唐的地方自治和中央財政〉而得的結論。時難年荒，農民逃離家園，或避徵役，或避徭賦，編户數自必爲之大減。武則天時，「天下户口，亡逃大半。」（《舊唐書・韋嗣立傳》）即爲此一現象之佐證。即令在貞觀盛世，逃户之現象亦普遍存在，貞觀十六年，太宗即「敕天下括浮遊無籍者，限來年末附畢。」（見《資治通鑑》卷一百九十六，頁 6175。）

〔註 134〕《貞觀政要・論政體》有謂：「太宗自即位之始，霜旱爲災，米穀踴貴；突厥侵擾，州縣騷然。帝志在憂人，鋭精爲政，崇尚節儉，大布恩德。」見頁 40。

〔註 135〕《帝範》卷三，崇儉第八，頁 74。

〔註 136〕《資治通鑑》卷一百九十二，頁 6025。

（二）貞觀元年，將倍於隋開皇、大業時之州縣數（爲寵祿武德初年開國征戰時相率來歸之各地豪傑而設），大加併省，因山川地形之便宜而分爲關內、河南、河東、河北、隴右、山南、淮南、江南、劍南、嶺南十道。〔註 137〕自是民少吏多之弊大見革除，而地方行政之費大見簡省。

（三）貞觀元年，以「官在得人，不在員多」爲由，裁汰中央政府文武官員，由二千餘人精簡至只留六百四十三人。〔註 138〕用人費用大爲節省。

（四）先後二次（相隔二年，一在武德九年八月，一在貞觀二年九月）下詔釋出宮女，任其自由婚配。〔註 139〕第一次人數不詳，第二次記爲：「前後所出三千餘人。」節省宮廷之開支，數不在少。

（五）省建宮室，停修洛陽乾元殿，〔註 140〕減離宮遊幸畋獵；〔註 141〕即使是一殿之營，亦鑒於秦始皇營宮室招致怨叛而止。〔註 142〕

（六）明令禁止厚葬，〔註 143〕而己身志在儉葬，「恐子孫從俗奢靡，自爲終制，因山爲陵，容棺而已。」〔註 144〕

（七）寓兵於農，定府兵十六衛以爲養兵之制，天下府兵僅六十萬，節省鉅額之養兵耗費。

〔註 137〕《資治通鑑》卷一百九十二，頁 6033。

〔註 138〕《資治通鑑》卷一百九十二，頁 6043。

〔註 139〕前詔云：「宮女眾多，幽閟可愍，宜簡出之，各歸親戚，任其適人。」（《資治通鑑》卷一百九十一，頁 6018。）；貞觀二年，京師旱，中書舍人李百藥上言：「往年雖出宮人，竊聞太上皇宮及掖庭宮人，無用者尚多，豈惟虛費衣食，且陰氣鬱積，亦足致旱。」上曰：「婦人幽閉深宮，誠爲可愍，灑掃之餘，亦何所用，宜皆出之，任求伉儷。」（《資治通鑑》卷一百九十三，頁 6057。）

〔註 140〕貞觀四年，詔發卒修洛陽之乾元殿以備巡狩。此殿隋室所造，楹棟宏壯，工程浩大。修造乾元殿因張玄素以卑干尊之亟諫而中止。

〔註 141〕貞觀七年，太宗將幸九成宮，散騎常侍姚思廉以之比於秦皇、漢武之事，剴切諫阻，太宗答以非好遊幸，乃因患有氣疾而宜往可以消暑之處。雖未能諫阻九成宮之行，但亦具減少日後遊幸之效。又貞觀三年，李大亮爲涼州都督，有朝廷派出之使者過州境，見有名鷹，暗示李大亮進獻。李大亮密表太宗，中有「陛下久絕畋獵」之語。

〔註 142〕貞觀元年，太宗謂公卿：「……秦始皇營宮室而人怨叛者，病人以利己故也。……朕欲營一殿，材用已具，鑒秦而止。」（見《資治通鑑》卷一百九十二，頁 6041。）

〔註 143〕貞觀十一年，鑒於民俗以厚葬爲奉終，以高墳爲行孝，勳臣皇戚、民間里巷率以侈靡厚葬爲尚，詔以：「其王公以下，爰及黎庶，自今以後，送葬之具，有不依令式者，仰州府縣官，明加檢察，隨狀科罪。」（《貞觀政要‧論儉約》，頁 290。）

〔註 144〕《資治通鑑》卷一百九十四，太宗貞觀十一年，頁 6127。

以上所舉，或出自以政策、詔令以戢止社會國家之靡費，或節制個人之欲望而儉約垂範，求之於文治武功極盛的大唐帝王，允稱不易。

四、賞罰爲君王御臣的二柄。酬功黜罪，至當之具莫若賞罰。太宗之論賞罰，有云：

> 夫天之育物，猶君之御眾，天以寒暑爲德，君以仁愛爲心。寒暑既調，則時無疾疫，風雨不節，則歲有饑寒，仁愛下施，則人不凋弊，教令失度，則政有乖違。防其害源，開其利本，顯罰以威之，明賞以化之，威立則惡者懼，化行則善者勸。適己而妨於道，不加祿焉，逆己而便於國，不施刑焉。故賞者不德君，功之所致也，罰者不怨上，罪之所當也。〔註 145〕

《貞觀政要》言貞觀之入於治，其治道凡四十篇，而未有言賞罰者。太宗對賞罰之認知與重視，則賞罰之事，必所在多有。茲以《資治通鑑》爲本，自武德九年玄武門事件之後，至貞觀二十三年太宗之逝，有關賞黜事例之紀事，據以闡述太宗明賞罰黜之道。（因罪入刑者不計）

《資治通鑑》著錄之太宗賞黜紀事

（一）賞

紀　年	受賞人物	受賞原因	賞賜物
武德九年（626）	魏徵	諫阻點徵中男	金甕一
武德九年	張蘊古（？～631）	上〈大寶箴〉以誡帝王	賜以束帛，除大理丞
貞觀元年（627）	長孫順德	因貪事覺，行微賞以羞之	絹數十匹
貞觀元年	魏徵	諫阻發兵嶺南	絹五百匹
貞觀元年	魏徵	人告魏徵私其親戚，按之無狀，魏諫告願以其爲良臣，勿使其爲忠臣	絹五百匹〔註 146〕
貞觀二年（628）	杜正倫	職在記言，奏告太宗，君有失必記，蓋恐君王之失有害於今，貽譏於後	帛二百段

〔註 145〕《帝範》卷三，賞罰第九，頁 79～82。
〔註 146〕《貞觀政要・論納諫》，頁 117，記爲絹二百匹。

紀　年	受賞人物	受賞原因	賞賜物
貞觀三年（629）	常何（588～653）	因馬周被擢用事，以常何為知人	絹三百匹
貞觀三年	統特勒（薛延陀可汗之弟）	入貢，謀與修好以離間突厥	寶刀、寶鞭
貞觀三年	李大亮（586～645）	密表告使者求佳鷹事，褒其忠直	胡缾、荀悅《漢紀》〔註 147〕
貞觀四年（630）	李靖	破突厥戰功	絹三千匹，加食邑五百戶
貞觀四年	張玄素	以卑干尊，懇切疏諫，阻修洛陽宮	綵二百匹
貞觀四年	李綱（547～631）	拜太子少師，以其有足疾，步履不便，賜物使乘至閣下	步輿（人挽之小車）
貞觀五年（631）	魏徵	諫勿親近聽信奸佞之告奸	絹五百匹
貞觀五年	馮盎（？～646）	平諸獠戰功	前後賞賜不可勝數
貞觀六年（632）	姚思廉（557～637）	諫勿幸九成宮	絹五十匹
貞觀六年	魏徵	諫嫁長樂公主嫁妝勿優於長公主，皇后請遣中使賜贈魏徵	錢四百緡，絹四百匹
貞觀七年（633）	于志寧、杜正倫	直諫太子	各金一斤，帛五百匹
貞觀八年（634）	皇甫德參	上書激切言事，激怒太宗，因魏徵之諫而息怒優容	先絹十二匹，後更加優賜，拜監察御史
貞觀九年（635）	蕭瑀（575～648）	稱賞蕭乃不可以利誘，不可以死脅的社稷之臣	賜詩（疾風知勁草，板蕩識誠臣）
貞觀十一年（637）	吳王、晉王、紀王	諸王封都督，離京上任勉之	賜書（以代珍玩）
貞觀十一年	魏徵	魏四、五、七月三度上疏勸政，詞懇意切	賜手詔褒美

〔註 147〕《貞觀政要・論納諫》，頁 100，記所賜贈，荀悅《漢紀》之外，為金壺缾、金椀各一，後二者為太宗自用之物。

紀　年	受賞人物	受賞原因	賞賜物
貞觀十二年（638）	魏徵、房玄齡	表歷來之功	各賜佩刀一把
貞觀十二年	拔酌、頡利苾（薛延陀可汗之子）	示以優崇，欲分離薛延陀之勢力	各賜鼓纛，拜爲小可汗
貞觀十三年（639）	薛延陀可汗	與謀進取，以擊高昌	繒帛
貞觀十三年	魏徵	魏上漸不克終疏勸政	黃金十斤、廐馬二匹
貞觀十三年	李思摩	率部渡河返舊地安置	鼓、纛
貞觀十四年（640）	國子監祭酒（孔穎達）以下至諸生高第者	觀釋奠勸學	帛
貞觀十四年	劉仁軌（501～685）	上言請太宗延後校獵，免妨農事	賜璽書
貞觀十四年	阿史那杜爾	破高昌後，受賞廉愼	寶刀及雜綵千段
貞觀十五年（641）	沙鉢羅葉護（西突厥可汗）（？～659）	遣使入貢	鼓纛，即其所號立爲可汗
貞觀十六年（642）	魏徵	以徵宅無堂	素屛風、素褥、几、杖
貞觀十七年（643）	羅石頭、高君狀、杜行敏	平齊王之亂	追贈羅亳州刺史，以高爲榆社令，杜行敏爲巴州刺史，封南陽郡公
貞觀十七年	權萬紀、韋文振	齊王之亂中死難	追贈權萬紀齊州都督、賜武都郡公、謚曰敬；追贈韋文振左武衛將軍，賜襄陽縣公
貞觀十七年	于志寧、孔穎達	嘉彼等數諫太子承乾	金、帛
貞觀十九年（645）	高麗安市城主	久攻安市不下，嘉其能固守	縑百匹
貞觀十九年	魏徵之妻	征高麗無功而回，感念魏徵	勞賜之

（二）黜

紀　年	受黜人物	受黜原因	區　處
武德九年（626）	蕭瑀、陳叔達	在廷上忿爭，坐不敬	二人皆免官（蕭瑀不久又起用）
貞觀元年（627）	高士廉	將王珪所附密奏，寢而不言	由侍中左遷安州大都督
貞觀元年	蕭瑀	坐事（未指何事）	免左僕射職
貞觀二年（628）	裴虔通、牛方裕、薛世良、唐奉義、元禮	在隋煬帝時曾爲叛逆之事	皆除名徒邊
貞觀三年（629）	裴寂（570～629）	聽聞法雅之妖言而不報	免官，遣還鄉里
貞觀三年	龐相壽	貪污（事件輕微者）	解任，賜帛遣之
貞觀五年（631）	竇璡	修洛陽宮，鑿池築山，彫飾華靡	遽命毀去華靡彫飾，免竇璡官
貞觀九年（635）	李道彥	背党項之約，遭羌人怨擊，兵敗，士卒死者數萬	減死徒邊
貞觀九年	樊興	逗遛失軍期，士卒失亡多	減死徒邊
貞觀九年	高甑生	誣告李靖謀反	減死徒邊
貞觀十年（636）	權萬紀	請開發宣、饒二州銀礦	黜使還家（未幾又起用）
貞觀十一年（637）	李恪（？～653）	數出畋獵，傷損居人	免官，削戶三百
貞觀十四年（640）	侯君集	破高昌私取珍寶，又不能禁士卒之競爲盜竊	下獄（因岑文本之上疏而獲釋）
貞觀十四年	趙元楷	以指霑侯君集馬蚛顙之膿而齅之，遭劾奏其諂	左遷栝州刺史
貞觀十四年	張士貴	受命杖中郎將，下杖過輕	下獄（因魏徵之奏而遽釋）
貞觀十七年（643）	楊師道	鞫李承乾謀反之獄時，陰爲趙節減輕刑責	由中書令左遷吏部尚書

紀　年	受黜人物	受黜原因	區　處
貞觀十七年	杜正倫	諫太子不聽，以太宗之言訓之，漏泄主上之言	由中書侍郎左遷穀州刺史
貞觀十九年（645）	韋挺（589～646）	不先行視漕渠，運米船六百艘擱淺	械送洛陽，除名
貞觀十九年	崔仁師（韋挺之副手）	不先行視漕渠，運米船六百艘擱淺	免官（未久又起用）
貞觀十九年	陳元璹	（冬季）使民於地室蓄火種蔬菜進獻皇上，以諂爲太宗所惡	免官
貞觀十九年	楊師道（？～647）	所任用之職官多非其才	由吏部尙書左遷工部尙書
貞觀二十二年（648）	崔仁師	見有伏閤自訴者（在宮門呼冤欲陳情）不上奏	除名，流連州
貞觀二十二年	薛萬徹（？～653）	在伐高麗之軍中使氣陵物，又對主上有怨望	除名，流象州

行賞以疏諫之稱道可取者爲最多（十五則），蓋貞觀之所以成治，太宗之屈己從諫，謙虛納諫，實爲重要之原因，而其用賞特多於諫疏，亦足見其求諫之誠與納諫之美；受賞之四十五人次中，以魏徵之九次獨占鼇頭，戈直許其爲「三代遺直」，「兩漢以來，一人而已」，觀乎整本《貞觀政要》，太宗之外，魏之言行所佔篇幅最多，其受賞次數最多，亦實至而名歸。

疏、諫之外，其餘之受賞原因不一而足，亦可見太宗用賞之全面性。較特出之事例，有貞觀三年之賞統特勒（謀與修好以離間突厥），十二年之賞拔酌、頡利苾（亦以優崇欲分離薛延陀之勢力），十三年之賞薛延陀可汗（與謀進取，以擊高昌），則太宗之用賞有相當之功利主義成分，十九年之賞高麗安市城主（久攻安市不下，嘉其能固守），褒忠佩服之外，亦大有以他山之石勖勉群臣之意義在。〔註 148〕用賞或爲酬功褒忠或爲謀取國家利益，固不待言，而用賞以羞貪鄙之臣（貞觀元年之賞長孫順德〔註 149〕），則太宗更將用賞之術演入化境。

〔註 148〕亦爲糧盡退兵的下台之階。

〔註 149〕長孫順德爲長孫皇后之叔，皇家宗親；追隨李淵、李世民，有開國征戰之大功；玄武門之役，追隨李世民之後，效忠不渝，獲圖像於凌煙閣，多次因貪

《資治通鑑》之外，《貞觀政要》亦有一太宗用賞之事例予人印象深刻：貞觀十七年，太子右庶子高季輔（597～655）上疏陳得失，太宗特賜鍾乳〔註150〕一劑，謂曰：「卿進藥石之言，故以藥石相報。」〔註151〕

受黜人物中，蕭瑀、楊師道、崔仁師三人二度列名，餘者姓名均只一見，並無特別之針對性。高士廉為長孫皇后（601～636）之舅父（自小撫育長孫皇后與長孫無忌以至成人），幾乎可視為太宗之岳父；李恪為太宗庶出之子，且頗得青睞；龐相壽、高甑生為追隨太宗多年之秦王府舊人，可見太宗之罰黜不念親故。受黜原因，除過失之外，竇璡以奉命修洛陽宮，彫飾過於華麗而免官；權萬紀著眼為國庫財務，奏請開發宣、饒二州銀礦，被黜還家，太宗之處置或稍過於矯情。趙元楷、陳元璹以諂遭黜，亦可見太宗厭惡諂佞之性格，〔註152〕另裴虔通、牛方裕等五人「過犯」（對隋煬帝行忤逆之事，詳見本文第四章第三節「貶逆彰忠」）遠在十餘年前，亦可知太宗之罰黜並無追訴期限。

第五節　振武修文、羈縻和親

振奮武備，充實軍力國防，所以安內攘外；修明文事，增益文教典法，所以彰勵教化；牽制夷狄以義方而羈縻之，以安定邊陲，萬里無塵；懷柔遠人以姻通而議和結親，和睦相處。

有據被彈劾，貪為可以處死之重罪，而太宗不忍亦難以治罪，此次行賞，太理少卿胡演謂太宗：「順德枉法受財，罪不可赦，奈何復賜之絹？」太宗曰：「彼有人性，得絹之辱，甚於受刑；如不知愧，一禽獸耳，殺之何益！」（見《資治通鑑》卷一百九十二，頁6032。）

〔註150〕產於石，食之可使人通氣生胃，明目利竅。（見《標準藥性大字典》，臺北市：滿庭芳出版社，1993年，頁370。）

〔註151〕《貞觀政要‧納諫》，頁105。

〔註152〕另有二事，未及於罰黜，亦可見太宗此一性格。其一為太宗嘗休止於樹下，意甚喜愛，一旁之宇文士及乃對樹讚譽不已，太宗正色謂士及曰：「魏徵常勸我遠佞人，我不知佞人為誰，意疑是汝，今果不謬！」士及滿面羞慚叩首謝過。（見《資治通鑑》卷一百九十六，貞觀十六年，頁6179。）另一事之主角亦為上表所列之趙元楷，其人在貞觀七年時為蒲州刺史，太宗巡幸蒲州時，元楷令父老著黃紗單衣迎候於道旁，並大力裝飾官署房舍，修建樓觀雉堞以求討好，且私下飼羊百餘口，養魚數千條，欲以饋贈隨行之貴戚，太宗知後大加數落，指為亡隋陋習，仁楷慚懼不已。（見《貞觀政要‧杜讒邪》，頁313。按：政要云：「仁楷慚懼，數日不食而卒。」今則貞觀十四年尚能鸃侯君集馬蚛顙之膿，則數日不食而死之事不確。）

一、以武力服人曰武。漢武帝北逐匈奴，置武威郡，而貞觀之武威，逾越漢武，《資治通鑑》之述貞觀一朝，絕大部分之篇幅皆言太宗平服四夷之武功，〔註153〕故貞觀振武之事，宜以專節論述。

突厥爲中國北方之遊牧民族，北周、北齊時代，勢力漸盛，《隋書，突厥傳》稱其「控弦數十萬」，亦即有數十萬可以作戰之勁卒。隋初，突厥因侵隋敗績向隋稱臣。隋末喪亂，突厥勢力復振，煬帝北巡，爲突厥始畢可汗率二十萬騎圍於鴈門，煬帝幾爲所俘，後雖罷去，但自是突厥已成爲雄據漠北，勢傾中夏，力控西城的軍事強權。隋末群雄逐鹿中原，多引突厥爲奧援，如梁師都（？～628）、劉武周（？～622）、王世充（？～621）、竇建德（573～621）、薛舉（？～618）、李軌（？～619）、高開道等，皆曾臣事突厥，接受其「可汗」之封號。唐高祖起兵太原，亦曾遣劉文靜（568～619）往突厥借兵馬以壯聲威，而始畢可汗乃遣其柱國康稍利等獻馬千匹，會於絳郡，又遣二千騎助軍，從平京城，代價則爲「人眾土地入唐公，財帛金寶入突厥。」〔註154〕唐高祖是否曾「稱臣於突厥」〔註155〕，近代史家力爲辨誣，〔註156〕眞僞固不能完全確定，但唐初突厥勢力猖獗，太宗即位才十餘日（武德九年八月二十八日），頡利可汗便「合兵十餘萬」（或云四十萬），進抵與長安僅一水之隔的渭水便橋。「帝出禦之，突厥請盟而退。」〔註157〕《資治通鑑》記事，亟言太宗之睿智英勇，但終是「啗以金帛」，突厥才與設白馬之盟而退兵。對於此一盟約，太宗未嘗不引以爲奇恥大辱。〔註158〕

〔註153〕（宋）袁樞《通鑑紀事本末》將貞觀一朝之紀事分爲十一目，曰：太宗平內難（言玄武門前後之事）、太宗易太子、太宗平突厥、唐平鐵勒、唐平西突厥、太宗討龜茲、太宗平高昌、太宗平吐谷渾、貞觀君臣論治、唐平遼東、吐蕃請和。十一目中有八目皆言征討之事。按《通鑑紀事本末》所綴集，皆不出《資治通鑑》原文，作者爲之區別門目，以類排纂，每事各詳起訖，自爲標題，每篇各編年月，自爲首尾，使紀傳編年貫通爲一，爲前古所未見。《四庫全書總目》對是書稱揚備至，謂非其他通鑑總類諸書割裂擶撏者可比。

〔註154〕《舊唐書・劉文靜傳》，頁2292。

〔註155〕《資治通鑑》卷一百九十三，貞觀三年十二月，頁6067，太宗對侍臣之語。

〔註156〕詳李樹桐：《唐史考辨・唐高祖稱臣於突厥考辨》。

〔註157〕《鋼鑑易知錄》，頁155。

〔註158〕《舊唐書・李靖傳》當李靖北伐突厥，大勝於定襄時，太宗云：「卿以三千輕騎深入虜庭，克復定襄，古今所未有，足報往年渭水之役。」（見原書頁2479。）《新唐書・李靖傳》同處之語爲：「靖以騎三千，蹀血虜庭，遂取定襄，古未有輩，足澡吾渭水之恥矣。」（見原書頁3814。）可見太宗對「渭水之盟」的念念不忘。

唐自太原起義，討平群雄，軍力本不謂弱，但自渭水之恥以後，積極的振武工作才見諸行動。太宗自爲教範，武德九年的九月二十二日（突厥退兵方始二旬），即召集諸衛將卒習射於殿庭，剀切勖勉：

> 我今不使汝等穿池築苑，造諸淫費，農民恣令逸樂，兵士唯習弓馬，庶幾汝鬪戰，亦望汝前無橫敵。〔註 159〕

依唐律，在御殿擕兵刃者應處絞刑，但李世民置群臣「萬一有狂夫竊發，出於不意，非所以重社稷也」〔註 160〕之諫言於不顧，其結果乃是「由是人思自勵，數年之間，悉爲精鋭。」〔註 161〕

以土地、人口、生產力諸端而言，唐之國力本在突厥之上，依社會進化之進程，畜牧而農業而工業，進步之社會，其治事用物之效率亦較落後之社會爲優，兩相比較，唐之農業社會蘊積之驅動能量亦強過突厥之遊牧社會。貞觀之治，太宗兢兢業業，勵精圖治，在「明恥教戰」的目標動力之下，輔以其他政策〔註 162〕與謀略〔註 163〕，兼以突厥內政失修，國人離心，天災頻仍，連降大雪，六畜多死，人民饑饉，國勢大衰。此長彼消之下，貞觀三年，唐之與突厥，已然佔有絕對優勢。〔註 164〕

貞觀三年十一月，以兵部尚書李靖爲統帥兼定襄道行軍總管，并州都督李勣爲通漢道行軍總管，率蘇定方（592～667）、薛萬徹、柴紹（？～638）等（俱唐初能征慣戰之名將），合軍十餘萬，分兵六路，北出鴈門關以討突厥。

〔註 159〕《舊唐書・太宗本紀》，頁 31。而《資治通鑑》所誌，則稍有區別，其語云：「朕不使汝曹穿池築苑，專習弓矢，居閒無事，則爲汝師，突厥入寇，則爲汝將，庶幾中國之民可以少安乎！」（見《資治通鑑》卷一百九十二，頁 6021）

〔註 160〕《資治通鑑》卷一百九十二，頁 6022。

〔註 161〕同上註。

〔註 162〕貞觀一朝有健全之府兵政策已如前述，唐又有軍功授田賞爵封邑的政策，不分貴賤（甚至及於爲奴者）一體適用，使作戰勝負與將士的切身利益相結合。

〔註 163〕如培植突厥內部的反對勢力突利可汗，援助拉攏突厥北面之鐵勒部落等。

〔註 164〕貞觀三年，代州都督上言突厥六可取之狀：「頡利縱欲肆情，窮凶極暴，誅害良善，昵近小人，此主昏於上，其可取一也。又其別部同羅、僕骨、回紇、延陀之類，並自立君長，將圖反噬，此則衆叛於下，其可取二也。突利被疑，輕騎自免；拓設出討，匹馬不歸；欲谷喪師，立足無地，此則兵挫將敗，其可取三也。塞北霜旱，糧糇乏絕，其可取四也。頡利疏其突厥，親委諸胡，胡人翻覆，是其常性，大軍一臨，內必生變，其可取五也。華人入北，其類實多，比聞自相嘯聚，保據山險，師出塞垣，自然有應，其可取六也。」（見《舊唐書・張公瑾傳》，頁 2507。）

四年元月，李靖以奇兵襲取突厥的龍庭定襄，頡利可汗率殘部北逃。太宗爲定襄之勝，宣布大赦天下，祝酒五日。

李勣伏兵於要隘，堵截頡利退兵路線，再敗頡利於白道。頡利率餘部逃往磧口，遣使請降。

二月，李靖、李勣合兵進擊，置頡利請降的緩兵之計於不顧，襲破其最後之巢穴磧口，頡利僅能率少許殘兵西逃吐谷渾，途中眾叛親離，爲大同道行軍副總管張寶相所生擒，獻俘於京城，爲外夷大可汗被俘之第一人。自助兼天佑，唐王朝振起，而突厥（或云東突厥汗國）亡國。〔註 165〕

雄霸中亞，對區內夷族頤指氣使的突厥爲中國所滅，則其他部族之威服，幾乎爲想當然之事。貞觀四年三月三日，四夷君長齊集長安皇宮，懇請太宗接受彼等所上之「天可汗」封號，群臣及四夷皆高呼萬歲。自後太宗對西北邊陲部族酋長君王頒發詔書，皆自署「天可汗」。

兵強馬壯，國富民殷，翦滅東突厥之後，「振武」之餘威也極可觀：

貞觀四年，降服伊吾，置西伊州。遠在數千里之外的西突厥遣使入貢。

貞觀九年，破吐谷渾。

貞觀十四年，滅高昌，以其地置西州。

貞觀二十年，滅薛延陀。

貞觀二十一年，以降服之回紇諸部地，置六府七州。

貞觀二十二年，破焉耆、龜茲，〔註 166〕契丹內屬，西突厥來降。

大唐疆域：「東極海，西至焉耆，南盡林州南境，北接薛延陀界；東西九千五百一十一里，南北一萬六千九百一十八里。」〔註 167〕超逾秦及西漢最盛時之版圖。太宗曾有「朕於戎，狄所以能取古人所不能取，臣古人所不能臣」〔註 168〕之語，以及：

〔註 165〕漢武帝北伐匈奴，耗盡國力，雖勝而未竟全功（未使匈奴滅國），太宗即位不過三年，即令東突厥汗國亡國，雖多得力於明恥教戰，自力自強，但突厥因內政、天災之故，國勢急遽衰落，時機上此長彼消，不無幸運成分。《劍橋中國隋唐史》謂「太宗得天之助，消滅了東突厥帝國。」（見原書頁 222）

〔註 166〕焉耆和龜茲是印歐語系民族，受伊朗、印度、阿富汗和中國文化影響而孕育成印歐文化。《劍橋中國隋唐史》稱「焉耆和龜茲的征服對中亞的印歐文化和文明是一個致命的打擊，從此它再也沒有恢復。」（見原書頁 227）

〔註 167〕《新唐書》卷第三十七，地理志（一），頁 960。按：此爲貞觀十四年之事。

〔註 168〕《資治通鑑》卷一百九十八，太宗貞觀二十一年，頁 6246。

> 漢武帝窮兵三十餘年，疲弊中國，所獲無幾，豈如今日綏之以德，使窮髮之地盡爲編户乎！〔註169〕

「綏之以德」或不如「威之以兵」更近實情。欲使綏之以德之言成爲眞實，必須有堅強之實力爲其後盾，實力不足而行德化，或不免徐偃王行仁義而遭滅國的前車之鑑。〔註170〕太宗武威所及，四夷歸附，開疆拓土，四方來朝，確如司馬光之言「三代以還，中國之盛，未之有也。」若無此一成就，貞觀之治的光芒勢將大爲失色，甚至歷史上是否能有「貞觀之治」之名或也大成疑問。振武而有武威，豈容小覷！

二、修文謂整治文教典法，以求盡善。貞觀修文之措施，舉其綱要，約有統一經學、興辦學校、搜整經籍編纂史書，增修禮樂典制等四端，茲分述如下。

（一）統一經學：貞觀四年，太宗詔令前中書侍郎顏師古（581～645）〔註171〕考定《五經》，考定之原因，一則《五經》去聖久遠，文字頗多訛謬，再則前承南北朝近三百年的南北分裂，兩方對峙，各有師承，亦各因襲舊說，在各有所本的錯綜複雜情況下，以儒學爲宗〔註172〕的統治者，對此不能熟視無睹。顏師古以祕書省所藏晉、宋以來大量之古今經籍圖書爲依據，悉心校正，歷時二年餘，《尚書》、《周易》、《禮記》、《左傳》、《毛詩》之《五經》考定完成，太宗爲求愼重，詔時任尚書左僕射的房玄齡集諸儒重加詳議，當時之辯駁盛況：

> 諸儒傳習師説，舛謬已久，皆共非之，異端蠭起。而師古輒引晉、宋已來古本，隨方曉答，援據詳明，皆出其意表，諸儒莫不嘆服。〔註173〕

《五經》之官定本自是確立。貞觀七年十一月，「頒其所定書於天下，令學者習焉。」〔註174〕

〔註169〕《資治通鑑》卷一百九十八，太宗貞觀二十二年，頁6253。

〔註170〕《韓非子・五蠹》記有：徐偃王處漢東，地方五百哩，行仁義，割地而朝者三十有六國。荊文王恐其害己也，舉兵伐徐，遂滅之。（見原書頁33。）

〔註171〕顏師古爲南北朝名儒顏之推之孫，家學淵源，學識通博，貞觀初曾任中書侍郎，後坐事免職。閒官之際，受命考定《五經》，可謂適人適時。

〔註172〕以儒家爲宗，爲歷代統治者口誦而心未必唯之方策。不論是「陽儒」或「外儒」，其形論文字者，率皆「以儒爲宗」。

〔註173〕《貞觀政要・崇儒學》，頁341。

〔註174〕同上註。

《五經》雖有定本，但由於數百年經學師承所造成之思想與理論歧異，對同樣之字句仍然「師說多門」。貞觀十二年，太宗令時任國子祭酒孔穎達集合眾力，主持編撰統一的《五經》義疏〔註 175〕，二年之後，一百八十卷的《五經》義疏大功底成。此書綜合古今，考定異說，定於一尊，將南北經學完全統一，可謂前所未有之偉業。〔註 176〕太宗欣慰之餘，下詔褒獎曰：「卿等博綜古今，義理該洽，考前儒之異說，符聖人之幽旨，實爲不朽。」〔註 177〕孔穎達亦以此而圖像凌煙閣。義疏初名《義贊》，太宗以其名稍欠確切宏偉，下詔更名爲《五經正義》，〔註 178〕交付國子監施行。此書頒行後，唐宋兩代，明經科舉取士，試題與經義皆以之作爲標準，其影響不可謂不大。貞觀一朝所完成之《五經》定本與《五經正義》，就儒家經學之統一而言，皆爲空前之大事。

（二）興辦學校：學校爲造就人才之場所。范祖禹〔註 179〕有謂：「唐之儒學，惟貞觀、開元爲盛，其人才之所成就者，亦可睹矣。」〔註 180〕太宗極重視學校教育，有謂：

> 宏風導俗，莫尚於文，敷教訓人，莫善於學。因文而隆道，假學以光身，……是以建明堂，立辟雍，博覽百家，精研六藝，端拱而知天下，無爲而鑒古今，飛英聲，騰茂實，光於不朽者，其爲學乎。〔註 181〕

唐之學校體制，在中央有隸屬於尚書省禮部之國子監、隸屬於門下省之弘文館及隸屬於太子宮之崇文館。〔註 182〕後二者所收生員，須具特殊資格，〔註 183〕

〔註 175〕參與《五經》義疏工作者，除孔穎達領銜外，尚有名儒顏師古、司馬才章、王恭、王琰等，以及國子司業、太學博士、四門博士與彼等之助教等二十餘人。

〔註 176〕《五經》義疏，《尚書》以孔安國傳爲底本（按：孔安國傳經後人考定爲僞作），《周易》用王弼注爲底本，《禮記》用鄭玄注爲底本，《左傳》用杜預注爲底本，《詩》用毛傳鄭箋作底本。掃除了「章句複雜」、「師說多門」之弊病，奠定一代規模。

〔註 177〕《舊唐書・孔穎達傳》，頁 2602。

〔註 178〕《五經正義》成書後，有太學博士馬嘉運駁《正義》多有未妥，《各經》之注文彼此互異，疏文失於虛浮，語出有據，太宗乃詔更令詳定，但此項工作，終貞觀一朝未能完成。唐高宗永徽二年，下詔儒臣重修，永徽四年書成，仍以孔穎達署名。

〔註 179〕宋哲宗時翰林學士，撰《唐鑑》。

〔註 180〕《貞觀政要・崇儒學》集論，頁 336。

〔註 181〕《帝範》卷四，崇文第十二，頁 98～100。

〔註 182〕在地方則有京都學、府學、州學、縣學、醫學、崇玄學等。本文旨在探討太宗之治道，故僅及於密切相關的中央體制。弘文館設於太宗即位之初，崇文館設於貞觀十三年。

人數有限，而國子監則接受低階官員之子及庶族平民之優秀者，且收納大批留學生，〔註 184〕規模之大，堪稱空前，師生人數凡三千二百六十員，〔註 185〕遂有「四方秀艾，挾策負素，坌集京師，文治熠然勃興。」〔註 186〕之盛況與結果。

（三）蒐整經籍、編纂史書：朝代更迭，承平戰亂相仍，中國之經籍圖書，歷代屢修屢毀。隋末戰亂，原已頗具規模之經籍圖書，〔註 187〕又遭浩劫，「國家平王世充，收其圖籍，泝河西上，多有沉沒，存者重復八萬卷。」〔註 188〕武德五年，秘書丞令狐德棻（583～666）「奏請購募遺書，重加錢帛，增置楷書，令繕寫，數年間，群書略備。」〔註 189〕至太宗即位，弘文殿藏書已有二十餘萬卷。貞觀三年，時任秘書監的魏徵，奏請購募天下圖書，並選五品以上職官之子弟爲書手，繕寫藏於內庫，並予以校定分類：「徵以喪亂之後，典章粉雜，奏引學者校定四部書，數年之間，秘府圖籍，粲然畢備。」〔註 190〕而經、史、子、集的四部編目，也由茲最終確定。〔註 191〕

以史爲鑒、以史輔治爲導引貞觀治道的一環。太宗嘗謂侍臣：「以古爲鏡，可以知興替。」〔註 192〕其貽太子之《帝範》置於卷首者，有：

> 軒昊以降，迄至周隋，以經天緯地之君，纂業承基之主，興亡治亂，其道煥焉。所以披鏡前蹤，博覽史籍，聚其要言，以爲近誡云耳。〔註 193〕

〔註 183〕如皇族近親、皇后或皇太后近親，一品以上高官或宰相之子。相當於特殊之貴族大學。

〔註 184〕當時東方之新羅、高麗、日本、百濟、渤海，西方之高昌、吐蕃，南方之南詔，皆有大批留學生前來受課，前後八千餘人。

〔註 185〕杜佑《通典》卷五十三有：「貞觀五年，太宗數幸國學，遂增築學舍千二百間。國學、太學、四門亦增生員，其書、算各置博士，凡三千二百六十員。」

〔註 186〕《新唐書・儒學傳》，頁 5636。

〔註 187〕開皇三年時，御書單本僅一萬五千餘卷，經文帝、煬帝蒐求民間遺書，至大業中期，藏書已達三十七萬卷。

〔註 188〕《舊唐書・經籍志》，頁 2082。《劍橋中國隋唐史》有進一步之考證與說明，謂「隋朝皇室藏書的十之八九在用船從洛陽運往長安的途中沉沒於黃河。劫餘所存不過一萬四千部，總計約九萬卷。」見原書頁 216。

〔註 189〕《舊唐書・令狐德棻傳》，頁 2597。

〔註 190〕《舊唐書・魏徵傳》，頁 2548。

〔註 191〕《新唐書・藝文志》有云：「歷代盛衰，文章與時高下，然其變態百出，不可窮極，何其多也！自漢以來，史官列其名氏篇第，以爲六藝、九種、七略，至唐始分爲四類，曰經、史、子、集。」（見原書頁 1421。）

〔註 192〕《貞觀政要・論任賢》，頁 55。

〔註 193〕《帝範・序》，頁 11。

由於太宗之重視，貞觀一朝之修史成績，斐然可觀，共計修成《晉書》、《周書》、《北齊書》、《梁書》、《陳書》、《隋書》、《北史》、《南史》等八部正史，其中《南史》、《北史》爲李延壽父子所撰，其餘皆爲房玄齡領銜，魏徵總其責的集體官修之作，官修正史自茲起始。〔註 194〕《劍橋中國隋唐史》稱讚貞觀之編修前代正史與建立官方修史制度，是可以比美《五經》定本與《五經正義》的學術成就。〔註 195〕參予實際工作者，其受獎賜自是不在話下。《唐會要》記云：「貞觀十年正月二十日，尚書左僕射房玄齡、侍中魏徵、散騎常侍姚思廉、太子右庶子李百藥（565～648）、孔穎達、禮部侍郎令狐德棻、中書侍郎岑文本（595～645）、中書舍人許敬宗（592～672）等，撰成周、隋、梁、陳、齊五代史，上之，進階頒賜有差。」〔註 196〕

（四）增修禮樂典制：太宗嘗有「夫功成設樂，治定制禮，禮樂之興，以儒爲本」〔註 197〕之語。禮與樂爲儒家所盛稱的先王所制，凡有添加變易，則爲增修。

武德三年，李世民尚爲秦王，於平定劉武周，規復并州、澮州、晉州的一戰功成戰役後，「河東士庶歌舞於道，軍人相與爲〈秦王破陣樂〉之曲。」〔註 198〕貞觀元年正月，此曲首次在宮廷飲宴中演奏。李世民有言：

> 朕昔受委專征，民間遂有此曲，雖非文德之雍容，然功業由茲而成，不敢忘本。〔註 199〕

〈秦王破陣樂〉爲頌揚太宗昔年顯赫戰功的贊歌，每有君臣宴會，輒相演奏。貞觀七年正月，將〈秦王破陣樂〉更名爲〈七德舞〉，取武有七德之意，〔註 200〕且命魏徵、虞世南、褚亮、李百藥等爲之改製歌詞。

貞觀六年九月，貞觀大治之象已顯，太宗親臨武功舊宅慶善宮，衣錦還鄉，賞賜閭里，撫今追昔，觸景生情之餘，賦詩十韻，音樂大師呂才隨即將

〔註 194〕唐以前之史官，雖由帝王授命且利用國家檔案修史，但爲個人——而非集體——之作。唐之後，凡非官修歷史皆不視爲正史。除編纂前朝史以外，編纂本朝歷史記錄（時稱「實錄」）之制也自茲開始。

〔註 195〕見原書頁 214。

〔註 196〕《唐會要》卷六十三，頁 1091。

〔註 197〕《帝範》卷四・崇文第十二，頁 97、98。

〔註 198〕劉餗：〈隋唐嘉話〉，《筆記小說大觀》第十四編，臺北市：新興書局，1976 年 8 月，頁 10。

〔註 199〕《資治通鑑》卷一百九十二，太宗貞觀元年，頁 6030。

〔註 200〕取武有七德之意，七德爲禁暴、戢兵、保大、定功、安民、和眾、豐財。《左傳》宣公十二年楚莊王語。

太宗之詩譜之管弦，名曰〈功成慶善樂〉，後又因曲編成舞蹈，名曰〈九功舞〉，取功成還鄉，懷念故土之意。〈九功舞〉演出時，舞者「廣袖曳屣，以象文德。」〈七德舞〉則是「被甲持戟，以象戰事。」〔註 201〕前者爲文舞，後者爲武舞，〔註 202〕同爲唐初音樂與舞蹈藝術之傑作，亦爲太宗文治武功之表徵。

貞觀二年，房玄齡以中書令兼任禮部尚書，太宗令其將集禮學南北大成之隋代《江都集禮》（此禮在高祖時曾略事增修）加以修改，以適應不同朝代之所尚。次年魏徵任秘書監，也參與修訂工作。房、魏召集諸禮官學士，以五年之功，完成《貞觀新禮》一百三十篇之初稿（篇目與《江都集禮》略同），因不能周全之處尚多，續令房、魏及王珪、顏師古、孔穎達、令狐德棻、李百藥等主持及參予修改，再歷時四年，於貞觀十一年三月修成一百三十八篇之《貞觀新禮》，此禮可稱集古今禮學之大成，太宗將之詔頒天下，有云：

> 朕雖德謝前王，而情深好古。傷大道之既隱，懼斯文之將墜，故廣命賢才，傍求遺逸，探六經之奧旨，採三代之英華，古典之廢於今者，咸擇善而修復，鄭聲之亂於雅者，並隨違而矯正。〔註 203〕

雖寓志得意滿之氣，但也確如斯言。

三、羈縻，牽制之意。〔註 204〕貞觀四年降伏東突厥之後，對於此一雄霸中亞北方夷族之眾多人口及廣瀚土地，如何處置，廷議中爭辯激烈，眾說紛紜。〔註 205〕最後太宗裁定，封其二可汗阿史那蘇尼以及阿史那思摩爲郡王，各領其本部人眾，遷居河南朔方（原漢屬）的人煙較少之地，其入居長安者近萬家，至於北方之土地及二可汗以外之其他部族，則置羈縻府州縣以管轄之。（之後有外夷內附者，多置羈縻府州。）

羈縻府、州、縣爲邊疆地區之地方行政單位（大者稱都督府，中者稱州，

〔註 201〕《筆記小說大觀・隋唐嘉話》，頁 10。

〔註 202〕魏徵亟欲太宗偃武修文，故「每侍宴，見〈七德舞〉輒俛首不視，見〈九功舞〉則諦觀之。」（《資治通鑑》卷一百九十四，太宗貞觀七年，頁 6101。）

〔註 203〕《唐大詔令集》禮樂篇〈頒行唐禮及郊廟新樂詔〉，頁 420。

〔註 204〕羈，馬絡頭；縻，牛紖，用以牽引限制馬牛之物，引申作限制之意。

〔註 205〕主要之不同意見，一曰將十萬胡人，散處於江南，「各使耕耘，變其風俗」，使塞北成爲空虛廣漠；一曰使其仍於河北居住，但中央爲之重新劃分地界，編定級職，制定條例，以其各族之酋長主長之；一曰對酋首「假以賢王之號，配以宗室之女」，重新劃分其土地，分割其部落，使其權弱勢分；一曰使其各族各署君長，不相臣屬，原大可汗只統領其本部而不能號令他部；一曰使部分人眾（十萬以上）遷居河南漢屬的人煙較少之地，「全其部落，又不離其本俗」，教以禮法，數歲後選其酋首充宿衛，使其畏威懷惠。

小者稱縣），組織上與中原地區之郡縣相同，但人事任命及財賦處理則有別。單位首長，在府者稱都督，州稱刺史，縣稱縣令，均與郡縣之編制相同，朝廷以各部族之首領任都督、刺史與縣令，取消原部族的「單于」名號。羈縻府州之府都督、州刺史無任期限制，死後由其後嗣再經朝廷冊封續任，相當於領受朝廷恩德下的繼承。漢民族郡縣制下之州縣戶籍、賦稅必須上繳至中央戶部，羈縻府州之貢賦則由其自行支配，僅以少許作爲對朝廷之朝貢，其都督、刺史等亦派遣子弟往朝廷擔任一定期間之宿衛。羈縻府州對其內部事務，大體依其部族舊有之方式處理，保留其部落組織，維持其原有之風俗習慣，使其擁有一定程度之自治權。相對於其他地區，羈縻府州之權利多而義務少，〔註206〕中央有外事，羈縻府州須接受軍事徵發，由首長率領其部落部眾參加朝廷對外之軍事征戰。在羈縻府州之上，朝廷設有都護府，對方圓區域內之各羈縻府州予以行政管轄。都護爲郡縣官制，由漢人擔任，代表中央對所轄的邊疆地方行使主權，經由都護府這一紐帶，羈縻府州之都督、刺史等，必得聽命於中央，遵守朝廷政令，不易產生離心之傾向。羈縻府州制確具有管理邊疆民族之實質效果，〔註207〕在東突厥之後，對主動歸附或武力征服之四夷地區，多用此制。〔註208〕此制也頗能促進漢、夷地區經濟文化之交流，由於實施之成功，未入於羈縻之邊荒民族，對之也傾心不已，貞觀後期，回紇諸族酋長紛紛請求加入，其言：「生荒陋地，歸身聖化，天至尊賜官爵，與爲百姓，依唐若父母然。」〔註209〕

貞觀各羈縻府州之設置，約如下述：

貞觀十四年平定高昌，設置西州大都護府，府治設於西州。貞觀二十二年攻滅龜茲、焉耆後，將兩國納入治下，改稱安西大都護府。安西大都護府管轄四個都督府，四都督府亦稱安西四鎮。分別爲龜茲都督府（原龜茲國），毗沙都督府（原于闐國），疏勒都督府（原疏勒國），焉耆都督府（原焉耆國）。並以各國原屬之州縣爲羈縻州縣。

〔註206〕其權利爲實質上之世襲、遠低於漢民族地區之貢賦（朝貢僅具象徵性）與徭役（酋長之子弟入京作短期之宿衛）、相當自由度之民族自主權。其義務則是守藩禮、盡臣節、聽從朝廷政令、接受朝廷冊封，及國家有事時之帶領部族隨同出征等。

〔註207〕宋王溥在其所撰《唐會要》卷一百之〈雜錄〉頁1796中稱：「統制四夷，自此始也。」

〔註208〕自貞觀至開元，共設置羈縻府、州856個。

〔註209〕《新唐書・回鶻列傳》（上），頁6113。

貞觀二十一年滅薛延陀，設燕然大都護府，下轄瀚海都督府、金微都督府、燕然都督府、幽陵都督府、龜林都督府、盧山都督府、以及皋蘭州、高闕州、雞鹿州、雞田州、榆溪州、蹛林州、寘顏州等共六府七州。〔註 210〕

太宗之平定諸國及四夷之歸附者，各因當時之情勢考量，並未盡置羈縻府州，亦有仍其舊地加以冊封或更立新王，不變更其可汗部族型態者。〔註 211〕貞觀二十二年，房玄齡之奏疏云：

詳觀古今，爲中國患害，無過突厥，遂能坐運神策，不下殿堂，大小可汗，相次束手，分典禁衛，執戟行間。其後延陀鴟張，尋就夷滅；鐵勒慕義，請置州縣；沙漠以北，萬里無塵。至如高昌叛渙於流沙，吐渾首鼠於積石，偏師薄伐，俱從平蕩。〔註 212〕

由降伏東突厥處置其河北部落之地開始，至貞觀二十二年將龜茲、焉耆納入安西大都護府爲止，開疆拓土設置羈縻府州之歷程，俱可於奏疏中見及。

四、和親謂與之和議而締結爲姻親。中國與外夷之和親始於漢高祖以長公主妻匈奴單于，〔註 213〕唐之和親，則始於貞觀十三年弘化公主（623～698）之降〔註 214〕吐谷渾慕容諾曷鉢單于，次爲貞觀十五年文成公主（？～680）之降土蕃棄宗弄讚贊普（617～650），〔註 215〕以公主遠適外夷者僅此二例。外夷君長請婚、已許而終未得成者二例。〔註 216〕外夷已內附，其酋首供職朝廷，太宗以公主或宗室女妻之者四例，〔註 217〕此四例已不具有「與之和議」之實，

〔註 210〕都護府及羈縻府州之設置，見《舊唐書・地理志》及《通鑑紀事本末》卷二十八。

〔註 211〕如貞觀九年擊滅吐谷渾，其王伏允兵敗逃亡爲左右所殺，太宗未在其國設羈縻府州，改立伏允之子慕容順爲吐谷渾之主，使其仍居故地。

〔註 212〕《貞觀政要・議征伐》，頁 419。

〔註 213〕《史記・劉敬傳》謂高帝欲遣長公主妻匈奴單于，因呂后不捨而取家人子名爲長公主，使劉敬往結和親之约。（見原書頁 1113。）

〔註 214〕公主下嫁曰降，娶公主曰尚。

〔註 215〕吐蕃稱國王爲贊普，吐蕃國土即今西藏之地。

〔註 216〕其一爲貞觀十六年，太宗答允以親生女新興公主妻薛延陀眞珠可汗，其後因權術運用而反悔絕婚，下文將述論之。另一爲貞觀二十年，西突厥乙毗射匱可汗遣使入貢且請婚，太宗應允，但要求龜茲、于闐、疎勒、朱俱波、葱嶺五國作爲陪嫁，（按：此一要求未免逼人太甚，則前之應允也應只是權術運用。）西突厥自是難以接受，於是乃有貞觀二十二年發兵攻破龜茲之事。

〔註 217〕貞觀十四年，太宗以皇妹衡陽公主（高祖第十四女）降突厥處羅可汗次子阿史那社爾，另以皇妹九江公主（高祖第八女）降執失思力，而鐵勒族之契苾何力娶宗室女臨洮縣主，突厥族之阿史那忠娶宗室女定襄縣主。按：唐制天子女爲公主，太子女爲郡主，親王女爲縣主。

但以公主或宗室女與外夷之人「和睦」而結爲姻親，或亦稍具「和親」意味。

在名、實俱有之和親二例中，慕容諾曷鉢單于爲慕容順單于（？～635）之子，〔註 218〕接位後唐冊封其爲河源郡王。貞觀十三年尚弘化公主後，太宗加封其爲青海國王，高宗時諾曷鉢之二子又分別娶唐之金城縣主與金明縣主爲妻，可謂一門皆唐室之姻親。太宗崩後，刻石圖諾曷鉢之形，列於昭陵，以昭忠順。

文成公主之和親吐蕃，在歷代和親事蹟中最足稱道。吐蕃位在吐谷渾西南，土宇廣大，有強兵數十萬，其王棄宗弄讚有勇略，四鄰皆畏之。貞觀八年，吐蕃遣使入貢，十二年奉表求婚，太宗初未許諾，吐蕃使者歸報棄宗弄讚，謂唐許尚公主，因吐谷渾王入朝離間而唐禮遂衰而不許婚。棄宗怒而發兵攻吐谷渾，掠其民畜，將吐谷渾逐至青海以北，並率眾二十餘萬屯於唐之松州西境，同時遣使，貢金帛，云來迎公主，形同強索，未幾即進攻松州，擊敗都督韓威，當時閤州刺史及諸州刺史（皆羈縻州之外夷酋首）叛唐歸吐蕃，一時聲勢浩大。唐乃以侯君集率執失思力、牛進達、劉簡，以步騎五萬往援松州，掩其不備，敗吐蕃於松州城下，斬首千餘級。但棄宗弄讚乃一不屈不撓之人，兵敗後，「弄讚懼，引兵退，遣使謝罪，因復請婚。」〔註 219〕或嘉其勇氣，或感其誠意，亦顧及吐蕃強勁之國力，〔註 220〕貞觀十四年吐蕃遣其相祿東贊〔註 221〕獻金五千兩、珍玩數百件請婚時，太宗乃許以文成公主降棄宗弄讚。

〔註 218〕貞觀九年破吐谷渾，伏允可汗爲其部眾所殺，其子慕容順率部歸順唐朝。慕容順死後，其子諾曷鉢繼位，唐冊封其爲河源郡王。

〔註 219〕《資治通鑑》卷一百九十五，太宗貞觀十二年，頁 6140。

〔註 220〕《劍橋中國隋唐史》之記載爲：「松贊干布（按：即棄宗弄讚，譯名因書而異）聽說唐朝的『公主』們曾嫁給突厥和吐谷渾的可汗，他也因此要求同享這樣榮譽。不幸的是，太宗因低估了吐蕃的力量和侵略性而拒絕了這一要求。於是吐蕃進攻四川西境的松州，在唐軍以慘重的損失爲代價把他們趕走之前，他們以強大的兵力圍困了松州數日。這次進攻雖然被打退了，可是中國也認識到了必須和這個可怕的新鄰國周旋，所以當 641 年松贊干布再次請婚時便立即應允。」（見原書頁 229。）

〔註 221〕祿東贊爲吐蕃宰相，留唐期間，太宗封其爲右衛大將軍，嘉其善於應對，以琅邪公主之外孫段氏妻之，東贊固辭，（其言曰：「國中自有婦，父母所聘，不可棄也。且贊普未得謁公主，陪臣何敢先娶？」）太宗益賢此人，又欲撫以厚恩，「竟不從其志」，使其終妻段氏。高宗永徽元年，棄宗弄讚卒，祿東贊扶持幼主，政事皆決於其手。祿東讚性明達嚴重，行兵有法，吐蕃所以強大，威服氐羌，率皆其謀。（以上參袁樞《通鑑紀事本末》），是則太宗以琅邪公主外孫段氏妻祿東贊，亦具「和親」之效果。

文成公主之入吐蕃，太宗遣江夏王李道宗（603～653）持節護送，〔註 222〕棄宗弄讚親迎於柏海（今青海扎陵湖），備盡子婿之禮。弄讚「慕中國衣服、儀衛之美，為公主別築城郭宮室（今布達拉宮之前身）而處之，自服紈綺以見公主。」〔註 223〕

吐蕃（今西藏地區）亦因文成公主之和親而有鉅大之改變。唐朝先進之文化與生產技術，如天文、星相、曆法、算術、農牧、紡織、醫藥、建築，以及書籍、植物種子、技師工匠，亦隨文成公主一行入藏，對促進西藏文化與文明之進步，居功厥偉。文成公主為虔誠之佛教徒，所攜帶之書籍中有大量之佛教書籍，在其影響之下，佛教開始在西藏逐漸留傳，當時建造之大昭寺與小昭寺，在中國工匠的著力下，融會漢藏兩民族之建築風格，成為千年佳話。

棄宗弄讚本自仰慕中原文化，文成公主入藏後，因公主惡吐蕃國人之以赭塗面，弄讚乃下令禁此習俗，且仿效唐王朝建立嚴格等級之服飾制度，〔註 224〕並派遣貴族子弟入長安國學受詩書。在文成公主薰陶下，弄讚本人亦漸革除其猜暴之性。太宗崩逝後，棄宗弄讚自請塑其石像立於太宗昭陵玄闕下，並致書於輔佐高宗之長孫無忌等云：「天子初即位，臣下有不忠者，當勒兵赴國討除之。」〔註 225〕高宗即位後，授棄宗弄讚為駙馬都尉，並封西海郡王延續親睦之關係。文成公主在吐蕃生活近四十年，逝世時有極隆重之葬禮，先後在大昭寺及布達拉宮供奉文成公主塑像，並以文成公主入拉薩的藏曆四月十五日作為公主之誕辰紀念日。此一和親事例，對漢藏兩民族之歷史，均有不容忽視之影響。

太宗之和親紀錄，亦有一不容磨滅之烙印，即唐與薛延陀之一段糾葛。唐滅東突厥，遷阿史那蘇尼及阿史那思摩（李思摩）所部降眾於河南之後，北方空虛，鐵勒部族之薛延陀乘勢崛起，原東突厥舊部多往歸附，薛延陀眞珠可汗（？～645）帥其部落建龍庭於尉揵山之北與獨邏水之南，有勝兵二十萬，以其二子統領南北部，太宗恐其強盛後難制，於貞觀十二年立薛延陀之二子為小可汗，各賜鼓纛，外示優崇，實欲分裂其勢力。十三年，太宗令李

〔註 222〕有云李道宗乃文成公主之生父。

〔註 223〕《資治通鑑》卷一百九十六，太宗貞觀十五年，頁 6164。

〔註 224〕直至近代，西藏之高級官員仍以源自唐代進士之金翅白紗帽為冠。

〔註 225〕《資治通鑑》卷一百九十九，太宗貞觀二十三年，頁 6270。

思摩率東突厥南徙之眾渡河北還，薛延陀與突厥之衝突乃不免，二、三年之間，眞珠可汗數度率兵攻擊李思摩部族，皆賴唐發兵援助，北徙之突厥部族始得保全。

貞觀十六年，眞珠可汗遣其叔父入貢重禮〔註 226〕且請婚，太宗謂侍臣：

薛延陀屈強漠北，今御之止有二策，苟非發兵殄滅之，則與之婚姻以撫之耳，二者何從？〔註 227〕

在房玄齡對以「中國新定，兵凶戰危，臣以爲和親便。」之後，太宗同意，曰：「然。朕爲民父母，苟可利之，何愛一女！」適値太宗之愛將契苾何力返北方部族歸覲母姑，爲薛延陀所執，何力誓死不降，太宗深爲所感，〔註 228〕乃許薛延陀之婚以求何力之還，命兵部侍郎崔敦禮持節諭薛延陀，允以親生女新興公主（太宗第十五女）妻之。眞珠可汗於貞觀十七年命其侄來中國納聘〔註 229〕並獻盛饌以宴唐君臣，太宗爲之御相思殿，以十部樂伴奏，且回賜豐厚。

何力歸唐後，力言不可與薛延陀婚，獻策使眞珠可汗親迎公主，若其不來，則拒之有名。太宗乃令眞珠可汗至靈州親迎公主，且言其本人將御靈州與可汗會。眞珠可汗不顧其臣下之諫阻，決心往靈州親迎。〔註 230〕太宗遣三路特使收受聘禮（禮單）所呈獻之牲畜，但以薛延陀調歛諸部之馬畜、萬里跋涉，通過缺少水草之沙漠石礫，耗死過半，失期未至，太宗乃從獻議者之言，以「聘禮未備而與之完婚，將使戎狄輕中國」爲由，下詔撤消婚事。

此事朝臣中多以誠信爲由，亟諫反對，〔註 231〕而太宗答諫之言，則不

〔註 226〕馬三千匹，貂皮三萬八千張，馬腦鏡一。

〔註 227〕《資治通鑑》卷一百九十六，太宗貞觀十六年，頁 6179。

〔註 228〕何力箕倨於眞珠可汗之牙帳前，拔配刀東向大呼曰：「豈有唐烈士而受屈虜庭，天地日月，願知我心！」且割左耳以誓。（見《資治通鑑》，頁 6180。）

〔註 229〕聘禮（禮單）爲馬五萬匹、牛及駱駝一萬頭、羊十萬頭。

〔註 230〕其臣諫曰：「脫爲所留，悔之無及！」眞珠曰：「吾聞唐天子有聖德，我得身往見之，死且無恨。且漠北必當有主，我行決矣，勿復多言！」（見《資治通鑑》卷一百九十七，太宗貞觀十七年，頁 6200。）

〔註 231〕當時魏徵已死（魏徵死於貞觀十七年正月），諫議大夫褚遂良上疏，云：「薛延陀本一俟斤（謂普通之頭目），陛下盪平沙塞，萬里蕭條，餘寇奔波，須有酋長，璽書鼓纛，立爲可汗。比者復降鴻私，許其姻媾。御幸北門，受其獻食，群臣四夷，宴樂終日。咸言陛下欲安百姓，不愛一女，凡在含生，孰不懷德。今一朝生進退之意，有改悔之心，臣爲國家惜茲聲聽；所顧甚少，所失殊多，嫌隙既生，必搆邊患。彼國蓄見欺之怒，此民懷負約之慚，恐非所以服遠人、

得不爲太宗之形象留下話柄。以其擬儒家聖王，差距尚遠。太宗云：

> 卿曹皆知古不知今，昔漢初匈奴強，中國弱，故飾子女，捐金絮以餌之，得事之宜。今中國強，戎狄弱，以我徒兵一千，可擊胡騎數萬，薛延陀所以匍匐稽顙，惟我所欲，不敢驕慢者，以新爲君長，雜姓非其種族，欲假中國之勢以威服之耳。彼同羅、僕骨、回紇等十餘部，兵各數萬，并力攻之，立可破滅，所以不敢發者，畏中國所立故也。今以女妻之，彼自恃大國之婿，雜姓誰敢不服！戎狄人面獸心，一旦微不得意，必反噬爲害。今吾絕其婚，殺其禮，雜姓知我棄之，不日將瓜剖之矣。卿曹第志之！〔註 232〕

全然以強弱威勢爲言，曾無一語及於誠信仁義。且「戎狄人面獸心，一旦微不得意，必反噬爲害」之辭，乃信口搪塞臣下之語，蓋未及一年，將興兵征遼，群臣請其留鎮洛陽，以防備留置於河南之突厥降眾時，即改口稱「夷狄亦人耳，其情與中夏不殊。」〔註 233〕隨言辯之所需，夷狄之屬性乃出入於人與禽獸之間，亦可謂無妄之災。絕婚之後，諸「雜姓」並未瓜剖薛延陀，而薛延陀攻襲北徙之突厥種族也如故，逼使彼等棄李思摩南渡黃河，徙處於勝州與夏州之間。數年之內，薛延陀始終爲北方之威脅，直至貞觀二十年，始遣大軍，并突厥兵與歸附之回紇兵共擊薛延陀，殺薛延陀之宗族殆盡，將之滅國。太宗勒石於靈州樹威，並爲詩以序其事。〔註 234〕

太宗此一毀約絕婚之事，或可視爲漢番和親史上之一段插曲，最後雖將薛延陀滅國，但於君王之誠信則大傷，對於《貞觀政要》之〈論誠信〉篇幾乎可作爲反面教材。司馬光編《資治通鑑》，對太宗之功績德業多所稱揚，而此處則羞其所爲。〔註 235〕

訓戎士也。陛下君臨天下十有七載，以仁恩結庶類，以信義撫戎夷，莫不欣然，負之無力，何惜不使有始有終乎！夫龍沙以北，部落無算，中國誅之，終不能盡，當懷之以德，使爲惡者在夷不在華，失信者在彼不在此，則堯、舜、禹、湯不及陛下遠矣。」疏言極爲剴切。（見《資治通鑑》，頁 6200。）

〔註 232〕《資治通鑑》卷一百九十七，太宗貞觀十七年，頁 6201。

〔註 233〕《資治通鑑》卷一百九十七，太宗貞觀十八年，頁 6215。

〔註 234〕詩云：雪恥酬百王，除凶報千古。昔乘匹馬去，今驅萬乘來。近日毛雖暖，聞弦心已驚。

〔註 235〕其評云：「臣光曰：孔子稱去食、去兵，不可去信。唐太宗審知薛延陀不可妻，則初勿許其婚可也；既許之矣，乃復恃強棄信而絕之，雖滅薛延陀，猶可羞也。王者發言出令，可不慎哉！」（見《資治通鑑》卷一百九十七，太宗貞觀十七年，頁 6201、6202。）

第六節　驕惰滋生、漸不克終

貞觀之年號共持續二十三年（626～649，李世民崩逝後，高宗在次年始改元），但李世民之「治道」實啓始於武德九年（625）六月四日（玄武門事件之當日），李淵下詔：「赦天下。凶逆之罪，止於建成（589～626）、元吉（603～626），自餘黨與，一無所問。……國家庶事，皆取秦王處分。」〔註 236〕六月七日，李世民被封爲皇太子，受命：「自今軍國庶事，無大小悉委太子處決，然後奏聞。」〔註 237〕在八月九日正式登基之前，主要之人事佈局，已然底定，〔註 238〕所任命之人選，大部爲李世民秦王府之從屬，雜以李淵朝之舊臣，以及建成、元吉之部屬。文臣武將，可謂極一時之盛，貞觀時期，彼等職位或有昇遷調整，要皆爲活躍於朝廷之主要人物。

貞觀之初，李世民勵精圖治，宵衣旰食，探求民隱，求賢納諫，除害興利，以兢兢業業的屈己奮發之心，建樹王朝可大可久之基業。數年之間，即見斐然之成果。貞觀六年時，四夷平服，社會祥和，大治之景象已明顯呈現，李世民亦頗以自己之功高德厚而志得意滿。〔註 239〕驕矜之意既生，兢業之心遂滅，貞觀中期以後的圖治雄心乃大不如前。其最明顯者有二，一曰求諫之心息，納諫之意減；二曰爲民之心消，儉約之行滅，而戒愼恐懼之意也逐漸消失。此可見諸下述諸臣之疏諫。

在求諫、納諫方面，貞觀十年，魏徵之疏奏中有：「昔貞觀之始，乃聞善驚嘆，暨八、九年間，猶悅以從諫，自茲厥後，漸惡直言。雖或勉強有所容，非

〔註 236〕《資治通鑑》卷一百九十一，高祖武德九年，頁 6012。

〔註 237〕同上註。

〔註 238〕以高士廉爲侍中，房玄齡爲中書令，蕭瑀爲左僕射，長孫無忌爲吏部尚書，杜如晦爲兵部尚書，杜淹爲御史大夫，顏師古、劉林甫爲中書侍郎，秦叔寶爲左衛大將軍，程知節爲右武衛大將軍，尉遲敬德爲右武侯大將軍，侯君集爲左衛將軍，段志玄爲驍衛將軍，薛萬徹爲右領軍將軍，張公謹爲右武侯將軍，長孫安業爲右監門將軍，李客師爲領左右軍將軍，宇文士及爲太子詹事，虞世南爲中舍人，褚亮爲舍人，姚思廉爲洗馬，魏徵爲詹事主簿，王珪、韋挺爲諫議大夫。

〔註 239〕此可見於貞觀六年文武官請封禪，太宗心動欲從，魏徵獨以爲不可，太宗與魏徵間之一段對話。太宗問：「公不欲朕封禪者，以功未高邪？」曰：「高矣！」「德未厚邪？」曰：「厚矣！」「中國未安邪？」曰：「安矣！」「四夷未服邪？」曰：「服矣！」「年穀未豐邪？」曰：「豐矣！」「符瑞未至邪？」曰：「至矣！」然則何爲不可封禪？」……（見《資治通鑑》卷一百九十四，太宗貞觀六年。）

復曩時之豁如。」〔註240〕魏徵之奏，下述二事可爲佐證：一爲貞觀八年，太宗猶謂侍臣：「朕每閒居靜坐，則自內省，恆恐上不稱天心，下爲百姓所怨，但思正人匡諫，欲令耳目外通，下無怨滯。……每有諫者，縱不合朕心，朕亦不以爲忤。」〔註241〕此時猶悅以從諫，貞觀十年八月，太宗謂群臣：「朕開直言之路，以利國也，而比來上封事者多訐人細事，自今復有爲是者，朕當以讒人罪之。」〔註242〕但問是否細事而不問是否實事，且何爲細事在於爲上者之主觀認定，讒人之罪不輕，君上既出此言，諫疏自必大減。準此二事觀之，太宗由悅以從諫至漸惡直言之轉折，當發生於貞觀八年至貞觀十年之間。〔註243〕

貞觀十一年，魏徵之諫疏中有：「頃年海內無虞，遠夷懾服，志意盈滿，事異厥初。高談疾邪，而喜聞順旨之說，空論忠讜，而不悅逆耳之言。……比來人或上書，事有得失，惟見述其所短，未有稱其所長。」〔註244〕貞觀十二年，太宗問魏徵：「朕所行比往年何異？」對曰：「貞觀之初，恐人不言，導之使諫；三年已後，見人諫，悅而從之；一二年來，不悅人諫，雖黽勉聽受而意終不平，有難也。」〔註245〕

不欲人（臣）諫之結果，臣乃不諫，遂致有貞觀十五年太宗對魏徵：「比來朝臣都不論事，何也？」〔註246〕之問。魏徵爲貞觀第一諫臣，忠言鯁訐，事必有徵。魏徵死於貞觀十七年正月。貞觀十六年太宗謂房玄齡等：「……常念魏徵隨事諫正，多中朕失，如明鏡鑒形，美惡必見。」〔註247〕對照前述之言「以人爲鏡，可以知得失；魏徵沒，朕亡一鏡矣！」〔註248〕是必出自肺腑。

〔註240〕《貞觀政要・論誠信》，頁278。

〔註241〕《貞觀政要・論求諫》，頁88。

〔註242〕《資治通鑑》卷一百九十四，太宗貞觀十年，頁6122。

〔註243〕此二年之中，李世民兩逢大喪。貞觀九年五月，太上皇李淵病逝；貞觀十年七月，愛妻長孫皇后病逝（享年僅三十六歲）。

〔註244〕《貞觀政要・論公平》，頁270。

〔註245〕《貞觀政要・論納諫（直諫）》，頁127。

〔註246〕《貞觀政要・論求諫》，頁89。

〔註247〕《貞觀政要・論求諫》，頁90。按：貞觀十六年，魏徵常因病不能列朝，致有太宗以手詔問疾：「不見數日，朕過多矣。今欲自往，恐益爲勞。若有聞見，可封狀進來。」之語。（見《資治通鑑》卷一百九十六，太宗貞觀十六年，頁6176。）

〔註248〕《資治通鑑》卷一百九十六，太宗貞觀十七年，頁6148。魏徵之沒，太宗曾以詩悼之，詩云：勁條逢霜摧美質，台星失位天良臣。惟當掩泣雲台上，空對餘影無復人。（見王方慶：《魏鄭公諫錄》，北京市：中華書局，1985年新一版，頁60。按：此詩《全唐詩》未錄。）

魏徵死後，諫言益稀。貞觀十八年，太宗謂侍臣：「人臣順旨者多，犯顏者少，今朕欲自聞其失，諸公其直言無隱。」長孫無忌等皆曰：「陛下無失。」唯劉洎道出實情：「頃有上書不稱旨者，陛下皆面加窮詰，無不慚懼而退，恐非所以廣言路。」〔註 249〕太宗雖云「納之」，應非出自眞心。貞觀十八年之後，以至太宗貞觀二十三年之崩逝。《貞觀政要》再無「求諫」、「納諫」之記述。〔註 250〕

在爲民、儉約方面，貞觀之初，太宗每以「爲君之道，必須先存百姓」而念茲在茲。即帝位之始，將封王之皇族宗室皆降爲縣公，謂：「朕爲天子，所以養百姓也，豈可勞百姓以養己之宗族乎！」〔註 251〕貞觀二年，以「爲朕養民者，唯在都督刺史，……縣令尤爲親民，不可不擇。」〔註 252〕而愼選養民親民之都督、刺史與縣令；貞觀四年，在平滅東突厥，被四夷尊爲天可汗之後，猶能因張玄素以卑干尊之諫言，而節約省費，停止修造洛陽宮，亦因觀明堂鍼灸書，感知「人之五藏之系，咸附於背」而詔令笞刑毋得笞囚背。〔註 253〕

爲民、儉約之轉變始於何年，史冊上並無明確之記載，但貞觀八年，當太宗以「自朕有天下以來，存心撫養，無有所科差，人人皆得養生，守其資財。」〔註 254〕而有得色時，魏徵舉晉文公逐獸於碭，漁者引其出澤之對，〔註 255〕寓示太宗之爲民、儉約，已離正途漸行漸遠。

〔註 249〕《資治通鑑》卷一百九十七，太宗貞觀十八年。按：在貞觀十六年，劉洎即曾諫太宗：「帝王之與凡庶，聖哲之與庸愚，上下相懸，擬倫斯絕。是知以至愚而對至聖，以極卑而對極尊，徒思自強，不可得也。陛下降恩旨，假慈顏，凝旒以聽其言，虛襟以納其說，猶恐群下未敢對揚；況動神機，縱天辯，飾辭以折其理，援古以排其議，欲令凡蔽，何階應答。」（見《貞觀政要・愼言語》，頁 308。）可以作爲此處之補充說明。

〔註 250〕據《唐大詔令集・政事・求直言》，頁 489 所誌，貞觀二十年十二月，太宗頒〈令群臣直言詔〉中有：「昔惟魏徵，每顯余過，自其逝也，雖過莫彰，豈可獨非於往時，而皆是於茲日，故亦庶僚苟順，難觸龍鱗者歟！所以虛己外求，披迷內省，言而不用，朕所甘心，用而不言，誰之責也！自斯以後，各悉乃誠，若有是非，直言無隱。」此詔《貞觀政要》及《資治通鑑》皆不載，亦未提及。

〔註 251〕《資治通鑑》卷一百九十二，高祖武德九年，頁 6025。

〔註 252〕《資治通鑑》卷一百九十三，太宗貞觀二年，頁 6061。

〔註 253〕《資治通鑑》卷一百九十三，太宗貞觀四年，頁 6083。

〔註 254〕《貞觀政要・論政體》，頁 35。

〔註 255〕其事謂晉文公田獵逐獸於碭，迷途於沼澤，漁者引之出，獻言曰：「鴻鵠保河海，厭而徙之小澤，則有矰丸之憂。黿鼉保深淵，厭而出之淺渚，必有釣射之憂，今君出獸碭入至此，何行太遠也！」漁者拒辭晉文公之賜，謂：「君尊天事地，敬社稷，保四國，慈愛萬人，薄賦斂，輕租稅，臣亦與焉。君不尊天，不事地，不敬社稷，不固四海，外失禮於諸侯，內逆人心，一國流亡，漁者雖有厚賜，不得保也。」（見《貞觀政要・論政體》，頁 35、36）。

貞觀十一年正月，太宗在洛陽營建飛山宮，魏徵即以煬帝之窮奢極欲爲鑑戒而上疏：「宜思隋之所以失，我之所以得，撤其峻宇，安於卑宮；若因基而增廣，襲舊而加飾，此則以亂易亂，殃咎必至，難得易失，可不念哉！」〔註256〕四月，魏徵上「十思」之疏，祈願君王「見可欲則思知足，將興繕則思知止」〔註257〕同年，又有侍御史馬周疏中之「然營繕不休，民安得息！……而百姓怨咨者，知陛下不復念之，多營不急之務故也。」〔註258〕魏徵、馬周均爲敢於建言且深得太宗信任之大臣，但諫言之效果，則如馬耳東風；貞觀十四年，太宗將幸洛陽，命將作大匠閻立德（？～656）於汝州西山的清暑之地建襄城宮，耗資無數，建而又拆。〔註259〕貞觀十五年，因房玄齡、高士廉途遇少府少監竇德素，偶然問及「北門近何營繕？」太宗得知後怒責房玄齡等：「君但知南牙政事，北門小營繕，何預君事！」〔註260〕雖因魏徵之諫而「愧之」，亦未能戢止其可欲興繕之心。魏徵死後，更因無人敢於直言諫阻此等「不急之務」而致行事江河日下，貞觀二十一年四月，命修建終南山之太和廢宮爲翠微宮，〔註261〕七月，以翠微宮險隘，不能容百官，詔於宜春之鳳凰谷建造玉華宮，雖下令務必儉約，僅於寢殿之上用瓦，餘皆茅草覆頂，但同時興建之太子宮及苞山絡野之百司房舍，則是所費以巨億計。充容徐惠（太宗之妃嬪627～650）因之有疏：「北闕初建，南營翠微，曾未踰時，玉華創制，非惟構架之勞，頗有工力之費，雖復茅茨示約，猶興木石之疲。」〔註262〕僅就營建宮室一端而言，已見太宗在貞觀後期的儉約大不如前。

爲民之心消減之實例，具見於貞觀十一年馬周疏中之「今百姓承喪亂之後，比之隋時，纔十之一，而供官徭役，道路相繼，兄去弟還，首尾不絕。

〔註256〕《資治通鑑》卷一百九十四，太宗貞觀十一年，頁6125。

〔註257〕《資治通鑑》卷一百九十四，太宗貞觀十一年。《貞觀政要》此處之記述則爲：「君人者，誠能見可欲，則思知足以自戒；將有作，則思知止以安人。」（見《貞觀政要·論君道》，頁10。）

〔註258〕《資治通鑑》卷一百九十五，太宗貞觀十一年，頁6132、6133。

〔註259〕此宮前臨汝水，傍通廣城澤，役工一百九十萬，雜費稱是（見《唐會要》卷三十，頁560），十五年三月幸襄城宮；以所處之地既煩熱，復多毒蛇，乃下令拆除襄城宮，將建材分賜百姓，免閻立德之官職。

〔註260〕《資治通鑑》卷一百九十六，太宗貞觀十五年，頁6173。

〔註261〕或曰翠微宮建於驪山絕頂。是年五月，冀州進士張昌齡獻〈翠微宮頌〉，文辭華美，李世民愛其文，令其於通事舍人裏供奉。（《資治通鑑》卷一百九十八，頁6246。）

〔註262〕《貞觀政要·議征伐》，頁425。

遠者往來五六千里，春秋、冬夏，略無休時。」〔註 263〕及貞觀十三年魏徵「漸不克終」疏中之「頃年以來，意在奢縱，忽忘卑儉，輕用人力，乃云：『百姓無事則驕逸，勞逸則易使。』自古以來，未有由百姓逸樂而致傾敗者也，何有逆畏其驕逸而故欲勞役者哉！」〔註 264〕疏文所以呈皇上，內容既不敢作僞，遣辭亦不能過於激切，而所見若是！如謂以上二疏，形容之辭句多於寫實，則可另見史書中之記載，貞觀十九年，親征高麗，失敗而歸後，〔註 265〕亟思再舉，而擊高麗皆由海陸兩路進軍，海路則需海船，貞觀二十一年九月，敕宋州刺史發江南十二州工人造大船數百艘；二十二年七月，遣右領左右府長史往劍南道伐木造舟艦，其大船長百尺，寬五十尺；八月，敕越州都督府及婺、洪等州造海船及雙舫一千一百艘；而「蜀人苦造船之役，或乞輸直雇潭州人造船，上許之。州縣督迫嚴急，民至賣田宅，鬻子女不能供，穀價踴貴，劍外騷然。」〔註 266〕此種情境，已與隋煬帝大業七年初征高麗時之督役造船相去不遠。〔註 267〕當初以隋爲鑑，戒慎恐懼，應不容許此一境況之出現，此刻的戒懼之心或也所剩無幾。

太宗在貞觀後期，雖有求諫之心息、納諫之意減、爲民之心消，儉約之行滅及戒愼恐懼逐漸消失等諸病，但此皆屬太宗個人之性向面，求治之心雖與早期勵精圖治時相去日遠，但早期在制度、政策等治道上所立下之基礎，則使後期得能收成豐碩之果實。貞觀後期，經濟之發展，國力之強大，文化之昌盛，農田之墾闢，聲威之遠播，中外之交流等等，成就均超過前期，貞觀之治的爲人稱頌，並未因太宗求治心之「漸不克終」而有遜色。

〔註 263〕《貞觀政要・論奢縱》，頁 322。

〔註 264〕《貞觀政要・論愼終》，頁 462。

〔註 265〕親征高麗之役，由史載之數據應是大勝：「凡征高麗，拔玄菟、橫山、蓋牟、磨米、遼東、白巖、卑沙、麥谷、銀山、後黃十城，徙遼、蓋、巖三州户口入中國者七萬人。新城、建安、駐驆三大戰，斬首四萬餘級，（己方）戰士死者幾二千人，戰馬死者什七八。」（見《資治通鑑》卷一百九十八，太宗貞觀十九年）。貞觀二十年三月，李世民車駕返回京師，（十九年九月即班師，因病癰——或云在高麗中箭——一路御步輦緩行，歷經半年始返回京師。）李世民問李靖曰：「吾以天下之眾困於小夷，何也？」（見《資治通鑑》，頁 6234。）則由李世民之問，知親征高麗之役是敗非勝。

〔註 266〕《資治通鑑》卷一百九十九，太宗貞觀二十二年，頁 6261、6262。

〔註 267〕煬帝大業七年二月，敕幽州總管往東萊海口造船三百艘，「官吏督役，晝夜立水中，略不敢息，自腰以下皆生蛆，死者什三四。」（見《資治通鑑》卷一百八十一，煬帝大業七年，頁 5654。）

第七節 小結〔註268〕

一、好賢從諫爲貞觀之治的重要柱石。貞觀一朝——尤以貞觀之初——多見太宗求諫之言，而斯一時期諫風之盛，蓋爲中國歷史上所未見。太宗爲勵精求治之主，能殷切求諫，亦能屈己從諫，且爲將諫諍之事納入制度之第一人，先賢許「謙虛納諫」爲太宗君人三大德之首，不爲無因。

兼聽爲求諫納諫之另一層面。廣開言路，由眾多管道廣泛聽取臣下之意見，則下情可以上通，而君王不致受貴臣之壅蔽。兼聽納下，除可以明辨臣下之賢佞忠奸外，亦爲制定國家大政方針之明確導引。太宗善能兼聽，且能利用多相制「閣議」之優點，併兼聽而收集思廣益增益治道之效。

二、儒、法兩家皆以任用賢臣爲佐理君王治國之道，兩家「賢臣」之義涵有所不同，儒家爲德與才智，法家爲忠君聽用與公正明察。太宗則是權衡儒法之所重而出入其間。太宗之用賢，有超人之胸襟與魄力，不避親讎、不別士庶、文武兼顧、漢夷並用。貞觀一朝，賢才輩出，燦如繁星的傑出人物，鋪陳出貞觀賢才的綿密網絡，亦成就了貞觀之治道。

官吏之貪瀆乃爲政之大蠹，亦爲太宗所深惡痛絕，其訓誡群臣，每以戒貪惜身相勉，除以重罰嚴懲貪瀆之外，並厚給爲官者之俸祿以養廉。爲戒除嚇阻人性中貪欲之滋生，太宗建按察之制，定考課之法，在在以整飭官箴，肅貪去濁爲重點，其詔令朝集使往刑場親睹貪吏之就戮，以及賜絹以辱勳舊功臣之枉法受財，均爲令人印象深刻之治官大事。

相對前此各朝，貞觀之刑律對同樣之罪的刑度較低，執行刑罰亦較爲人道，十年努力勒成的一代之典《貞觀律》，其制定寓有以輕刑爲治道之一貫歷程，《貞觀律》削煩去蠹，變重爲輕之精神與方法，其後成爲後五代、宋、元、明、清制定律典的重要依據。輕刑一端，已與現代之法律學說相近。

爲君王者莫不期望其治下眾臣能對己竭盡忠誠，褒忠乃以褒揚獎勉誘導臣子對君王的盡忠之道。貞觀一朝有二件盛大而具規模之褒忠事蹟，其一爲貞觀十一年詔以功臣勳密戚之陪葬昭陵，千年之後，猶見雄偉的九峻山主峰下太宗及陪葬墓一百五十餘座。在世爲君臣，黃泉路上亦能居止相望。其二爲貞觀十七年之圖功臣像於凌煙閣，使盡忠王室者之功名長在丹青，永留青史。太宗的褒忠之舉，也及於矢志效忠前朝，守死身殉的隋朝舊將，以及突

〔註268〕本章（及以後各章）之小結，其一、二、三……之序號，均對應內文一、二、三……節之序號。

厥可汗敗亡時不棄不離其主而同時就擒的夷狄酋長，其胸襟也寬廣，其寓意也深遠。

三、科舉制乃唐代輝煌文化的四大柱石之一，以其去除人才選拔之主觀因素，打破人才選拔之門第、地域、年齡界限，通過考試，公平競爭，遂使此制成爲中國考試制度最重要之一頁。科舉創始於隋煬帝，但卻是在貞觀時宏揚拓展，發揮關鍵之效用。科舉將權力、財富、地位與學識相結合，造成中國社會迄今不衰的重才、重教育傳統，太宗對此一傳統之形成，功莫大焉。

爲政之要，莫貴於公平。管子有「天公平，故美惡莫不覆；地公平，故大小莫不載」之語。欲致公平，必須有寬廣之心胸，豁達大度，秉公去私，以天地之公平爲法。公平之心，出於器量與識見，識見或須外求，器量則生於當事者之人格特質。太宗在處理政事上，多次展現其公平之風格，因公平而後親族及舊人之勛獎任官，因秉公而斲傷姊弟之親情，在在均使太宗在公平處事上殊少可以批評之處，此亦爲太宗在貞觀之朝理國治事順多逆少的主要原因之一。

讒佞者蔽君王之明，敗德敗政，乃國之蟊賊，太宗對讒佞之徒深惡痛絕，必欲剷除而後快，惟事在當下，訐言與直言難辨，讒臣與忠臣難分，甚且後之治史者也各以一己之主觀意識以別忠讒。相對而言，貞觀之能成治，太宗較能辨識讒忠應是原因之一。太宗臨崩前，猶殷殷叮囑勿令讒人離間其托以輔國之臣，懼讒人危國之心，至死猶在念念。

太宗一心圖治，常戒慎乎其所不睹，恐懼乎其所不聞，以戒慎恐懼之心爲政，故時時知所警惕，少蹈過失。太宗戒嗜欲，戒暴虐，戒放縱，戒自滿，畏皇天，憚群臣，畏民心之棄君不用，懼驕侈之引致危亡，似乎其治國無時不在戒慎恐懼之中。貞觀之所以成治，應有相當部分建基於太宗的戒懼心之上。

四、滋榮農業，健全兵制，兩者均屬爲政之要務，蓋民生與國防不可偏廢，但兩者之促進，則或有利於此則不利於彼之牴牾，府兵制與均田制，兩制之成敗相依，恰能在貞觀時期牴牾最少而效益最大，故兩制雖非首創於貞觀，卻能在時勢與爲政者之致力下同時解決足食與足兵之問題。勸農桑、置義倉、墾荒地、興水利以滋榮農業。農隙教戰，有事征發，既能弭平區域性之騷亂，大規模之征戰亦能有充沛之兵源，征戰結束則將帥回朝，兵歸於野，正是所稱的兵之備存，而農之利在。

隋末暴亂之後，人口銳減，國家財賦不豐，又鑑於煬帝之輒爲奢侈，身戮國滅，故太宗即位之始，即以節儉爲務。降宗室之封爵、併省州縣數目、裁汰中央官員、釋放宮女、省建宮室、禁營厚葬、省養兵之靡費，多端並舉，由個人之儉約垂範，帶動社會之風起雲從。國家殷富，由儉而起，貞觀之有治，儉亦有功焉。

賞罰乃國之大事，《貞觀政要》言治道者凡四十篇而未及此，唯於求諫、納諫及相關篇幅中略爲提及。由玄武門事件至太宗崩逝，二十三年之間，太宗用賞之事例，入於《通鑑》者凡三十六則，而行罰亦有二十三則，足以明其「仁愛下施則人不凋弊、教令失度則政有乖違，防其害源，開其利本，顯罰以威之，明賞以化之」〔註 269〕之旨。太宗之行賞，以疏諫之稱道可取者最多，諫諍之事入於太宗君人三大德之首，洵非無因。其他之行賞原因，頗具全面性，亦可窺貞觀之得治，原因頗爲全面。其賞狄、夷之主，有相當之功利主義成分；久攻敵城不下，班師時行賞以嘉其城主能善守，頗有以他山之石勗勉群臣之意義；其行賞以羞貪鄙之臣，以及「聞藥石之言，以藥石相報」，更將用賞之術演入化境。罰黜之原因甚爲全面，大抵皆爲行爲上未及於刑之疏失，但亦可見其罰黜不念親故，以及厭惡諂佞與罰黜並無追訴期限之特點。

五、貞觀之武威，逾越前代，其振起則始自太宗即位不久，突厥頡利可汗率勁騎十餘萬進抵渭水便橋，與唐結盟而退之後。太宗在史家筆下的渭水之盟中雖表現睿智英勇，但其本人對於「啗以金帛」突厥方結盟退兵之事，未嘗不引以爲奇恥大辱。明恥教戰，整軍經武，兼以突厥因種種因素國勢遽衰，此長彼消之下，遂得於貞觀四年一戰而取突厥之龍庭定襄，再戰而敗突厥於白道，並襲破其最後之殘軍於磧口，生俘頡利可汗，使雄據漠北，勢傾中夏之突厥滅國。主腦之凶頑既破，其治下之四夷自服，太宗「天可汗」之名乃實至名歸。自後軍威日盛，國富民殷，開疆拓土，「取古人所不能取，臣古人所不能臣」（太宗語）遂一路順遂，不徑而至。太宗雖自云「綏之以德，使窮髮之地盡爲編戶」，但此「德」實乃以兵威爲後盾，若無振武之威，非僅「三代以還，中國之盛，未之有也」（司馬光語）爲不可能，歷史上是否有「貞觀之治」之名或也大成疑問，「振武」之爲貞觀最具成就之治道，應是不容否認之事實。

考定五經，編撰統一的《五經正義》（即五經之義疏），乃統一儒家經學

〔註 269〕《帝範・賞罰》，頁 80、81。

之大事。興辦學校，造就無數人才，甚至四方遠國之留學生齊集長安，其盛況成爲留傳至今的歷史嘉話。蒐整經籍圖書，開啓經、史、子、集之四部編目，修成晉、隋等八部正史，官修正史自茲成爲定制。增修禮樂典制，「九功」、「七德」之舞，傳爲唐初音樂與舞蹈藝術之傑作。《貞觀新禮》集古今禮學之大成，貞觀修文之偉業，實也可作後世之楷模。

羈縻府、州爲邊疆地區專爲少數民族設置之行政單位。組織編制約同於郡縣，人事任命與管理，經由朝廷之授權，於改變名稱後仍其部落舊制，財賦則享有更高之優遇。朝廷透過都護府對羈縻府、州行使主權，羈縻府州則在對朝廷盡一定義務之餘，仍維持原有之風俗習慣，保有一定程度之自治。羈縻之制頗能促進漢夷地區之經濟文化交流，爲「治道」之成功案例，也頗受未入於羈縻之邊荒民族所傾心嚮往。

和親乃以中國公主與外夷君長締結姻親，兩國間彼此和平相處。和親除大幅度的減少雙方干戈衝突之外，也大幅度的促進漢番交流，尤有助於中原之文化與文明流播番外。貞觀時期之和親，最成功者有貞觀十三年弘化公主之降吐谷渾慕容諾曷鉢單于，以及貞觀十五年文成公主之降吐蕃棄宗弄讚贊普，前者使和親之支系延伸，吐谷渾君長一門皆成唐之姻親，後者則對漢藏兩民族之融會有不容忽視之影響。

六、貞觀前期，太宗勵精圖治，宵衣旰食，探求民隱，求賢納諫，興利除害，以兢兢業業的屈己奮發之心，建樹王朝可大可久之基業。此一宏願，於貞觀四年突厥破滅、頡利成擒時初步達成。其後諸事順遂，社會祥和，典章制度逐漸充實完備，佐命諸臣復多朝夕不懈，大治之景象乃明顯呈現。貞觀中期以後，太宗似乎以爲根基已固，漸有驕矜之意，兢業屈己之情逐漸消減，奮發圖治之心大不如前。其明顯見諸於政事諸端者，則是求諫之心由熾烈而平淡，其後更轉爲冷漠，納諫之意由積極而消沈，奢縱之舉漸多，獨行其是、好惡自爲逐漸成爲貞觀中後期之常態，而畏天畏民的戒慎恐懼之心則幾乎蕩然無存。

太宗個人或因年歲之日益增長而雄心漸消，或因大治景象之豐碩而進取之意漸減，但早期翦滅東突厥絕除邊患，且悉心爲治在制度上所建立之宏規與立下之基礎，則使後期收穫更爲豐碩之果實。貞觀後期，國力之強大，疆域之擴增，文化之昌盛，聲威之遠播，經濟之發展，中外之交流等，成就均超過前期。貞觀之治的爲人稱頌，並未因太宗的「漸不克終」而稍有遜色。

第三章　貞觀治道之重法

大一統之後，言治道必須推重儒家與法家。〔註1〕如研究方法中之論述，儒家原始之政治思想，停滯於秦漢之際，再無進一步之發展；法家思想爲秦政之基礎，其術大行於商鞅，其學大成於韓非，秦亡之後，法家思想亦終止其理論上之進展。漢武帝「獨尊儒學」之後，儒家思想成爲學術主流，但專制帝王最方便之學說，是法家而非儒家，於是法家思想滲入儒家，以「陽儒陰法」之方式而存在。〔註2〕漢武帝之後，直至隋末唐初，八百年之間，各家

〔註1〕秦治以法爲主固不待言，其他各家或仍有其存在之跡，迨至西漢，名家事實上已爲法家所兼併（賀凌虛：《西漢政治思想論集》，臺北市：五南圖書公司，1988年1月初版，頁2。），墨家之學，秦以後成爲絕響（徐師漢昌云，墨學入漢即已失其傳人。見徐師漢昌：《先秦諸子》，臺北市：臺灣書店，1997年9月初版，頁144。孫詒讓謂，墨氏之學亡於秦季，故墨子遺事在西漢時已莫得其詳。見孫詒讓：《墨子閒詁・墨學傳授考》，新編諸子集成第六冊，臺北市：世界書局，1983年4月新四版，附錄頁32。），陰陽家之學則散入各家，尤其爲儒、道兩家所吸收（賀凌虛：《西漢政治思想論集》，頁2、3。另呂凱：〈西漢儒道的質變與儒學的獨尊〉亦論及西漢儒道兩家大量吸收陰陽家思想而產生質變。見輔仁大學中國文學系所主編：《先秦兩漢論叢》，洪葉文化事業公司，1999年7月初版，頁16、17。），西漢時「尚能維持存在發展和對現實政治產生重大作用者，僅有道（黃老）、儒、法三家。」（賀凌虛：《西漢政治思想論集》，頁3。黃老思想以老子思想爲基礎，但亦有不同於老子之處。老子對各種典章律令均在反對之列，但黃老之徒不反對法治，此即《史記・太史公自序》中所云，道家「有法無法、因時爲業」的活用。）但自漢武帝「獨尊儒術」之後，儒家學說被尊爲官學，同時也意味黃老之學退出（政治上的）統治地位。（見林劍鳴：《秦漢史》，上海市：人民出版社，1989年10月，頁327。）法家思想則在脱離了（秦後）對黃老道家的依附之後，轉入實質的胥吏運作中，以外儒內法的方式與儒家思想爭勝併存。

〔註2〕漢武帝用董仲舒之策，「諸不在六藝之科，孔子之術者，皆絕其道，勿使並進。」馮友蘭氏以爲儒家六藝中含有多種思想之萌芽，易爲人引申附會，而六藝對

受重視之程度，雖有起伏，而儒法兩家之滲透與依附關係，迄仍未變（且此種關係，終二千年中國的帝王之制，亦始終未變）。今之言貞觀政治思想者，言儒家之治必不能擺脫法家，〔註3〕言法家治道，自必不能擺脫儒家，故本文之引法家思想，適當之處亦儒法對舉。又以秦漢之後，兩家政治思想更無進一步之發展，因之本文之言兩家思想，引述亦止於先秦。

第一節　法家思想在貞觀治道中之定位

一、法在重信、立威、情義中之優先性

先秦各家之中，言治道最爲勝出者，厥爲儒法兩家。「法」乃治道中之一種手段。法之狹義釋義乃是一種刑法，儒家並非無「法」，但以法爲政治上之輔助手段，而法家則認其爲政治上之唯一手段。〔註4〕在治道之理念上，如無衝突矛盾，則一部法典，具儒家思想之主政者或具法家思想之主政者，均一體奉行，殊少異議，但一旦有衝突矛盾發生，則由統治者依「法」之程度，可以看出其所依者是儒家思想或法家思想，或至少亦能看出其傾向某家思想之程度。

貞觀元年，擢任「有幹局、無學術、抑文雅而獎法吏」〔註5〕的戴胄爲大理少卿，當時朝廷正盛開選舉，法與天子之信的矛盾在一次廷辯中浮現，《通鑑》記云：

> 上以選人多詐冒資蔭，敕令自首，不首者死。未幾，有詐冒事覺者，

於不同思想亦能兼容並包。儒學獨尊後，與儒家本來不同之學說，仍可在六藝之大帽子下，改頭換面，保持其存在。〔見馮友蘭：《中國哲學史》，臺北市：臺灣商務印書館，1996年11月，頁488、489。〕筆者以爲此「與儒家本來不同之學說」依於儒家而保持其健旺之存在者，當以法家爲最。

〔註3〕羅彤華：《貞觀之治與儒家思想》，臺北市：花木蘭文化出版社，2010年3月。暢言貞觀之治之德治思想、聖王觀念與人倫關係，亦不諱言貞觀時代之君臣多有明顯的法家傾向，（頁107、108），則由貞觀君臣主導之爲政，焉能不有深藏之法家思想！

〔註4〕徐復觀：《學術與政治之間·儒家對中國歷史運命掙扎之一例》，頁338。

〔註5〕見《舊唐書·戴胄傳》，頁2533。以儒家論人之標準言之，戴胄應是所謂吏士者流。太宗曾將尚書令、左右僕射之職責（按：並非職位）交付戴胄，胄精於從政，處斷明素，當時論者以爲自武德以來尚書左右丞之稱職者，戴胄一人而已。

> 上欲殺之。胄奏：「據法應流。」上怒曰：「卿欲守法而使朕失信乎？」對曰：「敕者出於一時之喜怒，法者國家所以布大信於天下也。陛下忿選人之多詐，故欲殺之，而既知其不可，復斷之以法，此乃忍小忿而存大信也。」上曰：「卿能執法，朕復何憂！」胄前後犯顏執法，言如涌泉，上皆從之，天下無冤獄。〔註6〕

法布大信於天下，天子之失信不過以一時喜怒視之，法之定位在天子的敕令之上。太宗於忿怒之餘，亦樂於從法，此所以不愧爲一代英主，謂其思想中有法家之傾向，誰曰不宜！韓非有言：「釋法制而妄怒，雖殺戮而姦人不恐。」〔註7〕太宗應是知曉此中意味。戴胄「前後犯顏執法，言如涌泉」，則事不合天子之意而以法折之，必有多次，而「上皆從之」亦可以知法在太宗心中之地位矣。

法與天子之怒，其旨向相反者，不僅見於戴胄。貞觀元年，有依法爲輕罪而太宗怒欲加以極刑之事，《通鑑》記云：

> 鄃令裴仁軌私役門夫，上怒，欲斬之。殿中侍御史長安李乾祐諫曰：「法者，陛下所與天下共也，非陛下所獨有也。今仁軌坐輕罪而抵極刑，臣恐人無所措手足。」上悅，免仁軌死，以乾祐爲侍御史。〔註8〕

法爲君王所立，但卻非君王所私有，而是懸諸天下，君王與臣民所共守，此管仲：「夫生法者君也，守法者臣也，法於法者民也，君臣上下貴賤皆從法」〔註9〕、商鞅：「法者，君臣之所共操也」〔註10〕與韓非「明主之道忠法」〔註

〔註6〕《資治通鑑》卷一百九十二，太宗貞觀元年正月，頁6031、6032。《貞觀政要・公平》之記述與此相若，而《舊唐書・戴胄傳》記君臣二人之對答較詳，帝曰：「朕下敕不首者死，今斷從流，是示天下以不信，卿欲賣獄乎？」胄曰：「陛下當即殺之，非臣所及。既付所司，臣不敢虧法。」帝曰：「卿自守法，而令我失信耶？」胄曰：「法者，國家所以布大信於天下；言者，當時喜怒之所發耳。陛下發一朝之忿而許殺之，既知不可而置之於法，此乃忍小忿而存大信也。若順忿違信，臣竊爲陛下惜之。」帝曰：「法有所失，公能正之，朕何憂也。」（見原書頁2532。）

〔註7〕《韓非子・用人》，頁795。

〔註8〕《資治通鑑》卷一百九十二，太宗貞觀元年，頁6044。

〔註9〕《管子・任法》，頁1030。本文對《管子》內文之引註、頁碼，參照王冬珍等校註：《新編管子》，臺北市：國立編譯館，2002年2月。

〔註10〕《商君書・修權》，頁114。本文引用《商君書》處，頁碼皆從賀凌虛：《商君書今註今譯》，臺北市：臺灣商務印書館，1987年3月。

11〕所共伸之理，太宗雖在忿怒之下，一經臣下諫言點醒，〔註12〕便即轉怒爲喜，何況依法定人之生死：「死生隨法度」〔註13〕乃是安國之道！李乾祐因諫君王從法而擢升，〔註 14〕太宗之由怒而悅，亦足徵其有向法之慧根，要非熟讀管、商、申、韓之書，便是其循法家以法治國之思想早已深植在心。戴冑、李乾祐直可比美漢之張釋之。〔註15〕

「情」爲儒家人倫關係中重要之一環，「嚴而少恩」之法家則擯情於法制之外，〔註 16〕當情與法天人交戰之際，徇私情或從公法，亦足以觀察儒家思想或法家思想在君人者心中之比重。

貞觀十七年，太子承乾（？～645）以魏王泰（618～652）之極度受寵，聲勢日盛，感於儲君地位之岌岌可危，因思自救而策劃謀反，參予者有太宗之弟漢王李元昌（？～643）、太宗姐長廣公主之子趙節、太宗之女婿且爲親信的輔國名相杜如晦（585～630）之子杜荷、太宗嘉其忠心親任其爲宿衛之李安儼、玄武門事件時即策劃追隨、各次征戰立下頗多汗馬功勞（其最著者，率兵攻滅吐谷渾、高昌二國）之侯君集等人。謀反之事尚未啓動即因內部之人告發而事泄，太子承乾爲謀反之首謀，「上謂侍臣：『何以處承乾？』」〔註17〕群臣緘默莫敢對，終以通事舍人來濟（610～662）之奏定案：「陛下不失爲

〔註11〕《韓非子．安危》，頁812。

〔註12〕稍前，（《貞觀政要》記爲貞觀元年，《通鑑》未錄，《舊唐書．戴冑傳》誌於裴仁軌私役門夫之前）有長孫無忌不解佩刀入東上閤門，臨門校尉未發覺而議死之事，戴冑力爭，太宗曾有：「法者，非朕一人之法，乃天下人之法」之語。（見《貞觀政要．論公平》，頁258。）

〔註13〕韓非云：安術有七，一曰賞罰隨是非，二曰禍福隨善惡，三曰死生隨法度，四曰有賢不肖而無愛惡，五曰有愚智而無非譽，六曰有尺寸而無意度，七曰有信而無詐。（見《韓非子．安危》）決定生死要根據法度，乃使國家安定的方法之一。

〔註14〕唐官制，殿中侍御史之職等爲從七品下，侍御史爲從六品下。

〔註15〕漢文帝時，張釋之爲廷尉，文帝行出中渭橋，有一人從橋下出，乘輿馬驚，從者捕之交廷尉，釋之詢知其人乃聞蹕，匿橋下，久之，以爲聖上行已過，乃出而驚乘輿。釋之奏當，此人犯蹕，當罰金。文帝怒曰：「此人親驚吾馬，吾馬賴柔和，令他馬，固不敗傷我乎？而廷尉乃當之罰金！」釋之曰：「法者，天子所與天下公共也。今法如此，而更重之，是法不信於民也。……今既下廷尉，廷尉，天下之平也，一傾，而天下用法皆爲輕重，民安所措其手足？」良久，上曰：「廷尉當是也。」（見《史記．張釋之馮唐列傳》，頁1129。）

〔註16〕《史記．太史公自序》謂法家嚴而少恩，「不別親疏，不殊貴賤，一斷於法，則親親尊尊之恩絕矣。」（見原書頁1368。）

〔註17〕《資治通鑑》卷一百九十七，太宗貞觀十七年，頁6193。

慈父，太子得盡天年，則善矣！」〔註 18〕廢承乾爲庶人，幽禁於右領軍府。此乃商鞅「刑不及太子」〔註 19〕及謀逆者死罪之折衷處理。身爲太子，及犯法禁（謀反爲十惡之大罪，雖僅在「謀」而尚未實施，亦即具有犯意尚無犯行之階段，亦罪不容誅）亦難以赦免。半年之後（貞觀十七年十二月），太宗語吳王恪，〔註 20〕「父子雖至親，及其有罪，則天下之法不可私也。」〔註 21〕再次強調，「法」之順位，在父子親情之上。

賜漢王李元昌自盡於家，而宥其母、妻、子。〔註 22〕兄弟如手足，太宗本欲免李元昌一死，〔註 23〕因群臣固爭，「事不獲已」，不得已而罷。〔註 24〕在「王者公行天下，情無獨親」之情況下，太宗亦無法「情屈至公」而赦李元昌之死，此捨私情而從公法之例一。

洋州刺史趙節斬首伏誅。太宗姐長廣公主叩頭碰地，涕泣爲子請命（事

〔註 18〕《資治通鑑》卷一百九十七，太宗貞觀十七年，頁 6193。

〔註 19〕商鞅治秦，法令頒行期年，都城之民言新令不便者數以千計。於是太子犯法。鞅曰：「法之不行，自上犯之，太子君嗣也，不可施刑。」刑其傅公子虔，黥其師公孫賈。（見《資治通鑑》卷二，周顯王十年〔前 359〕，頁 48。）

〔註 20〕李恪爲太宗庶出之愛子，一度欲傳位於恪，曾詢於長孫無忌曰：「吳王恪英果類我，我欲立之，何如？」（見《資治通鑑》卷一百九十七，太宗貞觀十七年。）因長孫之堅持不易太子而罷。李恪之母爲隋煬帝之女，隋唐兩朝帝王間有盤根錯節之婚姻關係。

〔註 21〕《資治通鑑》卷一百九十七，太宗貞觀十七年，頁 6206。

〔註 22〕《資治通鑑》之記述爲賜元昌自盡於家，而宥其母、妻、子，《舊唐書・漢王李元昌傳》則稱賜元昌自盡於家，妻子籍沒，「籍沒」只是撤除彼等皇家之籍數，而不依叛逆者之近親連坐治罪，可謂原宥矣。

〔註 23〕唐律有十惡之條，前三項分別爲謀反、謀大逆、謀叛，另七項爲謀惡逆、不道、大不敬、不孝、不睦、內亂。（見《舊唐書・刑法志》）凡觸犯謀逆之條者，犯罪之當事人爲唯一死刑，但君王可以赦其死，且此事亦有前例：貞觀元年，長孫皇后之異母兄長孫安業謀以宿衛兵作亂，事發當死，長孫皇后涕泣爲之固請云：「安業罪誠當萬死，然不慈於妾，天下知之；今寘以極刑，人必謂妾所爲，恐亦爲聖朝之累。」太宗於是赦長孫安業減死，流放巂州。

〔註 24〕《舊唐書・漢王李元昌傳》記此事云：十七年，事發，太宗弗忍加誅，特赦免死。大臣高士廉、李世勣等奏言：「王者以四海爲家，以萬姓爲子，公行天下，情無獨親，元昌苞藏兇惡，圖謀逆亂，觀其指趣，察其心府，罪深燕旦，釁甚楚英。天地之所不容，人臣之所切齒，五刑不足申其罪，九死無以當其愆。而陛下情屈至公，恩加梟獍，欲開疏往，漏此鯨鯢。臣等有司，期不奉制，伏願敦師憲典，誅此凶慝、順群臣之願，奪鷹鸇之心，則吳、楚七君不幽嘆於往漢，管、蔡二叔不沉恨於有周。」太宗事不獲已，乃賜元昌自盡於家，妻子籍沒，國除。

見本文第二章「公平」節），太宗亦叩頭泣拜：「賞不避仇讎，法不阿親戚，〔註25〕此天下至公之道，不敢違也，以是負姐。」〔註26〕此捨私情而從公法之例二。

韓非有言：「以法行刑，而君爲之流涕，此以效仁，非以爲治也，夫垂泣不欲刑者，仁也，然而不可不刑者，法也。」〔註27〕太宗以泣報阿姐，而趙節不免於刑，情與法之掙扎中，毅然從法。魏徵在諫疏中，亦有「賞不遺疏遠，罰不阿親貴，以公平爲規矩，以仁義爲準繩，考事以正其名，循名以求其實，則邪正莫隱，善惡自分」〔註28〕之語，「罰不阿親」實君臣同有此心。

駙馬都尉杜荷乃杜如晦之次子，又爲太宗之女婿（尙太宗第十六女城陽公主）亦不免於誅。愛臣之子，愛女之夫，國法之下，無從倖免。杜如晦早逝（死於貞觀四年三月），止二子繼其後，杜荷於此次謀反案中伏誅，其兄杜構亦連坐流徙嶺表而死。杜如晦地下有知，亦只能長哭嘆息。

侯君集斬首於市，但宥其妻及子，流徙嶺南。侯君集之伏誅，非關親情，以其功大，又爲藩邸之舊屬，不忍令刀筆吏問罪使君集受辱，乃自臨鞫訊，且曾爲侯君集旁求群臣之意覓其生路，〔註29〕知不可而罷。此亦法家「有功於前，有敗於後，不爲損刑」〔註30〕之旨。

李安儼之伏誅，罰當其罪，又非親非故，本無可議之處，惟李父年過九十，太宗特爲憐憫，賜奴婢養其天年，除嚴依法制〔註31〕之外，亦見其人情之溫馨處。

法與君王之信相牴牾、法與君王之怒相衝突、法與君王之親情天人交戰之際，由前述諸例乃可看出法在君王心目中之定位。太宗在《帝範》中

〔註25〕諸葛亮以法治政，公而無私，其「賞不遺遠，罰不阿近」、「盡忠時益者，雖讎必賞，犯法怠慢者，雖親必罰」（見《資治通鑑》卷七十二，明帝青龍二年，頁2299。）太宗每稱美諸葛亮，蓋心有所屬焉。

〔註26〕《資治通鑑》卷一百九十七，太宗貞觀十七年，頁6197。

〔註27〕《韓非子・五蠹》，頁36。

〔註28〕《全唐文》卷一百三十九，頁623。

〔註29〕侯君集坦承犯罪後，太宗謂侍臣：「君集有功，欲乞其生，可乎？」群臣以爲不可。（見《資治通鑑》卷一百九十七，太宗貞觀十七年。）

〔註30〕《商君書・賞刑》，頁135。

〔註31〕依唐律，謀逆罪之連坐，視爲同罪處刑者，上及於當事者之父，下及於當事者之子，惟年在九十以上及七歲以下者，雖有死罪亦不加刑。（見《舊唐書・刑法志》）此當爲儒法在《唐律》中互補之例。

有〈賞罰〉篇，去除其比喻之修飾文字後，〔註 32〕實質之內涵乃為：

> 教令失度，則政有乖違。防其害源，開其利本，顯罰以威之，明賞以化之。威立則惡者懼，化行則善者勸。適己而妨於道，不加祿焉；逆己而便於國，不施刑焉。故賞者不德君，功之所致也；罰者不怨上，罪之所當也。〔註 33〕

此與韓非〈六反〉篇中：「聖人之治也，審於法禁，法禁明著則官治；必於賞罰，賞罰不阿則民用。人主……賞罰無私，使士民明焉盡力致死；人臣……行危至死，其力盡而不（怨）望。此謂君不仁，臣不忠，則可以霸王矣。」〔註 34〕異曲而同工。其「賞者不德君，功之所致也；罰者不怨上，罪之所當也。」更與韓非：「有功者必賞，賞者不德君，力之所致也；有罪者必誅，誅者不怨上，罪之所生也。」〔註 35〕以及「治強生於法，弱亂生於阿，君明於此，則正賞罰而非仁下也。爵祿生於功，誅罰生於罪，臣明於此，則盡死力而非忠君也。君通於不仁，臣通於不忠，則可以王矣。」〔註 36〕同出一轍。「賞者不德君，罰者不怨上」在於顯罰明賞，賞罰無私；「君不仁，臣不忠，可以霸王矣」亦在必於賞罰與賞罰無私。由《帝範・賞罰》篇觸及刑賞之用的核心，可斷太宗入法之深。

先秦法家以刑賞為導制群臣的二柄，〔註 37〕人主執此二柄可以御天下，〔註 38〕太宗深悟此理，將賞罰視之為國家大事、國家綱紀與治國要訣。其言曰：

〔註 32〕《帝範・賞罰》開卷之言云：「夫天之育物，猶君之御眾。天以寒暑為德，君以仁愛為心。寒暑即調，則時無疾疫；風雨不節，則歲有饑寒。仁愛下施，則人不凋弊。」筆者以為均屬比喻修飾性之文字。比喻是否有當，閱之者或仁智互見；而寒暑之調與疾疫之生，風雨之節與饑寒之起，見其然而未見其必然。「仁愛下施則人不凋弊」為儒家德化所以為可以達到之效果，是否如此，且存而不論。

〔註 33〕《帝範・賞罰》，頁 79～82。

〔註 34〕《韓非子・六反》，頁 92。此處筆者將原文中有關「大利」之文字略除。儒家治道以仁為出發點，法家以利為出發點，因旨在比較刑賞，故引文不言其仁，〈六反〉篇亦不言其大利。

〔註 35〕《韓非子・難三》，頁 353。

〔註 36〕《韓非子・外儲說右下》，頁 589。

〔註 37〕《韓非子・二柄》：「明主之所道制其臣者，二柄而已矣。二柄者，刑德也。何謂刑德？曰：殺戮之謂刑，慶賞之謂德。」（見原書頁 179。）

〔註 38〕《韓非子・八經》：「凡治天下，必因人情。人情有好惡，故賞罰可用；賞罰可用，則禁令可立，而治道具矣。」（見原書頁 150。）

國家大事，惟賞與罰。賞當其勞，無功者自退；罰當其罪，爲惡者咸懼。〔註39〕

國家綱紀，惟賞與罰。〔註40〕

夫爲國之要，在於進賢退不肖，賞善罰惡，至公無私。〔註41〕

以是可知，法入於太宗之心者實深。史家多稱貞觀之治爲儒家之德治，吾人於此亦足可窺知法家之法在人皆曰「德治時代」之定位。

二、法家思想在貞觀法典中之定位

西元前 536 年（春秋晚期）法家先賢子產首鑄刑書，成爲中國歷史上第一部成文法與公布法；戰國時各國皆有刑典，法家前輩李悝集當時諸國刑典，寫成《法經》，作爲君王治國之具。《唐律》是中國第一部包羅廣泛，體例完備之法典。〈武德律〉以隋代之《開皇律》爲基礎，歷時六年，於武德七年編纂完成，而貞觀十一年修訂完成之貞觀律，更奠定了《唐律》獨立之體系與風格。〔註42〕

《唐律疏議》有「刑罰不可弛於國，（猶）笞捶不得廢於家」及「以刑止刑，以殺止殺」等趨向於以法治國之語，但亦明言：「德禮爲政教之本，刑罰爲政教之用，猶昏曉陽秋相須而成者也。」〔註43〕言謂唐律是以禮爲綱本，刑罰不過爲禮之輔助。今傳唐律十二篇 502 條，其中不少由禮文照抄或直接演繹而來，〔註44〕也有頗多爲懲罰非禮而制定的「出禮入刑」條，即學者所

〔註39〕《貞觀政要・論封建》，頁 163。按《政要》誌太宗爲此語時在貞觀元年，而《資治通鑑》寫爲此語之場合在高祖武德九年九月，玄武門事件後，太宗即帝位之時。度情審勢，後者較爲可能。

〔註40〕《資治通鑑》卷一百九十四，太宗貞觀六年九月，頁 6099。

〔註41〕《資治通鑑》卷一百九十七，太宗貞觀十九年三月，頁 6218。

〔註42〕《唐律》之編撰，始於武德，定於貞觀，其後高宗、武后、玄宗諸朝，雖再有修訂，但只是一些小修小改。（見劉俊文：《唐代法制研究》，臺北市：文津出版社，1999 年，頁 78。）

〔註43〕長孫無忌：《唐律疏議》，臺北市：臺灣商務印書館，1973 年台二版。上引之文見卷一，「名例」頁 2、頁 11。

〔註44〕此等條目甚多，茲舉二例：《唐律疏議・名例》「八議」條，有關勳貴王府之人犯死罪，「皆須決宸衷，曹司不敢與奪。」此即法司無權審理，必須奏請皇帝聖裁。「八議」之內容，一曰議親，二曰議故，三曰議賢，四曰議能，五曰議功，六曰議貴，七曰議勤，八曰議賓。（見卷一〈名例〉，頁 23～25。）此與《周禮・秋官》「小司寇」的八辟條：「以八辟麗邦法，附刑罰：一曰議親

指稱的：「法之所禁，必皆禮之所不容，而禮之所允，刑必無涉。」〔註45〕《四庫全書・唐律疏議提要》云：「論者謂唐律一準乎禮，以爲出入得古今之平。」彷彿《唐律》乃是儒家禮書之再現。〔註46〕

然則，由條目內覓綱領，由內容中見精神，展讀唐律（《唐律疏議》）則法家之主導思想赫然在焉。

（一）法家絕對尊君，君王至上之思想

對於人君之地位，儒法思想之大別，在於儒家以君臣（兼及君民）之關係爲雙向，〔註47〕而法家思想中之君臣關係爲單向，〔註48〕儒家講求「君臣有義，父子有親，夫婦有別」〔註49〕的雙方彼此相處之道，而法家只云「臣事君，子事父，妻事夫，三者順則天下治，三者逆則天下亂，此天下之常道也，明王賢臣而弗易也。」〔註50〕單向的「事」道，君王至上，絕對尊君的政治形態，完全是法家思想所造成。此一情狀，表現於《唐律》者，乃爲對

之辟，二曰議故之辟，三曰議賢之辟，四曰議能之辟。五曰議功之辟，六曰議貴之辟，七曰議勤之辟，八曰議賓之辟。」名稱、順序完全切合符節。又《唐律疏議・戶婚》卷十四有「諸妻妾無七出及義絕之狀，而出之者徒一年半。雖犯七出，有三不去而出之者杖一百，追還合。」《疏義》釋七出、三不去云：「七出者依令，一無子，二淫泆，三不事舅姑，四口舌，五盜竊，六妒忌，七惡疾。」而三不去者，「謂一經持舅姑之喪，二娶時賤後貴，三有所受無所歸。」此與《大戴禮記・本命》的「七去三不去」條：「婦有七去：不順父母去，無子去，婬去，妒去，有惡疾去，盜竊去。……婦有三不去：有所娶無所歸，不去；與更三年喪，不去；前貧賤後富貴，不去。」兩者如同翻版。

〔註45〕黃源盛：《漢唐法制與儒家傳統》，臺北市：元照出版公司，2009年3月，頁207。

〔註46〕法典儒家化之工作，自儒家獨尊後即已開始，儒家之「禮」逐漸滲入法典，至西元268年，西晉制定《泰始律》，一般認爲乃中國法制史上首次完成儒家化的法典。《晉書・刑法志》有「峻禮教之防，準五服以制罪也。」之敘述。

〔註47〕「君君、臣臣」（《論語・顏淵》）「君使臣以禮，臣事君以忠」（《論語・八佾》）「君之視臣如草芥，則臣視君如寇讎」（《孟子・離婁下》）皆君臣關係所以爲雙向之註腳。

〔註48〕「道不同於萬物，君不同與群臣」（《韓非子・揚搉》，頁701。）「所謂明君者，能畜其臣也」（《韓非子・忠孝》，頁819。）「法家……尊主卑臣，明分職，不得相踰越，雖百家弗能改也。」（《史記・太史公自序》，頁1368。）

〔註49〕《孟子・滕文公上》

〔註50〕《韓非子・忠孝》，頁819。韓非此語，演繹成《白虎通・三綱六紀》中的《禮樂記正義》引《禮緯》含文嘉之語「君爲臣綱，父爲子綱，夫爲妻綱」主導了儒家君臣、父子、夫婦關係的變化。

所有涉及君王之犯罪皆科以重罰，處以嚴刑。唐律之重罪有十條，即所稱之「十惡」，〔註51〕其中四條涉及君王，包括對皇權及對君王人身安全之危害，即：

一曰謀反。（註曰：謂謀危社稷。有反逆之心而害於君王。社稷乃君位之託稱。）

二曰謀大逆。（註曰：謂謀毀宗廟、山陵及宮闕。）

三曰謀叛。（註曰：謂謀背國從僞。謀背本朝、將投蕃國、以地外奔。）

六曰大不敬。（註曰：謂盜大祀神御之物、乘輿服御物，盜及僞造御寶，和合御藥誤不如本方，及封題誤，若造御膳誤犯食禁，御幸舟船誤不牢固，指斥乘輿情理切害及對捍制使而無人臣之禮。）

前三條僅只是「謀」〔註52〕並未有言語或行動，就科以「十惡」重罪。第六條則多屬於過失誤犯，但因「臣子之於尊極，不得稱誤」〔註53〕所以也科以重罪。唐律之死罪共有二百三十餘條，涉及君王、宮庭者即占三十餘條，其「謀大逆」者，相關之人且連坐入死。〔註54〕

法典將維護絕對之皇權統治，保護君王人身安全法律化，且列爲主要內容，其所體現者，正是韓非以君王爲絕對至尊之思想。

（二）法家之禁姦思想

儒家之「禮」，不加於韓非所稱之「蚤絕其姦萌」〔註55〕與「禁姦於未萌」〔註56〕。韓非不僅言之，且提出其優先順序：「禁姦之法，太上禁其心，其次禁其言，其次禁其事。」〔註57〕犯罪之行爲，先起於動機，醞釀而至預備犯罪，再發展而至進行犯罪，到最後完成犯罪。「禁其心」指禁絕其犯罪之動機。

〔註51〕《唐律疏議·名例》十惡條：「一曰謀反、二曰謀大逆、三曰謀叛、四曰惡逆、五曰不道、六曰大不敬、七曰不孝、八曰不睦、九曰不義、十曰內亂」。（見原書卷一，頁15～22）

〔註52〕《律疏》的解釋，是「將有逆心」、「而有無君之心」、「遂起惡心」。

〔註53〕《貞觀政要·論公平》，頁258。戴胄議監門校尉及長孫無忌「失誤」之語。

〔註54〕〈賊盜律·謀反大逆〉條：「諸謀反及大逆者皆斬；父子年十六以上皆絞，十五以下及母女、妻妾、祖孫、兄弟姐妹、若部曲、資財、田宅並沒入官。男夫年八十及篤疾，婦人年六十及廢疾者並免。伯叔父、兄弟之子皆流三千里，資財不在沒限。其謀大逆者絞。」（見《唐律疏議》卷十七，頁40）

〔註55〕《韓非子·外儲說右上》，頁554。

〔註56〕《韓非子·心度》，頁813。

〔註57〕《韓非子·說疑》，頁231。

言爲心聲，「禁其言」指禁絕於預備犯罪階段。至於禁其行，則是犯罪已進入預備實施或進入實施階段，當然必須禁絕。

唐律「十惡」罪之前三項，皆以「謀」爲名，《唐律疏議》之說明爲「謀危社稷，始興狂計，其事未行，將而必誅，即同眞反。」〔註 58〕也即在犯罪行爲實施之前的「禁姦於未萌」之手段。律文對謀反罪的「其事未行」及「無能爲害者」〔註 59〕皆處斬刑，處分極爲嚴重。至於「禁其言」，《唐律・賊盜》釋之爲：「諸口陳欲反之言，心無眞實之計，而無狀可尋者，流二千里。」〔註 60〕「謀」之入於罪，且入於「十惡」中之前三項大罪，正是法家：「明君見小姦於微，故民無大謀；行小誅於細，故民無大亂。」〔註 61〕思想之眞實反映。

（三）法家之「治吏」思想

唐律的特徵之一，便是在不同人等之間，存有階級之大限。學者將之區分爲君臣關係之大限、官民界限之大限與良賤界限之大限。〔註 62〕商鞅的壹刑思想——無分親疏、尊卑、貴賤、賢愚，法律之前，一視同仁，不容許特權存在——自是蕩然無存。在唐律（以及之後各朝的法律）法之公平性，祇存在於同一階層（及同一性別）之間，此可視之爲「法律儒家化」後，儒家之制法者，將壹刑思想作區段之分割，使同一階層之人等「壹刑」。〔註 63〕但即便是此一情狀下之法典，仍可得窺其無法掩飾的法家思想。〔註 64〕前述之絕對尊君、君王至上思想與法家之禁姦思想固屬大端，而法家之「治吏」思想，在唐律中所占之地位，亦不容小覷。

〔註 58〕《唐律疏議》第十七卷，頁 40「賊盜」。

〔註 59〕謂「不足動眾人之意，雖騁凶威，而力不能驅率得人」者。見《唐律疏議・賊盜》條。

〔註 60〕《疏議》之釋文爲：「有人實無謀危之計，口出欲反之言，勘無實狀可尋，妄爲狂悖之語者，流二千里。」

〔註 61〕《韓非子・難三》，頁 353。

〔註 62〕劉俊文：《唐代法制研究》，臺北市：文津出版社，1999 年，頁 97～106。

〔註 63〕其等級依次是：皇帝、貴族與官吏、平民、賤民。佔人口數九成以上之農民屬於平民，因此對於絕大多數的平民之間，法是「壹刑」的。

〔註 64〕自秦以後人皆諱言法家，但法家思想則是歷代政治家、法典、甚至個人思想的潛在主流。明代趙用賢《韓非子書序》有言：「三代而後，申、韓之說常勝。世之言治者，操其術而恆諱其跡。」「一語道破那隱藏在道統面具下的法家思想的價值。」〔見林緯毅：《法儒兼容：韓非子的歷史考察》，臺北市：文津出版社，2004 年，頁 246、247。〕

韓非云：「明主治吏不治民」〔註65〕且「民用官治則國富，國富則兵強，而霸王之業成矣。」〔註66〕法家思想講求「治吏」，唐律之「職制」篇，幾乎爲「治吏」之專篇。〔註67〕而有關官吏職務犯罪之律文，更散見於〈戶婚〉、〈廄庫〉、〈擅興〉、〈賊盜〉、〈鬬訟〉、〈詐僞〉、〈雜律〉、〈捕亡〉、〈斷獄〉、〈禁衛〉、〈名例〉諸篇，其治吏之用心，可謂煞費周章。茲舉《唐律疏議・職制》律文二，可見其餘。一云：「其官文書稽程者，一日笞十、三日加一等，罪止杖八十。」二云：「諸刺史縣令、折衝果毅私自出界者杖一百。」其治吏已治到如此細密之程度！此外，唐律對官吏的犯罪，原則上不科以眞刑，而是透過議、請、減、贖及官當等途徑，使之獲得減、免或易刑。〔註68〕督責之外，對於官吏在犯法用刑時，予以相當之優容，在相當程度內，亦有儒家「刑不上大夫」之意義。更是將法家「治吏」之思想發揮到極致。

（四）法家的連坐（連誅）思想

儒家反對連誅。孟子對齊宣王「王政可得而聞與」之問，曾以文王治岐時「罪人不孥」〔註69〕作爲仁政之例。荀子反對族誅，有謂：「亂世……刑罰怒罪，爵賞踰德，以世舉賢，故一人有罪而三族皆夷……以族論罪，以世舉賢，雖欲無亂，得乎哉！」〔註 70〕商鞅相秦孝公，定牧司連坐之律，始皇一統天下，「剛毅戾深，事皆決於法」〔註71〕秦法雖佚失不可知，但〈秦始皇本紀〉中有「以古非今者族」之詔令，而子嬰亦有夷趙高三族以徇咸陽之事，是知連坐（連誅）乃承自主張嚴罰重刑之法家。漢初有夷三族之罪，乃是漢承秦制〔註72〕（亦承法家所定的秦法之制）的說明。

唐律之反、逆、叛罪（及其他重大罪行）皆有連坐。《唐律疏議・賊盜》之律文有：「諸謀反及大逆者皆斬，父子年十六以上皆絞，十五以下及母女妻

〔註65〕《韓非子・外儲說右下》，頁591。

〔註66〕《韓非子・六反》。「民用官治」四字，各《韓非子》舊本皆作「官官治」，拋開「民用」不計，其「治吏」之意則一。

〔註67〕《唐律疏議・職制》云：「言職司法制，備在此篇。」

〔註68〕詳見劉俊文：《唐代法制研究・以有罪無刑崇官責》，頁100。

〔註69〕語見《孟子・梁惠王下》不孥，謂罪止其身，不及其妻子兒女。

〔註70〕《荀子・君子》，頁344。

〔註71〕《史記・秦始皇本紀》，頁117。

〔註72〕李悝寫成《法經》，「商鞅受之以相秦，漢承秦制，乃秦漢舊律的藍本。……在中國封建社會中，一直是歷朝法律的基礎。」見李甦平：《韓非》，臺北市：東大圖書公司，1998年10月，頁156。

妾，祖孫兄弟姐妹，若部曲資財田宅並沒官。」「諸殺一家非死罪三人及支解人者皆斬，妻子流二千里。」是知貞觀之朝雖倡言輕刑，其於儒家反對而源自法家的重刑連坐之律則絕不放棄。

法典乃君王統治臣民的工具，〔註 73〕唐律（以及歷代法典）所以標榜儒家之德、禮，乃因漢以後法典之編纂幾乎都出於熟習儒家經典的讀書人之手，〔註 74〕而儒家思想有悠久之文化傳統與深厚之社會基礎，標榜德禮乃爲強化此一工具，亦即強化法治統治所必須之工具。法典之工具義成立，〔註 75〕則唐律（及歷朝法典）雖充斥儒家德禮之文字，其精神脈絡乃爲法家思想所主導，殆無疑義。更爲重要者，儒家德禮之化民成俗，並無強制性。德禮入律之後，德禮即成爲具有強制性之德禮，本質即有所變化。「齊之以刑」的結果，德與禮再要侈言「有恥且格」，已失其準據。更深一層言之，德、禮必須入律，亦足見徒以（未入律之）德、禮，其不能化之民，不能成之俗，應是數不在少。

第二節　法家思想在貞觀時期之映現

秦一統天下，以法爲治，權集中央，尊歸帝王，典章制度，法家思想之意味濃厚。秦以暴虐，二世而滅，但其倚以爲核心的專制統治與君主集權之法家思想，則是在每一次的改朝換代中，如影隨形的代代相傳。自「漢承秦

〔註 73〕韓非言法、術皆爲「帝王之具」，其云：「……法者、憲令著於官府，賞罰必於民心，賞存乎愼法，而罰加乎姦令者也：此人臣之所師也。臣無術則弊於上，臣無法則亂於下。此不可一無，皆帝王之具也。」（見《韓非子・定法》，頁 76、77。）法典乃著於官府之憲令。

〔註 74〕黄源盛：《漢唐法制與儒家傳統》，頁 112。蓋若法典之制頒若出於法家之手，儒家思想斷不會攙雜入内，此輩讀書人應試得官，聽訟爲其不可迴避之職責，自不會反對用法而高唱德禮，彼等把握住支配立法的機會，乃將德禮之原則與觀念，附以法律之制裁，灌注於律條之中。按唐律編撰的主其事者，〈武德律〉爲裴寂（父爲絳州刺史，出生名門世家，裴寂曾任隋煬帝之侍御史，應是飽讀詩書），〈貞觀律〉爲長孫無忌、房玄齡、主事者之下則爲一批「學士法官」。（見趙克堯、許道勳：《唐太宗傳》，北京市：人民出版社，2005 年，頁 184。）長孫無忌並於唐高宗永徽四年，負責編成《唐律疏議》。

〔註 75〕學者以爲，法典乃是體現韓非以勢爲中心、法術爲工具之思想，而法典之禮統攝於法之下。（見林緯毅：《法儒兼容：韓非子的歷史考察》，頁 264～333。）蓋法、術、勢皆爲「帝王之具」，而法典則爲此一治國工具的系統表述。

制」〔註 76〕之後，歷代典章制度，雖迭有增減，但其基本精神則並無重大變革。貞觀去漢未遠，尤可於君臣之行事及言語中窺見法家思想之軌跡，其所映現者，除前節——〈法家思想在貞觀治道中之定位〉所述諸事外，茲再以下列六目述論之。

一、用人惟才，使人如器。

此可藉由下列三事評述：（其實例見第五章第一節三：才先德後，惟才是用。）

（一）太宗之《帝範》篇有云：

明主之任人，如巧匠之制木……無曲直長短，各有所施。智者取其謀，愚者取其力，勇者取其威，怯者取其愼，無智愚勇怯，兼而用之。故良匠無棄材，明主無棄士……函牛之鼎，不可處以烹雞，捕鼠之狸，不可使以搏獸……有輕才者，不可委以重任，有小力者，不可賴以成職。委任責成，不勞而化。〔註 77〕

智、愚、勇、怯者各有其可用之處，要在各因其才，使其發揮所長。

（二）貞觀元年，太宗謂房玄齡等：

致理之本，惟在於審，量才授職，務省官員。故《書》稱：「任官惟賢才」……且「千羊之皮，不如一狐之腋」……當須更併省官員，使得各當其任。〔註 78〕

〔註 76〕漢代刑律的《九章律》，律文早已佚失，篇目依次爲盜、賊、囚、捕、雜、具、興、廄、户。內容以刑法爲主，雜以審、判、囚禁之條文，《九章律》之篇目，前六篇爲秦律舊目，後三篇中之户律、廄律，篇目名稱已見於先秦（史稱後三篇乃蕭何所新創），故《九章律》實乃對先朝舊律「取其便於時者」而成。秦立「皇帝」名號，皇帝自稱朕，所頒布之命令稱「制」和詔，漢代（及以後各朝代）承襲不改。漢代中央官制中的三公（丞相、太尉、御史大夫）皆沿襲秦代舊制，職掌並無變化，九卿（奉常、郎中令、衛尉、太僕、廷尉、典客、宗正、少府、治粟內史）大都是秦代已有之官職。地方官制的郡、縣、鄉、亭皆秦之舊制，名稱及職掌一仍舊貫。合皇帝、中央官制與地方官制，其運作之內容和性質，幾乎全同於秦代所建立的專制主義中央集權體制。

〔註 77〕《帝範・審官》，頁 41～47。《劍橋中國隋唐史》「唐太宗」篇之作者霍華德・韋克斯勒亦引此段文字稱美太宗之善於用人。

〔註 78〕《貞觀政要・論擇官》，頁 144。又：「千羊之皮，不如一狐之腋」出自《史記・商君列傳》，頁 894：「商君問趙良曰：『子觀我治秦也，五羖大夫賢？』良曰：『千羊之皮，不如一狐之腋；千人之諾諾，不如一士之諤諤。』」

才與職相稱，則機構員額可以精省，一賢之任，其效益勝過眾多庸碌者。

（三）貞觀二年，太宗責成右僕射封德彝（568～627）舉才，久而未得，封以天下無奇才異能對，太宗曰：

前代明王使人如器，皆取士於當時，不借才於異代。〔註79〕

每一時代均有人才，惟待在上位者知其所長之處而用。

太宗之致政，必已融會商、韓之書，取舍剪裁之間，皆得其宜。且不云其「千羊之皮，不如一狐之腋」直引〈商君列傳〉之言，其「量才授職，各當其任」之旨理，亦韓非「治國之臣，效功於國以履位，見能於官以受職，盡力於權衡以任事。」〔註80〕之旨趣所在。「用人如器」之語，更是遠於儒家而近於法家，蓋孔子有「君子不器」〔註81〕之論，而「使人如器，各有所施」，則是直承韓非「物者有所宜，材者有所施，各處其宜，故上下無為，使雞司晨，令狸執鼠，皆用其能，上乃無事。」〔註82〕的以道御臣之術。

二、公平公正，去私從公。

此可藉由下列五事評述：

（一）武德九年，太宗初即位，頗有任官封賞之事。中書令房玄齡奏言，秦府舊左右未得官者，並怨前宮及齊府左右處分之先己。太宗曰：

古稱至公者，蓋謂平恕無私。……君人者，以天下為公，無私於物。〔註83〕

以公正無私自許，亦所以解舊人不能得官者之怨。

（二）太宗於敘定勳臣功獎時嘗云：

王者至公無私，故能服天下之心〔註84〕

為君王者公而無私，治御臣民，自然眾心悅服。

〔註79〕《貞觀政要・論擇官》，頁148。

〔註80〕《韓非子・用人》，頁791。

〔註81〕《論語・為政》

〔註82〕《韓非子・揚搉》，頁697。

〔註83〕《貞觀政要・論公平》頁257。與此事類同者，貞觀三年，濮州刺史秦府舊人龐相壽坐貪污解任，太宗欲憐而赦之，以魏徵諫而止。太宗謂龐相壽云：「我昔為秦王，乃一府之主；今居大位，乃四海之主，不得獨私故人。」（見《資治通鑑》卷一百九十三，太宗貞觀三年，頁6070。）

〔註84〕《資治通鑑》卷一百九十二，高祖武德九年，頁6023。

（三）貞觀七年十一月，以長孫無忌爲司空，無忌固辭，曰：「臣忝預外戚，恐天下謂陛下爲私。」太宗不許長孫無忌之辭，曰：

吾爲官擇人，惟才是與。苟或不才，雖親不用，襄邑王神符是也；如其有才，雖讎不棄，魏徵等是也。今日所舉，非私親也。〔註85〕

擇人惟才，不避親讎，以此爲準則，任者得其所，棄者得其宜。

（四）貞觀十年，或言三品以上官多輕視有寵於太宗之魏王泰，太宗令三品以上官入齊政殿，大怒責彼等云：「隋文帝時，一品以下皆爲諸王所顛躓。彼豈非天子兒耶！朕但不聽諸子縱橫耳，聞三品以上皆輕之，我若縱之，豈不能折辱公輩乎！」房玄齡等皆惶懼流汗拜謝。魏徵獨正色諫云：「當今群臣必無輕蔑魏王者。在禮，臣、子一也。《春秋》，王人雖微，序於諸侯之上。三品以上皆公卿，陛下所尊禮，若綱紀大壞，固所不論；聖明在上，魏王必無頓辱群臣之理。隋文帝驕其諸子，使多行無理，卒皆夷滅，又足法乎！」太宗聞之，喜形於色，謂群臣曰：

凡人言語，理到不可不伏。朕之所言，當身私愛，魏徵所論，國家大法。朕嚮者忿怒，自謂理在不疑，及見魏徵所論，始覺大非道理。爲人君言，何可容易。〔註86〕

理之能服人，蓋個人私愛不能凌駕國家大法。

（五）貞觀十七年十二月，太宗以所立之太子李治懦弱，而吳王李恪英華與己類似，欲改立李恪爲太子，密召長孫無忌問計，因長孫無忌堅決反對而罷。躭心吳王恪學漢代燕王旦之謀反故事，謂吳王恪云：

父子雖至親，及其有罪，則天下之法不可私也。爲人臣子，不可不戒！〔註87〕

人倫之親爲私，天下之法爲公，惟明君能愼別公私。

孔孟罕言公私，法家諸賢，論述公平、公正及法與公私之分者極多，茲舉之以對應上述諸事。管仲有云：「聖君任法而不任智，任公而不任私。」〔註88〕「夫舍公法，用私惠，明主不爲也；故〈明法〉曰：『不爲惠於法之內』」

〔註85〕《資治通鑑》卷一百九十四，太宗貞觀七年，頁6103。

〔註86〕《貞觀政要・直諫》，頁125。《資治通鑑》卷一百九十四，太宗貞觀十年亦記此事，辭稍異而義無出入。

〔註87〕《資治通鑑》卷一百九十七，太宗貞觀十七年，頁6206。

〔註88〕《管子・任法》，頁1021。

〔註 89〕「上以法制行之，如天地之無私也，是以官無私論，士無私議，民無私說……上以公正論，以法制斷，故任天下而不重也。」〔註 90〕商鞅有云：「君臣釋法任私，必亂。故立法明分，而不以私害法，則治。」〔註 91〕「君好法，則臣以法事君……公私之分明，則小人不疾賢，而不肖者不妬功。……公私之交，存亡之本也。」〔註 92〕韓非言主上「有賢不肖而無愛惡」〔註 93〕乃安國之術的要項之一，此與管仲之「不爲親戚故貴易其法」〔註 94〕彼此呼應。韓非言舉用人才，則有「外舉不避讎，內舉不避子」〔註 95〕以及「聖王明君則不然，秉公得其正，用私失其平」〔註 96〕，以「聖人之爲法也，所以平不夷矯不直也。」〔註 97〕說明了「法者天下之平」〔註 98〕的特質，韓非更以法之公平，關乎治國強兵：「能去私曲，就公法者，民安而國治；能去私行，行公法者，則兵強而敵弱。」〔註 99〕而法禁之審，必須明法去私：「公私不可不明，法禁不可不審。」與「明主之道，必明於公私之分，明法制，去私恩。」〔註 100〕公平公正乃法之特性，去私從公，乃依法治國之正途，若謂法家諸先賢之語切中太宗之所言所行，不如謂太宗之思想中時時有法家先賢之形跡存在，每在不經意之中，流露而出。

三、明賞顯罰，治國化民

前節「法家思想在貞觀治道中之定位」已申論賞罰之爲國家大事、國家綱紀與治國要訣，而賞罰之以「法」而映現於貞觀者，猶不止此。茲以下列五事，一一評述之：

〔註 89〕《管子・明法解》，頁 1356。
〔註 90〕《管子・任法》，頁 1036。
〔註 91〕《商君書・修權》，頁 114。
〔註 92〕同上註，頁 116。
〔註 93〕《韓非子・安危》，頁 808。
〔註 94〕《管子・禁藏》，頁 1152。
〔註 95〕《韓非子・外儲說左下》，頁 548。
〔註 96〕同上註。
〔註 97〕《韓非子・外儲說右下》，頁 608。
〔註 98〕貞觀二十二年，刑部尚書張亮養假子五百人，又與術士公孫常、程公穎往還，涉嫌謀反，臨斬首前，長孫無忌、房玄齡受遣就獄與其訣別時之語。
〔註 99〕《韓非子・有度》，頁 253。
〔註 100〕《韓非子・飾邪》，頁 211。

（一）貞觀四年七月，太宗與房玄齡、蕭瑀論及隋文帝爲政之一日萬機而勞神苦形，往往不能一一中理，太宗云：

朕則不然。擇天下賢才，寘之百官，使思天下之事，關由宰相，審熟便安，然後奏聞。有功則賞，有罪則刑，誰敢不竭心力以脩職業，何憂天下之不治乎！〔註 101〕

太宗之「朕則不然」，似乎有譏於隋文帝之一日萬機，勞神苦形而事往往不能中理，己則任才命相，執賞罰之要端，治國事半而功倍。此乃韓非「明君之道，使智者盡其慮，而君因以斷事，故君不窮於智；賢者敕其材，君因而任之，故君不窮於能。」〔註 102〕爲君者手執賞罰之二柄，便能使臣下竭心盡力，則當然是天下易治。

（二）貞觀六年，太宗與魏徵談爲官擇人，太宗云：

用得正人，爲善者皆勸；誤用惡人，不善者競進。賞當其勞，無功者自退；罰當其罪，爲惡者戒懼。故知賞罰不可輕行，用人彌須慎擇。〔註 103〕

蓋以賞罰作爲汰惡留善及惕厲警頑之方法與手段。

（三）貞觀十四年，魏徵上太宗之疏，對賞罰有精到之論述：

君之賞，不可以無功求；君之罰，不可以有罪免……賞不遺疏遠，罰不阿親貴，以公平爲規矩，以仁義爲準繩，考事以正其名，循名以求其實，則邪正莫隱，善惡自分。〔註 104〕

除「以仁義爲準繩」保有幾分儒家思想之格調外，其餘全是法家思想淬礪下之表白。

（四）太宗〈金鏡〉言爲君之難易，有云：

人君處尊高之位，執賞罰之權，用人之才，用人之力，何爲不成？何求不得？此言之實易，論之實難。〔註 105〕

蓋行賞施罰，雖念茲在茲，時時不離左右，亦有不能言之處。

（五）貞觀十九年，太宗親征遼國，留太子（李治）鎮守，行前語太子：

〔註 101〕《資治通鑑》卷一百九十三，太宗貞觀四年，頁 6080。
〔註 102〕《韓非子・主道》，頁 686。
〔註 103〕《貞觀政要・論擇官》，頁 151。
〔註 104〕同上註，頁 159。
〔註 105〕《全唐文》卷十，太宗〈金鏡〉，頁 49。

為國之要，在於進賢退不肖，賞善罰惡，至公無私。〔註106〕

賞罰入於治國之要，且口傳心授，畀之嗣君。

《論》、《孟》中罕言賞罰，〔註107〕荀子尊禮重法，其云君道，往往隆禮與賞罰並提，〔註108〕為由儒入法之關鍵人物。荀子之君道思想，與孔孟相去甚遠，其不能入於儒家聖人之列，或由乎此。〔註109〕法家以刑賞為國君之二柄，故申論之不遺餘力。前舉貞觀君臣之言賞罰，一一皆能由法家之言中取得對照。韓非云：「刑過不避大臣，賞善不遺匹夫。」〔註110〕「誠有功，則雖疏賤必賞；誠有過，則雖近愛必誅。」〔註111〕「主施賞不遷，行誅無赦。譽輔其賞，毀隨其罰，則賢不肖俱盡其力矣。」〔註112〕「聞古之善用人者，必循天順人而明賞罰。……明主立可為之賞，設可避之罰。」〔註113〕「明主之道，賞必出乎公利，名必在乎為上。賞譽同軌，非誅俱行。」〔註114〕「至治之國，有賞罰而無喜怒。」〔註115〕「形名參同，用其所生。」〔註116〕（按：〈主道〉篇云：符契之所合，賞罰之所生也。）「賞罰使天下必行之。令曰：『中程者賞，弗中程者誅。』」〔註117〕「明主之治國也，明賞則民勸功，嚴刑則民親法，勸功則公事不犯，親法則姦無所萌。」〔註118〕「聖人之治也，審於法禁，法禁明著則官治；必於賞罰，賞罰不阿則民用。民用官治則國富，

〔註106〕《資治通鑑》卷一百九十七，太宗貞觀十九年，頁6218。

〔註107〕整部《論語》，「賞」字僅一見（顏淵篇：雖賞之不竊）。「罰」字亦僅二見（子路篇：禮樂不興，則刑罰不中；刑罰不中，則民無所措手足。）整部《孟子》不見一個「賞」字，而「罰」字亦僅二見（梁惠王篇：省刑罰；滕文公下篇：后來其無罰。）

〔註108〕如：《荀子・君道篇》有云：「至道大形，隆禮至法則國有常，尚賢使能則民知方，纂論公察則民不疑，賞克罰偷則民不怠，兼聽齊明則天下歸之。」（見原書頁170。）

〔註109〕亦有論者以為，荀子之二大高足，李斯助成秦政之暴虐，韓非在其書中對儒家之攻擊不遺餘力，兩皆切中儒者之痛，因弟子而殃及乃師之不能入於儒聖。

〔註110〕《韓非子・有度》，頁262。

〔註111〕《韓非子・主道》，頁694。

〔註112〕《韓非子・五蠹》，頁40。

〔註113〕《韓非子・用人》，頁791。

〔註114〕《韓非子・八經》，頁174。

〔註115〕《韓非子・用人》，頁795。

〔註116〕《韓非子・揚搉》，頁699。

〔註117〕《韓非子・難一》，頁317。

〔註118〕《韓非子・心度》，頁813。

國富則兵強，而霸王之業成矣。」〔註 119〕在在可以看出，賞罰乃法家言治之主要成分，而賞罰二字，存乎貞觀君臣之心，出乎貞觀君臣之口，更用之作爲治國、用人、擇官、理事之要，足見其浸染於法家思想之深。

四、誠信自許，言易行難

信爲儒法兩家所同重，孔子以爲治國可以去兵，可以去食而不可去信。〔註 120〕法家先賢亦以信爲治國最要的三端之一。〔註 121〕「信」在儒家，民無信不立爲立國之基礎；信在法家，法無信不行，爲行法之至要。信之於國君，有一己之誠信與對臣下之信任兩端，以之論太宗，則頗有「言則是矣，行則非也」之處。然考見其言語與行事，亦頗能見其思想出入於儒法兩家之處。

貞觀元年有上書請去佞臣者，太宗問何以別直臣佞臣，對曰：「願陛下與群臣言，或陽怒以試之，彼執理不屈者，直臣也，畏威順旨者，佞臣也。」太宗曰：「君，源也，臣，流也；濁其源而求其流之清，不可得矣。君自爲詐，何以責臣下之直乎！朕方以至誠治天下，見前世帝王好以權譎小數接其臣下者，常竊恥之。卿策雖善，朕不取也。」〔註 122〕

《韓非子・內儲說上》之七術，言「君王所用也七術，所察也六微」，其「疑詔詭使」之術，正與上書者所獻之策相類。太宗或早已讀而知之，知而不用；或雖未之知，但記而不忘，而其「朕方以至誠治天下」，應是言出由衷，〔註 123〕蓋亦期「上好信，則民莫敢不用情」〔註 124〕之回報。

〔註 119〕《韓非子・六反》，頁 92。

〔註 120〕《論語・顏淵》子貢問政。子曰：足食，足兵，民信之矣。子貢曰：必不得已而去，於斯三者何先？曰：去兵。子貢曰：必不得已而去，於斯二者何先？曰：去食。自古皆有死，民無信不立。

〔註 121〕《商君書・修權》國之所以治者三：一曰法，二曰信，三曰權。……信者君臣之所共立也。……民信其賞則事功成，信其刑則姦無端。惟明主愛權重信，而不以私害法。（見原書頁 114。）

〔註 122〕《資治通鑑》卷一百九十二，太宗貞觀元年。試佞臣之策雖不用，或亦未置諸腦後。《新唐書・宇文士及傳》記云：帝嘗玩禁中樹曰：「此嘉木也！」士及從旁美嘆。帝正色曰：「魏徵常勸我遠佞人，不識佞人爲誰，乃今信然。」則「畏威順旨者，佞臣也」之檢視方法，乃見諸應用。

〔註 123〕武德九年，爲徵點中男而魏徵固執以爲不可之事，魏之奏言中有「且陛下每云：『吾以誠信御天下，欲使臣民皆無欺詐』」之語，見《資治通鑑》卷一百九十二，高祖武德九年，頁 6027。

〔註 124〕《論語・子路》謂在上位者好信，則在下者莫敢不以眞誠相對。

太宗之「誠信御下」情況如何，觀乎魏徵之下述二疏奏便可得一梗概。貞觀十一年，魏徵上疏，以爲：「文子〔註125〕曰：『同言而信，信在言前，同令而行，誠在令外』自王道休明，十有餘年，然而德化未洽者，由待下之情未盡誠信故也。今立政致治，必委之君子；事有得失，或訪之小人。」〔註126〕太宗得魏徵之疏，雖手詔褒美：「得公之諫，朕知過矣。當置之几案以比弦、韋。」〔註127〕「知過」與「置之几案」之效果如何？可再探太宗之誠信：貞觀十四年（前疏三年之後），魏徵再上疏，以爲太宗對於寄樞機之重的大臣，任之雖重，信之未篤：「今委之以職，則重大臣而輕小臣；至於有事，則信小臣而疑大臣。信其所輕，疑其所重，……若必下無可信，則上亦有可疑矣。」〔註128〕對於講求「不信仁賢則國空虛」〔註129〕的儒家，國君之用人當屬疑人不用而用人不疑；對於循名而責實，「固術而不慕信」〔註130〕的法家，「行參以謀多，揆伍以責失，……驗之以物，參之以人」〔註131〕乃其考察所用大臣的手段。魏徵由儒家之觀點，可以批評諫正太宗之失於誠信；太宗由法家之觀點，亦必以爲自己乃是行所當行。以是而言，太宗對所用大臣的考核，其思想之發端是法家而非儒家。戈直以儒者之觀點評太宗「徒知其爲信，不知其所以信」〔註132〕與魏徵諫疏之觀點同出一轍。

法家君王講求本身之誠信，其謂信每與國之二柄（賞、罰）連動。韓非云：「明主積於信，賞罰不信，則禁令不行。」〔註133〕儒家君王則講求本身之誠信，並兼及對所任大臣之信任。太宗對所任大臣之未完全寄以信任，固已如上述，而其本身之誠信，或亦於焉多愧。貞觀十六年，考量利國而和親，以及換回愛將契苾何力，應允以新興公主嫁薛延陀之眞珠可汗，〔註134〕貞觀

〔註125〕據《漢書・藝文志》載，文子爲老子弟子，約與孔子同時。
〔註126〕《貞觀政要・論誠信》，頁278。及《資治通鑑》卷一百九十五，太宗貞觀十一年，頁6130並記此疏。
〔註127〕同上註。
〔註128〕《貞觀政要・論君臣鑒戒》，頁137。
〔註129〕《孟子・盡心（下）》。
〔註130〕《韓非子・五蠹》，頁48。
〔註131〕《韓非子・八經》，頁162。
〔註132〕《貞觀政要・論納諫》戈直按語，頁114。
〔註133〕《韓非子・外儲說左上》，頁477。
〔註134〕貞觀十六年，太宗謂侍臣曰：「薛延陀屈強漠北，今御之止有二策，苟非發兵殄滅之，則與之婚姻以撫之耳，二者何從？」房玄齡對曰：「中國新定，兵凶戰危，臣以爲和親便。」太宗曰：「然。朕爲民父母，苟可利之，何愛一女！」

十七年閏六月，眞珠可汗遣其侄突利前來納聘，聘禮（禮單）共有馬五萬匹，牛及駱駝一萬頭，羊十萬頭，堪稱豐厚，太宗率文武百官，設盛宴於相思殿款待，席間並奏十部樂，且回賜甚厚，「和親」婚事之進行，賓主甚歡。

利字當頭，變生莫測，何力獻遷延婚事以制服薛延陀之計，太宗不顧群臣反對，〔註 135〕欣然接納，其答群臣之語，更是充滿利害權謀，〔註 136〕最後以「聘財未備」〔註 137〕爲由，下詔絕婚，留下一樁失信於夷狄的笑柄。〔註 138〕本文於前章述貞觀之和親時，曾細析此一事件，此處在「誠信」之目中重提，蓋亦主旨攸關，不得不爾。

太宗絕婚薛延陀之動機，以「誠信」言之，既不入於儒，又不入於法；若由「利」之觀點，則頗有韓非人性論中之「好利自爲」傾向。〔註 139〕其思想發端之近於法而遠於儒，殆可斷言。

會左領將軍契苾何力赴涼州省親，爲薛延陀所執，堅貞不叛唐，太宗乃令兵部侍郎崔敦禮持節諭薛延陀，以新興公主妻眞珠可汗以求何力，何力由是得還。事見《資治通鑑》卷一百九十六，太宗貞觀十六年，頁 6180。

〔註 135〕褚遂良上疏，以太宗之許婚，「面告吐蕃，北諭思摩（突厥），中國童幼，靡不知之」而一朝改悔，既失國家聲聽，又失百姓之懷德，顧少失多，必搆邊患，「彼國蓄見欺之怒，此民懷負約之慚，恐非所以服遠人，訓戎士也。」而群臣多言：「國家既許其婚，受其聘幣，不可失信戎狄，更生邊患。」（語見《資治通鑑》卷一百九十七，太宗貞觀十七年，頁 6200、6201。）

〔註 136〕太宗曰：「卿曹皆知古而不知今。昔漢初匈奴強，中國弱，故飾子女、捐金絮以餌之，得事之宜。今中國強，戎狄弱，以我徒兵一千，可擊胡騎數萬，薛延陀所以匍匐稽顙，惟我所欲，不敢驕慢者，以新爲君長，雜姓非其種族，欲假中國之勢以威服之耳。彼同羅、僕骨、回紇等十餘部，兵各數萬，并力攻之，立可破滅，所以不敢發者，畏中國所立故也。今以女妻之，彼自恃大國之壻，雜姓誰敢不服！戎狄人面獸心，一旦微不得意，必反噬爲害。今吾絕其婚，殺其禮，雜姓知我棄之，不日將瓜剖之矣，卿曹第志之！」見《資治通鑑》卷一百九十七，太宗貞觀十七年，頁 6201。（按太宗此語在第二章「和親」節中已引於本文，此處入註或可便於省視誠信。）

〔註 137〕薛延陀之前並無禮單聘禮之庫廏，由其諸部徵集，前往收納雜畜之靈州，道涉沙磧，途程萬里，乏水草，馬、牛、羊等耗死將半，故多失期不至。（見《資治通鑑》卷一百九十七，太宗貞觀十七年，頁 6200。）

〔註 138〕編撰《資治通鑑》之儒臣司馬光，對此事亟有感慨，評之曰：「孔子稱去食、去兵，不可去信。唐太宗審知薛延陀不可妻，則初勿許其婚可也；既許之矣，乃復恃強棄信而絕之，雖滅薛延陀（按：薛延陀於貞觀二十年爲李世勣率諸部攻滅），猶可羞也。王者發言出令，可不愼哉！」（事見《資治通鑑》卷一百九十七，太宗貞觀十七年，頁 6201。）

〔註 139〕管力吾：《韓非政治思想探析》，中國學術思想研究輯刊，臺北市：花木蘭文化出版社，2011 年 9 月，頁 15～21。

太宗或亦惑於誠信與國祚間之連動，貞觀十七年（應是在絕婚薛延陀後不久），太宗謂侍臣曰：「傳稱：『去食存信』孔子曰：『人無信不立』昔項羽既入咸陽，已制天下，向能力行仁信，誰奪耶？」房玄齡對曰：「仁、義、禮、智、信謂之五常，廢一不可；能勤行之，甚有裨益。殷紂狎侮五常，武王奪之，項氏以無信，爲漢高祖所奪，誠如聖旨。」〔註 140〕則太宗對絕婚失信之事，終不能自安也。

五、依循律令，國之大事

貞觀六年，太宗謂侍臣曰：

> 朕比來決事或不能皆如律令，公輩以爲事小，不復執奏。夫事無不由小而致大，此乃危亡之端也。〔註 141〕

太宗並以痛惜關龍逢忠諫而死及煬帝不聞忠諫而亡之事，勗勉群臣對君王決事之乖於律令應忠諫匡救，俾能自利利君。〔註 142〕貞觀五年有百官斷獄，據律文不敢違法，據法當死而太宗以「情在可矜」令有司具狀以聞而「全活甚眾」之例，〔註 143〕同年議封建時，中書侍郎顏師古提出諸王封國「法令之外不得擅作威刑」之諫，〔註 144〕法之依違，一時未有明確之定則，更有治書侍御史權萬紀之彈劾，太宗怒斬替妄爲妖言者辯護之大理丞張蘊古，引致此後法官競就深文，量刑從重之弊。貞觀十一年，太宗問大理卿劉德威何以刑網之稍密，答以未依律使然，〔註 145〕而「陛下儻一斷以律，則此風立變矣。」太宗悅而從之，而自「一斷以律」始，司法判罪便見平允。〔註 146〕

〔註 140〕《貞觀政要・論誠信》，頁 283。

〔註 141〕《資治通鑑》卷一百九十四，太宗貞觀六年，頁 6100。《貞觀政要・論政體》之用詞則爲：「朕比來臨朝決斷，亦有乖於律令者，公等以爲小事，遂不執言。凡大事皆起於小事，小事不論，大事又將不可救，社稷傾危，莫不由此。」用語雖不同，其視乖於律令爲社稷傾危之端則一。

〔註 142〕太宗言社稷將因乖於律令而啓危端之後，有云：「公等爲朕思隋氏滅亡之事，朕爲公等思龍逢、鼂錯之誅，君臣保全，豈不美哉！」語見《貞觀政要・論政體》，頁 28。

〔註 143〕《資治通鑑》卷一百九十三，太宗貞觀五年，頁 6090。

〔註 144〕同上註，頁 6087。

〔註 145〕劉德威答云：「此在主上，不在群臣，人主好寬則寬，好急則急。律文：失入減三等，失主減五等。今失入無辜，失出更獲大罪，是以吏各自免，競就深文，非有教使之然，畏罪故爾。」語見《資治通鑑》卷一百九十四，太宗貞觀十一年，頁 6126。

〔註 146〕《資治通鑑》卷一百九十四，太宗貞觀十一年，頁 6026。

「皆如律令」或「一斷以律」，即是一切依法行事，也即韓非所云之「不游意於法之外，不爲惠於法之內，動無非法。」〔註 147〕此亦爲法家對行法之一貫要求。暴虐如秦始皇，一統天下後，尚且「事皆決於法」〔註 148〕而不敢任性自專，一意孤行，則太宗之以決事不能皆如律令而炯戒，且將依循律令提昇至社稷是否傾危之高度，堪稱對「任法而治」之益多損少有深度之瞭解。

六、兢兢業業，奉法畏天

天子者，天地之子，天所命以威臨四海，子養下民，此亦儒家「君天下曰天子」之旨，〔註 149〕董仲舒嘗以「爲人主者，法天之行，……任群賢所以爲受成，乃不自勞於事，所以爲尊也。泛愛群生，不以喜怒賞罰，所以爲仁也。」〔註 150〕以勉君王。太宗以一代天驕，對此或亦心領神受。貞觀二年，太宗謂侍臣：「朕每思出一言，行一事，必上畏皇天，下懼群臣。天高聽卑，何得不畏？群公卿士，皆見瞻仰，何得不懼？」〔註 151〕言語中頗見其尊天畏天之意。太宗是否眞有畏天之心，可存而不論（蓋無法考其內心），但以之勗勉群臣，則爲一最好之教材。

貞觀四年，太宗謂公卿云：

> 朕終日孜孜，非但憂憐百姓，亦欲使卿等長守富貴。天非不高，地非不厚，朕常兢兢業業，以畏天地，卿等若能小心奉法，常如朕畏天地，非但百姓安寧，自身常得驩樂。〔註 152〕

勗勉群臣以君王兢兢業業的畏天地之心，小心奉法。貞觀十六年，國初功臣党仁弘犯下貪贓當死之重罪。當初李淵入關時，党仁弘率軍二千餘人前往投効，隨李淵攻克長安。李世民東討王世充時，党仁弘轉輸糧餉源源不絕，使大軍後顧無憂，頗爲李世民所器重。党仁弘有才幹，有謀略，歷任南寧、戎州、廣州都督，皆有良好之治績與政聲。所憾者生性貪婪，廣州都督任內，貪贓百餘萬，爲人舉發，事證明確，依律當死。眼見當年所器重之舊屬，白

〔註 147〕《韓非子・有度》，頁 261。
〔註 148〕《史記・秦始皇本紀》，頁 117。
〔註 149〕《禮記・曲禮》及疏文。見《禮記鄭註》，臺北市：新興書局，1971 年 6 月，頁 14。
〔註 150〕見《春秋繁露・離合根》，頁 115。
〔註 151〕《貞觀政要・論謙讓》，頁 294。
〔註 152〕《貞觀政要・論貪鄙》，頁 328。

髮蒼蒼即將赴刑場斬首，李世民頗爲不忍，謂侍臣曰：「吾昨見大理五奏誅仁弘，〔註 153〕哀其白首就戮，方晡食，遂命撤案；然爲之求生理，終不可得。今欲曲法就公等乞之。」〔註 154〕十二月初一，李世民召集五品以上官員齊集太極殿前，鄭重（應亦沉痛）謂眾臣：

> 法者，人君所受於天，不可以私而失信。今朕私党仁弘而欲赦之，是亂其法，上負於天。欲席藁於南郊，日一進蔬食，以謝罪於天三日。〔註 155〕

党仁弘終得在群臣下跪叩首固請於庭半日（請君王勿赴南郊）且君王下詔自責之情況下赦除死罪，黜爲庶人，流徙欽州。

對党仁弘事件之處置，表面上似乎是棄法之相忍而用仁之相憐，〔註 156〕但自知曲法而乞之於臣且謝罪於天，何能目之以仁！党仁弘誠有前功及才幹，但罪行明確，法家商鞅以「有功於前，有敗於後，不爲刑損。有善於前，有過於後，不爲虧法。」〔註 157〕言之於前，韓非以「明主之道，必明於公私之分，明法制，去私恩。」〔註 158〕語之於後，故就思想之層面而言，太宗之爲党仁弘赦死，完全不合乎儒與法，純係其憐憫心引發之系列反應。此處所宜注意者，乃其以乞求群臣並謝罪於天的鄭重行事，表達其對有曲於法的愧恧與補過，法在其心目中確是占有無可比擬之分量。

第三節　貞觀群臣之涉法思想

思想可考之於言，更可考之於行。於言語（含文字）中考察思想，雖便於提煉析辨，但遇言僞而辯者，則其言語不過乃虛假之外衣，而行爲事跡，見乎其傳記，則眞僞較不易遁形。聽其言攷其行，其行事未逸出言外者，則採其言而論述其思想。

〔註 153〕貞觀五年訂下京師死刑犯決死前二日五覆奏之制（地方則爲三覆奏），力求減少冤屈，爲死囚求一線生路。

〔註 154〕《資治通鑑》卷一百九十六，太宗貞觀十六年，頁 6182。

〔註 155〕同上註。

〔註 156〕《韓非子・六反》，頁 95。有謂：「法之爲道，前苦而長利；仁之爲道，偷樂而後窮，聖人權其輕重，出其大利，故用法之相忍，而棄仁之相憐也。」此處借此篇之意，而倒反棄與用之兩端，是謂其不合法家聖王之意也。

〔註 157〕《商君書・賞刑》，頁 135。

〔註 158〕《韓非子・飾邪》，頁 211。

言貞觀治道，太宗自是如北辰之在中天，其重要性無可比擬，而眾星拱之的外圍群臣，也自有其一定之分量與地位。本節選取涉及「法」（法家思想自在其中）的貞觀群臣，爲之一一探析。所涉人物，有較長篇幅之敘述，亦有片言數語之描繪，乃受限於人物資料之詳略使然。

一、魏徵（580～643）

徵字玄成，鉅鹿曲城人，少孤貧，落拓有大志，不事生業，嘗出家爲道士，好讀書，多所通涉，尤屬意縱橫之說。先後曾事多主，且對各「主上」皆忠誠任事，初事當時顯赫一時之李密。李密（582～619）降唐後，隨密赴京城，久不知名，自請安輯山東，高祖李淵授徵「祕書丞」之職，是知高祖爲魏徵之第二任「主上」。魏的山東安輯之行，在黎陽勸降徐世勣（後賜姓李爲李世勣、後又避太宗李世民之諱爲李勣）有功，但不久黎陽爲竇建德攻陷，魏徵被俘，被竇任爲「起居舍人」，是以竇爲魏徵之第三任「主上」，其後竇敗亡被擒，魏徵西入關，又爲當時太子李建成延聘爲「洗馬」，則建成爲魏徵所事之第四主。玄武門事件後，太宗不計前嫌（太宗已爲魏徵之第五任「主上」矣），使魏徵由詹事主簿而諫議大夫、再任尚書右丞、祕書監與侍中（後二者均爲宰相職，參預朝政），晚年被任爲「特進」與「太子太師」，前後共約十六年半，卒於貞觀十七年正月，享壽64歲。

魏徵自大業十三年「入世」事李密起，在李密帳下約一年，任高祖之職約十個月，在竇建德麾下約一年半，事太子建成約五年，所事各主，雖未必倚爲心腹或畀予重要職務，但大抵皆忠誠任事，其本身之才學見識亦常見諸籍冊。

霍華德・韋克斯勒教授以魏徵爲太宗朝政治集團中，強調儒家道德標準一派之代表人物，並一直以一個不屈不撓的道德家和無所畏懼的諫諍者著稱，〔註159〕魏徵以仁義道德之用爲主軸，前後規諫太宗者二百餘件，〔註160〕眞德秀謂魏徵諫諍的「正君之功，雖秦漢以下所難及」〔註161〕霍華德・韋克斯勒雖以「魏徵嘮叨不休的道德說教，往往最後被束之高閣。」但仍承認魏

〔註159〕《劍橋中國隋唐史》，頁196、197。

〔註160〕太宗嘗謂徵云:「卿所諫前後二百餘事，皆稱朕意，非卿忠誠，奉國何能若是。」（見《貞觀政要・論任賢》，頁54。）舊、新《唐書》各錄魏徵之諫疏四篇（有二篇相重），今存之《鄭魏公諫錄》所錄者或不及其半。

〔註161〕《貞觀政要・論任賢・集論》，頁59。

徵「在朝廷起了清廉剛直的表率作用和限制皇權的作用。」〔註 162〕見乎仁，見乎智，二者應是各有其道理。

魏徵雖以儒家的仁義道德為其諫諍立言，但由其「多所通涉，尤屬意縱橫之術」及前後共（忠誠的）事奉五主之學行，則很難相信其思想之全然吻合儒家，羅彤華謂「昌言儒家治道，最善導人主於仁德之途的魏徵，也是不恥小節，博知王霸之術的人。」以及魏徵「在相當程度上是肯定法家的功利思想的。」〔註 163〕涂杏臺亦認為魏徵有相當深厚的法家思想作為（其思想之）基礎，〔註 164〕此正與筆者之理念不謀而合。今謹就魏徵諫疏中涉法思想之較深者論述之。

貞觀二年，太宗問魏徵：「人主何為而明，何為而暗？」徵對曰：

> 兼聽則明，偏信則暗。昔堯清問下民，故有苗之惡得以上聞；舜明四目，達四聰，故共、鯀、驩不能蔽也。秦二世偏信趙高，以成望夷之禍；梁武帝偏信朱异，以取臺城之辱；隋煬帝偏信虞世基，以致彭城閣之變。是故人君兼聽廣納，則貴臣不得擁蔽，而下情得以上通也。〔註 165〕

「兼聽則明，偏信則暗」，語出王符《潛夫論》，王符並非純粹之儒家，其學折衷儒學，博採道、法。儒家孔、孟皆未有兼聽、偏信之論，荀子則在〈王制〉、〈王霸〉、〈君道〉、〈正名〉諸篇內，屢言兼聽、偏信而啓法家，韓非〈內儲說上・參觀一〉「觀聽不參則誠不聞，聽有門戶則臣壅塞。」即有事必參驗，不能偏信之旨；〈內儲說上・一聽四〉「一聽則智愚不分」更有聽必取乎眾之意，故人主必須兼聽而不能偏信。魏徵引此而廣為之舉例闡釋，則其思想中之法家成分，亦不喻自明。

貞觀六年，太宗與魏徵有一段擇拔人才標準之對話：

> 上謂魏徵曰：「為官擇人，不可造次。用一君子，則君子皆至；用一小人，則小人競進矣。」對曰：「然。天下未定，則專取其才，不考其行；喪亂既平，則非才行兼備不可用也。」〔註 166〕

〔註 162〕《劍橋中國隋唐史》，頁 195、196、197。

〔註 163〕《貞觀之治與儒家思想》，頁 23、29。

〔註 164〕涂杏臺：《唐太宗與貞觀政治思想》，國立中山大學碩士論文，高雄市：2003 年 4 月，頁 70。

〔註 165〕《資治通鑑》卷一百九十二，太宗貞觀二年，頁 6047。《貞觀政要・論君道》亦誌此事，旨義同而文辭異。

〔註 166〕《資治通鑑》卷一百九十四，太宗貞觀六年，頁 6101。

儒家從未因天下之清平或喪亂而對用人有不同之要求標準，天下清平固然要用賢，時局喪亂，更須用賢，寧可「固窮」也不可「窮斯濫矣」，也即是寧缺勿濫。「儒家之賢，以德爲主而才爲輔，二者兼備，方可謂之曰賢。」〔註 167〕魏徵將天下未定時用人之才與行兩分（用才而不顧行），顯然已與儒家賢人政治之立意相左。在唐之前且去唐不遠，用人唯才而不顧行，且公然表諸文字詔令者，唯魏武帝曹操一人，其魏武三詔令，〔註 168〕對殺妻盜嫂不仁不孝等失德之事，只要有才，皆可不以爲忤，「夫有行之士，未必能進取，進取之士未必能有行也。」就是其在喪亂之世亟亟於「專取其才，不顧其行」的原因。魏徵立言本於「重法術，貴刑名」的漢末法家代表人物之一的魏武帝曹操，則其思想成分中包含甚多的法家思維，應是無需辯解之事。

貞觀十一年，魏徵上疏云：

> 臣聞書曰：「明德愼罰，惟刑恤哉。」禮云：「爲上易事，爲下易知，則刑不煩矣。」……夫刑賞之本，在乎勸善而懲惡，帝王之所以與天下爲畫一，不以貴賤親疎而輕重者也。……刑濫則小人道長，賞謬則君子道消。小人之惡不懲，君子之善不勸，而望治安刑措，非所聞也。〔註 169〕

開宗明義，引《尚書》「明德愼刑，惟刑恤哉」，但經文之原意，在於闡發明德的思想，而魏徵在緊接之論述中，則始終圍繞於君王應審愼把握賞罰勸懲之原則，愼罰更重於明德，而明德愼刑只不過用於詮釋用刑當恤而已，將法家思想之內涵不著痕跡的巧妙加入。〔註 170〕

魏徵在其〈理獄聽諫疏〉〔註 171〕中，有言：

> 世之善惡，俗之薄厚，皆在於君世之主。……後王雖未能遵專尚仁義，當愼刑恤典，哀敬無私。故管子云：「聖君任法不任智，任公不

〔註 167〕徐師漢昌：《韓非子釋要》，臺北市：黎明文化事業公司，1994 年 10 月，頁 111。

〔註 168〕魏武三詔令分別頒於漢獻帝建安十五年（210）春、建安十九年（214）十二月及建安二十二年（217）八月。詳見《三國志》卷一，〈武帝紀〉。其「又得無盜嫂受金而未遇無知者乎？」見原書頁 32。

〔註 169〕《貞觀政要・論刑罰》，頁 382。按此爲《新唐書》選錄魏徵之第一疏，亦爲《舊唐書》選錄魏徵之第三疏。

〔註 170〕此處之釋義，有取於《唐太宗與貞觀政治思想》，頁 69 處涂杏臺先生之見解。

〔註 171〕此疏之上呈太宗，應是在貞觀十一年。《貞觀政要》將其附於十一年諫毋信閹宦譖言之後。

任私，故王天下，理國家。」……且法，國之權衡也，時之準繩也。權衡所以定輕重，準繩所以正曲直。……諸葛孔明，小國之相，猶曰：「吾心如秤，不能爲人作輕重。」況萬乘之主，當可封之日，而任心棄法，取怨於人乎？〔註 172〕

引法家前輩管仲及三國時法家代表人物諸葛孔明之言，規諫君主任法去私，以法爲準繩，內容幾乎爲韓非：「不以智累心，不以私累己，寄治亂於法術，托是非於賞罰，屬輕重於權衡……不引繩之外，不推繩之內，不急法之外，不緩法之內。」〔註 173〕的另版詮釋。爲維護「法」的公平性，魏徵亟不以法之外參以人情爲然，曾有「世俗拘愚苛刻之吏，以爲情也者，取貨者也，立愛憎者也，右親戚者也，陷怨讎者也。」〔註 174〕的憤激之言。雖謂魏徵爲強調儒家道德標準一派之代表人物，但其入於法家思想之深，貞觀諸臣，恐亦無出其右。

貞觀十四年，魏徵之疏諫中有言：

禮記曰：「權衡誠懸，不可欺以輕重；繩墨誠陳，不可欺以曲直；規矩誠設，不可欺以方圓；君子審禮，不可誣以奸詐。」然則臣之情僞，知之不難矣。又設禮以待之，執法以禦之，爲善者蒙賞，爲惡者受罰，安敢不企及乎？安敢不盡力乎？……賞不以勸善，罰不以懲惡，而望邪正不惑，其可得乎？若賞不遺疏遠，罰不阿親貴，以公平爲規矩，以仁義爲準繩，考事以正其名，循名以求其實，則邪正莫隱，善惡自分。〔註 175〕

首引《禮記》，但所引之文，原意旨在說明「君子審禮」之效驗，在於他人不可誣之以奸詐，引文內之繩墨曲直、規矩方圓，多是法家描述法性不可撓曲之辭。魏徵在《禮記》的引文之後，勗勉君王用賞與罰（法家之二柄）爲手段，執法以御臣下，此正是韓非君王執二柄以駕馭群臣，而賞罰必須以「法」爲根據之主張。韓非云：「法者，憲令著於官府，賞罰必於民心，賞存乎慎法，而罰加乎姦令者也。」〔註 176〕強調以賞罰建立法之權威性在於賞罰必須以「法」作爲依據，國君明乎此，庶幾可以免於任情喜怒，刑賞無度。前舉太宗於貞

〔註 172〕《貞觀政要．論公平》，頁 267、268、269。
〔註 173〕《韓非子．大體》，頁 715。
〔註 174〕《貞觀政要．論公平》，頁 269。
〔註 175〕《貞觀政要．論擇官》，頁 159、160。
〔註 176〕《韓非子．定法》，頁 76。

觀十九年親征高麗之前，以賞罰公平作爲治國之要而畀之嗣君，其意旨莫非魏徵此疏「賞以勸善，罰以懲惡，賞不遺疎遠，罰不阿親貴，以公平爲規矩，以仁義爲準繩」之回響？魏徵在此疏中，取韓非「聖王之立法也，其賞足以勸善」〔註 177〕之旨，僅略將以「法」爲準繩，包裝爲以仁義爲準繩〔註 178〕而已。其「考事已正其名，循名以求其實」，更是韓非「因任而授官，循名而責實」〔註 179〕按照名位（此一官職所應行應成之事）責求實效之直接引用。不僅內容相同，連用字遣辭也多相類，再回引貞觀十一年魏徵之「十思諫」，其念念不忘提醒君王者：「恩所加，則思無因喜以謬賞；罰所及，則思無因怒而濫刑」，〔註 180〕則「法」與賞、罰治國之理念，充盈於魏徵之思想中，應是不爭之事實。

二、房玄齡（578～648）

房玄齡名喬，玄齡爲其字，齊州臨淄人，聰慧好學，十八歲之齡便舉進士，〔註 181〕時在隋文帝開皇十五年。隋末暴亂，群雄蠭起，太宗攻取渭北時，玄齡策馬軍門前來謁見，一見如故，自後追隨太宗，被倚爲心腹。玄武門事件後，任太子右庶子，太宗即位後，先任中書令，自貞觀三年至貞觀十六年，始終擔任尚書省之第一要職左僕射，〔註 182〕貞觀二十二年薨逝。

玄齡任事，小心謹愼，但其思考行事邏輯，不似醇醇儒者，太宗爲秦王時，凡有征伐，眾人皆爭取珍寶，玄齡獨收攏人物致於幕府，其特異之行，有似漢初「攈摭秦法，取其宜於時者，作律九章」〔註 183〕的名相蕭何；〔註 184〕

〔註 177〕《韓非子・守道》，頁 797。

〔註 178〕以之爲「準繩」則須尺度毫釐不失，此非泛言仁義所能爲之事，孔門儒學抱經守道而不從權，其仁義道德常是須臾不離口，自漢代「儒學法家化」（或「法律的儒家化」）後，儒家的道德規箴與法律結合，標榜儒治者乃可以以仁義爲「準繩」。

〔註 179〕《韓非子・定法》，頁 76。

〔註 180〕《貞觀政要・論君道》，頁 11。

〔註 181〕韋克斯勒謂玄齡以十七歲的未冠之齡舉進士，蓋中西之年歲計數法有別，西方記實足年齡，中則記虛歲（或云：西方由出生之日起算，中則自懷胎之日起算）。

〔註 182〕尚書省職司猶今之行政院，任重繁劇。尚書省之長官原爲尚書令，以太宗在高祖時曾任尚書令，太宗之後，此職懸虛而不補，尚書省之事務，由左、右兩僕射總領，而以左僕射爲尊。（左右僕射之官品皆爲從二品。）

〔註 183〕《漢書・刑法志》，頁 282。

武德年間，秦王與太子建成間爲儲位事激烈相爭，時天策兵曹參軍杜淹流放在外，久不得遷調，欲求事太子建成，玄齡以杜淹多狡計，恐其教導建成，益爲世民不利，乃言於世民，將杜淹引入秦王天策府，〔註 185〕亦常勸世民「行周公之事以安家園」而誅建成及齊王元吉，〔註 186〕武德九年九月（玄武門事件後，太宗已即帝位而未改元），論功行賞，房玄齡與長孫無忌、杜如晦、尉遲敬德、侯君集五人並列第一。

太宗即位，欲致王霸之業，房玄齡身爲宰輔，自是重責在身，而欲致王道，當輔以德禮，欲致霸道，當輔以政刑，〔註 187〕但房玄齡及魏徵均以「無素業」而不能以禮、樂（「德」宜爲抽象之指標）輔太宗致王道。〔註 188〕貞觀一朝之台閣規模，多房、杜所定，而「玄齡明達政事，輔以文學，夙夜盡心，……而用法寬平」〔註 189〕太宗亦曾責房杜：「比聞聽受辭訟，日不暇給，安能助朕求賢乎！」〔註 190〕則玄齡之輔太宗，政刑爲主，亦以明矣。

貞觀元年，太宗命房玄齡、裴弘獻率各類司法之官員，修訂法典，修訂工作歷時十年，一代鉅典《貞觀律》於貞觀十年完成。以房玄齡之小心謹愼，十年之間，浸淫於典律法刑中必不謂少，其思想入法之深，由一事可見：貞觀二十年刑部尚書張亮以謀反罪將處斬，房玄齡受太宗遣，就獄與張亮訣別云：

〔註 184〕《史記・蕭相國世家》記云：「（漢高祖入咸陽）諸將皆爭走金帛財物之府分之，何獨先入收秦丞相御史律令圖書藏之。」玄齡未嘗不注意及此，高祖武德四年，李世民攻下洛陽城，房玄齡即先入中書、門下省，欲收取隋之圖籍制詔，但已爲王世充所毀而無所獲。（見《資治通鑑》卷一百八十九，高祖武德四年，頁 5916。）

〔註 185〕《資治通鑑》卷一百九十一，高祖武德七年，頁 5988。

〔註 186〕《資治通鑑》卷一百九十一，高祖武德九年，頁 6005。

〔註 187〕此亦孔子「道（導）之以政，齊之以刑，民免而無恥；道之以德，齊之以禮，有恥且格」（《論語・爲政》）之原旨。

〔註 188〕太宗嘗謂玄齡等：「禮壞樂崩，朕甚憫之。昔漢章帝眷眷於張純，今朕急急於卿等，有志不就，古人攸悲。」徵跪奏曰：「非陛下不能行，蓋臣等無素業爾，何愧如之！然漢文以清靜富邦家，孝宣以章程練名實，光武責成委吏，功臣獲全，肅宗重學尊師，儒風大舉，陛下明德獨茂，兼而有焉，雖未冠三代，亦千載一時，惟陛下雖休勿休，則禮樂度數，徐思其宜，教化之行，何慮晚也。」上曰：「時難得而易失，朕所以遑遑也。卿退，無有後言。」徵與房、杜等並慙慄再拜而出。房謂徵曰：「玄齡與公，竭力輔國，然言及禮樂，則非命世大才，不足以望陛下清光矣。」（見《全唐文》卷一六一，頁 725，〈錄唐太宗與房魏論禮樂事〉。）

〔註 189〕《資治通鑑》卷一百九十三，太宗貞觀三年，頁 6063。

〔註 190〕同上註。

法者天下之平，與公共之。公自不謹，與凶人往還，陷入於法，今將奈何！公好去。〔註 191〕

則房玄齡不能入於醇粹之儒臣，其思想與法家思想有相當程度之連結，當屬於理甚明之事。

三、戴冑（？～633）

冑字玄胤，相州安陽人。隋末曾任門下錄事、給事郎等職，頗受器重。太宗攻克武牢時，引冑爲秦府士曹參軍，以忠誠任事著稱。

戴冑之事，除前述選人詐冒資蔭，而與太宗有敕與法之辯外，另有一事亦殊堪一述：貞觀元年，戴冑爲大理少卿時，長孫無忌被召，因疏忽未解佩刀而直入東上閣，監門校尉以長孫爲親寵之國戚且常蒙召見，當時未曾發覺，尙書右僕射封德彝以論律校尉當處死，而長孫無忌則可以罰銅抵贖，戴冑亟持反論，云：

校尉與無忌罪均，臣子於尊極不稱誤。法著：御湯劑、飲食、舟船，雖誤皆死。陛下錄無忌功，原之可也。若罰無忌，殺校尉，不可謂刑。〔註 192〕

太宗以「法爲天下公，朕安得阿親戚！」詔令復議，封德彝固執己見如故，戴冑應以：「校尉緣無忌以致罪，法當輕；若皆誤，不得獨死。」〔註 193〕長孫無忌乃功臣國戚（玄武門事件後論功，與房玄齡等五人並列第一等，論親誼則爲長孫皇后之兄，且自幼與太宗友善），自不宜處以重刑，茲事最後不了了之，長孫無忌與監門校尉兩皆得免。《貞觀政要》以「公平」論述此事，此一公平要皆爲戴冑在君王與宰相前力爭而來。杜如晦臨終遺言，請將官員之選擇推舉重責委付戴冑，亦以戴冑公平無私之故。法家精神最重法之公平性，戴冑堪爲此一精神之代表人物。史臣有贊云：「人中麟鳳，王（珪）戴諸公」，並以「戴冑兩朝仕官，一乃心力，刑無僭濫，事有箴規」〔註 194〕可謂得之。

〔註 191〕《資治通鑑》卷一百九十八，太宗貞觀二十年，頁 6236。
〔註 192〕《新唐書‧戴冑傳》，頁 3914。
〔註 193〕同上註。
〔註 194〕《舊唐書》列傳第二十（頁 2527～2544），序王珪、戴冑、岑文本、杜正倫四人。

四、蕭瑀（575～648）

瑀字時文，出生帝王世家，爲後梁明帝之子，煬帝正妃蕭皇后之弟，與太宗爲姻親，〔註195〕在煬帝、高祖、太宗三朝皆曾受重用，亦曾因孤傲不群與剛正不阿之性格，仕途起起落落，〔註196〕終年七十四歲，在當時可稱高壽。

《新唐書・蕭瑀傳》稱蕭瑀爲「向法深」（執法嚴厲）之人物，在高祖朝曾被委以參預內外政務之機要職務，其抑制皇上約束勿爲違法之事，向來無所畏懼，或因寵信親近之深，故敢於如此。〔註197〕太宗之朝，瑀與大臣房玄齡、杜如晦、魏徵、溫彥博不合，而太宗每袒護房、杜等，使瑀怨望滿腹，嘗於宴會朝見時語太宗：「玄齡朋黨盜權，若膠固然，特未反耳。」〔註198〕太宗雖時加曉諭，積久亦難免心中不悅，但因深知蕭瑀忠直，亦不忍廢黜，魏徵曾語之爲：「臣有逆眾持法，主恕之以公；孤特守節，主恕之以介。昔聞其言，今乃見之。」〔註199〕主與臣間之互動，可許爲貞觀的特色之一。

「逆眾持法」爲蕭瑀之行事風格，房、杜等大臣，凡行事略有違失，蕭瑀即就「法」糾彈，從不放過，而瑀又長於辭辯，每有評議，玄齡等人常無法抗衡。其糾彈房、魏、溫之過失，太宗輒以過失微小而不加追究，而蕭瑀以其所守之「法」爲本，不屈不撓，從不放棄每次見過即糾彈之機會，持「法」至於「雖千萬人吾往矣」之程度，也絕非等常之人所能及。

五、權萬紀（？～643）

萬紀在舊、新《唐書》上未著字號，雍州萬年人，性格倔強固執，而廉潔簡約，持正不阿。歷任潮州刺史、治書侍御史、散騎常侍、持書御史、尚書左丞以及吳王李恪、齊王李祐之長史，忠於王事，於貞觀十七年李祐之反叛中被

〔註195〕李世民爲蕭皇后之表侄，吳王李恪之母爲煬帝庶出之女，宮庭酒宴中，蕭瑀嘗笑語太宗：「臣是梁朝天子兒，隋朝皇后弟，尚書左僕射，天子親家翁。」太宗聽後撫掌極歡而罷。

〔註196〕在煬帝朝曾爲尚衣奉御、檢校左翊衛鷹揚郎將、內史侍郎、亦曾被貶爲河池郡守；在高祖朝最受寵信，曾受任光祿大夫、民部尚書、尚書左、右僕射；太宗之朝，最初承繼原左僕射之職，亦稱二度受罷息隱，但旋即又被任用，先後曾任特進、太子少師、晉州都督、太常卿，且第三度爲尚書左僕射。

〔註197〕高祖有時引瑀升座御榻，呼瑀曰「蕭郎」。

〔註198〕《新唐書・蕭瑀傳》，頁3951。

〔註199〕同上註。

殺，太宗追贈萬紀爲齊州都督、武都郡公、食邑二千戶，諡號敬。〔註 200〕

權萬紀之行事，見於《貞觀政要》及《資治通鑑》者有下列諸事：1.貞觀五年劾奏張蘊古。2.貞觀五年以告訐有寵於太宗。3.貞觀十年上言開採宣、饒二州之銀礦。4.吳王恪畋獵損居人，爲柳範奏彈，太宗欲罪萬紀，遭柳範引房玄齡之例激怒。5.貞觀十七年爲齊王李祐之長史，驟諫不聽，遭李祐痛惡，遣人將萬紀射殺。

《貞觀政要》對權萬紀之評述，對比舊、新《唐書》對權萬紀之評述，前者屢言權之告訐譖毀、附下罔上、任心彈射、肆其欺罔，〔註 201〕而後者則言其廉潔正直，不阿權貴。二者之評述，南轅北轍，若不細讀深思並參以他書，對權萬紀之認知，必令人莫知所從。但《政要》及《集論》所評，多出之以形容詞，不乏主觀之臆斷，所引者多爲魏徵之諫言，而房、魏一體，權萬紀曾彈劾房、魏、王珪等名臣，頗爲魏徵所不容，魏之諫言，可信度不足。舊、新《唐書》則引述事實爲多，甚少貶抑之詞，《舊唐書》且將權萬紀入於〈良吏列傳〉，貞觀諸臣之入於「良吏」者，權萬紀一人而已！行文中曾無一字貶語。〔註 202〕

權萬紀行事應入於「法」而討論者，厥爲貞觀五年劾奏張蘊古，以致太宗盛怒之下處斬張蘊古一事。舊、新《唐書》，張蘊古均未入傳，其事見兩書之〈刑法志〉，《新唐書・刑法志》記云：「五年，河內人李好德坐妖言下獄，大理丞張蘊古以爲好德病狂瞀，法不當坐。治書侍御史權萬紀劾張蘊古相州人，好德兄厚德方爲相州刺史，故蘊古奏不以實。太宗怒，遽斬蘊古，既而

〔註 200〕唐諡法，諸職事官三品以上，散官二品以上，身亡者，佐史錄行狀申考功，考功責歷任勘校，下太常寺擬諡訖，復申考功，於都堂集內省官議諡，然後奏聞。〔見《唐會要》卷七十九，諡法（上）〕頒贈諡號，可稱嚴謹。「敬」者，令善典法曰敬、眾方克就曰敬、夙夜警戒曰敬、夙興夜寐曰敬、齋莊中正曰敬、廣直勤正曰敬、難不忘君曰敬、陳善閉邪曰敬、受命不遷曰敬。〔見《唐會要》卷八十，諡法（下），頁 1467。〕貞觀一朝之諡號「敬」者，除權萬紀外，另有裴矩、溫彥博二人。

〔註 201〕《貞觀政要・直諫》，頁 114。又《集論》朱黼謂萬紀「以訐爲直」、挾恩依勢，逞其姦謀，（見《貞觀政要・論刑法》，頁 379、380。所附諸儒之評，戈直對權雖無好語，但未流於謾詆。）

〔註 202〕其文云：「萬紀性強正好直言。貞觀中，爲治書侍御史，以公事奏劾魏徵、溫彥博等，太宗以爲不避豪貴，甚禮之。遷尚書左丞，封冀氏男，再轉齊王祐府長史，祐既失德，數匡正之，竟爲祐所殺，語在《祐傳》。祐既死，贈萬紀齊州都督、武都公，諡曰敬。」

大悔，因詔死刑雖令即絕，皆三覆奏。」《舊唐書・刑法志》則述太宗因何而怒，張蘊古所觸之法，其事較詳。〔註 203〕史書之「志」，述當時典章制度，其兼及人物者，則爲佐證說明，其筆法較諸列傳更爲嚴謹。觀乎兩志所記，張蘊古之受誅，在於太宗以其亂法而盛怒，無關乎權萬紀。設若權萬紀劾奏張蘊古之事不實，則太宗追悔之下，〔註 204〕其不罪及權萬紀也幾希。權萬紀職司侍御史，劾奏不法爲其分所當爲之事，〔註 205〕太宗嘗有「朕既在九重，不能盡見天下事，故布之卿等，以爲朕之耳目。」〔註 206〕則權萬紀者，「法定」之耳目也，其就事論事，依法劾奏，何過之有！（前述《貞觀政要》及《資治通鑑》所言權萬紀諸事，《新唐書・權萬紀傳》皆未遺漏，只敘事實經過而無臧否，因之絕不能入權萬紀於讒佞小人。）

張蘊古於貞觀二年曾以大寶箴上呈太宗，吳兢以其「文義甚美，可爲規誡」，錄全文於《貞觀政要・論刑法》，是其文因《政要》而傳，吳兢及《集論》諸儒之臧否權萬紀者，蓋惜張蘊古之罪不及誅而受戮，又不敢歸過於太宗，乃以權萬紀爲代罪羔羊。綜各書記言記事，筆者傾向於取信兩唐書〔註 207〕而視《政要》及《集論》諸儒之見爲情緒性之言辭。〔註 208〕

〔註 203〕其文云：「初，太宗以古者斷獄，必訊於三槐九棘之官，乃詔大辟罪，中書、門下五品以上及尚書議之。其後河內人李好德風疾瞀亂，有妖妄之言，詔按其事。大理丞張蘊古奏好德癲病有徵，法不當坐。治書侍御史權萬紀劾蘊古貫相州，好德之兄厚德爲刺史，情在阿縱，奏事不實。太宗曰：『吾常禁囚於獄內，蘊古與之奕棋，今後阿縱好德，是亂吾法也。』遂斬於東市，既而悔之。」（《舊唐書・刑法志》，頁 2139。）

〔註 204〕太宗之追悔，在於張蘊古雖有過犯，依法不致於誅，張蘊古奏李好德法不當坐，是以法條中從重從輕而擇其輕者，其後乃有「自張蘊古之死，法官以出罪爲戒。」〔語見《資治通鑑》卷一百九十四，太宗貞觀十一年，頁 6126。意謂自張蘊古（以李好德「法不當坐」之輕判語上）處斬後，法官以輕判爲戒，對任何罪狀都不敢輕判。〕

〔註 205〕侍御史之職責爲「糾舉百僚，入閣承詔，知推、彈雜事。」（見《新唐書・百官志》，頁 1237。）

〔註 206〕《貞觀政要・論政體》，頁 27。

〔註 207〕學者以《舊唐書》前期（按：貞觀爲「前期」）文獻資料完整，國史、實錄可依之處不少，材料翔實，敘事詳明，並曾參攷吳兢、柳芳等人修撰之《國史》、《唐曆》。《新唐書》採集資料更爲廣泛，內容有明顯採自《貞觀政要》者，〔見吳楓：《隋唐歷史文獻集釋》，（許昌市：中州古籍出版社，1987 年），頁 27～46。〕則前賢編撰史書，顯然已見及吳兢等之論點，而未之採入，其辨識之機，固不言可喻矣。

〔註 208〕吳兢：《貞觀政要・直諫》先謂權萬紀、李仁發俱以告訐譖毀得寵，使臣下無以自安；繼引魏徵之諫：「權萬紀、李仁發，並是小人，不識大體，以譖毀爲

權萬紀之思想與行事，與蕭瑀有頗多相類處，俱爲「向法深」之人物，其視「法」爲準則，凡與「準則」有違之事端，不論當事者爲誰，必劾之而後已。魏徵言蕭瑀「臣有逆眾以持法，明主恕之以忠」〔註 209〕，則萬紀彈劾房玄齡、王珪、魏徵、溫彥博、李大亮等名臣（亦太宗之愛臣），而「太宗以爲不避豪貴甚禮之。」〔註 210〕兩者不亦神似乎。

六、張玄素（？～664）

玄素兩《唐書》未錄其字號，蒲州虞鄉人，隋末爲官，清廉愛民，城陷爲王世充所執，有百姓千餘人號泣爲其請命。貞觀時曾任侍御史、給事中、太子少詹事、左、右庶子等職。太子以反逆被廢，玄素受累除名，未幾又復起用爲潮州刺史。卒於高宗麟德元年。

舊、新《唐書》皆以相當大之篇幅記述玄素之諫疏，其最著者，貞觀四年諫止修洛陽宮乾陽殿之事，以爲若修此殿，其襲亡隋之弊，恐甚於煬帝。太宗詢以：「卿謂我不如煬帝，何如桀、紂？」對曰：「若此殿卒興，所謂同歸於亂。」太宗終爲之止役，魏徵讚嘆其「張公論事，遂有迴天之力！」〔註 211〕

觀乎張玄素諸疏諫及一生行事，可稱醇醇儒者，但既出仕從政，則其思想之涉法家，殆不可免。武德九年年末，太宗聞張玄素之名，召之詢以政道。玄素對曰：

> 隋主好自專庶務，不任羣臣；羣臣恐懼，唯知稟受奉行而已，莫之敢違。以一人之智決天下之務，借使得失相半，乖謬已多，下諛上

是，告訐爲直，凡所彈射，皆非有罪。陛下掩其所短，收其一切，乃騁其姦計，附下罔上，多行無禮，以取強直之名。」末述處理之結果：太宗欣然納魏徵之諫，其後「萬紀又姦狀敗露」，貶建州司馬。考權萬紀貞觀五年後之仕途，侍御史之官品爲從七品至從六品，建州司馬之品階爲正六品，故其遷建州司馬乃昇調而非貶謫，或爲朝中「告訐」得罪人太多，太宗使其暫離是非之地，稍後由建州司馬再調回中央任持書侍御史，貞觀十年由御丞調昇尚書右丞，後遷尚書左丞，俱爲正四品（共任職五年），其後遷韓州刺史（正四品至從三品），復任晉王李恪與齊王李祐之長史，（輔佐王子之任）卒後追贈齊州都督（正三品至從二品），一路往上遷調，祇有在京城與在外州之別，故「姦狀敗露」貶官應非事實。

〔註 209〕《舊唐書・蕭瑀傳》，頁 2402。

〔註 210〕《舊唐書・良吏傳・權萬紀》，頁 4799。

〔註 211〕俱見《貞觀政要》、《資治通鑑》及舊、新《唐書》。

蔽，不亡何待！陛下誠能謹擇羣臣而分任以事，高拱穆清而考其成敗以施刑賞，何憂不治！〔註212〕

舉隋之失，在君王恃智能自專，而治國之道，在於君王謹擇群臣而分任以事，己則高拱穆清攷其成敗施行賞罰而已。此乃法家君王無爲而治國御臣，臣下有爲而奉法任事之思想。謹擇群臣，「因任而授官」〔註213〕、「因能而使之」〔註214〕乃能有「夫物者有所宜，材者有所施，各處其一，故上下無爲。使雞司夜，令狐執鼠，皆用其能，上乃無事。」〔註215〕君王安坐而天下清和，高拱穆清乃爲術所達之最高境界。徐師漢昌云：「無爲術的最終目標就是臣下任事、負責、無所不爲，而國君虛靜、無事。」〔註216〕用形名之術，考其成敗，以刑賞二柄，責其成效，此乃儒臣張玄素所建言的、深具法家思想三昧的治國之道。

七、孫伏伽（？～658）

孫伏伽，貝州武城人。隋大業期間，曾任萬年縣執法曹，高祖武德初年，任治書侍御史，貞觀元年，轉任大理少卿，貞觀五年因論奏囚犯有誤而免官，但不久又起用爲刑部郎中，多次遷任大理少卿。貞觀十四年任大理卿，再出任陜州刺史，卒於高宗顯慶三年。

太宗貞觀之朝，諫風鼎盛，孫伏伽或爲諫太宗勿以己意而依法處置之第一人。〔註217〕孫或因此而有大理少卿及大理卿之任，蓋職掌爲司理國家斷處獄訟，審慎用刑，申張法之公正性也。

孫伏伽之法家思想，可見於武德初年，諫止高祖依法勿重罰「亂賊黨羽」之疏，〔註218〕有云：

〔註212〕《資治通鑑》卷一百九十二，高祖武德九年，頁6028。
〔註213〕《韓非子・定法》，頁76。
〔註214〕《韓非子・主道》，頁686。
〔註215〕《韓非子・揚搉》，頁697。
〔註216〕徐師漢昌：《韓非的法學與文學》，臺北市：文史哲出版社，1984年，頁156。
〔註217〕魏徵在《貞觀政要・直諫》曾有：「即位之初，處元律師死罪，孫伏伽諫曰：『法不至死，無容濫加酷罰。』遂賜蘭陵公主園，直錢百萬；人或曰：『所言乃常事，而所賞太厚。』答曰：『我即位以來，未有諫者，所以賞之。』」（見原書，頁127）按：此事在舊、新《唐書》孫伏伽之傳記中均未記載，賴魏徵之諫以傳，而《資治通鑑》亦引魏徵之諫言而誌之。
〔註218〕孫伏伽爲貞觀名臣之一，此疏雖不出於貞觀年間，但相去不遠，足以代表其思想。

昔天下未平，容應機制變。今四方已定，設法須與人共之。法者陛下自作，須自守之，使天下百姓信而畏也。自爲無信，欲人之信，若爲得哉？賞罰之行，無貴賤親疏，惟義所在。臣愚以爲賊黨於赦當免者，雖甚無狀，宜一切加原。〔註 219〕

君王乃建立法制之人，其本身尤須守法，以爲臣民表率。法家前輩管仲有云：「聖君亦明其法而固守之，群臣修通輻湊以事其主，百姓輯睦聽令道法以從其事，故曰：有生法，有守法，有法於法。夫生法者君也，守法者臣也，法於法者民也，君臣上下貴賤皆從法，此謂爲大治。」〔註 220〕商鞅亦有：「法者，君臣之所其操也。」〔註 221〕之語；韓非規諫人主：「事遇於法則行，不遇於法則止。」〔註 222〕言及賞罰，更明言賞罰之行，不分親疏貴賤。〔註 223〕半生與法制爲伍之孫伏伽，其言語行事每爲法家思想所引導，自是理所當然。徐師漢昌詮釋君臣守法，賞罰依法，尤得其宜：「法要求立公去私，法固然是臣之所師，也應當爲君之所守。君行賞罰若不根據法，則人臣盡力不得賞，竭智不得功；人臣竭智盡力卻無功無賞，他們又哪能不廢法行私？這正說明，想要求大臣奉法，必要國君奉法於上才可以。」〔註 224〕

八、李靖（571～649）

李靖字藥師，京兆三原人，仕隋（在煬帝時）曾任長安縣功曹、駕部員外郎等職。歸唐後，在開國平群雄諸戰役中屢立大功，高祖曾讚譽李靖：「古之名將韓、白、衛、霍，豈能及也！」〔註 225〕貞觀之初，授任刑部尚書、旋遷兵部尚書，貞觀四年，總領諸軍，攻滅東突厥，除去威脅唐朝的心腹之患。貞觀九年，再以六五高齡，節度各路人馬，平定吐谷渾，貞觀武臣，論功無有逾李靖者。任尚書右僕射五年，以疾遜位，進階爲特進。卒於貞觀二十三年五月十八日（太宗駕崩前八日），陪葬昭陵，墳塋制度依霍、衛故事，備極殊榮。

〔註 219〕《新唐書・孫伏伽傳》，頁 3997。
〔註 220〕《管子・任法》，頁 1030。古法，謂制定法度。
〔註 221〕《商君書・修權》，頁 114。
〔註 222〕《韓非子・難二》，頁 338。
〔註 223〕韓非在〈外儲說・右上〉篇有「不辟親貴，法行所愛」之語，在〈主道〉篇有「誠有功，則雖疏賤必賞；誠有過，則雖近愛必誅」之語。
〔註 224〕徐師漢昌：《韓非的法學與文學》，頁 82。
〔註 225〕《舊唐書・李靖傳》，頁 2478。韓謂韓信、白謂白起、衛指衛青、霍指霍去病。除白起爲戰國時秦之名將，餘三者皆漢代名將。

李靖之思想，最可論述者一事。貞觀三年，李靖以奇兵襲破東突厥之龍庭定襄，頡利可汗退守鐵山，遣使者謝罪，請求舉國歸附。太宗任李靖爲定襄道總管前往迎接，又派遣鴻臚卿唐儉、將軍安修仁等前往撫慰，靖謂其副將張公謹曰：

「詔使到，虜必自安，若萬騎齎二十日糧，自白道襲之，必得所欲。」公謹曰：「上已與約降，行人在彼，奈何？」靖曰：「機不可失，韓信所以破齊也。如唐儉輩何足惜哉！」〔註226〕

兵機所在，以戰果爲先，其尚權重利之心態與思想，亟近於法家而遠於儒家，當此之時，儒家「修文德以來遠民」之想法早已拋諸腦後矣。〔註227〕固然，「將在軍，君命有所不受」〔註228〕李靖掌握兵機，揮軍疾進，果然獲致大勝，對東突厥頡利可汗造成摧毀性之打擊。但設若一擊未竟全功，對方歸附請降之局因而破滅，則飛將軍李廣不欲面對刀筆吏之局面或將加諸李靖。

貞觀群臣之具法家思想者不止於上述八人，精通儒學，極富盛名的孔穎達，尚且有「帝王內蘊神明，外須玄默，使深不可測度不可知」〔註229〕之語，此幾乎全同於韓非所言的虛靜以待，「見而不見，聞而不聞，知而不知，……函掩其跡，匿其端，去其智，絕其能」〔註230〕的君王用術御臣之道。考定五經，使諸儒嘆服之顏師古，於議論封建時，也儒法之思並用，法令、威刑之語自然湧出，〔註231〕則其他佐政諸臣，應是鮮能免於法家思想之浸染，祇以儒家史官之筆墨，儒與法的揚與隱之間，較難探究其端倪而已。

〔註226〕《新唐書・李靖傳》，頁3814。（所以舊、新唐書兩取者，蓋《舊唐書》述唐初之資料較爲翔盡，而《新唐書》則述事較爲簡練。）

〔註227〕此處之論述，取意於羅彤華：《貞觀之治與儒家思想》「德治思想對貞觀之治的助益」，頁35。筆者不敢自專，謹致謝意。

〔註228〕語見《史記・孫子吳起列傳》。按：《孫子兵法・九變篇》有：「凡用兵之法，將受命於君，合軍聚眾；圮地無舍，衢地合交，絕地無留，圍地則謀，死地則戰，途有所不由，軍有所不擊，城有所不攻，地有所不爭，君命有所不受。」

〔註229〕《舊唐書・孔穎達傳》，頁2602。又《貞觀政要・謙讓》及《資治通鑑》（貞觀三年）亦引此語而略有增省。

〔註230〕《韓非子・主道》，頁690。

〔註231〕儒家思想暢行於春秋封建時代，法家思想則大用於戰國以後之君主專制時期。若國家之治理，封建足以代表儒家之理念，而郡縣則爲專制君王一統治下臣民之制度。顏師古進言封建時，有謂：「不若分王諸子，勿令過大，間以州縣，雜錯而居，互相維持，使各守其境，協力同心，足扶京室；爲置官寮，皆省司選用，法令之外，不得擅作威刑，朝貢禮儀，具爲條式，一定此制，萬世無虞。」（見《資治通鑑》卷一百九十三，太宗貞觀五年，頁6089。）則顏師古之建言，並參儒法，其義甚明。

第四節　以法把持天下

一代大儒朱熹，於其所輯《近思錄》中，慨乎古今君王之爲政，輯明道先生之言曰：「先王之世以道治天下，後世只是以法把持天下。」〔註232〕以法把持天下者，乃是君王將控馭、束縛臣下之私心，以「法」之外衣加以包裝，而遂其權驅勢壓之目的。貞觀治道，是否亦落於此一窠臼（或甚多處落入此一窠臼），則應予以探明。

貞觀十一年，魏徵有諫疏云：

> 貞觀之初，志存公道，人有所犯，一一於法。……頃年以來，意漸深刻，雖開三面之網，而察見川中之魚，取捨在於愛憎，輕重由乎喜怒。……事無重條，求之法外，所加十有六七，……君私於上，吏姦於下，求細過而忘大體，行一罰而起眾姦……。〔註233〕

語不可謂不重，語亦不敢不眞，〔註234〕太宗雖「甚嘉納之」，但似乎是言者諄諄，聽者藐藐，〔註235〕以致貞觀十四年魏徵又有：「是非相亂，好惡相攻，所愛雖有罪，不及於刑，所惡雖無辜，不免於罰……賞不以勸善，罰不以懲惡，而望邪正不惑，其可得乎？」〔註236〕之語。以是可知，「以法把持天下」確中太宗之病。今謹以太宗假帝王之威勢，藉法之森嚴，任情喜怒所行的「控馭之、束縛之、權驅勢壓，而法亦非其法矣」〔註237〕諸事。

貞觀二年，交州都督李壽因貪定罪，太宗思有一清廉正直之人選能繼任此職，素知瀛州刺史盧祖尙文武全才，乃召之入朝，諭以「交趾久不得人，須卿鎭撫」而畀予此任。君威當前，盧祖尙應是不及細思，謝恩而出，但未幾即後悔，〔註238〕以有舊疾推辭任命。太宗遣杜如晦等諭以聖旨，最

〔註232〕見《近思錄》卷八。集解云：後世祇以法持天下，則是控馭之、束縛之、權驅勢壓，而法亦非其法矣。毋怪乎唐虞三代之治，不可復見於後世也。（見〔宋〕朱熹輯，〔清〕張伯行集解，《近思錄》，北京市：中華書局，1985年，頁236。）

〔註233〕《貞觀政要・論公平》，頁267、268。

〔註234〕欺君之罪，罪不容誅。魏徵敢作斯語，必有眞實之諸多事實根據，而此亦爲太宗之心知肚明者。

〔註235〕霍華德・韋克斯勒曾言魏徵「嘮叨不休的道德說教，往往最後被束之高閣。」確乎有觀人（太宗與魏徵）之明。

〔註236〕《貞觀政要・論擇官》，頁159。

〔註237〕《近思錄》，頁237（集解）。

〔註238〕何以生悔心不得而知，但據後文之意，應是盧原任之瀛州（今河北河間縣一帶）爲豐饒之上州，而交州（今廣東、廣西、貴州一帶的上古百粵之地）爲諸蠻所在的荒僻之所。（以上據唐地理志）

後當面敦勸，盧堅辭如故，太宗大怒，曰：「我使人不行，何以爲政！」下令斬盧祖尙於金鑾寶殿前。「才兼文武，廉平公直」〔註 239〕之盧祖尙遂流血於五步之內。

太宗其後有悔，〔註 240〕回復盧祖尙之官蔭，使蔭及盧之子孫，逝者已矣，太宗仍不失爲一代英主。

貞觀三年房、杜爲尙書左右僕射，寵信日隆，〔註 241〕監察御史陳師合上〈拔士論〉，謂一人任數職，思慮不能專注於每一職事，意指房、杜兼職過多，杜如晦奏知太宗，謂陳師合以「兼人之思慮有限，一人不可總知數職，以論臣等。」太宗謂戴胄（時爲尙書左丞）曰：「朕以至公理天下，今任玄齡、如晦，非爲勳舊，以其有才行也。此人妄事毀謗，止欲離間我君臣。」〔註 242〕將陳師合流放於嶺外。

陳師合所見非假，同年，太宗謂房、杜云：「公爲僕射，當廣求賢人，隨才授任，此宰相之職也。比聞聽受辭訟，日不暇給，安能助朕求賢乎！」〔註 243〕兼職兼事之弊端由太宗自行道出，蓋其也自知：「明主之道，一人不兼官，一官不兼事。」〔註 244〕但親疏之間，取捨於愛憎，冤哉陳師合！

貞觀五年，治書侍御史權萬紀劾張蘊古「情在阿縱，按事不實」，太宗盛怒之下，下令斬張蘊古於長安街市。（事見前節權萬紀之行事）《舊唐書・刑法志》記太宗聞權萬紀之劾云：「吾常禁囚於獄內，蘊古與之奕棋，今復阿縱好德，是亂吾法也。」張蘊古時任大理丞，審斷罪之當否爲其職司內之事，（見《舊唐書・職官志〈大理寺〉》）縱使其所審不當，依律不至於死，以在獄內與囚徒奕棋而觸太宗「亂吾法」之盛怒，則主上之逆鱗何止喉間一處！其後

〔註 239〕《資治通鑑》卷一百九十三，太宗貞觀二年，頁 6058。司馬溫公之用語應是據「實錄」等史料。

〔註 240〕他日，太宗與侍臣論齊文宣帝與青州長史魏愷事，宣帝任魏愷爲光州長史，魏愷不肯行，文宣帝怒責之，愷答云：「臣先任大州使還，有勞無過，更得小州，此臣所以不行也。」文宣帝以其言有理而釋之。太宗乃語魏徵等曰：「曩者盧祖尙雖失人臣之義，朕殺之亦爲太暴，由此言之，不如文宣矣！」（見《資治通鑑》卷一百九十三，太宗貞觀二年，頁 6058。）

〔註 241〕房玄齡、杜如晦爲太宗秦王府之舊屬，對太宗忠心不貳。玄武門之事，運籌策劃，太宗即位後論功行賞，房、杜與長孫無忌、尉遲敬德、侯君集等五人並列第一。

〔註 242〕《貞觀政要・杜讒邪》，頁 315。

〔註 243〕《資治通鑑》卷一百九十三，太宗貞觀三年，頁 6063。

〔註 244〕《韓非子・難一》，頁 320。

太宗因此而悔，下詔：「自今有死罪，雖令即決，仍三覆奏乃行刑。」〔註245〕爲「斬立決」判決後與眞正之行刑，畀予一緩衝挽回之時間，則張蘊古之濺血東市，其所產生之正面效應，也已在唐代之法制史上添加一筆。

貞觀七年，蜀王妃之父楊譽，在王公府第爭奪官婢，有違法紀，都官郎中〔註246〕薛仁方拘留楊譽查問，尚未及處理，時任宮廷千牛的楊譽之子在殿廷上向太宗陳訴，謂五品以上之高官，若非反逆罪，不應拘留，〔註247〕而薛仁方因其父是國戚，故意節外生枝留置不肯決斷。太宗聞之，怒曰：「知是我親戚，故作如此艱難。」〔註248〕下令杖仁方一百，解除所任官職。幸蒙魏徵亟諫，勿對守法之官枉加刑罰以成外戚之私。〔註249〕太宗仍以「仁方輒禁不言，頗是專橫，雖不合重罪，宜少加懲肅。」〔註250〕令杖二十赦之。創下官員在其職司內依法辦事，皇上以私情懲辦執法官員之案例，薛仁方所受之二十杖，正是「法亦非其法矣」之最佳註腳。

貞觀十三年，太宗下詔云：「身體髮膚，不敢毀傷。比來訴訟者或自毀耳目，自今有犯，先笞四十，然後依法。」〔註251〕此與貞觀十六年太宗所下之制：「自今有自傷殘者，據法加罪，仍從賦役。」〔註252〕同一意旨，均爲法之外另加刑責，（按：《唐律》並未將太宗此二詔令入律）亦爲以一己意旨在一

〔註245〕《資治通鑑》卷一百九十三，太宗貞觀五年，頁6087。

〔註246〕爲刑部之下屬官員，職掌爲配役徒隸，簿錄俘囚等。反逆相坐者，其家人沒爲奴婢，故官婢之管理分配爲都官郎中之職司。

〔註247〕唐律有「以有罪無刑崇官責」之條例。除反逆等大罪外，可以官抵罪，稱爲官當。私罪官當，分五品以上及六品以下兩級。官員及貴族犯罪，常可由官當或議、請、減、贖等途徑，使之獲得減免或易刑。官員之父母、祖父母亦有減一等抵罪之條例。（見劉俊文：《唐代法制研究》，頁96、100及《唐律疏議》卷二「應議請減」。）

〔註248〕《貞觀政要・直諫》，頁121。

〔註249〕魏徵諫云：「城狐社鼠皆微物，爲其有所憑恃，故除之不易；況世家貴戚，舊號難理，漢、晉以來，不能禁禦，武德之中，已多驕縱，陛下登極，方始蕭條。仁方既是職司，能爲國家守法，豈可枉加刑罰，以成外戚之私乎？此源一開，萬端爭起，後必悔之，將無所及。自古能禁斷此事，惟陛下一人。備豫不虞，爲國常道，豈可以水未橫流，便欲自毀隄防？臣竊思度，未見其可。」（見《貞觀政要・直諫》，頁121、122。）陳述私於貴戚之害，極爲剴切。

〔註250〕《貞觀政要・直諫》，頁122。

〔註251〕《資治通鑑》卷一百九十五，太宗貞觀十三年，頁6149。按：《孝經》孔子有言云：「身體髮膚受之父母，不敢毀傷。」

〔註252〕《資治通鑑》卷一百九十六，太宗貞觀十六年，頁6176。按：老、小、廢疾者，其在訴訟、賦役上，依法有一定之優惠。

定程度上扭曲法意。貞觀十四年，太宗親自校閱軍隊，見軍容隊伍凌亂不整。一怒之下，令位居正三品官之大將軍張士貴杖責中郎將等，並怒其下手太輕，令將張士貴逮捕繫獄。中郎將之統制爲大將軍之職司，〔註 253〕統軍不嚴以致校閱時軍容不整，自當負一定之責任，但令大將軍持杖責打官階四品之中郎將，（是否在眾目睽睽之下責打不得而知，但依當時情勢，或不可免。）且怒其責打太輕而將大將軍下獄，殆無法免於輕重由乎喜怒之譏。幸魏徵諫以：「將軍之職，爲國爪牙，使之執杖，已非後法，況以仗輕下吏乎！」〔註 254〕太宗乃即下令釋放張士貴，得未造成更大之憾事。

貞觀十八年，太宗將親征高麗，當年十月離京城長安東向洛陽時，命房玄齡（時爲司空，國之三公其一）留守京師，且命其便宜行事，不復奏請。貞觀十九年初，有人前往長安留守長官府（留臺）告密，房問密謀所在，對曰：「公則是也。」爲避嫌疑，房玄齡乃以驛馬將密告者解送行宮。太宗聞京師留守長官解來告密人，大怒，命劊子手持長刀侍候，出見告密者，問所告者爲誰，答曰：「房玄齡」。太宗曰：「果然」（謂其所料不差也）。喝令劊子手將密告者腰斬。下詔斥責房玄齡不能自信，附以：「更有如是者，可專決之。」〔註 255〕此事看似對房玄齡之極度信任，實則已因君王之喜怒，毀法於有形。唐律：「誣告人者反坐」（坐其所告之罪），又「諸部曲奴婢告主，非謀反逆叛者皆絞，若犯謀反逆叛，即是不臣之人，故許論告。」〔註 256〕由房玄齡與密告者之問對，則告者並非房之奴婢部曲也甚明。未令告者言說所告之事，則是否誣陷，全不可知，今告者敢冒絕大之風險密告京師留守長官，應有所恃，而不問所告之事，即令其流血五步，則徒然顯現君王之剛愎自用，視其所訂之法於無物，非徒不能成全其信任房玄齡之美名，反陷房於「伯仁因我而死」之不義。

同樣之事件也見於魏徵。魏徵爲祕書監時，有告徵謀反者，太宗曰：「魏徵，昔吾之讎，只以忠於所事，吾遂拔而用之，何乃妄生讒構？」不問徵而遽斬所告者，〔註 257〕未審而立判立決，帝王之威及所示對寵臣之信，固已表

〔註 253〕據《舊唐書・職官志》，頁 1898，大將軍職掌宮禁宿衛，凡親、勛、翊五個中郎將府與在外之折衝府皆受其統制。

〔註 254〕《資治通鑑》卷一百九十五，太宗貞觀十四年，頁 6163。

〔註 255〕事見《資治通鑑》卷一百九十七，太宗貞觀十九年，頁 6217。

〔註 256〕見《唐律疏議・鬪訟》卷 24，頁 3。

〔註 257〕告魏徵謀反者，其人爲長安縣人霍行斌，並非魏之奴僕部曲。依唐律「反」乃罪在不赦之大罪，誣告則坐所告之罪，「程序正義」之查察乃爲必須有之事。（此事發生於魏徵之秘書監任內，《政要》未著年月，《舊唐書・魏徵傳》言

現無遺，但對「以道治天下而法亦在其中」〔註 258〕，亦無異是一大諷刺。

貞觀十九年年末，太宗征高麗，不得意而歸，途中患癰疾，乘步輦（軟轎）而行，留守定州之皇太子李治至并州迎接，且爲太宗吮癰，扶輦步行者數日。抵達定州後，受命輔佐太子監國之侍中劉洎〔註 259〕入往太宗病榻前探視，步出後，滿面悲懼，謂其同僚云：「疾勢如此，聖躬可憂。」〔註 260〕稍後有人譖毀劉洎於太宗前曰：「洎言國家事不足憂，但當輔幼主行伊、霍故事，大臣有異志者誅之，自定矣。」〔註 261〕太宗信之，十二月二十六日下詔云：「洎與人竊議，窺窬萬一，謀執朝衡，自處伊霍，猜忌大臣，皆欲夷戮，宜賜自盡，免其妻孥。」〔註 262〕一代名臣劉洎遂不免於難。

此事極大可疑，「有人譖毀劉洎於太宗前曰」（《通鑑》記云：「或譖於上曰」）《太宗實錄》、舊、新《唐書》一致記載此人爲褚遂良，劉洎請中書令馬周作證其未作伊、霍故事之言，而褚遂良堅持其說，太宗再問馬周，馬周不敢言，劉洎遂死。司馬光以爲，此事中人所不爲，褚遂良忠直之士，且與劉洎又無仇恨，何至下此毒手？因之推測乃許敬宗厭惡褚遂良（許於高宗顯慶二年誣奏褚遂良潛謀不軌，致褚外貶而死），在修《太宗實錄》時栽贓誣陷，故《資治通鑑》不書褚遂良之名，而用「或譖於上」代之。筆者更以爲，可疑之點實不僅只此處，《通鑑》以太宗之所以信譖毀之言，乃因稍前《通鑑》記有劉洎狂誕之語，〔註 263〕劉洎三朝爲官，〔註 264〕以其

魏於貞觀二年任秘書監，但《資治通鑑》則書魏於貞觀三年三月守（代理）秘書監，尚未眞除。魏於貞觀七年三月由秘書監改任侍中，故此事之眞確年月不可考。）

〔註 258〕《近思錄》卷八，頁 236。

〔註 259〕《舊唐書・劉洎傳》，頁 2611，謂劉當時之職位爲侍中兼左庶子、檢校（攝行）民部尚書事，《資治通鑑》稱所檢校者爲吏部、禮部、户部三部尚書之事。胡三省註云，貞觀二十三年始改民部爲户部，故民部與户部不可能同時存在於貞觀十九年。此處筆者捨《資治通鑑》而從《舊唐書》。

〔註 260〕《新唐書・劉洎傳》，頁 3919，記此時之言爲「上體患癰，殊可懼。」記所言之「同僚」爲褚遂良。

〔註 261〕《資治通鑑》卷一百九十八，太宗貞觀十九年，頁 6233。伊、霍故事謂商代伊尹輔幼主時，流放太甲於桐，漢代霍光輔佐幼主時廢昌邑王，皆爲權臣（或曰「賢」臣）行其所謂宜之事。但伊、霍公忠體國，未有篡朝換代之心，否則以其權勢，商、漢兩朝或將自斯而絕。

〔註 262〕《資治通鑑》卷一百九十八，太宗貞觀十九年，頁 6233。

〔註 263〕太宗囑劉洎善輔太子，「安危所寄，宜深識我意。」劉洎之答爲：「願陛下無憂，大臣有罪者，臣謹即行誅。」（見《資治通鑑》卷一百九十八，太宗貞觀

作事之精明與多年爲官之歷練，豈會不自量力作此狂誕之語，〔註 265〕則所載劉洎的譖毀之言，亦必出於僞造，以期前後貫通，不易爲人一眼識破。然則太宗之賜死劉洎乃歷史事實，是否褚遂良所譖，〔註 266〕或他人所譖，譖者爲誰？或另有其他原因？終屬一團未解之歷史疑案。劉洎臨刑，索紙筆欲有所奏於太宗，而法官不與，則此一線之解答希望又告破滅。但不論眞相如何，太宗此案之不以法處斷，〔註 267〕乃屬必然之事。入之於「君私於上」（魏徵語）與「法亦非其法矣」（《近思錄》「以法把持天下」），或不能加論者以污衊一代聖君之名。

貞觀二十年正月，太宗遣大理卿孫伏伽等二十二人巡察四方，查處各地方官吏觸及或違反「六條」〔註 268〕之情時，巡察使對刺史、縣令多所貶黜。受貶黜者赴京稱冤者，前後不斷。太宗乃令褚遂良對各人情狀，條列分析，

十九年，頁 6233。此語必然採自《實錄》，因其負責記君王所言所行，而修《通鑑》，必須根據史料，《實錄》此種第一手史料，縱使滿心疑惑，亦不得不採。）

〔註 264〕隋末曾在蕭銑手下任黃門侍郎，高祖時授任南康州都督府長史，貞觀時多次升遷，由給事中而治書侍御史、尚書右丞而升任侍中。

〔註 265〕時房玄齡留守長安，受命「便宜行事」，剛正不阿且被太宗許爲「疾風知勁草，板蕩識誠臣」的蕭瑀留守洛陽，兩人官品資望皆在劉洎之上。劉洎不知兵，兵部與其曾無半點瓜葛，統領諸軍的李勣（徐世勣）、李道宗皆在太宗左右，二人之視劉洎，能認其爲平起平坐之同僚已屬客氣，劉洎有何能耐能自比伊、霍？《通鑑》所採之史料，其僞必矣。近人李樹桐所著《唐史研究》、《唐史新論》、《唐史考辨》，考出掌起居注及國史的許敬宗諸多作僞之事實，連司馬光作《通鑑》時，亦以「正史不皆實錄，光既擇可信者從之，復參考同異，別爲此書。」（按爲《資治通鑑考異》，以上諸言採自《四庫全書總目》）太宗征高麗，許敬宗本未同行，但隨軍之中書令岑文本，於貞觀十九年四月十日因病辭世，太宗即令召許敬宗至左右攝理中書侍郎之事，許乃得以「親隨」之資格，對起居注及國史之資料上下其手。

〔註 266〕武則天臨朝，劉洎之子弘業上表申訴劉洎乃受褚遂良誣陷而死，武以詔令恢復劉洎之官爵。

〔註 267〕「輔幼主行伊、霍故事」，並非謀反，臻諸其並無謀反之實力，又無其他謀反之徵兆，縱使入於「諸口陳欲反之言，實無謀危之計，而無實狀可尋」（見《唐律疏議・賊盜）》條，亦不過流二千里，不至於死。諸謀逆反之罪，家屬皆連坐，而太宗殺劉洎，又原其妻及子，均屬君威難測的不可解之事。

〔註 268〕六條即：（一）強豪田宅踰制，陵弱暴寡。（二）侵漁百姓，聚斂爲姦。（三）不恤疑獄，刑賞任性。（四）苟阿所愛，蔽賢寵頑。（五）子弟恃勢，請托所監。（六）通行貨賂，割損政令。「六條」之法，制於漢武帝劉徹，亦即派遣巡察長官（當時爲刺史）赴基層查察地方官吏是否違犯所述六條法禁，查察範圍亦衹限於此六條，六條之外不論。見《後漢書・百官志》之註。

親自裁決，結果雪冤而擢升者二十人，罪行重大而判處死刑者七人，原判流刑以下而獲赦免者近千人。〔註 269〕

此相當於一大規模之二審改判，由太宗對「六條」之認知，獨斷而行太上之裁決權，此對據法行事之巡察使應是相當程度之否定。巡察使以大理卿爲首，大理寺職掌斷處獄訟，參議刑獄、審正法條與審愼用刑。〔註 270〕所司應是對法條較爲熟稔之人。巡察使固不必皆出自大理寺，但有知法之人隨行則似可斷言。太宗以帝王之尊，乾坤獨斷，不知是否尙能記得貞觀四年，其與蕭瑀論隋文帝之言否？（其云：「豈得以一日萬機，獨斷一人之慮也！且日斷十事，五條不中，中者信善，其如不中者何？」〔註 271〕）一念定人禍福，一言決人生死，威則威矣，法如其法則未也。

貞觀二十年以「欲反」斬刑部尚書張亮（？～646），歲餘自擇當時獨言張亮「反形未具」之李道裕任刑部侍郎，〔註 272〕貞觀二十二年，以《祕記》傳聞誅李君羨（？～648），且籍沒其家，〔註 273〕均係以君王天威扭曲法律之顯例，此二事將於下章〈貞觀治道之任勢〉論之，此處不贅。

第五節　小結

一、各家思想之言治道，以儒法兩家最爲勝出。「法」乃治道中之一種手段，儒法在此之不同，乃儒家以法爲政治上之輔助手段，法家則以法爲政治上之唯一手段。君王治事理國，由其依法之程度，可以看出其思想之傾向，尤以誠信、情義、威儀等原則面臨與法之衝突矛盾時爲然。

貞觀時頗有天子敕令之威信與法牴牾，視天子威信之不行爲失小信，而從法爲重大信之事；也頗有天子忿怒之下，「天威」在法之前轉折，因忠於法而轉怒爲喜之事；再再可知太宗向法之深度，以及法家思想在其治道中所佔之決定性比重。

貞觀十七年，太子承乾及其黨羽策劃謀反，太宗不顧手足之情，賜漢王元昌自盡，不顧姐弟之親情，與姐叩首泣拜之後，斬其甥趙節於市，不顧父

〔註 269〕事見《資治通鑑》卷一百九十八，太宗貞觀二十年，頁 6234。
〔註 270〕《新唐書・百官志・大理寺》，頁 1256、1257。
〔註 271〕《貞觀政要・論政體》，頁 24。
〔註 272〕見《貞觀政要・論公平》，頁 263。
〔註 273〕事見《資治通鑑》卷一百九十九，太宗貞觀二十二年，頁 6259。

女之親情，誅其婿——亦愛臣杜如晦之子——杜荷於刑場。法家「嚴而少恩」之旨，在國法之前，遠遠超越人倫之情的考量。其幽禁承乾並廢爲庶人，亦乃法家「刑不及太子」與國法謀逆者死罪之折衷處理。太宗之語吳王恪：「父子雖至親，及其有罪，則天下之法不可私也。」雖在帝王，關鍵時刻亦不欲全人倫而損法度，在儒法兩家情與法的考較下，貞觀時期已明顯的傾向於法家。

先秦法家以刑賞爲人主道制群臣的二柄，太宗更將賞與罰置於國家大事、國家綱紀與爲國之要的高度，此亦足以窺知法家思想在眾云的貞觀「德治時代」之優越定位。

《唐律》（爲《貞觀律》之微幅修正）乃中國第一部包羅廣泛，體例完備之法典，雖其自云德禮爲本，刑罰爲用，且頗多條文乃由禮文照抄或直接演繹而來，但《唐律》之內容、綱領中，卻無法掩飾其爲法家思想所主導之事實，此即 1.對所有涉及君王之犯罪，皆科以重罰，處以嚴刑，維護絕對之皇權統治，表現法家絕對尊君，君王至上之思想。2.《唐律》最重的〈十惡〉罪之前三項，皆以「謀」爲名，乃法家「禁姦於未萌」思想之眞實反映。3.《唐律》有治吏之〈職制〉專篇，有關官吏職務犯罪之律文，更散見於十篇以上之其他篇目，將法家「治吏」之思想發揮到極致。4.重罪之連坐，完全承自主張嚴罰重刑之法家。

法典乃君王統治臣民的工具。不論《唐律》充斥多少德禮之文字，其作用亦不過強化此一工具。法典之強化即是法治統治之強化，其精神脈絡乃爲法家思想所主導，殆無疑義。

二、秦一統天下，以法爲治，雖二世而滅，但其倚以爲核心的專制統治與權集君王之法家思想，卻是代代相傳。法家前賢所言以爲治道之要而映現於貞觀君臣者，可謂俯拾即是：一曰用人唯才，使人如器，如雞之司晨，狸之執鼠，智、愚、勇、怯者各因其才，各用其能，見能受職，權衡任事。一賢才之任，能成就千百庸碌者之事，蓋「千羊之皮，不如一狐之腋」故也。二曰公平公正，去私從公，非惟君王如此，爲宰輔者亦必倚以爲治事之準則。法爲天下之至公，不爲惠於法之內，明於公私之分，「明法制，去私恩」方有可能。太宗以天下爲公，無私於物之公正無私自許，亦勖勉群臣以前世賢相爲政之至公爲典型。以法擇人，惟才是與，內舉不避親，外舉不避讎，秉公而得其治事之正。三曰明賞顯罰並以之治國化民。君王任才命相，執賞罰二柄，治國理事，事半而功倍。明賞顯罰，則賞不遺疏遠，罰不阿親貴，審於法禁，必於賞罰，民用官治，治國化民莫貴於此。四曰依循律令。太宗在貞觀六年時，嘗以決事不能皆如律令而警惕，以爲此乃危亡之端，亦嘗於貞觀十一年因法官競就深文、量刑從重而致刑網趨密，詔以「一斷以律」而使司法判罪平允。依循律令即是一切依法行事，「不游意於法之外，不爲惠於法之內，動無非法」〔註274〕，秦始皇治事不敢任性自專而「事皆決於法」，太宗亦深體「任法而治」益多損少。

信爲儒法兩家所同重，孔子以爲政可以去食存信，商鞅亦以信爲治國三要端之一，貞觀之初，太宗以誠信治天下，雖存欲別直臣佞臣之想，亦不思君自爲詐，採用類同韓非「疑詔詭使」之術。中期以後，太宗於用人考核一端，由儒家之「用人不疑」而趨於法家之「固術而不慕信」，貞觀十七年更有許薛延陀以和親，最後棄信絕婚之事，失信於夷狄而爲史家所羞。

貞觀之初，太宗嘗以其出一言、行一事，必上畏皇天之聽卑，下懼群臣之瞻仰，治國理事，亦頗能兢兢業業，以敬畏天地之心憂憐百姓，其勖勉群臣小心奉法，應具有君王的兢業敬畏之心，頗見辭剴意切。太宗對己之曲法而行者，亦有乞於群臣並謝罪於天，以補愧愆之行事，其懼畏兢業之心，或爲貞觀有治之根源。

三、貞觀群臣之於太宗，如眾星之向北辰，太宗固有國事皆從法（或多從法）之理念與作爲，則向君深亦向法深之群臣，對法家思想之認知與認同，自必於君臣之互動中，有所薰染與反射。

魏徵爲貞觀群臣中，最強調儒家道德之代表人物，清廉剛直，有膽識，雖在君王盛怒之中，亦敢言人所不敢言，其在貞觀之十七年內（按：魏徵卒於貞觀十七年）規諫正君之事，幾乎使《貞觀政要》涉及諫諍之事，成爲魏徵之專篇。魏徵之學，多所通涉，屬意於縱橫，博知王霸之術，其諫正君王，言意往往出入於儒法之間，關乎益國福民之事，相當程度上肯定法家之功利思想。其諫君王「兼聽則明，偏信則暗」、「天下未定，（用人）則專取其才，不顧其行」、立論皆出乎法家，直引「聖君任法不任智，任公不任私」於諫疏中，更是法家思想軸心之言，與儒家相去日遠。規諫君王用賞罰勸善懲惡以駕御臣下，則幾乎諫請君王以法家的二柄之道治國。魏徵雖多泛言儒家之道，但其思想入法之深，或亦爲貞觀諸臣所不及。

〔註274〕《韓非子・有度》，頁261。

房玄齡爲貞觀一朝太宗倚以爲心腹之名相，早年追隨太宗征戰，其特異之行即有類漢初攈摭秦法作律九章的蕭何，其勸太宗行周公之事以誅建成元吉，更與儒家仁義孝悌相去甚遠。玄齡爲制定貞觀臺閣規模之主要人物，其輔太宗之治事，以政刑爲主，主持一代法典《貞觀律》之制定，對「法者，天下平」之體會甚深，其思想有相當程度之入於法家，或爲無庸置疑之事。

戴冑爲「有幹局，無學術，抑文雅而獎法吏」的吏士者流，精熟律法，敢於據法直言，貞觀一朝，犯顏執法，言如湧泉，而太宗多樂意相從。法家精神最重法之公平性，戴冑堪爲此一精神之代表人物，久掌刑獄之事，任事處斷明速，舉貞觀知法、向法、明法之臣，當以戴冑爲首選。

蕭瑀與權萬紀皆爲忠直守節、不阿權貴且向法深之人物，其共同特色爲對違法失職之糾彈從不放過，事無巨細，有過必舉，房、杜、魏徵等大臣，尤爲兩人糾舉之對象，但兩人之糾舉亦往往在君王袒護之下不了了之。

張玄素以諫止乾陽殿興建的「迴天之力」，知名於貞觀。其應答太宗政道之詢：「謹擇群臣而分任以事，高拱穆清而考其成敗以施刑賞」更彷彿爲商、韓代言。

孫伏伽在武德初年即曾諫高祖，制法須與人共守，而行賞罰無親疏貴賤。貞觀之後，久任於大理寺，職在斷處獄訟，申張法之公正性。其主張賞罰依法，更是法家思想所主導。

李靖爲有唐一代「古之韓、白、衛、霍豈能及也」之名將，其擊滅突厥，更爲開啓貞觀有治之契機。李靖之用兵，兵機所在，克敵制勝爲唯一考量，其尚權重利之心態與思想，均跡近法家。

貞觀佐政之諸臣，其受法家思想浸染者，深而且廣，考定五經之顏師古，曾有「法令之外，不得擅作威刑」的法家之言，精通儒學的孔穎達，也曾出「帝王內蘊神明，外須玄默，使深不可測，度不可知」類同韓非進諫君王之語，法家思想之及於貞觀群臣，豈可小覷！

四、「以法把持天下」謂君王挾其天威，用法由乎喜怒，權趨勢壓，扭曲法律之公正性。貞觀被史家稱爲盛世，法之入於太宗也頗深，但貞觀中期以後，大治之局已顯，志得意滿之餘，太宗屈己而從法之意念乃趨於疏淡，後期更因欲求帝祚之穩固傳續而有非常的權趨勢壓之舉。追本溯初，人性喜怒之難以全然壓抑應爲主要原因。太宗之曲法從私，初期已見其端倪，其後不過愈演愈深而已。

貞觀二年，以多方勸諭均無法挽回臣下的不願赴任之意，一怒而斬「才兼文武，廉平公直」之盧祖尚於金鑾殿前，使並未觸法之盧祖尚登時流血於五步之內；貞觀三年，曲意袒護總知數職，日不暇給之房玄齡、杜如晦，而以曲加之「妄事毀謗」罪名，將上〈拔士論〉議論兼人思慮有限之陳師合流徙嶺外；貞觀五年，在「亂吾法」的盛怒之下，將罪不至死的俊彥之臣張蘊古斬於東市；貞觀七年，循私情而以「輒禁不言，頗是專橫」的妄加過失，懲辦依法行事之執法官員薛仁方，在魏徵之亟諫下仍杖其二十；貞觀十四年，怒見受校閱之隊伍軍容不整，責令官居正三品之大將軍持杖鞭打官階不低之中郎將，且怒其下手太輕而將張士貴下獄，帝王之任情喜怒暴露無遺；貞觀十八年，爲示房玄齡以寵信，不問情由亦不訴之於法而腰斬密告者（魏徵在秘書監任內，太宗亦同樣有不審而遽斬密告魏徵者之事）；貞觀十九年，不辨譖毀之言的眞實度，使一代名臣劉洎含恨自盡以終；貞觀二十年，以「欲反」爲辭，處斬反形未具之刑部尚書張亮；貞觀二十二年，以空穴來風之《祕記》所傳，誅殺華州刺史李君羨，皆不能免於權勢壓，以法把持天下之實；而貞觀十三年及十六年，對欲求訴訟之得利或逃減賦役自殘者之法外加刑，貞觀二十年對違反「六條」者行太上審判，或亦不免於君王威加於法之上的非議。

第四章　貞觀治道之任勢

法家以勢乃君王治國之利器，主張任勢而反對儒家之任賢。「明主者、使天下不得不為己視，使天下不得不為己聽。」〔註 1〕斯乃任勢之效。「力」與「權」皆為「勢」之一種表現方式，「威勢者，人主之筋力也。」〔註 2〕「主之所以尊者，權也。」……故明君操權而上重。〔註 3〕韓非融匯「勢」、「權」、「力」為一體，主張任勢必先集權力於君王一身。

自秦、漢大一統之後，君王已是乾坤獨斷，擁有無與倫比之權力，此在貞觀一朝，固是不遑多讓。〔註 4〕而太宗本人亦持絕對君權之觀點，且在維護君權、擴張君權方面，迭有作為，〔註 5〕則貞觀治道中之勢治色彩，任是如何稱頌貞觀德治者，亦無法曲言掩飾。本章蒐列貞觀一朝涉及君王用勢之諸事，分由四端，以法家言勢之觀點論述之。

〔註 1〕《韓非子・姦劫弒臣》，頁 216。

〔註 2〕《韓非子・人主》，頁 788。

〔註 3〕《韓非子・心度》，頁 813。

〔註 4〕貞觀時期皇帝之大權，約如下述：1.行政權：國家機關在相關之政務或業務方面，雖各有其權限，但重要之行政權，如官吏之任命、官制及官俸之訂定變更、授勳封爵，皆權在天子，而租賦雖由司農、太府兩寺掌理，但對租賦之免除，則權屬天子。而宗室方面之立廢太子、立廢皇后、除絕屬籍之權，亦為天子所獨有。2.立法權：法律命令雖由國家機關擬議，但最後之決定施行，則權在天子。3.司法權：大理寺掌司法案件審判，刑部及中書、門下掌覆審，均係依法確定犯罪與處刑，但皇帝對判刑確定之人犯，則有權予以赦免。（以上參見施義勝：《唐太宗與貞觀之治》，臺北市：臺灣商務印書館，1970 年，頁 18、19。）

〔註 5〕羅彤華：《貞觀之治與儒家思想》，頁 108。

第一節　執柄處勢、法勢連橫

殺戮、慶賞之二柄，惟最高權力者之君王得以執之，玄武門事件之後，太宗奪得最高權力，在正式即位前，已是執掌最高權力者。〔註 6〕執掌權力後之首件大事，即是誅殺建成、元吉之子各五人。〔註 7〕罪名爲連坐（「坐誅」），應係未由任何「法」之程序所定之「造反」罪之連坐，此由尉遲敬德擐甲持矛直奔李淵前之答話即已定讞：「秦王以太子、齊王作亂，舉兵誅之……」。〔註 8〕

李世民何以在玄武門事件後之首誅，即是斬殺自己之親侄兒十人，論事者少有言及，即或有之，亦多從李世民之不恤人倫責之，未有從「勢」與「權」之立場觀之者，且試論之：依禮制，立嫡以長，既已立爲太子，則帝王之傳位乃太子，如太子死，則第一順位之接替人選爲太子之嫡長子。〔註 9〕玄武門之廝殺雖告一段落，而李世民當時（指斬殺李承道等十人之時）並未被立爲太子，李淵仍爲皇帝，萬一有任何可以抑壓李世民之變故，則依禮不愁無可以承接帝位，且順序在李世民之前的人。殺李建成之五子，即是斷絕此一可能性。而既以謀反連坐之罪加諸李建成之五子，則李元吉

〔註 6〕玄武門事件發生於高祖武德九年（626 年）六月四日。殺建成、元吉之後，李世民遣尉遲敬德「擐甲持矛」，直奔海池（皇宮之人工湖）泛舟的高祖李淵前「宿衛」，在挾持之下，李淵被逼委李世民國事，「諸軍並受秦王處分」，李世民由秦王改封太子在六月七日，正式即皇帝位在八月九日，但事實上，李世民在玄武門事件塵埃落定之當日，已然掌控全盤情勢，成爲最高權力之發號施令者。三天後受封太子，令由太子宮出，不過使「令」之形式改換外裝而已。

〔註 7〕建成之五子：安陸王李承道、河東王李承德、武安王李承訓、汝南王李承明、鉅鹿王李承義。元吉之五子：梁郡王李承業、漁陽王李承鸞、普安王李承獎、江夏王李承裕、義陽王李承度。是否六月四日（或他日）即斬殺，《通鑑》及舊、新《唐書》皆未誌及，但《通鑑》記爲太宗奪得權力後之首件行事。（見《資治通鑑》卷一百九十一，高祖武德九年，頁 6012。）

〔註 8〕《資治通鑑》卷一百九十一，高祖武德九年，頁 6011。《劍橋中國隋唐史》之記述則爲：「尉遲敬德全副甲冑荷戈而至（這一行動通常罪當處死），把高祖兩個兒子的死訊告訴了他。李世民用了這一戲劇性的手法告訴他的父親：唐廷內的潮流變了，他現在完全控制了局勢。」（見原書頁 186。）

〔註 9〕貞觀十七年正月，時正魏王李泰與太子承乾爭寵熾烈，太宗親謂群臣曰：「聞外間士人以太子有足疾，魏王穎悟，多從遊幸，遽生異議，儌幸之徒，已有附會者。太子雖病足，不廢步履。且禮，嫡子死，立嫡孫。太子男已五歲，朕終不以孽代宗，啓窺窬之源也。」（見《資治通鑑》卷一百九十六，太宗貞觀十七年，頁 6183。）

之五子亦必無從倖免。李世民殺其侄子十人，除去萬一發生變故時自己被取代之可能性，則其必欲取得帝位的爭勢謀權之心（以及永絕後患之心），應是昭然可見。

既登九五，在大一統之帝國，已是集天下之勢於一身。斯而後之作爲，就「勢」之觀點而言，乃是如何固勢，使自身之統治，安如磐石，使自己子孫之承繼，延續萬代。準此而言，「君道」乃趨向此一目標之指引與手段。

貞觀之初，太宗謂侍臣曰：

> 爲君之道，必須先存百姓，若損百姓以奉其身，猶割股以啖腹，腹飽而身斃。若安天下，必須先正其身，未有身正而影曲，上治而下亂者。朕每思傷其身者不在外物，皆由嗜欲以成其禍。若躭嗜滋味，玩悅聲色，所欲既多，所損亦大，既妨政事，又擾生人。且復出一非理之言，萬姓爲之解體，怨讟既作，離叛亦興。朕每思此，不敢縱逸。〔註 10〕

以儒家「民爲邦本」之政治思想爲論述準據，將「存百姓」作爲「爲君之道」的先決條件，並以自身之體悟——或云刻意之宣示——將「存百姓」與帝王之「正其身」相聯繫。太宗此言之思考邏輯乃是：王朝之能否長治久安、永續不墜，取決於治下之百姓能否生存，而君王自身之能否克己寡欲，又成爲百姓能否生存之先決條件。將王朝之長治久安永續不墜，百姓之適意生存，帝王之正身寡欲作有機之結合，「君道」之重心乃是如何「安天下」。由法家功利之觀點視之，「君道」乃是統治之方法，「道」可有「理也」、「術也」二解。在吳兢《貞觀政要》之原意，「君道」或當作「帝王之道」，亦即爲君王者治國之「道理」；但重點若落於長治久安、王朝永續不墜的安天下，則「道」便入於「術」之層次，「君道」乃成爲君王治國之方法，亦所以鞏固統治權之「固勢」手段，蓋君王之治國，能不由切身之功利觀點出發者，恐亦是鳳毛麟角，古今難有幾人。

貞觀元年，太宗問公卿以享國久長之策，蕭瑀（時爲尚書左僕射）言：「三

〔註 10〕《貞觀政要・論君道》，頁 3。按此爲《政要》之首篇，所云「貞觀初」者，釋者或以爲貞觀元年。按：《資治通鑑》亦有類似之語，云武德九年太宗即位之後，嘗語侍臣：「君依於國，國依於民。刻民以奉君，猶割肉以充腹，腹飽而身斃，君富而國亡。故人君之患，不自外來，常由身出。夫欲盛則費廣，費廣則賦重，賦重則民愁，民愁則國危，國危則君喪矣。朕常以此思之，故不敢縱欲也。」（見《資治通鑑》卷一百九十二，頁 6026。）

代封建而久長，秦孤立而速亡。」太宗以爲然，「於是始有封建之議」〔註11〕封建相傳始於黃帝，盛於西周，秦廢封建而設郡縣，漢初郡縣、封建兩制兼用，其後封建之制屢興屢廢，以迄於唐。太宗之屬意封建者，在於夏、商、周三代因封建而享國久長，認爲封建乃鞏固統治權之「固勢」方法，而置封建產生之流弊於不顧。封建之議，魏徵、李百藥、于志寧、馬周等皆不以爲然，顏師古則建議削封建諸侯之權力，並使封建諸王的封地之間雜以州縣（略同於漢初之兩制兼用，而削減封建之規模且以間雜之州縣與之制衡）。但最後所行者，則是受封者徒有封地之名，而無主宰封地之實，所謂設爵無土，署官不職者也。但崇以爵等，食其租封，子孫世襲，封爵有位而無權。學者謂此種封建，不過出於帝王之私心，欲以此牽制異姓，使其不敢輕於篡奪，受封者亦知其與時勢不宜，惴惴然不敢自安。不敢接受，其實心中有懼。〔註12〕

貞觀十三年，以受封的勳賢之臣，多不願前往封地，抗拒之言頻傳，太宗曰：

> 割地以封功臣，古今通義，意欲公之後嗣，輔朕子孫，共傳永久；而公等乃復發言怨望，朕豈強公等以茅土邪！〔註13〕

詔停勳賢之臣的世封刺史，而王室子弟則一仍此法，但已不具封建之眞正意義。柳宗元之〈封建論〉，亦以封建之遠不如郡縣，蓋其發展如此。「彼封建者，更古聖王堯舜禹湯文武而莫能去之；蓋非不欲去之也，勢不可也。……（封建）非聖人之意也，勢也。」〔註14〕柳之云「勢」乃局勢、形勢，與太宗心目中享國久長的君權之「勢」，自是大異其趣。

〔註11〕《資治通鑑》卷一百九十二，太宗貞觀元年，頁6037。

〔註12〕見呂思勉：《中國通史》，出版書局不詳，作者於1939年9月自序於首頁。所引見頁57。貞觀五年十一月，太宗詔令：「皇家宗室及勳賢之臣，宜令作鎮藩部，貽厥子孫，非有大故，毋或黜免。所司明爲條例，定等級以聞。」（《資治通鑑》卷一百九十三，太宗貞觀五年），貞觀十年，《通鑑》且有諸王赴藩地，太宗流淚相送之記述。貞觀十三年，因勳賢大臣長孫無忌（時爲司空，襲封趙州刺史）不願赴封國，上表固讓，且由其子婦長樂公主（太宗之五女）代言：「臣披荊棘事陛下，今海內寧一，奈何棄之外州，與遷徙何異！」是年二月，太宗詔停世封刺史。

〔註13〕《資治通鑑》卷一百九十五，太宗貞觀十三年，頁6146。

〔註14〕柳宗元〈封建論〉，載《柳河東全集》卷三，頁1，四部備要本，中華書局排印。

李世民在玄武門事件發生的兩個月之後（八月九日）即位（其前一日，李淵制傳位於「太子」時，太子固辭），李世民正式的取得皇帝之位，斯時擁有之勢，與因繼承而得的「自然之勢」相同。既已夙願得償，則更重要之工作，乃是如何穩住此一勢位，如何治國。強化法治基礎，杜絕犯上作亂，以之作爲改革內政，強化國力之張本，應是斯時之首務。法治的強化，在法乃君王所立之前提下，幾乎等同於君勢的強化。韓非所言的「人設之勢」，即「法」與「自然之勢」的完全結合，「抱法處勢則治」〔註 15〕已爲此一問題提供了答案。太宗對「法勢」〔註 16〕亟具慧根，學者謂太宗維護權位的看法與行徑：「或是轉化儒家學說，或根本具有法家心態。」〔註 17〕貞觀治道中，法家崇功務實精神之濃厚，固是不爭之事實，而在維護君權方面，更明文訂定嚴刑重罰，將「法」與「勢」結合，制度性的以法輔勢、以勢行法，將君勢提昇至更高之高度，《唐律》科刑最重的「十惡」罪，前三條即是對侵犯君勢的重懲：

一曰謀反（謂謀危社稷）；二曰謀大逆（謂謀毀宗廟、山陵及宮闕）；三曰謀叛（謂謀背國從僞）。其處置之刑罰爲：「諸謀反及大逆者皆斬；父子年十六以上皆絞，十五以下及母女、妻妾、祖孫、兄弟姊妹若部曲、資財、田宅並沒官。……伯叔父、兄弟之子皆流三千里，……」、「其謀大逆者，絞。」以及「諸謀叛者絞，已上道者皆斬。」〔註 18〕其所以刑罰如此之重，乃是因「謀反大逆，罪極誅夷，汙其室宅，除惡務本。」〔註 19〕

僅只是「謀」，並未及於言論行動（《唐律疏議》之解釋爲「將有逆心」、「而有無君之心」、「遂起惡心」），即入於十惡重罪，完全是「善恃勢者，早絕其姦萌」〔註 20〕的具體實施，其以法保障君勢之用心，〔註 21〕可謂表露無遺。

〔註 15〕《韓非子・勢難》，頁 70。

〔註 16〕「勢」可因「法」之翼助而強化，韓非所言的「人設之勢」乃「人主設（制）法所加強的「勢」」（見張純、）王曉波：《韓非思想的歷史研究》，頁 119。「人設之勢乃指威勢的運用，必與國法相結，……此即『抱法處勢則治』的法勢」（見王邦雄：《韓非子的哲學》，頁 173。）

〔註 17〕羅彤華：《貞觀之治與儒家思想》，頁 47。

〔註 18〕見《唐律疏議・賊盜》，卷十七，頁 40～42。

〔註 19〕同上註。

〔註 20〕《韓非子・外儲說右上》，頁 554。

〔註 21〕另有「大不敬」罪，亦入於十惡罪之第六條，其子目爲「盜大祀神御之物、乘輿服御物、盜及僞造御寶、合和御藥誤不如本方及封題誤、若造御膳誤犯

貞觀一朝，入於此三項大罪者，依《資治通鑑》所誌，共有六例：

貞觀元年四月，長樂郡王李幼良賜死。罪名：陰養士、交境外。（「將有逆心」與「背國從僞」）兩項指控。〔註22〕

貞觀元年十二月，利州都督李孝常、右武衛將軍劉德裕、統軍元弘善、監門將軍長孫安業等互說符命，謀以宿衛兵作亂，事發，李孝長、劉德裕、元弘善等皆以謀反罪伏誅，唯長孫安業因長孫皇后涕泣爲之固請求情，減死流巂州。〔註23〕

貞觀十五年正月，太宗將往洛陽，衛士崔卿、刁文懿厭懼長途行役，冀圖使太宗受驚而停洛陽之行，乃於深夜朝行宮發射亂箭，其中五箭射入太宗寢宮之台階，二人均以大逆論罪。〔註24〕

貞觀十七年，代州都督劉蘭成以謀反罪腰斬。〔註25〕

食禁、御幸舟船誤不牢固、指斥乘輿情理切害及對捍制史無人臣之理」等，其侵犯君勢遠不如前三條，亦皆分別處以斬、絞、流等重罪，惟不連坐親人。（見《唐律疏議》「賊盜」、「詐僞」、「職制」諸卷。）

〔註22〕李幼良爲唐宗室（太祖從父兄之子），依輩分爲太宗叔伯輩，性殘暴，曾因擅殺盜其馬匹者，遭太祖集宗室王公於朝堂，以「家法」撻之。任涼州都督，引不逞之徒百餘人爲左右，侵暴市旅，行旅咸引以爲苦。太宗即位，有告幼良陰養死士，交通境外者，按事有徵，賜死。（見《新唐書・李幼良傳》，按：《舊唐書》記李幼良爲宇文士及縊殺，《通鑑》及《新唐書》則稱賜死，並記太宗遣孫伏珈鞫是事，今不取《舊唐書》所記。）

〔註23〕以上諸人在舊、新《唐書》皆無傳。舊本史書有載李孝常爲義安王者，應係唐之宗室。長孫安業爲太宗正妃長孫皇后之異母兄，嗜酒無賴，長孫皇后及長孫無忌幼時，安業對兩人頗爲苛虐。太宗即位，皇后不念舊怨，待安業恩禮甚厚。及反事覺，后在太宗前涕泣爲安業請命，曰：「安業罪誠當萬死。然不慈於妾，天下知之；今寘以極刑，人必謂妾所爲，恐亦爲聖朝之累。」（見《資治通鑑》，頁6039。）由是得減死，流放巂州。長孫安業謀反有據，除太子承乾之謀反因來濟之諫「陛下不失爲慈父，太子得盡天年」得以免死之外，安業乃唯一謀反而得以免死之人。

〔註24〕犯大逆罪者斬，且連坐父、子、妻妾。以大逆論罪者，謂未犯大逆罪之正條，但仍以大逆論罪，見《資治通鑑》卷一百九十六，太宗貞觀十五年，胡三省之註，頁6165。

〔註25〕舊、新《唐書》皆云代州都督劉蘭，而《通鑑》獨云劉蘭成。劉性多兇狡，頗涉經史，武德年間率其聚集爲盜之部眾投奔李神通，貞觀初年在進擊梁師都之征戰中頗有功勳。初，長社許絢解說讖書，謂蘭云：「天下有長年者，咸言劉將軍當爲天下主。」其子劉昭復曰：「讖言海北出天子，吾家北海也。」以謀反罪遭坐獄之死囚游文芝告發，蘭成及同黨皆處死刑。（各書皆未書其謀反及伏誅年月，《資治通鑑》誌其事於貞觀十七年篇首，寫於魏徵之死以後，見原書頁6184。）

貞觀十七年三月，齊州都督李祐（？～643，太宗之第五子）反，爲兵曹杜行敏所執，解送京城，已見於形之謀反，遂賜死於內省，而以國公之禮葬之。同黨受誅者四十餘人。〔註26〕

貞觀十七年四月，因李祐之反，連坐繫獄之死囚紇幹承基告太子李承乾謀反，太宗敕長孫無忌、房玄齡、蕭瑀、李世勣等重臣，並大理、中書、門下參鞠之，反形已具。因通事舍人來濟之建言，承乾免死，廢爲庶人；而同謀者，漢王元昌賜自盡，侯君集、李安儼、趙節、杜荷等皆伏誅。（對有關人等之處置，見前章第一節：「法家思想在貞觀治道中之定位」）

「謀反」、「謀大逆」、「謀叛」乃君王所定的著於官府、必於民心的「法」，君王以勢行法，「『法』成爲『勢』要遂行其統治的一種工具，而『法』亦爲『勢』的一種延伸，成爲『勢』的一部分。」〔註27〕而法——尤其是嚴刑峻罰的「法」，如「十惡」罪之必死無赦——則爲增威嚴之勢的手段。徐師漢昌以爲，「鞏固勢位，不在德行、能力，而靠用法行術。」〔註28〕可稱的論。君王用法以鞏固勢位，就其心態而言，亦已與「術」不可分。

稍可注意者，此處所論六例，在時間上，二例發生於貞觀元年，四例發生於貞觀後期之十五年至十七年。前者有朝綱初建，頗具以峻法保障君勢之宣示意義，後者則頗有對日久頑生之炯戒意味，兩者或不宜視作時間上之巧合；在人物上，除其中一例爲隨行衛士外，餘均爲顯要重臣，其中不乏早年追隨太宗之「親密戰友」，而王室子弟宗族，甚至已立爲太子者也身列其中，《韓非子》在論述篡奪君權的手段與人物，將「左右近習」、「側室公子」、「大臣廷吏」入於其內（見《韓非子・八姦》），應是觀察歷史上君王位勢爭奪的不刊之論。

〔註26〕《通鑑》及舊、新《唐書》記李祐之反頗詳，總以誤結匪人，妄自尊大爲主因。李祐之反，非止於謀，追殺太宗爲其所置之長史（權萬紀）、典軍（韋文振）於前，招募兵卒，僞署官職，開府庫行賞，修繕甲冑兵器於後。太宗聞祐反，與之書，中有「……棄父逃君，人神所共怒。往是吾子，今爲國仇，……汝生爲賊臣，死爲逆鬼」之句，書畢爲之灑泣。（見《舊唐書・李祐傳》，頁2658。）

〔註27〕邱黃海：《從「任勢爲治」說的形成論韓非思想的蛻變》，國立中央大學哲學研究所博士論文，2007年7月，頁138。

〔註28〕徐師漢昌：《先秦學術問學集・從《韓非子》看法家論「明君」》，高雄市：高雄復文圖書出版社，2006年4月，頁157。

第二節　絕患於疑、鋤抑武將

篡奪之亂事，多關乎兵刃，故武人造反之危險性高，尤以有思想、有統御能力且能征善戰之武人，在杜絕犯上作亂之前提下，必然成爲防範之主要對象。太宗的處置之策，犯大罪者不赦，小罪者重罰，不犯罪者則時時留意，必要時予以「朕已留意及汝」之警告。茲舉下列數人以明太宗固勢之用心：

一、李靖（571～649）

李靖可謂貞觀第一名將，貞觀三年，以三千輕騎襲破東突厥之龍庭定襄，又大破其主力於鐵山，滅東突厥之國，〔註 29〕貞觀八年征吐谷渾，大破其國。太宗對李靖賜官封爵，備極寵榮，生前即圖畫像於淩煙閣，死後陪葬昭陵，墳塋制度依漢衛、霍故事，生榮死哀，亦貞觀武將之第一人。（571～649）

李靖因軍功過高，又治軍甚嚴，屢遭他人誣告謀反，〔註 30〕雖均未危及其身，但李靖亦以功高震主自危，貞觀九年擊服吐谷渾後，韜光養晦，「闔門杜絕賓客，雖親戚不得妄見」，直至老死。〔註 31〕

然太宗之於李靖，終難免狐疑。貞觀十八年，太宗將征高麗，召李靖問策，《本傳》之記述爲：「靖答云：『臣往者憑藉天威，薄展微效，今殘年朽骨，唯擬此行。陛下若不棄，老臣病期瘳矣。』太宗愍其羸老，不許。」而《隋唐嘉話》之記述則爲：「太宗將征遼，衛公病不能從。帝使執政以起之，不起。帝曰：『吾知之矣！』明日駕臨其第，執手與別。靖謝曰：『老臣宜從，但犬

〔註 29〕定襄之役，擒獲北走虜庭，並在彼處建立如同隋朝傀儡政權的煬帝正妃蕭皇后與煬帝之孫楊政道；擊破鐵山，斬首萬餘級，俘突厥男女十餘萬，殺頡利可汗之妻隋義成公主，擒頡利之子疊羅施，稍後頡利可汗也擒獲送京，唐之疆界因東突厥之降而斥土自陰山至於大漠。太宗嘗謂靖云：「昔李陵提步卒五千，不免身降匈奴，尚得書名竹帛。卿以三千輕騎深入虜庭，克復定襄，威振北狄，古今所未有，足報往年渭水之役矣。」（見《舊唐書．李靖傳》，頁 2479。）

〔註 30〕太宗令李靖教侯君集兵法，侯以靖授其粗而匿其精，言於太宗云：「李靖將反。」貞觀九年，太宗秦府舊屬（時爲利州刺史）高甑生行軍後期，受靖責罰，合廣州都督府長史唐奉義共告李靖謀反。前者太宗詢李靖後一笑置之，後者則令有司查驗證明所告不實，高甑生等亦因誣告判重罪。（見《資治通鑑》卷一百九十六，太宗貞觀九年，頁 6116 及《舊唐書．李靖傳》）

〔註 31〕張九成謂「李靖功大寵盛，乃能闔户自守以謝過從，可謂能自全矣。始能免俘戮，終能保厥躬，勝於韓信遠矣。」（見《貞觀政要．論任賢．集論》，頁 66。）

馬之疾，日月增甚，恐死於道路，仰累陛下。』帝撫其背曰：『勉之！昔司馬仲達非不老病，竟能自強，立勳魏室。』靖叩頭曰：『老臣請輿病行矣！』至相州，病篤不能進。」

《隋唐嘉話》所記太宗與李靖之對話，較爲曲折詳盡。《唐史索隱》之作者李樹桐教授，辨析兩者之異，且由《隋唐嘉話》之作者劉餗及其父兄之任史官多年，對唐初史事有更佳之熟悉度，認定《嘉話》所誌，於情於理更爲可信。《晉書》之〈宣武紀〉（記司馬仲達事蹟）係太宗手筆，於司馬仲達（司馬懿）在對曹爽所遣之李勝甫言「年老枕疾（時懿年七十），死在旦夕……」不久，即乘天子謁高平陵，曹爽兄弟從行，京師空虛之機會，趁機奪取政權之經過知之甚詳，太宗將司馬懿以老病不同行而乘機奪取魏祚之事，於親自駕臨李靖府第執手驗證李靖病情時脫口而出，非久疑在心而何？幸李靖機巧，早覺太宗之疑心，〔註32〕抱病從行，免除了太宗誅戮「古今所未有」（太宗讚李靖語）功臣的可能性。

二、侯君集（？～643）

君集早年追隨太宗征戰，頗蒙恩遇，玄武門事件，君集之策居多，武德九年九月，太宗即皇帝位後論功封爵，侯君集與房、杜、長孫無忌、尉遲敬德五人並列第一。貞觀四年，遷兵部尚書，未幾，又檢校吏部尚書，參議朝政，爲宰相之一。貞觀九年，隨李靖征討吐谷渾，師次鄯州，議所向。君集曰：「王師已至，而賊不走險，天贊我也。若以精兵掩不備，彼不我虞，必有大利。若遁岨山谷，克之實難。」靖從其計，破伏允可汗之眾於庫山。伏允遠遁沙漠，李靖兵分兩路追擊，自領軍趣北路，而侯君集則率兵走南路，途經二千餘里，歷破邏眞谷，翻越漢哭山，行空虛無人之地，盛夏降霜，山路積雪，轉戰星宿川、柏海，皆大克捷，凱旋回軍，與李靖會師於大非川，平定吐谷渾而回。

貞觀十四年，受命以交河道行軍大總管率兵討伐高昌。高昌王麴文泰聞訊笑謂其群臣曰：「唐去我七千里，磧鹵二千里無水草，冬風裂肌，夏風如焚，

〔註32〕太宗曾賜李靖親筆所寫之詔書數函，文宗大和年間，李靖五代孫以之呈獻，文宗對先祖之墨寶愛不釋手。中有一函謂靖云：「兵事節度皆付公，吾不從中治也。」（見《新唐書・李彥芳傳》，頁3816。）交付兵權，信之乎？疑之乎？如是前者，何必如此愼重多言，此所以李靖功成即急流勇退，韜光養晦之故。

行賈至者百之一……」，不意君集竟行危履險，領軍穿越磧口，麴文泰憂懼不知所爲，發病而卒。君集軍次柳谷，聞麴文泰將葬，以「襲人於墟墓之間，非上國問罪之師」未從諸將之請，而俟麴文泰葬後方始進擊，數戰均大克，高昌王智盛（文泰子）降，平其國，收地東西八百里，南北五百里，唐以其地置西州。

君集之平高昌，虜高昌王智盛及其群臣豪傑而還，獻俘於觀德殿，自忖必當功高有賞，不意竟以「配沒罪人不以聞，又私取珍寶婦女」且不能禁將士之盜掠遭彈劾，其情與李靖平東突厥後以「御軍無法，突厥珍物，虜掠俱盡」遭彈劾相類，其處置則大相殊異。〔註 33〕李靖僅遭太宗口頭責讓，而後一再加官賜封邑，先後賞絹凡三千匹（遠非貞觀一朝眾官之獲絹數所能及），最後並云「前有人讒公……公勿以爲懷。」而侯君集則以受劾而繫獄，幸蒙中書侍郎岑文本上疏，〔註 34〕方得以功抵過，賞罰兩免。

侯君集出身行伍，素無學術，顯貴後方始讀書，應是修讀有進益，故其典選舉、定考課，出將入朝，並有時譽。爲吏部尚書時，即已自負不凡，恥在房玄齡、李靖之下。（按：君集貞觀四年任兵部尚書，稍後檢校吏部尚書，當時尚書左僕射爲房玄齡，右僕射爲李靖，均爲尚書省各尚書之直屬長官。）李靖御軍無法，虜掠突厥珍物，最後賜官加爵，自身卻是繫入牢獄，差非岑文本之疏，否則後果難料，且作戰征伐，勝而直入敵巢穴，虜掠財物珍寶，

〔註 33〕貞觀四年，李靖以上述事遭蕭瑀劾奏，太宗特敕勿劾，而於靖入見時大加責讓。久之，太宗語靖：「隋史萬歲破達頭可汗，有功不賞，以罪致戮。朕則不然，錄公之功，赦公之罪。」加封食邑之外，又加官左光祿大夫，賜絹千匹。未幾，太宗又謂靖云：「前有人讒公，今朕已寤，公勿以爲懷。」復賜絹二千匹。（見《資治通鑑》卷一百九十三，太宗貞觀四年，頁 6078。）

〔註 34〕岑文本之疏奏歷述討高昌之緣由，侯君集跋涉征戰之艱辛與君王先宴賞從征將帥，未幾而交付大理論罪之經過，「恐海內又疑（按：此一「又」字殊堪玩味）陛下唯錄其過，似遺其功」，是以上疏。疏文甚長，《舊唐書·侯君集傳》全文照錄，《通鑑》取其旨要，謂：「臣聞命將出師，主於克敵，苟能克敵，雖貪可賞；若其敗績，雖廉可誅。是以漢之李廣利、陳湯，晉之王濬，隋之韓擒虎，皆負罪譴，人主以其有功，咸受封賞。由是觀之，將帥之臣，廉慎者寡，貪求者眾。是以黃石公軍勢曰：『使智，使勇，使貪，使愚，故智者樂立其功，勇者好行其志，貪者急趨其利，愚者不計其死。』伏願錄其微勞，忘其大過，使君集重升朝列，復備驅馳，雖非清貞之臣，猶得貪愚之將，斯則陛下雖屈法而德彌顯，君集等雖蒙宥而過更彰矣。」（見《資治通鑑》卷一百九十五，太宗貞觀十四年，頁 6159。）

應是當時作戰之潛規則，〔註 35〕君集早年從太宗征戰，或已習以爲常，遭遇如此待遇，當然不免怨望。貞觀十七年，張亮以太子詹事出爲洛州都督，〔註 36〕君集以二人同屬「天涯淪落人」，言語之間激憤而邀張亮共同造反，張亮將之密報於太宗，太宗以君集爲此言時並無第三人之佐證，囑亮勿爲宣洩，己則若無其事，待侯君集一如平常，〔註 37〕而「君集有反意」之印象或已深藏在心矣。

當時魏王李泰與太子承乾爭寵，以李泰多藝能，太宗頗傾向之，而李泰有奪嫡之心，承乾畏其逼，數以計陷李泰均不得逞，知君集有怨望，引入東宮，問以自安之術，君集因勸之反，〔註 38〕舉手謂承乾曰：「此好手，當爲殿下用之。」〔註 39〕遂與太子朋黨諸人共爲謀反之策。但承乾之謀反，事未發而先泄，除承乾因太宗之不忍與通事舍人來濟之諫，免死廢爲庶人之外，餘子皆遭誅殺。（承乾謀反諸人之處置，見前章第一節「法家思想在貞觀治道中之定位」）侯君集之鞫訊，太宗親自爲之，及君集服罪，太宗曾謂侍臣：「君集有功，欲乞其生，可乎？」群臣以爲不可，太宗乃謂君集云：「與公長訣矣！」

〔註 35〕房玄齡在唐初從太宗征戰，凡有攻取，「賊寇每平，眾人競求珍玩，玄齡獨收人物。」（《舊唐書・房玄齡傳》）「競求」二字，似已說明非關禮讓。貞觀十九年，太宗親征高麗，攻略白巖城時，原已答允軍中「得城當悉以人物賞戰士」，後將允其降，李世勣帥甲士數十人請曰：「士卒所以爭冒矢石，不顧其死者，貪虜獲耳；今城垂拔，奈何更受其降，孤戰士之心！」（《資治通鑑》，頁 6222）太宗應允以國庫財物「贖此一城」，方始免除白巖城之遭受虜掠。

〔註 36〕太子詹事統東宮三寺十率府之政令，舉其綱紀而修其職務。（據《舊唐書・職官志》，頁 1906）而洛州屬河南道，洛州都督府管轄洛、懷、鄭、汝四州。（據《舊唐書・地理志》）太子詹事及都督之官秩均爲正三品，但就遷調之意義而言，或係行事有疏失，由中央「下放」至地方。

〔註 37〕此事舊、新《唐書》及《資治通鑑》均記述甚詳，三者之間僅文字小有出入。《新唐書》（頁 3827）記云：「君集自恃有功，以它罪被繫，居怏怏不平。會張亮出洛州都督，君集謬激說曰：『何爲見排？』亮曰：『公排我，尚誰咎？』君集曰：『我平一國還，觸天子嗔，何能排君？』因攘袂曰：『鬱鬱不可活，能反乎？當與公反。』亮密以聞，帝曰：『卿與君集皆功臣，今獨相語而無左驗，奈何？』秘不發，待君集如初。」（《通鑑》末行記事之文字爲：「『語時旁無他人，若下吏，君集必不服。如此，事未可知，卿且勿言。』待君集如故。」見《資治通鑑》卷一百九十六，太宗貞觀十七年，頁 6185。）

〔註 38〕《舊唐書》及《資治通鑑》此處均有「君集以承乾劣弱，意欲乘釁以圖之」之語（《新唐書》無是語），筆者以此純係寫史者之臆度，亦不爲採信，故不列入。

〔註 39〕《資治通鑑》卷一百九十六，太宗貞觀十七年，頁 6191。舊、新《唐書・侯君集傳》均有是語。

因泣下。斬君集於市，原其妻及子，徙嶺南。〔註 40〕事件發展之眞實性應無可疑，而筆者獨以太宗之用心及手法爲可議。縱兵掠奪敵方財物珍寶事，李靖能原，何以侯君集不能原？劾李靖者，先後有蕭瑀、溫彥博，俱是當朝重臣，太宗且語靖：「前有人讒公……」，劾侯君集者，僅書「有司」而未名其人，或係御史台、大理寺等之職司相關人物，其「分量」較諸蕭、溫亦相去遠矣。故君集之怨望，應非無由而起。當張亮密告侯君集激憤時有欲反之言，太宗囑其勿爲宣洩，而「待君集如初」時，〔註 41〕欲除侯君集之心或已萌生，蓋君集爲善統兵的能征慣戰之將，謀略或不如李靖，歷艱耐苦，極度艱困之環境仍能不爲所動，一一克服而致勝克敵之經歷，當也爲貞觀諸將所僅有，以此危險人物，於其罹罪時，不除何待！以此觀之，太宗向侍臣「欲乞其生」時，不過故示寬仁之即興表演，「群臣」豈有不知君心所在之理！眞欲求其生，則稍前（貞觀十六年）之席稿南郊，謝罪於天以赦貪贓死罪之黨仁弘（見前章第二節六「兢兢業業，敬法畏天」）；貞觀元年因長孫皇后之泣請而赦以宿衛兵作亂之長孫安業（見前章「法在貞觀治道中之定位」賜死李元昌之註）均爲前例，何不能施之於攻滅二國、玄武門之事獻策最多，且一直追隨左右之故人！再以此爲觀測點，則其泣下「與公長訣矣」亦不過即興之表演（太宗亟富使人眞僞難分之「至情」演出，詳下章所論之術道），宥君集之妻與子（依法謀反者之妻當沒官，子應連坐斬首）亦只是故示仁慈而已。對「君勢」之威脅已除，其他何妨從寬！

三、張亮（？～648）、李君羨（？～648）

張亮在貞觀二十年以謀反罪斬於東市，李君羨於貞觀二十二年以謀不軌罪坐誅，兩人之遭誅除，皆在太宗親征高麗不得意而歸，且健康情況已相當程度的惡化之後。〔註 42〕太宗此時之要務，宜乎爲趁有生之年盡力建樹永保

〔註 40〕《資治通鑑》卷一百九十六，太宗貞觀十七年，頁 6194。

〔註 41〕《通鑑》誌張亮出任洛州都督，告發侯君集有欲反之言，記日爲貞觀十七年二月十二日；而二月二十七日，太宗令圖功臣像於凌煙閣，侯君集赫然在焉。或爲巧合，或爲侯君集之功無由否認，不得不然，但亦無法使人不作太宗術用手法之聯想。

〔註 42〕太宗之健康情況似乎早已出現問題，貞觀十年，《通鑑》記云：「上得疾，累年不愈，后侍奉，晝夜不離側。常繫毒藥於衣帶，曰：『若有不諱，義不獨生。』」（見《資治通鑑》卷一百九十四，頁 6120。）貞觀二十年三月，「上疾未全平，欲專保養，詔軍國機務並委皇太子處決。」（《資治通鑑》卷一百九十八，頁

社稷之根基，鏟除威脅唐祚之一切可見因素。〔註 43〕是則張、李兩人之受誅，雖各有告發人與所依之「法」〔註 44〕，應必皆與帝王私心所疑之圖讖與《祕記》有關（《祕記》亦讖緯之類）〔註 45〕。圖讖在隋煬帝時，焚禁殆絕，〔註 46〕但因其有可利用之價值，關鍵時刻，春風吹之又生。張亮之姓與圖讖「有弓長之君當別都」之言相合，又「臥似龍形」、「臂有龍鱗起」，（見舊、新《唐書・張亮傳》）雖屬子虛之語，終犯君王之大忌，太宗以「亮有義兒五百，蓄養此輩，將何爲也，正欲反耳。」〔註 47〕令百僚議其獄，多言亮當誅，僅將作少監李道裕言亮反形未具（謀反之證據不足），但太宗盛怒之下，遂斬張亮於市。圖讖之患既除，是非理智也告恢復。歲餘，刑部侍郎出缺，令宰相多方舉薦，皆不中意。太宗乃曰：「朕得其人也。往者李道裕議張亮云：『反形未具』，此言當矣。雖不即從，至今追悔。」〔註 48〕李道裕因此授刑部侍郎。

李君羨之受誅更屬無妄之災。先是貞觀初年太白屢晝現（金星屢屢在日間顯現），對照太陽，如同天有二日。太史占云：「女主昌」，而民間《祕記》有謂：「唐三世之後，女主武王代有天下。」太宗心中已存芥蒂。貞觀二十二年，太白再次晝現，某次太宗宴諸武臣於宮中，席間行酒令，輸者須道出自己之乳名，及至李君羨，云其乳名爲「五娘」，太宗兀自一驚，口中雖以「何

6235。）貞觀二十一年三月，「上得風疾（中風）」（《資治通鑑》卷一百九十八，頁 6246。）而貞觀二十三年三月，李世民已是「上力疾至顯道門外，赦天下。」（《資治通鑑》卷一百九十九，頁 6266。）去崩逝之期不遠矣。（按：太宗崩於貞觀二十三年五月二十六日。）其間於二十二年正月作《帝範》（《劍橋中國隋唐史》作者以爲此乃太宗之「政治遺言」），皆爲可以顯現其身心狀態之記述。

〔註 43〕李樹桐《唐史索隱・唐太宗的安唐策》有謂「太宗的安唐策，目的在於安定唐室，安定嗣君；所以凡有危害唐室或威脅太子李治的人或事，都要除去。同時凡是可以安定唐室的力量，都要盡力培植，使之滋長壯大。」（見原書頁 71、72。）

〔註 44〕告發張亮謀反者爲陝人常德玄，而術士程公穎、公孫常（二人皆爲張亮之義兒）爲之作證。上奏李君羨與妖人勾結謀不軌者，爲太宗座前之御史。

〔註 45〕《漢書・藝文志》稱天文家有圖書祕記十七篇，天文者，序二十八宿，步五星日月，以紀吉凶之象。又云星事殈　悍，非湛密者不能由，而觀景以讉形，非明王亦不能服聽。（見原書頁 449。）

〔註 46〕《隋書・經籍志一》記云：「煬帝即位，乃發使四出，搜天下書籍與讖緯相涉者，皆焚之。爲吏所糾者至死，自是無復其學，祕府之內，亦多散亡。」（見原書頁 941。）

〔註 47〕《舊唐書・張亮傳》，頁 2516。

〔註 48〕同上註。

物女子，乃爾勇健」一時帶過，但以李君羨時爲左武衛將軍，封武連縣公爵，又是武安人，三個「武」字，復有女性化之乳名，此與太史之占、《祕記》之言太過巧合，不除何待！其後李君羨出任華州刺史，因性好佛理，常與自言通曉佛法之員道信過從，每每摒退左右，相與密談，御史奏李君羨與妖人交通，謀不軌，君羨乃因此坐誅，籍沒其家。

張亮與李君羨皆爲武將。張亮曾以開國有功，圖像於淩煙閣，李君羨則勇武過人，早歲從太宗討劉武周、王世充時，「每戰必單騎先鋒陷陣，前後賜以宮女、馬牛、黃金、雜綵，不可勝數。」〔註 49〕武人若造反，其危險性遠較文人爲高，太宗本不涉於迷信，〔註 50〕但圖讖、《祕記》所稱之危及政權者，則寧可信其有，且曾一度因《祕記》之所言，欲盡殺疑似之危及政權者，〔註 51〕斬斷一切可能之危險因數，正其所以保權固勢之道。

四、薛萬徹（？～653）

隋代名將薛世雄之子。萬徹與其兄萬均皆以勇武稱頌於時，早年征戰竇建德、梁師都，率皆以少勝多，勇冠三軍。萬徹早年與太宗並無淵源，先事太子建成，玄武門事件，與翊衛車騎將軍馮翊、馮立等，帥東宮及齊王府精兵二千與守門兵及太宗所領兵馬激戰，太宗等幾瀕於危。萬徹又鼓譟欲攻秦王府，使當時在玄武門鏖戰之太宗諸人大爲驚懼，後出示建成、元吉之首級，萬徹等宮府兵方始潰散。萬徹與數十從騎亡命終南山，太宗屢遣使招諭，方出而請罪，太宗曰：「此皆（與馮立等）忠於所事，義士也。」〔註 52〕釋而不之罪。

〔註 49〕《舊唐書・李君羨傳》，頁 2524。

〔註 50〕《新唐書・太宗本紀》（頁 27）有云武德九年九月太宗即皇帝位後，下詔「禁私家妖神淫祀、占卜非龜易五兆者。」長孫皇后病疾瀕危時，不許太子之奏請赦罪人、度人入道爲其求冥福，謂太子云：「道、釋異端之教，蠹國病民，皆上素所不爲。」（見《資治通鑑》卷一百九十四，太宗貞觀十年，頁 6120。）

〔註 51〕貞觀二十二年，太宗密問太史令李淳風：「《祕記》所言（女主昌事）信有之乎？」對曰：「臣仰稽天象，俯察曆數，其人已在陛下宮中，爲親屬，自今不過三十年，當王天下，殺唐子孫殆盡，其兆既成矣。」上曰：「疑似者盡殺之，何如？」對曰：「天之所命，人不能違也。王者不死，徒多殺無辜。且自今以往三十年，其人已老，庶幾頗有慈心，爲禍或淺。今借使得而殺之，天或生壯者肆其怨毒，恐陛下子孫，無遺類矣。」太宗乃止。（見《資治通鑑》卷一百九十九，太宗貞觀二十二年，頁 6259。）

〔註 52〕《資治通鑑》卷一百九十一，高祖武德九年，頁 6012。

貞觀二年，萬徹與其兄萬均從柴紹討梁師都，在朔方附近與救援梁師都之突厥軍相遇，唐軍已逞敗退之象，「而萬均與萬徹橫出擊之，斬其驍將，虜陣亂，因而乘之，殺傷被野。」〔註 53〕貞觀三年，隨李靖征伐東突厥，頗爲靖賞識，貞觀九年李靖討吐谷渾時，即奏請萬徹同行。貞觀二十年，從李勣討薛延陀，「與虜戰磧南，率數百騎爲先鋒，繞擊陣後。虜顧見，遂潰，斬首三千級，獲馬萬五千。」〔註 54〕因功晉陞左衛將軍，尚高祖第十五女丹陽公主，加授駙馬都尉。太宗嘗云：「當今名將，唯李勣、道宗、萬徹而已。勣、道宗雖不能大勝，亦未嘗大敗；至萬徹，非大勝即大敗矣。」〔註 55〕

貞觀十九年，太宗征高麗，「屈於小夷」（與李靖語），不得意而歸。意欲再伐，朝議以爲：「……若數遣偏師，更迭擾其疆埸，使彼疲於奔命，釋耒入堡，數年之間，千里蕭條，則人心自離，鴨綠之北，可不戰而取矣。」〔註 56〕太宗從之，其後乃多次以小量兵力，由海、陸路攻擾高麗，戰不久即退。貞觀二十二年，萬徹率甲士三萬人，渡海伐高麗，在泊汋城前，先擊敗城主所夫孫之步、騎萬餘人，斬殺所夫孫，繼又擊敗高文所率之援軍三萬人，大勝而還。萬徹心高氣傲之餘，謗亦隨之。有人奏萬徹在軍仗氣淩物，太宗乃召萬徹與語云：「上書者論卿與諸將不協，朕錄功棄過，不罪卿也。」〔註 57〕取告訴者所奏之書焚之。但不久又爲其副手裴行方所告，更言萬徹在軍中對君王有怨望，太宗令二人在廷對質，萬徹辭窮，因而議罪。李勣進言云：「萬徹職乃將軍，親惟主婿，發言怨望，罪不容誅。」〔註 58〕最後除其名籍，流徙象州（今廣西象縣）。

〔註 53〕《舊唐書・薛萬徹傳》，頁 2517。

〔註 54〕《新唐書・薛萬徹傳》，頁 3831。

〔註 55〕舊、新《唐書》及《資治通鑑》皆有是語。《通鑑》在頁 6208。太宗爲此言時，在貞觀十八年，李靖已垂垂老矣（時年已 74 歲），而侯君集甫於前一年誅死。太宗喜評鑑人物，考諸《通鑑》及舊、新《唐書》，均未見薛萬徹有敗戰之記錄，或所誌皆言勝不言敗，但太宗之言應有所據。

〔註 56〕《資治通鑑》卷一百九十八，太宗貞觀二十一年，頁 6245。

〔註 57〕《舊唐書・薛萬徹傳》，頁 3819。按：「朕錄功棄過，不罪卿也。」與貞觀四年人奏李靖治軍無法，虜掠突厥財物殆盡時，太宗所言：「……朕則不然，錄公之功，赦公之罪」何其神似！（見前述李靖事蹟之註文。）

〔註 58〕《舊唐書・薛萬徹傳》，頁 3819。「親惟主婿」應是「論親戚關係乃皇上女婿」之意，《新唐書》此處作「親主婿」，義同。考萬徹所尚丹陽公主，爲高祖第十五女，則萬徹應是太宗之妹婿，《唐會要》亦記高祖女丹陽公主降薛萬徹，則「主婿」之意，此處不能望文生義。

以「非大勝即大敗」之「當今名將」，對主上發言怨望，自是對君勢之一大威脅。但「怨望」與侯君集的「有欲反之言」，終有一段距離。除其名籍，已使萬徹失去號召跟隨者之身分，危險性降低不少。李樹桐先生亦以萬徹之罪，咎在「當今名將」，若非與太宗間之親戚關係，性命可能難保。〔註 59〕

除上述五人之外，一向對太宗忠心不貳的糾糾武夫尉遲敬德，〔註 60〕也遭人告發而入於太宗之「謀反名簿」，幸太宗不之信而未以悲劇收場。事見於貞觀十三年二月，敬德派任鄜州都督時，《通鑑》記云：「上嘗謂敬德曰：『人或言卿反，何也？』對曰：『臣反是實！臣從陛下征伐四方，身經百戰，今之存者，皆鋒鏑之餘也。天下已定，乃更疑臣反乎！』因解衣投地，出其瘢痍。上為之流涕，曰：『卿復服，朕不疑卿，故語卿，何更恨邪！』」〔註 61〕事遂善了。

貞觀能征慣戰，又復足智多謀之名將李勣，自屬太宗保權固勢所須提防之危險人物，李勣與太宗間之互動，詳見下章〈貞觀治道之用術〉，此不贅。

威勢可以禁暴，〔註 62〕威勢亦足以致暴。君王盛怒之下，擅其天威，群臣慴伏，莫敢攖其逆鱗，此所以貞觀二年盧祖尚固辭交趾之任，而太宗命斬之於明堂，尋而知己之暴。（見本文第三章第四節〈以法把持天下〉）貞觀五年，以權萬紀劾大理臣張蘊古為李好德減罪之奏為「情在阿縱、按事不實」，怒斬張蘊古於東市，（殺張蘊古事，見前章第三節「貞觀群臣之涉法思想」述權萬紀之事略中），既而悔之，因詔：「自今有死罪，雖令即決，仍三覆奏乃

〔註 59〕《唐史索隱》，頁 77、78。

〔註 60〕尉遲敬德於武德三年投效李世民，世民待之以誠，而敬德報之以忠，於討伐王世充、竇建德、劉黑闥諸人之征戰中，屢立戰功，且幾度拯救世民於危。玄武門事件，射殺齊王元吉，奉李世民之命，全副武裝（擐甲持矛）衝至高祖近前「宿衛」者也正是尉遲敬德。敬德雖屬鹵莽武夫一流，但亦有其溫厚之一面，玄武門事件塵埃方始落定，「諸將欲盡誅建成、元吉左右百餘人，籍沒其家，尉遲敬德固爭曰：『罪在二凶，既伏其誅；若及同黨，非所以求安也！』乃止。」（見《資治通鑑》卷一百九十一，頁 6102。）太宗嘗欲以女妻之，敬德叩頭謝曰：「臣妻雖鄙陋，相與共貧賤久矣。臣雖不學，聞古人富不易妻，此非臣所願也。」（見《資治通鑑》卷一百九十五，太宗貞觀十三年，頁 6144。）

〔註 61〕《資治通鑑》卷一百九十五，太宗貞觀十三年，頁 6144。按：此事舊、新《唐書》尉遲敬德本傳皆未記。

〔註 62〕《韓非子・顯學》言「嚴家無悍虜，而慈母有敗子，吾以此知威勢之可以禁暴，而德厚之不足以止亂也。」（見原書頁 16。）

行刑。」〔註 63〕因擅威而怒殺，以知過而失悔，死者已矣，太宗或仍不失為英主。

第三節　集權保祚、貶逆彰忠

「權」乃勢的本質內容，韓非的勢治思想，主張「任勢」必須先「集權」。〔註 64〕自秦、漢大一統之後，有「萬乘之國」的皇帝而無「千乘之家」的權臣，君王一手掌握軍國大權，基本上已袪除了韓非所警惕君王的「權勢不可借人，上失其一，下以為百」〔註 65〕與「偏借其權勢，則上下易位矣」〔註 66〕問題。

集權與集事（謂糾合諸事於一身）並非一體兩面無法區分，但雄才大略之君王如秦皇、漢武，則頗將兩者集於一身。史載秦始皇：「天下之事無小大皆決於上，上至以衡石量書，日夜有呈，不中呈不得休息，貪於權勢至於此。」〔註 67〕太宗雖有過於為，過於斷之病，〔註 68〕但卻深知為政不可自專，於國初建制圖治時，自為權衡抑制。貞觀二年，其語群臣：

> 朕今志在君臣上下，各盡至公，共相切磋，以成治道。〔註 69〕

> 為長官不可自專，自專必敗，臨天下亦爾，每事須在下量之。〔註 70〕

事不自專而委之群臣，自另一角度言，乃有分權於眾之寓意，而太宗自有其權勢不外借之方法。貞觀四年，太宗與蕭瑀議論隋文帝之勤勞理政、宿衛之士傳飧而食之事，有云：「朕意則不然，以天下之廣，四海之眾，千端萬緒，須合變通，皆委百司商量，宰相籌畫，於事穩便，方可奏行，豈得以一日萬機，獨斷一人之慮也！……豈如廣任賢良，高居深視，法令嚴肅，誰敢為非？」

〔註 63〕《資治通鑑》卷一百九十三，太宗貞觀五年，頁 6087。

〔註 64〕李甦平：《韓非》，頁 178、184。其闡釋勢的範疇，謂韓非將「道」、「權」、「柄」三個概念緊密聯結在一起，構成了勢的理論依據、勢的本質內容和勢的表現形式。韓非匯「勢」、「權」、「力」為一體，並主張「任勢」必須先「集權」。

〔註 65〕《韓非子・內儲說下》，頁 427。

〔註 66〕《韓非子・備內》，頁 199。

〔註 67〕《史記・秦始皇本紀》，頁 125。

〔註 68〕《貞觀政要・論誠信》，頁 282，戈直按語：「太宗天資英武明敏，不患其不能為，而患其過於為，不患其不能斷，但患其過於斷。」

〔註 69〕《貞觀政要・論求諫》，頁 82。

〔註 70〕《唐會要・起居郎起居舍人》，頁 961，按：太宗為此言在貞觀元年。

〔註71〕其分權於眾而權勢不外借之法，乃是「法令嚴肅，誰敢爲非」，有法令爲群臣之任事設界限，群臣孜孜爲國（亦爲君）而不敢逾越授權之分際，君王之權勢乃能確保。

分權不僅見諸言語，而且行之於制度。貞觀一朝，三省制之順暢運作，即爲太宗寓個人之集權於臣下之分權，或云以分權之手段達成集權目的〔註72〕之作爲。

三省制原爲前朝舊制，中書、門下、尙書三省各有其發展沿革，〔註73〕軍國大事由中書省制敕草成，交門下省駁正，由皇帝裁決，付諸尙書省執行。三省制中之門下制度，往往成爲皇帝伸張君權的絆腳石，蓋中書省承旨草敕，門下省有封駁之權也。《政要》、《通鑑》多有諫官諫阻太宗欲有所行之事，如魏徵之諫阻點檢中男入軍，或即爲封駁之例。〔註74〕

太宗對門下制度之駁正制衡，非惟不以爲忤，反而予以督促誘導。貞觀元年，其語王珪（時爲黃門侍郎）云：「中書所出詔敕，頗有意見不同，或兼錯失而相正以否。元置中書門下，本擬相防過誤。人之意見，每或不同，有所是非，本爲公事，……卿等特須滅私徇公，堅守直道，庶事相啓沃，勿上下雷同也。」〔註75〕貞觀三年，再強調斯意：「中書、門下，機要之司。擢才而居，委任實重。詔敕如有不穩便，皆須執論……無得妄有畏懼，知而寢默。」

〔註71〕《貞觀政要・論政體》，頁24。

〔註72〕羅彤華：《貞觀之治與儒家思想・貞觀之治與聖王觀念》，頁51。

〔註73〕尚書省在蕭梁時成爲定制，魏時已有中書省，晉時始見門下省之名，隋文帝時已有三省之制。

〔註74〕此事之記述，《通鑑》與《政要》兩書有出入，而舊、新《唐書》之魏徵傳皆不載。其事爲封德彝之請點檢中男（未屆十八歲兵役年齡之丁男）之健壯者入軍，魏徵以竭澤取魚、不信於民諫阻。記事旨在「敕三、四出，徵執奏以爲不可，（或曰敕出，魏徵固執以爲不可）不肯署敕。」《政要》誌此事於貞觀三年，云魏徵之職位爲給事中，考封德彝薨於貞觀元年六月，不可能於貞觀三年尚與魏徵論事，且魏徵一生之中未嘗任給事中。按唐制，敕旨既下，給事中、黃門侍郎可予以推覆評論而改正（謂之「駁正」），王船山謂此制「宰相之違以塞，（按：封德彝在太宗即位之初任左僕射，乃當朝宰相）而人主之愆以繩，斯治道之至密，而恃以得理者也。」（見《讀通鑑論》卷十一。）《通鑑》誌此事於武德九年，當時魏徵爲諫議大夫，胡三省考注《通鑑》，以爲署敕乃中書省中書舍人之職司，非關諫議大夫（門下省）之事，近代學者亦以爲此乃門下省行封駁之職責。太宗納魏徵之諫，停檢中男，並予魏重賞（賜金甕一）贏得歷史美名。

〔註75〕《貞觀政要・論政體》，頁19、20。

〔註 76〕皇帝經由中書草敕之旨意，門下若皆阿旨順情，則違失無由得正，若多有封駁，則對君王之權威當有傷損，兩者之間如何巧妙平衡，以達成治國理政最大之效益，則屬君王統御藝術之考驗，而太宗實爲此中之佼佼者，國家因治而威強，君王之權威因是而揚升，「明君操權而上重，一政而國治」〔註 77〕有其實而不顯其跡，非高度之遠謀者見不及此。

必須闡明者，太宗之權與事兩分，自執威權而分事予諸臣，並非始終一貫。當貞觀大治之象已明顯呈現，建制求治之需求不復如初年之迫切時，其過於爲、過於斷之諸事乃一一浮現，諸如派遣使臣監臨地方，〔註 78〕「察長吏賢與不肖」屬黜陟使之主要職責，監臨之結果，諸多賞賢罰不肖之事，太宗乃躬親爲之；喜爲審理囚徒，親斷刑罪，二十三年之間凡十二次，〔註 79〕又布列耳目，任命司法之官糾舉百僚，而其本人也喜兼將相之事，與群臣校功爭能。〔註 80〕過爲與過斷，乃不免於將集權與集事合而爲一，亦難免陷於太史公所記侯生、盧生言始皇的「貪於權勢至於此」〔註 81〕之譏，此或由於太宗之本性驅之使然，可以壓抑於一時，而不能始終如是也。

分封宗族，其利在藩衛王室，其弊在顛覆皇權，前此各代，不乏先例。高祖李淵之宗室政策，有同於西漢與隋文帝，所封親族皆畀予領地實權。〔註

〔註 76〕《貞觀政要・論政體》，頁 19、20。

〔註 77〕《韓非子・心度》，頁 813。

〔註 78〕如貞觀八年，分遣十六道黜陟大使巡行地方；貞觀二十年遣大理卿孫伏伽等以六條巡察四方，黜陟官吏。

〔註 79〕據舊、新《唐書・太宗本紀》，太宗十二次親審囚徒之記錄如下：（一）武德九年十二月。（二）貞觀三年三月。（三）貞觀三年六月。（四）貞觀三年閏十二月。（五）貞觀六年十二月。（六）貞觀十年十二月。（七）貞觀十三年五月。（八）貞觀十五年四月。（九）貞觀十七年二月。（十）貞觀十八年十一月。（十一）貞觀二十一年正月。（十二）貞觀二十二年閏 12 月。

〔註 80〕太宗嘗臨朝謂侍臣曰：「朕爲人主，常兼將相之事。」（見《資治通鑑》卷一百九十六，太宗貞觀十五年，頁 6173。）太宗理政決事，英敏果斷，分掠甚多宰相職司之事，應是無可置疑，（房杜號稱賢相而「無跡可循」〈唐儒柳芳語〉，其跡或已多爲太宗所襲）而其親征高麗，全然以將軍之姿出之，較之隨行諸將，實已不遑多讓。太宗的「常兼將相之事」，給事中張行成其後有諫：「禹不矜伐而天下莫與之爭，陛下撥亂反正，群臣誠不足望清光；然不必臨朝言之，以萬乘之尊，乃與群臣校功爭能，臣竊爲陛下不取。」詞正理直，太宗亦只能「甚善之。」（《資治通鑑》卷一百九十六，太宗貞觀十五年，頁 6174。）

〔註 81〕《史記・秦始皇本紀》，頁 125。

〔註 82〕遠者不論，隋文帝封其第三子楊諒爲並州總管，「自山東以東，至於滄海，南距黃河，五十二州皆隸焉；特許以便宜行事，不拘律令。」（見《資治通鑑》

82〕太宗則一反此道，對所封宗族，其不賦予職司者，名稱上雖曰「王」，但皆是雖有名號而無領地，雖有屬官而無政事，雖有食邑而無人民；對賦予職司者，亦不令其進入中央決策階層，使彼等作爲藩部，〔註 83〕輾轉於地方州郡，〔註 84〕不足以覬大寶。〔註 85〕蓋太宗深知，其由玄武門事件而得帝位，並非順取而是逆得，〔註 86〕而「兄弟不服，必危社稷。」〔註 87〕爲保權勢帝祚，尤須防止諸王之逆得。

殺戮之謂刑，刑、賞二柄並爲穩固勢位之工具。太宗爲有唐屠戮宗族之

卷一百八十，文帝仁壽四年，頁 5605。）擁兵數十萬。文帝崩，以討楊素爲名，發兵反煬帝，兵敗投降，遭除名絕屬，幽禁至死。

〔註 83〕貞觀五年十一月，詔：「皇家宗室及勳賢之臣，宜令作鎭藩部，貽厥子孫，非有大故，毋或黜免，所司明爲條例，定等級以聞。」（見《資治通鑑》卷一百九十三，太宗貞觀五年，頁 6089。）

〔註 84〕高祖二十二子（太宗之同母及異母兄弟），太宗得帝位，建成、元吉在玄武門事件中被殺，第三子李玄霸早薨，第五子李智雲於年甫十四時，因高祖之起義師，智雲爲隋吏捕殺，其餘諸子在武德年間封王者，貞觀朝中均外放藩鎭：六子李元景，貞觀初年爲雍州牧，十年授荊州都督，後又轉任鄜州刺史；七子李元昌，貞觀五年授華州刺史，後轉梁州都督；八子李元亨，貞觀二年拜金州刺史，六年薨；九子李元方，貞觀二年授散騎常侍，三年薨；十子李元禮，貞觀六年授鄭州刺史，後遷徐州都督，十七年轉任絳州刺史；十一子李元嘉，貞觀六年授潞州刺史，十年轉潞州都督；十二子李元則，貞觀七年任豫州刺史，十年拜遂州都督，十七年受澧州刺史；十三子李元懿，貞觀七年授兗州刺史，後轉任鄭州及潞州刺史；十四子李元軌，貞觀七年拜壽州刺史，十年轉絳州刺史，又轉徐州刺史，二十三年遷定州刺史；十五子李鳳，貞觀七年授鄧州刺史，後歷任虢、豫二州刺史；十六子李元慶，貞觀九年授趙州刺史，十年遷豫州刺史；十七子李元裕，自貞觀五年起，歷任鄧、梁、黃三州刺史；十八子李元明，貞觀十一年拜壽州刺史，其後歷任滑、許、鄭三州刺史；十九子李靈夔，貞觀十年授幽州都督，十四年遷兗州都督；二十子李元祥，貞觀十一年授任蘇州刺史；二十一子李元曉，貞觀九年任虢州刺史；二十二子李元嬰，貞觀十五年任金州刺史。上列高祖諸子，其在高宗之朝，依然遷、轉於地方性的都督、刺史之間。以上錄自《舊唐書・高祖二十二子列傳》。

〔註 85〕王夫之對太宗之策頗爲稱許，有云：「太宗之所以處之者，得其理矣……故唐宗室之英，相者將者，牧方州守望郡者，臻臻並起，而恥以紈袴自居，亦無有夢天吠日，覬大寶而幹甸師之辟者。」（見王夫之《讀通鑑論》卷十一，頁 484。）

〔註 86〕太宗嘗與蕭瑀等論周秦脩短，有言云：「周得天下，增脩仁義；秦得天下，益尚詐力，此脩短之所以殊也。蓋取之或可以逆得，守之不可以不順故也。」（見《資治通鑑》卷一百九十二，太宗貞觀元年，頁 6036。）

〔註 87〕《韓非子・愛臣》，頁 837。

第一人，屠戮宗族皆出於奪權保勢之政治原因，屠戮之人數僅次於「殺唐子孫殆盡」〔註 88〕的武則天，以殺十八人〔註 89〕而名登殺戮榜之亞位。（按：武氏屠戮唐宗室六十三人。）殺二人（建成、元吉）而天下得，殺餘子（其他十六人）而社稷安，當亦為其奪勢、固勢不得已的非常手段。

太宗一代天驕，自視尊寵，其於群臣，雖勉力保持進退間之禮數，其「道不同於萬物，君不同與群臣」〔註 90〕之意念則是十分熾盛。儒法思想中之君臣關係，間有同異，儒家以「君使臣以禮，臣事君以忠」〔註 91〕以況君臣，君臣關係為雙向性；法家並無君對臣何所宜之界說，臣對君則是：「賢者之為人臣，北面委質，無有二心。朝廷不敢辭賤，軍旅不敢辭難，順上之為，從主之法，虛心以待命，而無是非也。」〔註 92〕人臣以若是之態度事君，非死心塌地之死忠者不能辦，法家不講求忠，〔註 93〕但其律定臣之於君，則對「忠」之要求，或較儒家更為嚴格。

太宗嘗言：「君雖不君，臣不可以不臣。」〔註 94〕君不講求君道是謂不君，而太宗以為「君無道」是不難矯正者，〔註 95〕但在君臣關係上，君使臣不以禮，或可列入「不君」的觀測點之一，而「不臣」之最嚴格檢驗，應是臣事君不以忠。貞觀一朝，太宗對「忠」之褒獎勖勉與對「不忠」之懲前毖後可謂不遺餘力。太宗有詔云：

> 朕聽朝之暇，觀前史，每覽前賢佐時，忠臣徇國，何嘗不想見其人，廢書欽嘆！至於近代以來，年歲非遠，然其胤緒，或當見存，縱未

〔註 88〕太史令李淳風答太宗有關《祕記》之問時語，見資治通鑑卷一百九十九，太宗貞觀二十二年，頁 6259。

〔註 89〕玄武門事件殺兄、弟建成、元吉；事變甫息，請得高祖「令諸軍並受秦王處分」手敕後，殺建成子承道、承德、承訓、承明、承義；元吉子承業、承鸞、承獎、承裕、承度；武德九年殺廬江王李瑗，貞觀元年誅長樂王李幼良、燕郡王李藝、義安王李孝常，貞觀十七年誅齊王李祐、漢王李元昌。

〔註 90〕《韓非子・揚搉》，頁 701。

〔註 91〕《論語・八佾》孔子答魯定公如何「君使臣，臣事君」之語。

〔註 92〕《韓非子・有度》，頁 256。「無是非」謂對君王之命與君王之言無任何褒貶。

〔註 93〕法家之治道，講求寓於法禁，必於賞罰，雖「君不仁，臣不忠，則可以霸王矣。」見《韓非子・六反》，頁 92。

〔註 94〕《舊唐書・太宗本紀》，頁 34。

〔註 95〕貞觀十八年，太宗言對太子（李治）之遇物必有誨諭：「……見其休於曲木之下，又謂曰：『汝知此樹乎？』對曰：『不知』曰：『此木雖曲，得繩則正，為人君雖無道，受諫則聖。此傳說所言，可以自鑒。』」（見《貞觀政要・教訓太子諸王》，頁 201。）

能顯加旌表，無容棄之遐裔。其周、隋二代名臣及忠節子孫，有貞觀已來犯罪配流者，宜令所司具錄奏聞。〔註96〕

因「前賢佐時，忠臣徇國」而讚嘆，所反映之心理狀態，乃欲臣下之多賢，尤欲臣下之忠於主上能至捨身徇（殉）國之程度，蓋若如此，則社稷恆安，帝祚永保。煬帝無道，但隋末國勢瀕危時，臣下捨身以報者頗不乏人，太宗特舉屈突通（557～628）與堯君素二人。貞觀五年太宗語王珪等侍臣：「屈突通爲隋將，共國家戰於潼關，聞京城陷，乃引兵東走。義兵追及於桃林，朕遣其家人往招慰，遽殺其奴。又遣其子往，乃云：『我蒙隋家驅使，已事兩帝，今者吾死節之秋，汝舊於我家爲父子，今則於我家爲仇讎。』因射之，其子避走，所領士卒多潰散。通惟一身，向東南慟哭盡哀，曰：『臣荷國恩，任當將帥，智力俱盡，致此敗亡，非臣不竭誠於國。』言盡，追兵擒之。太上皇授其官，每托疾固辭。此之忠節，足可嘉尚。」〔註 97〕太宗嘗與屈突通交兵於潼關（隋恭帝義寧元年〈617 年〉事），多年以後，記憶猶新。貞觀十二年以「疾風勁草，實表歲寒之心」〔註98〕下詔褒揚隋將堯君素，（堯君素事，見本文第二章第二節〈任賢肅貪、輕刑褒忠〉）嘉其盡忠死節。其他諸如武德九年，以「此皆忠於所事，義士也。」〔註 99〕義釋忠於建成、元吉，玄武門事件中力戰太宗所領兵將，幾陷太宗於危的馮立、謝叔方、薛萬徹等人；貞觀元年之獎勉姚思廉忠於隋代王楊侑；貞觀二年以忠誠可感，義許魏徵、王珪爲前所追隨之建成、元吉送葬〔註100〕；貞觀十一年親爲文祭弔漢太尉楊震墓，傷其以忠非命（以上俱見《貞觀政要・忠義》）貞觀十九年親征高麗，久攻安市不下，班師時對登城拜辭之安市城主「嘉其固守，賜縑百匹，以勵事君」〔註101〕。太宗不遺餘力嘉美獎譽盡忠盡節之臣，固可作爲千古之美談，其亟欲臣下之盡忠義節，毋爲「不臣」之臣，蓋已音在弦外矣。

褒忠之外，太宗對忤逆叛上之隋代降臣也予以重譴嚴懲。貞觀二年六月，太宗詔云：「天地定位，君臣之義以彰……雖復時經治亂，主或昏明，疾風勁草，芬芳無絕，……辰州刺史、長蚍縣男裴虔通，昔在隋代，委質晉藩，煬

〔註96〕《貞觀政要・論忠義》，頁 251。此詔頒於貞觀十五年。
〔註97〕《貞觀政要・論忠義》，頁 241。
〔註98〕《資治通鑑》卷一百九十五，太宗貞觀十二年，頁 6137。
〔註99〕《資治通鑑》卷一百九十，高祖武德九年，頁 6012。
〔註100〕按：以上並可入於御人之術道。
〔註101〕《資治通鑑》卷一百九十八，太宗貞觀十九年，頁 6230。

帝以舊邸之情，特相愛幸。遂乃志蔑君親，潛圖弒逆，密伺間隙，招結羣醜，長戟流矢，一朝竊發。天下之惡，孰云可忍！」〔註 102〕嚴厲處置前朝之叛逆（雖云其有功於唐），以懲其不臣，裴虔通乃首當其衝者。

隋恭帝義寧二年（高祖武德元年）煬帝在江都遇難，裴虔通爲主謀之一，煬帝爲晉王時，虔通即爲其左右親信，煬帝被難前，挾持其往寢宮，手刃煬帝愛子趙王杲（時年十二歲），皆裴虔通所爲。李淵稱帝，國初之征戰中，裴虔通率所部歸唐，淵賜以官爵，裴頗以「身除隋室以啓大唐」之功自居。太宗之懲忤逆，本欲「宜其夷宗焚首，以彰大戮」〔註 103〕終因年代異時（距江都之變已逾十年），其間屢次頒布赦令，乃從寬對其除名削爵，流配驩州。自以爲有功而竟遭禍，裴虔通不久即怨憤而死。

繼裴虔通之後，貞觀二年七月，太宗再詔令將萊州刺史牛方裕、絳州刺史薛世良、廣州都督長史唐奉義以及前隋武牙郎將（現已不在顯職）元禮，除名流配邊地，原因俱爲協助宇文化及謀害煬帝，構成弒逆，雖因非主謀人物而除名削爵稍晚，但嚴懲不臣以儆效尤之意則無二致。

貞觀七年元月，再次下詔將前述弒逆者之子孫終身禁錮，〔註 104〕充分展現其嫉逆如仇、除叛務盡的決心與意志。

太宗褒忠之不遺餘力及懲逆之罪及前代降臣（裴虔通等諸人皆爲高祖李淵開國時擴充勢力收納之人物〔註 105〕）。其爲彰顯忠義，表彰忠君之德、勸勉人臣以忠事君之教忠，抑或爲使臣下盡臣道，無有叛逆的保祚固勢之教忠，兩者之區別在於出發點的心中之一念，諸家學者可自爲評斷，筆者則歸之於保祚固勢的權術運用——以術的不欲人知、君王操之在己心法，企圖達成「臣不可以不臣」的忠順事君永絕叛逆之目的。

〔註 102〕《舊唐書・太宗本紀》，頁 34。

〔註 103〕同上註。

〔註 104〕詔曰：宇文化及弟智及、司馬德戡、裴虔通、孟景、元禮、楊覽、唐奉義、牛方裕、元敏、薛良、馬舉、元武達、李孝本、李孝質、張愷、許弘仁、令狐行達、席德方、李覆等，大業季年，咸居列職，或恩結一代，任重一時；乃包藏凶慝，罔思忠義，爰在江都，遂行弒逆，罪百閻、趙，釁深梟獍。雖事是前代，歲月已久，而天下之惡，古今同棄，宜置重典，以勵臣節。其子孫并宜禁錮，勿令齒敘。（見《舊唐書・太宗本紀》，頁 42，貞觀七年春正月戊子。）

〔註 105〕《資治通鑑》卷一百九十二，頁 6033，太宗貞觀元年記云：「初，隋末喪亂，豪傑並起，擁眾據地，自相雄長；唐興，相帥來歸，上皇爲之割置州縣以寵祿之。」其時在武德元年至武德四、五年之間。

太宗之亟於保祚固勢，尙可由立嗣之心態與其後之作爲見其端倪。承乾早已被立爲太子〔註 106〕，而魏王泰於貞觀十年後得寵〔註 107〕，其謀儲君之位逐漸見諸行動，承乾不甘受逼，亦引侯君集、趙節、杜荷等以爲對抗。文武之臣，各有附託，潛爲雙方之朋黨，最後承乾以謀反事發，被廢爲庶人，而泰亦以「凶險」而不立，〔註 108〕晉王李治得元老重臣長孫無忌與諫議大夫褚遂良之助立爲皇太子。

李治之立固爲不得不立，〔註 109〕但其性格軟弱，缺乏機變權謀，太宗每以其是否能傳祚帝業爲憂，嘗密謂長孫無忌云：「公勸我立雉奴（李治之小名），雉奴儒，恐不能守社稷，奈何！吳王恪英果類我，我欲立之，何如？」〔註 110〕無忌固爭，以爲不可，終打消此意，然終耿耿於懷，不能釋然。其後言及太子性行，且有「吾如治年時，頗不能循常度。治自幼寬厚，諺云：『生子如狼，猶恐如羊』，冀其稍壯，自不同耳。」〔註 111〕其冀圖太子類己，以保帝祚江山與鞏固權勢之心昭然若揭。太子既未能生而肖己，乃轉圖教而類己，

〔註 106〕承乾於武德九年即已被立爲太子，時方八歲。

〔註 107〕泰以愛好文學，太宗特令其於魏王府設置文學館，任自招引學士，廣延時俊，人物輻湊，門庭如市，與武德四年太宗（時爲秦王）之天策上將府設文學館招引十八學士之事相類。貞觀十二年，李泰奏請編撰《括地志》，引學者多人到府修撰，書凡五百五十卷，分計州郡，繙輯疏錄，十六年正月書成，賜物萬段，月給踰於太子。

〔註 108〕承乾因魏王泰爭儲之逼，挺而走險，聚眾謀反，事未舉即遭告發，淪爲階下囚，其有答太宗之面責云：「臣爲太子，復何所求！但爲泰所圖，時與朝臣謀自安之術，不逞之人遂教臣爲不軌耳。今若泰爲太子，所謂落其度內。」（見《通鑑》貞觀十七年。）太宗因自身乃是「經營」得帝位，若立魏王泰，更見凸顯非嫡子可「經營」而取大位，因謂侍臣：「我若立泰，則是太子之位可經營而得。自今太子失道，藩王窺伺者，皆兩棄之，傳諸子孫，永爲後法。」太宗召六品以上文武大臣集太極殿，謂曰：「承乾悖逆，泰亦凶險，皆不可立，朕欲選諸子爲嗣，誰可者，卿輩明言之。」（以上皆見《資治通鑑》卷一百九十七，太宗貞觀十七年，頁 6196。）太宗正妃長孫皇后祇生承乾、李泰、李治三子，三人中之二人已被太宗排除在外，而李治有長孫無忌等大臣之爲臂助及羽翼，乃不得不有之人選。集文武大臣當眾面詢，不過是形式而已。

〔註 109〕太宗除不欲復見經營大位之事凸顯自身之不義以外，亦有其父子親情之考量，其語侍臣有：「且泰立，承乾與治皆不全，治立，則承乾與泰皆無恙矣。」（見《資治通鑑》卷一百九十七，太宗貞觀十七年，頁 6197。）

〔註 110〕《資治通鑑》卷一百九十七，太宗貞觀十七年，頁 6206。按：吳王恪之母楊妃爲隋煬帝之女，李恪一身而有中國史上兩位才智頂尖之帝王血緣，其英武之氣，太宗頗爲心屬。

〔註 111〕《資治通鑑》卷一百九十七，太宗貞觀十八年，頁 6208。

且不假手師保，親身施教，〔註 112〕將治國家御臣民之道口授心傳，具見其苦心。駕崩前一年，自撰《帝範》以貽太子，末云：「汝無我之功勤而承我之富貴，竭力爲善，則國家僅安；驕惰奢縱，則一身不保。且成遲敗速者，國也；失易得難者，位也；可不惜哉！可不愼哉！」〔註 113〕尤其見其語重心長。自身之帝位，得來不易，逼父弑兄，殆將遺千古之罵名，而悉心經營，成果逾於前古，其亟於子孫之守成，永保權勢富貴於自身之嫡親一系，亦「人欲」之常焉。（此處可再思朱子之言：「太宗之心，則吾恐其無一念不出於人欲也。」）

論者有謂太宗晚年之親征高麗，無令人信服之緣由，而賜死於太子無親且不易駕御之大臣劉洎、誅殺李君羨與張亮，皆有爲李治掃平守國御臣障礙之用心，〔註 114〕是耶？非耶？且存此一論。

第四節　天威九鼎、君尊臣卑

勢因位而來，威緣勢而至，韓非言勢，屢以勢位、威勢相稱，〔註 115〕貞觀四年，李靖先襲破突厥之龍庭於定襄，再大破其餘眾於鐵山，突厥頡利可汗也於稍後成擒，〔註 116〕太宗除告於太廟之外，亦安排一鋪張之受降儀式：

> 夏四月丁酉，御順天門，軍吏執頡利以獻捷。自是西北諸蕃咸請上尊號爲「天可汗」〔註 117〕，於是降璽書冊命其君長，則兼稱之。〔註 118〕

〔註 112〕太宗嘗謂侍臣：「朕自立太子，遇物則誨之，見其飯，則曰：『汝知稼穡之艱難，則常有斯飯矣。』見其乘馬，則曰：『汝知其勞逸，不竭其力，則常得乘之矣。』見其乘舟，則曰：『水所以載舟，亦所以覆舟，民猶水也，君猶舟也。』見其息於木下，則曰：『木從繩則正，後從諫則聖。』」（見《資治通鑑》卷一百九十七，太宗貞觀十七年，頁 6199。）

〔註 113〕《資治通鑑》卷一百九十八，太宗貞觀二十二年，頁 6251。

〔註 114〕見李樹桐：《唐史索隱．唐太宗的安唐策》，其他持此論之學者亦有多人。

〔註 115〕謝雲飛：《韓非子析論》，（臺北市：東大圖書公司，1989 年）「勢」之含義，可析分爲四：一曰「因居高位而生之統治力」，二曰「剛性之威力」，三曰「權柄」，四曰「因緣際會之時機」（見原書頁 97、98）。此四者，可執一以喻勢，亦可眾合以言勢，以其較具概括性，可不拘泥於《韓非子》原文所論舉之事，而所論亦不失原意。

〔註 116〕中國與四夷之攻伐，此爲四夷大可汗之第一次爲中國擒獲。

〔註 117〕可汗爲西域國主之稱。回紇、突厥、蠕蠕諸族稱其君王，皆曰可汗。加一「天」字於「可汗」之前，示其尊榮尤在「可汗」之上。頡利可汗被擒，原來隸屬於東突厥之各族乃尊稱唐之君主爲天可汗。自太宗之後，唐代君王對於臣屬之四夷，頒授璽書冊命，兼用天可汗稱號，由貞觀四年（631）至德宗建中四年（781），爲時一百五十年之久。

順天門乃太極宮之正門，爲舉行外朝大典之地，門樓前盛陳各項珍貴文物，太宗於此處接待萬邦之朝貢使者，四夷賓客。大唐天威，君臨天下，不由太宗不躊躇滿志，〔註 119〕引頡利入見，數之曰：

> 汝藉父兄之業，縱淫虐以取亡，罪一也。數與我盟而背之，二也。恃強好戰，暴骨如莽，三也。蹂我稼穡，掠我子女，四也。我宥汝罪，存汝社稷，而遷延不來，五也。然自便橋以來，不復大入爲寇，以是得不死耳。〔註 120〕

數其必死之罪五而赦之以生，除彰顯天朝大國之仁德外，更凸出自己無上之威儀與國家無比之威勢，而實質上亦有一呼而夷狄從之效應。〔註 121〕太宗集高位之統制力、剛性之威力與權柄於一身，在此因緣際會之時機，發爲斯言，足可垂諸華夷史冊，其「天可汗」之名，自非浪得。

赦生之外，亦見殘忍的殺生之事。聚群而阬殺，秦末的征戰之後即少有所聞，〔註 122〕貞觀十九年太宗親征高麗，在安市外圍，擊破高麗援軍，高麗軍統帥北部（或云絕奴部，爲高麗五部族之一）耨薩（相等於一族之小可汗）延壽、惠眞帥其眾三萬六千八百人投降，與高麗合兵擊唐軍之靺鞨〔註 123〕兵亦在降眾之列。太宗優遇高麗人，其耨薩以下酋長三千五百人皆授以戎秩，遷之內地，其餘士卒縱還平壤，而收押之靺鞨兵三千三百人則悉數阬殺，無一倖免。

〔註 118〕《舊唐書・太宗本紀》，頁 40。

〔註 119〕太宗對此情此景，當是恆誌在心，久久難忘。貞觀二十一年，太宗兩度語群臣：「辛卯，上曰：『朕於戎狄之所以能取古人所不能取，臣古人所不能臣者，皆順眾人之所欲故也。……』」；「庚辰，上御翠微殿，問侍臣曰：『自故帝王雖平定中夏，不能服戎狄。朕才不逮古人而成功過之，自不諭其故，諸公各率意以實言之。』」（均見《資治通鑑》卷一百九十八，太宗貞觀二十一年，頁 6247。）要臣下「諸公」言之，不過欲享受歌功頌德之讚美而已，是時雖已再平服吐谷渾與高昌，然所有事功，皆自平服突厥始，亦以平服突厥爲最大。天可汗之名，亙古所未有，得來不易，亦實至名歸。

〔註 120〕《資治通鑑》卷一百九十三，太宗貞觀四年，頁 6074。

〔註 121〕如貞觀五年正月，太宗大獵於昆明池，四夷君長咸皆隨從。

〔註 122〕西元前 260 年，秦昭王令白起攻趙，長平之役，阬趙降卒四十餘萬。始皇三十五年（前 212 年）秦阬諸生四百六十餘人於咸陽，史者或以「阬儒」稱之。秦末之征戰，項羽曾有阬殺秦卒二十餘萬人於新安城南之記錄（前 205 年，高帝元年，頁 312）。

〔註 123〕靺鞨族居地在高麗之北而與高麗相接，其西則與唐之營州爲鄰。

貞觀三年，靺鞨曾遣使入貢，〔註 124〕太宗之阬殺靺鞨人，應係怒其與高麗結盟，乃以殘忍之處置手段阬殺以儆來者。太宗此一「剛性之威力」所產生之震撼，或將令靺鞨族人久誌不忘，而大唐天子之威勢亦無法不染上血腥。

封禪謂封於泰山，禪於梁父，〔註 125〕乃非常天子宣示其威勢之非常盛事。「自古受命帝王，曷嘗不封禪，……管仲曰：『古者封泰山禪梁父者七十二家。』」〔註 126〕所知者，神農、炎、黃、堯、舜、禹、湯、成王等諸帝王皆曾封禪，而諸侯不與焉。〔註 127〕秦呑六國，一統天下，於始皇帝二十八年（前 219 年）封禪，在泰山刻石記功。始皇之後，貞觀之前，八百餘年之間，僅漢武帝劉徹、漢光武帝劉秀分別於元封元年（前 110 年）及中元元年（56 年）曾行封禪之禮。〔註 128〕

封禪既是天子威嚴之勢的表徵，則太宗制天下而征蠻夷，其「筋力」〔註 129〕自非尋常之帝王所能比擬，其威服四夷，勢傾華夏，云功業亦足以接踵於諸封禪天子之後。貞觀五年正月，朝集使趙郡王孝恭等「僉議以爲天下一統，四夷來同，詣闕上表請封禪。」〔註 130〕太宗手詔答以：「（雖已）海外無塵，遠夷慕義，但流遁永久，凋殘未復，田疇多曠，倉廩猶虛，家給人足，尚懷多愧……」〔註 131〕謙辭不許。

貞觀六年，文武百官復請封禪，太宗曰：「卿輩皆以封禪爲帝王盛事，朕意不然。若天下乂安，家給人足，雖不封禪，庸何傷乎？昔秦始皇封禪，而

〔註 124〕當時太宗嘗謂侍臣：「靺鞨遠來，蓋突厥臣服之故也。朕今治安中國，而四夷自服，豈非上策乎！」（見《資治通鑑》卷一百九十三，頁 6067。）

〔註 125〕於泰山之巔添土祭祀天神曰封，於梁父山下闢場祭祀地神曰禪。梁父山（或曰梁甫山）乃泰山下之小山，爲泰山之支阜，位於山東新泰縣之西。

〔註 126〕《史記・封禪書》，頁 499。

〔註 127〕齊桓公九合諸侯，一匡天下，欲封禪而管仲止之，蓋以諸侯而行天子封禪之事乃有所僭越也。季氏非禮，祭於泰山，孔子譏之。（見《論語・八佾》：「季氏旅（旅：祭也）於泰山，子謂冉有曰：『汝弗能救與？』對曰：『不能。』子曰：『嗚呼！曾謂泰山不如林放乎？』」）

〔註 128〕隋文帝開皇十五年正月，曾爲壇於泰山柴燎祀天，「禮如南郊」（謂儀式如同在長安南郊之禮），不能謂爲封禪。文帝稍前嘗云：「茲事（謂封禪）體大，朕何德以堪之！但當東巡，因致祭泰山耳。」（見《資治通鑑》卷一百七十八，文帝開皇十四年，頁 5546。）

〔註 129〕《韓非子・人主》有「萬乘之主，千乘之君，所以制天下而征諸侯者，以其威勢也。威勢者，人主之筋力也。」（見原書頁 788。）

〔註 130〕《唐會要・（卷七）封禪》，頁 79。

〔註 131〕同上註。

漢文帝不封禪，後世豈以文帝之賢不及始皇邪！且事天掃地而祭，何必登泰山之巔，封數尺之土，然後可以展其誠敬乎！」〔註 132〕仍未首肯。

群臣猶自固請封禪不已，太宗終於心動欲從，而與一向持反對封禪態度之魏徵有頗堪玩味之對話：太宗問曰：:「公不欲朕封禪者，以功未高邪？」曰:「高矣！」「德未厚邪？」曰:「厚矣！」「中國未安邪？」曰:「安矣！」「四夷未服邪？」曰:「服矣！」「年穀未豐邪？」曰:「豐矣！」「符瑞未至邪？」曰:「至矣！」連續六個必可封禪之問後，太宗終於問出「然則何爲不可封禪？」〔註 133〕已是勢同詰問矣。魏徵自有其久爲諫臣之答語，使太宗無言。〔註 134〕會河南、北數州大水，〔註 135〕封禪之事遂寢。

帝王盛事，有止而不能休者。貞觀十五年四月，下詔於來年二月有事於泰山，且應允並州父老詣闕之請，於封禪後還幸晉陽。六月十九日，太微星旁出現彗星，連日不止，此乃凶兆，太史令薛頤上言，未可東封。相應於貞觀八年八月見彗星於虛、危二宿之事，〔註 136〕且褚遂良亦上疏勸阻，太宗乃於六月二十六日詔罷封禪。

最後一次決計封禪在貞觀二十一年正月十日，詔以「明（二十二）年仲春有事泰山，禪杜首，餘並依十五年議。」〔註 137〕（謂實施細則依前次貞觀十五年所擬之方案進行）但同年八月，因薛延陀新降，又土功屢興，加以河

〔註 132〕《資治通鑑》卷一百九十四，太宗貞觀六年，頁 6093。

〔註 133〕此數問，《通鑑》誌於貞觀六年，緊接前段「然後可以展其誠乎？」之後，但《唐會要》誌其問答爲「貞觀中」而未著其年月。

〔註 134〕魏徵曰：「陛下雖有此六者，然承隋末大亂之後，户口未復，倉廩尚虛，而車駕東巡，千乘萬騎，其供頓勞費，未易任也。且陛下封禪，則萬國咸集，遠夷君長，皆當扈從；今自伊、洛以東至於海、岱，煙火尚希，灌莽極目，此乃引戎狄入腹中，示之以虛弱也。況賞賚不貲，未厭遠人之望；給復連年，不償百姓之勞；崇虛名而受實害，陛下將焉用之！」（見《資治通鑑》卷一百九十四，太宗貞觀六年，頁 6094。）

〔註 135〕據《舊唐書・太宗本紀》，頁 43。貞觀七年八月，山東河南三十州大水。前述之問與答，若非在貞觀七年，則是在貞觀六年之後有一年懸而未決是否封禪之時間，因三十州大水之故而決定中止。

〔註 136〕據《舊唐書・天文志》，頁 1320。貞觀八年八月二十三日，虛、危兩星宿之間出現彗星，歷時十一日。太宗謂侍臣：「是何妖也？」虞世南答以齊景公時彗星顯現，景公懼而修德，十六日後而星滅之事，並言：「臣聞若德政不修，麟鳳數見，無所補也；苟政教無闕，雖有災慝，何損於時。伏願陛下勿以功高古人而矜大，勿以太平日久而驕逸，慎終如始，彗何足憂。」太宗對其言深爲嘉許。

〔註 137〕《資治通鑑》卷一百九十八，太宗貞觀二十一年，頁 6245。

北水災，乃詔停二十二年封禪。〔註 138〕好事多磨，終貞觀之世，太宗迄未能如願登泰山之巔。方是時，大唐國勢如日中天；太宗威勢，冠絕當今，其聲威應可令秦皇、漢武及光武帝在泰山之前側目，而一抔之土未封，遽爾間英魂已杳（按：太宗崩於貞觀二十三年五月），冥冥之意，豈非天乎。

氏族即士族，〔註 139〕古代由史官著錄。周時由小史之官編定世系譜牒，故古有《世本》，收錄黃帝以來至春秋時代之諸侯、卿、大夫之名號與繼承系統。秦絕周祚，行專制，公侯子孫失其本系，漢興，司馬遷父子參《世本》而著《史記》，藉周譜闡明世家，姓氏之源流因得以明誌。

漢高祖起自平民，得天下後任官以賢，授爵以功，不以士庶而有所輕重，是爲「尚官」之始，但齊、楚之豪族大姓亦多爲所用。魏行九品中正之制，重世家、卑寒士，權歸於豪族大姓，「尚姓」乃取「尚官」而代之。由晉至隋，以姓氏別貴賤，定門冑，品藻人物，流行不衰，至唐亦未嘗稍減。

貞觀六年，太宗詔令吏部尚書高士廉、御史大夫韋挺、中書侍郎岑文本、禮部侍郎令狐德棻刊正姓氏（亦即修定《氏族志》），修定之原因爲「比有山東崔、盧、李、鄭四姓，雖累葉陵遲，猶恃其舊地，好自矜大，稱爲士大夫。每嫁女他族，必廣索聘財，以多爲貴，論數定約，同於市賈，甚損風俗，有紊禮經。既輕重失宜，理須改革。」〔註 140〕「嫁女廣索聘財，同於市賈」乃南北朝以來，高族大姓之通俗，尤以家道中落之氏族爲然，人或以「賣婚」視之，太宗深惡之，「以爲甚傷教義」〔註 141〕（即頗害於教化），甚至到了紊亂禮經之程度，〔註 142〕自是必須改革，而進行的方式與準則「普責天下譜牒，

〔註 138〕《資治通鑑》卷一百九十八，太宗貞觀二十一年，頁 6245。按：貞觀二十年六月，太宗遣李道宗、薛萬徹、張儉、執失思力節各統軍馬分道擊薛延陀，八月，薛延陀主力潰散，回紇攻殺其宗族殆盡，其所屬各部落紛紛遣使入貢。貞觀二十一年七月，營造玉華宮於宜春之鳳凰谷。

〔註 139〕宋・趙彥衛：《雲麓漫鈔》（北京市：中華書局，1996 年。）此書爲筆記集，卷三有此釋義。由東漢末年而魏晉南北朝以迄隋唐，史籍所稱之舊族、望族、世族、高門、郡姓等，其義均同士族。

〔註 140〕《貞觀政要・論禮樂》，頁 352。

〔註 141〕《舊唐書・高士廉傳》，頁 2443。

〔註 142〕之所以令高士廉主其事，而令狐德棻參與，乃氏族譜牒之事爲吏部之職掌，禮經紊亂，則責歸禮部。又四人者，或雅語姓氏，或精通文史，且均爲士族高第之人物。按：高士廉出自山東渤海之著姓，累世公卿；韋挺爲關中首姓甲門；岑文本爲江南士族；令狐德棻爲代北右姓，四人亦具有涵蓋面甚廣之區域代表性。

兼據憑史傳，剪其浮華，定其眞僞，忠賢者褒進，悖逆者貶黜」〔註 143〕則寓含由天下譜牒以甄別盛衰，由定氏族之眞僞以甄別士庶，〔註 144〕以及由「忠賢者褒進，悖逆者貶黜」（謂在氏族排名等次上之升降或剔除）以甄別忠奸之政治目的。

不數年，《氏族志》初稿底成，高士廉等以呈太宗，卻遭致意料之外的責難，〔註 145〕以其排名等序，大不如太宗之意：「今定氏族者，誠欲崇樹今朝冠冕，何因崔幹猶爲第一等，只看卿等不貴我官爵耶！不論數代已前，只取今日官品、人才作等級，宜一量定，用爲永則。」〔註 146〕蓋高士廉等以「尙姓」爲列序之原則，而唐初創業建國及大治天下之人物中，或因馳騁戰陣或以參贊帷幄，頗多因出身庶人而在譜牒上不入士流，或雖出身士族，但名序屈居於已有悠久地位的名門士族之下。依太宗「崇樹今朝冠冕」而「只取今日官品」之意，便是相當程度的否定「尙姓」定高下之排序，而代之以「尙官」（當時之官爵）之排序。「卿等不貴我官爵耶！」之責難意味甚重，高士廉等不得已而順旨意重修氏族志，學者謂高士廉等係在政治壓力之下重修，筆者頗能心領神會。政治壓力者，帝王之威勢也。重行刊定之下，降崔民幹爲第三等（上之下），而以皇族（李氏宗族）爲第一等（上之上），外戚（長孫氏宗族）爲第二等（上之中），並於貞觀十二年頒行。〔註 147〕

以「尙官」爲排定氏族等序之標準，固有其切合現實情勢之優點，但王侯將相，代有沉浮，其變化或較諸高門大姓之滄海桑田爲尤速，一段時間之後，序位或又與現狀脫節矣。〔註 148〕又依發展之結果觀察，「尙官」也未收預

〔註 143〕《貞觀政要·論禮樂》，頁 352。

〔註 144〕自魏晉行九品官人法，選人唯憑世資門第，一些士族以外之文人爲謀仕進，於是多方設法僞造或假冒士族譜牒，此風唐初依然，前章所論戴冑諫「詐冒資蔭（僞造資歷，冒充世家高門），據法應流」即爲一例。

〔註 145〕高士廉等修撰《氏族志》，一本魏晉以來奉行四百餘年之「尚姓」原則，按郡姓高低定等次，將山東崔氏定爲第一等（即上之上），頗不副太宗之意。太宗云：「我與山東崔、盧、李、鄭，舊既無嫌，爲其世代衰微，全無官宦，猶自云士大夫……」（見《貞觀政要·論禮樂》，頁 352。）

〔註 146〕《貞觀政要·論禮樂》，頁 253。崔幹，《通鑑》作崔民幹，《政要》避太宗諱，去「民」字。

〔註 147〕《氏族志》凡二百卷，收二百九十三姓，一千六百五十一家。

〔註 148〕高宗顯慶四年，許敬宗以貞觀之《氏族志》所收大姓，未將武氏一族包括在內，奏請修改，入武氏宗族爲第一等。其餘悉以仕唐官品按貞觀格式比類升降。平民出身之士卒，因戰功而升官至五品者，也升入士流，時人恥之，稱之爲「勳格」。（參見《資治通鑑》卷二百，高宗顯慶四年，頁 6315。）

期之成效，《氏族志》頒行後，世代衰微全無冠蓋之山東士族雖然族望降低，但「慕其祖宗」的「新宦之輩、豐財之家」仍復多與之聯姻，甚至房玄齡、魏徵、李勣等將相名臣也未能免俗，〔註149〕百餘年之後，唐文宗因此感嘆：「民間修婚姻，不計官品而尚閥閱。我家二百年天子，顧不及崔、盧邪？」〔註150〕

太宗修定《氏族志》所寓含之甄別盛衰、甄別士庶與甄別忠奸之政治目的，不能確知是否已全然達成，歸其終極，政治目的亦不過鞏固其統治基礎，「固勢」而已。至若其自視尊崇的一面，所言「卿等不貴我官爵耶！」（《通鑑》作「是輕我官爵而徇流俗之情也。」〔註151〕）言語之間完全不見謙謙自抑的儒家帝王風範，將排第一等的閥閱之家崔民幹降爲第三，不屑與之並列的高人一等心態，更是表露無遺。

太宗詔令普責天下譜牒，兼憑據史傳，定其眞僞，或未包含自家之譜牒在內，即或有之，主其事者或亦不敢辨其眞僞，皇家譜牒，例由君王自敘。〔註152〕舊、新《唐書・高祖本紀》均云高祖爲隴西成紀人，追溯世系，七世祖李暠爲西涼國一任王，六世祖李歆爲西涼國二任王，五世祖李重耳爲北魏弘農郡長，高祖父李熙爲北魏金門鎮將，曾祖父李天錫爲北魏幢主（警衛長），祖父李虎爲北周唐公爵，父李昞爲北周柱國大將軍，自高祖父李熙起定居於武川。若上述記載屬實，則太宗乃名門望族之後，其世系蓋皆顯赫焉。

近代史學家陳寅恪先生，詳攷並辨析有關史料，旁及郡縣圖誌及寺碑碑文，首先否定李熙者定居武川之說，並證得李唐先世因緣攀附，自托高門，故其譜牒乃係僞造：「李唐先世若非趙郡李氏之『破落戶』，即是趙郡李氏之『假冒牌』。至於有唐一代之官書，其記述皇室淵源間亦保存原來眞實之事蹟，但其大部盡屬後人諱飾誇誕之語。」〔註153〕陳氏並於其評述中云：「故隋

〔註149〕參見《新唐書・高儉傳》，頁3842。按：高儉即高士廉，儉其名，士廉其字，舊、新《唐書》分別以其名與字立傳。

〔註150〕《新唐書・杜兼傳》，頁5206。

〔註151〕見《資治通鑑》卷一百九十五，太宗貞觀十二年，頁6135。

〔註152〕高宗時，「以孔志約、楊仁卿、史玄道、呂才等十二人刊定《氏族志》，合二百三十五姓，二千二百八十七家，帝自敘所以然。」（見《新唐書・高儉傳》，頁3842。）按：自敘其所以然者，即自敘家世由來，其載於《氏族志》者，實非查察而得者也。

〔註153〕陳寅恪：《唐代政治史述論稿・統治階級之氏族及其升降》，北京市：三聯書店，2004年1月，頁194。（按：本書與《隋唐制度淵源略論稿》兩書合訂一冊。）

唐皇室自稱弘農楊震，隴西李暠之嫡裔，僞冒相傳，迄於今日，治史者竟無一不爲其所欺，誠可嘆也！」〔註 154〕治史者或未皆爲所欺，《新唐書・高儉傳》之贊有云：「言李悉出隴西，言劉悉出彭城，悠悠世胙，訖無考按……可太息哉！」雖是指屬唐代中葉以後之事，亦足徵其對姓氏譜牒之不能無疑也。道家始祖老子與李唐無半點瓜葛，今日已是眾所共識，但太宗引老子之爲李氏始祖，乃書之於正式之詔令，〔註 155〕而房玄齡在疏奏中且爲之回應，〔註 156〕或應爲另一可嘆可太息之事。世俗嘗有「州官放火，百姓點燈」之喻，以言權勢者唯我獨可之妄自尊大行徑，太宗要求天下譜牒之去僞存眞，自家之紀錄卻是僞冒相傳，不亦類是乎！

人君親觀本朝涉己之國史，嚮來所無，太宗或爲開此先例之第一人（或唯一之人）。貞觀十七年，《資治通鑑》記云：「初，上謂監修國史房玄齡曰：『前世史官所記，皆不令人主見之，何也？』對曰：『史官不虛美，不隱惡，若人主見之必怒，故不敢獻也。』上曰：『朕之爲心，異於前世。帝王欲自觀國史，知前日之惡，爲後來之戒，公可撰次以聞。』諫議大夫朱子奢上言：『陛下聖德在躬，舉無過事，史官所述，義歸盡善。陛下獨覽《起居》，於事無失，若以此法傳示子孫，竊恐曾、玄之後或非上智，飾非護短，史官必不免刑誅。如此，則莫不希風順旨，全身遠害，悠悠千載，何所信乎！所以前代不觀，蓋爲此也。』上不從。玄齡乃與給事中許敬宗等刪爲《高祖、今上實錄》；癸巳，書成，上之。」〔註 157〕

《舊唐書・職官志》言史官之職責爲：「掌修國史，不虛美，不隱惡，直書其事。凡天地日月之詳，山川封域之分，昭穆繼代之序，禮樂師旅之事，誅賞廢興之政，皆本於起居注、時政記，以爲實錄，然後立編年之體爲褒貶焉。既終藏之於府。」（後朝亦依前朝之實錄爲之編史）則史官之筆，有浩然不可撼動者。貞觀九年十月十六日，太宗出聖旨欲親觀國史，諫議大夫朱子奢雖以「悠悠千載，何所信乎」之重話加諸於君王觀國史之害，亦不爲太宗

〔註 154〕陳寅恪：《唐代政治史述論稿・統治階級之氏族及其升降》，北京市：三聯書店，2004 年 1 月，頁 200。

〔註 155〕《唐大詔令集・道士女冠在僧尼之上詔》有太宗之言：「朕之本系，起自柱下」，按《史記・老子韓非列傳》老子爲周守藏室之史。柱下史即藏室之史，蓋即藏室之柱下，因以爲官名。

〔註 156〕房玄齡於貞觀二十二年上太宗之表諫，有「願陛下遵皇祖老子止足之誡」句。見《舊唐書・房玄齡傳》，頁 2466。

〔註 157〕《資治通鑑》卷一百九十七，太宗貞觀十七年，頁 6203。

採納。君威之下，房玄齡（時爲左僕射，貞觀三年以後監修國史爲宰相之職掌）不得不將國史以呈。其後之發展，亦令初唐之「國史」有失其本來面目。〔註158〕則太宗君威逼射之下，或亦將使後之讀文文山「在晉董狐筆」〔註159〕者不免於感喟。

勢以貴身，君王之身所以貴，乃因其有至高無上之勢。韓非云「萬物莫如身之至貴也，位之至尊也，主威之重，主勢之隆也。」〔註160〕以身之至貴、位之至尊、威重勢隆加諸於太宗，或無人能予以否認。太宗自云：「人主之體，如山嶽焉，高峻而不動；如日月焉，貞明而普照，兆庶之所瞻仰，天下之所歸往。」〔註161〕蓋亦身貴位尊之進一步發揮。但自視尊崇，存之於心而爲人所共欽則善，發之於外而入史入稗則否矣。

天威懾人，貞觀元年，太宗亟求群臣進諫時，特意放下身段：「上神采英毅，群臣進見者，皆失舉措；上知之，每見人奏事，必假以辭色，冀聞規諫。」〔註162〕但謙沖若非出於本性與素養，則勢難持久，貞觀十一年，魏徵之疏諫中，已有「又時有小事，不欲人聞，則暴作威怒，以弭謗議。」以及「自頃年海內無虞，遠夷懾服，志意盈滿，事異厥初。高談疾邪，而喜聞順旨之說，空論忠讜，而不悅逆耳之言。」〔註163〕至貞觀十六年，太宗與公卿詰難往復以論古道而必自以爲是時，劉洎之疏諫中更指出太宗「動神機，縱天辯，飾辭以折其理，援古以排其議，欲令凡庶，何階應答？」〔註164〕威重則身貴，

〔註158〕太宗親覩國史之後，令房玄齡與許敬宗（時爲給事中）刪爲高祖、今上實錄。貞觀十七年完成《高祖實錄》與《今上實錄》之前半（至貞觀十四年以前）時，太宗再令修改。修成後，太宗對許敬宗頗有封賞，（以上據李樹桐《唐史索隱》，頁10。）應係許爲實際執筆者之故。許敬宗修史不實之處甚多，對已有之史料檔案，或因逢迎取寵於皇上，或以一己之愛憎而曲事刪改，《舊唐書・許敬宗傳》對此記述頗詳，《新唐書》且將許寫入〈奸臣列傳〉內。高宗之朝，曾「詔劉仁軌等改脩國史，以許敬宗等所記多不實故也。」（《資治通鑑》卷二百二，高宗咸寧四年，頁6371。）許敬宗之記述，舊、新《唐書》已指陳其多條之不實，司馬光《通鑑考異》復指出多條，而李樹桐《唐史考辨》中亦考證出多條前述的不實處以外者。

〔註159〕文天祥〈正氣歌〉之一句。董狐爲春秋時晉之史官，秉筆直書，不計個人安危，孔子稱其爲古之良史。

〔註160〕《韓非子・愛臣》，頁837。

〔註161〕《帝範・君體》，頁15。

〔註162〕《資治通鑑》卷一百九十二，太宗貞觀元年，頁6040。

〔註163〕《貞觀政要・論公平》，頁269、270。

〔註164〕《貞觀政要・愼言語》，頁308。

固然；但若將之發展成身貴則言貴，言貴則無理可以屈有理，亦太過矣，蓋亦太宗「君不同於群臣」〔註 165〕之別種運用乎。

太宗對自身才具極度自負，〔註 166〕自視己乃可以乘雲霧之勢的君王，非材薄不能乘勢之君王所能比擬，〔註 167〕君王之能否集權任勢，乃轉而為乘勢的才優才劣之比，不僅君王心存此念，臣子之心亦有與此不謀而合者。貞觀九年，太宗與魏徵論末代亡國之君北周天元帝與北齊後主高緯之優劣，「謂魏徵云：『……末代亡國之主，為惡多相類……然天元、齊主，若為優劣？』徵對曰：『二主亡國雖同，其行則別。齊主懦弱，政出多門，國無綱紀，遂至亡滅。天元性凶而強，威福在己，亡國之事，多在其身。以此論之，齊主為劣。』」〔註 168〕以強而威福在己之得權者為優，以懦弱而失權者為劣，將能乘勢與否之得權與失權，作為評議優劣之準的，「勢」在其心中之評價，不言自明矣。

勢以貴身，勢亦貴親己、近己者之身，但形諸言辭動作，則頗具仗勢淩人之意味。太宗嫡出之子有三，魏王泰最得寵愛。貞觀十年，有言聞於太宗，謂三品以上官員多輕魏王，太宗怒，召集三品以上官員斥責云：「隋文帝時，一品以下皆為諸王所顛躓，彼（謂魏王）豈非天子兒邪！朕但不聽諸子縱橫耳，聞三品以上皆輕之，我若縱之，豈不折辱公輩乎！」〔註 169〕太宗盛怒之下，房玄齡等人皆惶懼流汗，叩首請求寬恕，惟魏徵析之以理，明之以禮，再以隋之不可取以為喻，方使太宗折服，〔註 170〕免去諸大臣一場無妄之辱。

唐有「降乘」之禮，即下車叩見行禮。《唐會要・觀王及朝臣行立位》記云：「貞觀十二年正月十五日，禮部尚書王珪奏，言三品以上遇親王于途，皆

〔註 165〕《韓非子・揚搉》，頁 701。

〔註 166〕此可見諸其《帝範・君體》，其有云：「人主之體如山嶽焉，高峻而不動，如日月焉，貞明而普照，兆庶之所瞻仰，天下之所歸往。」「人主」乃其自況。

〔註 167〕韓非引慎子論勢之言云：「飛龍乘雲，騰蛇遊霧，雲罷霧霽，而龍蛇與螾螘同矣，則失其所乘也。」（《韓非子・難勢》，頁 63。）蓋以龍蛇之材美可以藉雲霧之勢而乘遊，而螾螘之材薄，欲乘而不能也。

〔註 168〕《貞觀政要・辯興亡》，頁 402。

〔註 169〕《資治通鑑》卷一百九十四，太宗貞觀十年，頁 6123。

〔註 170〕魏徵正色而陳於太宗：「臣竊計當今群臣，必無敢輕魏王者。在禮，臣、子一也。《春秋》，王人雖微，序於諸侯之上。三品以上皆公卿，陛下所尊禮，若紀綱大壞，固所不論；聖明在上，魏王必無頓辱群臣之理。隋文帝驕其諸子，使多行無禮，卒皆夷滅，又足法乎？」太宗方始消去怒氣，顧曰：「理到之語，不得不服。朕以私愛忘公義，嚮者之忿，自謂不疑，及聞徵言，方知理屈。人主發言何得容易乎！」（以上見《資治通鑑》卷一百九十四，太宗貞觀十年，頁 6124。）

降乘，違法申敬，有乖儀注。上曰：『卿輩皆自崇貴，卑我兒子乎？』」經魏徵等釋以親王等次在三公以下，而三品以上皆天子列卿，不宜爲諸王降乘。太宗曰：「國家所以立太子者，擬以爲君也。（按：太子爲儲君，依禮，眾臣遇之於途，必須降乘。）然則人之修短，不在老幼，設無太子，則母弟次立，以此而言，安得輕我子者。」太宗仍以太子或有修短，諸王依次均有成爲太子之可能，故不得輕之，仍須對之降乘。魏徵再以周禮立嫡以長，所以絕庶孽之窺窬。（按：依此，太子死，立太孫，太子之諸弟不與焉）太宗方准王珪之奏，三品以上官員途遇親王，不再對之降乘，但朝堂之上，兩度提醒大臣「不得卑我兒子」，亦足見太宗貴己及於諸兒，輕人不遺大臣之心態，〔註 171〕勢之衍展性蓋亦可觀焉。

貞觀八年，李靖、王珪等奉詔爲諸道黜大使，分行天下。其年三月，太宗幸九成宮，有隨侍之宮人還京，憩於湋川縣之官舍。未幾李靖等人抵達，地方官吏將宮人移往別處而寓靖等於官舍。太宗聞而怒曰：「威福之柄，豈由靖等？何爲禮靖而輕我宮人！」〔註 172〕下令審訊湋川官吏及李靖等人。魏徵諫曰：「靖等，陛下心膂大臣；宮人，皇后掃除之隸。論其委付，事理不同。又靖等外出，官吏訪朝廷法式，歸來，陛下問人間疾苦。靖等自當與官吏相見，官吏亦不可不謁也。至於宮人，供食之外，不合參承。若以此罪責縣吏，恐不益德音，徒駭天下耳目。」〔註 173〕太宗受諫而釋官吏之罪，亦不再追究李靖等人，但其「威福之柄，豈由靖等」之言，則明顯看出天子權勢之神聖不可侵犯，即令軍國大臣亦不容損及爲皇后執隸之宮婢。君尊臣卑，固爲時勢之當然，帝王身居九五之尊，飛龍在天，已高至不可再高，但有意無意間貶低臣下之位格，相對增大君臣間的尊卑距離，使臣下對其望之彌高，或亦爲太宗一時忘卻謙沖自抑之權勢心態。

貞觀十四年，陳倉折衝都尉魯寧，因案繫獄，自恃官品崇高，謾罵陳倉縣尉劉仁軌，〔註 174〕仁軌怒而杖殺魯寧。州司上報，太宗聞之大怒，命斬劉

〔註 171〕《通鑑》亦誌此事，義同而文字略異，亦兩度及於「輕我諸子」。見《資治通鑑》卷一百九十五，太宗貞觀十二年，頁 6135。

〔註 172〕見《舊唐書・魏徵傳》，頁 2548。

〔註 173〕同上註。

〔註 174〕折衝都尉之官品爲正五品上至正四品下，依折衝府之爲上、中、下府而不同，縣尉之官品爲從九品下至從八品下，亦因上、下縣而有別。折衝府直接聽命於皇帝，爲中央官職，而縣尉之上爲縣丞、縣令，再上爲刺史、都督，爲地方之官職。

仁軌，但猶大惑不解，曰：「何物縣尉，敢殺吾折衝！」〔註175〕（按：其寓意爲：此一地方縣尉竟敢如此大膽，敢杖殺我之屬下）命押解劉仁軌進京，親自詢問。仁軌神色自若答太宗：「魯寧對臣百姓辱臣如此，臣實忿而殺之。」〔註176〕「魏徵侍側，曰：『陛下知隋之所以亡乎？』上曰：『何也？』徵曰：『隋末，百姓強而陵官吏，如魯寧之比是也』上悅，擢仁軌爲櫟陽丞。」〔註177〕直接聽命於己之折衝都尉爲近臣，間接聽命於己者（因其間相隔都督、刺史等階層）爲遠臣，但天下之官吏莫非王臣，而太宗以近己者爲貴，將魯寧之受杖視同對帝王權威之侵犯，其對權勢之執著竟乃如是！若非魏徵之諫，仁軌必爲刀下之鬼。仁軌其後爲高宗朝之一代名臣，武略文教兩皆出眾，廣有時譽，高宗乾封元年拜右相，官至左僕射兼太子少傅。

第五節　小結

一、李世民在玄武門事件塵埃落定之當日（武德九年六月四日）即已是唐帝國最高權力之實際執掌者。六月七日之受封太子，八月九日之即皇帝位，不過形式上之轉換而已。自秦漢大一統之後，君王已是乾坤獨斷，其擁有之權勢，遠非戰國時之國君所能比擬。有同於秦皇漢武，太宗李世民亦持絕對君權之觀點，在維護君權與擴張君權之固勢與擴權方面迭有作爲，是以貞觀治道中有頗爲濃厚之勢治色彩。

李世民在奪得權力後之首誅，即是斬殺建成、元吉之子各五人。拋開罔顧倫常之觀點，其主要對象乃爲建成之嫡長子（建成之後的第一順位皇位繼承人，序在李世民之先）其他九人不得不同時殉葬，此亦爲李世民之必欲取得帝位，同時永絕後患的爭權謀勢之心的流露。

君道在太宗即位後，乃是其統治之方法，亦是其鞏固統治權之固勢手段，太宗能將百姓之適意生存與帝王之正身寡欲作有機之結合，使君道凸顯儒家民爲邦本之形象。但君道之實質意義，乃是使統治安如磐石、子孫繼承延續萬代之統治方法，並未因太宗使其具有儒家思想之形象而有所改易。

三代行封建而享國久長，太宗以封建乃鞏固統治權之固勢方法，議行封

〔註175〕《資治通鑑》卷一百九十五，太宗貞觀十四年，頁6156。

〔註176〕同上註。

〔註177〕同上註。按：魯寧犯案繫獄，即失其官之身分，故魏徵以百姓擬之。

建。但既欲受封者能拱衛王室，又欲置受封者於完全的控制之下，受封者有力有權方足以拱衛王室，受封者有力有權又難以控制。最後所實施者，受封者徒有封地之名而無主宰封地之實，已無三代封建之眞義。

太宗對法勢亟具慧根。在維護君權方面，明定嚴刑重罰，制度性的以法輔勢，以勢行法，「法」與「勢」結合，將君勢提昇至更高之高度。「十惡」爲罪死不赦之重罪，其中之四（排序一、二、三、六，即謀反、謀大逆、謀逆、大不敬）均爲保障君權之法條，其中「謀」並未及於言語行動，而予以嚴罰重誅，是乃法家「善恃勢者，早絕其姦萌」之具體實施。貞觀一朝，以「謀」入罪論刑者，除自身外，率皆株連甚廣，其連坐罪及父、子、妻、女，在在彰顯君勢之不可侵犯。

二、篡奪之事，多行之以武力。武人若造反，其危險性遠高於文人，尤以有思想、有統御能力且能征慣戰之武人，在維護君權，杜絕犯上作亂之前提下，更屬君王必須提防之對象。太宗之對策，對犯大罪者不赦，小罪者重罰，無罪者則時時留意，處處提防，兼以必要時之威脅警告。貞觀武人，可入於此列者有李靖、侯君集、張亮、李君羨、薛萬徹、尉遲敬德、李勣諸人。

論功蹟威望，李靖可稱貞觀第一名將，攻滅東突厥，擊服吐谷渾，根絕威脅北方之大患，湔雪太宗耿耿於懷的渭水之恥，開疆拓土，李靖均功推第一。貞觀成治，太宗固是榮耀冠冕集於一身，李靖之作爲實際推手應也無庸置疑。但功高震主，古今同然，數遭誣告謀反之後，李靖自貞觀九年起闔門謝絕賓客，韜光養晦，至於親戚不得妄見之程度，直至老死。太宗非不疑李靖，早年御筆私函「兵事節度皆付公，吾不從中治也」即見其故示恩信之外的極度愼重，甚至在太宗親征高麗京師無人時，對已屆七四高齡的李靖，尙是特別關注。李靖之終能克保厥躬，生榮死哀，其深知君王心理，全然放下權位，古稀之齡時尙竭盡心力坦示對君王之忠誠，應屬重要之原因。

侯君集爲太宗秦王府之舊人，玄武門事件，君集之策居多，太宗即位後之論功封爵，君集與房、杜、長孫無忌、尉遲敬德五人並列第一。數貞觀名將，侯君集或略遜於李靖、李勣，但其在極度艱困之環境下依然能征慣戰、克敵致勝之能耐與經歷亦爲貞觀諸將所僅有。君集自負不凡，名位恥在房玄齡、李靖之下，其平高昌後，御軍無法，縱掠敵方財物珍寶遭彈劾，所受之待遇，與李靖當年攻滅突厥同一罪狀遭劾所受之待遇，直如霄壤，對太宗之怨望由是而起。君集極度憤激時的「口陳欲反之言」入太宗之耳後，太宗仍裝出若無其事，待之如初。其後參與太子承乾的謀反行列，事發而伏誅，太宗且在其臨刑前與之揮淚訣別，使評價太宗爲情義深重或詭術權變之人看法兩極。

張亮與李君羡二人皆爲積有戰功、勇武過人之武將，亦皆因子虛烏有之圖讖與《祕記》，分別於貞觀二十年及貞觀二十二年遭誅殺。太宗本不涉於迷信，但晚年健康情況日益下游時，對可能危及權勢之危險因子，則不顧其是否出於迷信而極力剷除之，此亦其所以保權固勢之道。

薛萬徹爲太宗之妹婿，曾被太宗許爲「當今名將」的三人之一，能征慣戰，勇武絕倫。貞觀二十二年率甲士征高麗，大勝之餘的心高氣傲之語，遭人告發對君王有怨望而議罪，除其名籍，流徙邊遠之象州，能以與太宗間之親戚關係而保得一命，亦屬幸運。

尉遲敬德自武德三年歸附太宗，對太宗一向忠心耿耿，在討伐王世充之戰中，於重圍中刺王世充之猛將單雄信於馬下，拯太宗於危；玄武門事件中，擐甲持矛衝至高祖前「護衛」（實係劫持，乃銜太宗之命），太宗即位後，與房、杜等五人同被封爲功勞第一。貞觀十三年，太宗示敬德云「人或言卿反，何也？」此或爲警告，或爲故示寵信。敬德解衣投地，出其從太宗征戰之瘢痍，君臣流涕而罷，亦或已入「謀反名單」而得能善終者之一。

三、權乃勢的本質，任勢必先集權。權勢不可借人，借人則易危主位。自來雄才大略之君王，每將集權與集事結爲一體，認爲大小事皆決於己，則權勢不外溢。太宗則深知爲政不可自專之理，於貞觀之初建制圖治時，權衡事與權，以自我抑制之方式，壓抑自身之集事，事不自專而委之群臣，其確實推行三省制即爲顯著之範例。太宗分事權於眾臣而權勢不外借之法，乃是以法令爲所任之事設定界限，「法令嚴肅，誰敢爲非」，學者謂此乃以分權與眾臣之手段，達成君王集權目的之作爲。

太宗以玄武門事件而登帝位，並非順取而係逆得，且深知「兄弟不服，必危社稷」之理，故其對宗室之分封，一反高祖之法，所封者有名號而無領地，有屬官而無政事，有食邑而無人民，亦不令宗室進入中央決策階層，種種措施，皆爲保護權勢帝祚，防止宗室諸王之逆得。唐代屠戮宗室之事始於太宗，屠戮之人數僅次於「殺唐子孫殆盡」的武則天而名登殺戮榜之亞位。爲奪權、保勢、安社稷，對言反涉逆之宗室，誅夷不稍寬假。

太宗以「君雖不君，臣不可以不臣」律定眾臣，臣是否事君以忠，乃是檢驗臣道之最嚴格標準。貞觀一朝，太宗對「忠」之褒獎勗勉與對「不忠」

之懲前毖後皆不遺餘力，褒獎懲處之對象，及於前朝人物，其亟欲臣下對君王盡忠守義，毋爲「不臣」之臣，蓋已音在弦外。

立嗣以承接得來不易之帝位與辛苦經營之果實，乃太宗耿耿於懷之心願。自身既有帝位「經營」而得之前例，則英華逼人之魏王泰得寵而爭儲君之位，太子承乾之受逼保位而出之以謀反之非常手段，並非太令人意外之事。最後「承乾悖逆，泰亦凶險」兩皆不立，懦弱之李治不得不成爲嗣君之惟一人選。期其生而肖己之希望落空，則轉求其教而肖己。太宗對李治之施教，不假手師保，親自將治國家、御臣民之道，對李治口授心傳，其亟於子孫之守成，永保權勢富貴於自身嫡親一系之心，蓋亦人欲之常焉。

四、威緣勢而至。貞觀四年，太宗遣李靖、李勣等諸將攻滅東突厥，擒其大可汗頡利，盡雪初即位時（武德九年）渭橋受逼定盟之恥。太宗於太極宮之正門（順天門）安排受降儀式，極盡其鋪張炫耀之能事，宣頡利於階下，數其必死之罪五而赦之以生，彰顯大唐之仁德，更突露帝王無上之天威。四夷君長獻上「天可汗」尊號，方此之時，太宗集至尊高位之統制力、剛性之威力與無上之權柄於一身，前足以睥睨古人，後足以垂示子孫，威勢之隆盛，必當長遠光照華夷史冊。

以赦生彰仁德、顯天威之餘，太宗亦以殘忍之阬殺手段，威嚇而逞天威。貞觀十九年親征高麗，在安市外圍之攻戰中，阬殺靺鞨降卒三千三百人，開秦末征戰之後聚群而阬之例，亦不免爲其威勢染上血腥。

封於泰山，禪於梁父，乃非常天子之非常盛事。彰顯自身乃荷天命以爲王，告太平於天地神祇，亦威德之至焉。貞觀大治，四夷威服，太宗已是可令秦皇漢武側目之非常天子。貞觀期間，群臣幾度奏請封禪，太宗初則以「流遁永久，凋殘未復，田疇多曠，倉廩猶虛」自身尚懷多愧以及封禪不如使天下乂安家給人足等理由謙辭；既而心動，又以魏徵之諫與南北數州之大水而中止。其後又有二次決定封禪，一因太微星旁連日出現彗星之天文凶兆而罷，一因薛延陀新降，土功屢興與河北水災而止。終貞觀一世，太宗始終未能封於泰山之巔、禪於梁父之下。冥冥之中，豈非天意！

古有世系譜牒，收錄士族之名號與繼承系統，世家、姓氏之源流，因史家之誌而得以留傳。豪族大姓之擁有權勢而序在他姓之前，有其歷史淵源。自魏至隋，四百年之間，以姓氏別貴賤，定門冑，流行不衰，至貞觀初期亦未嘗稍減。

太宗之令高士廉等重修《氏族志》，取當時之官品、人才作等級，以「尚官」之標準，重行排列氏族之等序，其政治目的爲甄別盛衰、甄別士庶與甄別忠奸，以鞏固其統治基礎。歸其終極，修定《氏族志》乃爲「固勢」而作。皇族、外戚分列第一等與第二等，亦身以勢貴之寫照。

貞觀之後，《氏族志》代有修定，以因應「尚官」標準下之氏族沉浮，但流行數百年之「尚姓」潛規則，卻未因官修之《氏族志》而稍遜其顏色。李唐雖序於諸姓之首位，但其譜牒經後人攷定則諸多可疑，此一結果或非太宗始料之所及。

史官掌修國史，不虛美，不隱惡，直書其事。史上君王嚮無親觀本朝國史之事，太宗或爲開此例之第一人。諫官雖以「悠悠千載，何所信乎」之重話加諸於君王觀國史之害，亦不能使太宗回心轉意。君威之下，宰相房玄齡不得不屈從。君王有尋求歷史定位之意志，在諂諛者許敬宗筆下，唐初史料及檔案等乃多有不實，其虛美隱惡甚至扭曲眞相之處，後之治史者陸續發現，誠屬據史以探索貞觀之事者的一大憾事。

人主之體，如山嶽日月，兆庶之所瞻仰，固是帝王時代不爭之事實。貞觀之初，太宗頗能放下身段，謙沖以對群臣。中期以後，其懾人之天威乃逐漸形於顏色，令人不敢仰視，凡有理辯，己則是，人則非，太宗頗能將「君不同於群臣」之道，作另種發揮與應用。

權勢爲君王制御臣民「工欲善其事」所須仰仗的利器，君王心目中自以爲勢重爲美。此一觀點，宜乎君臣不同，但以諫諍稱名於時之魏徵，當其評議同爲亡國之君的周、齊二主時，竟以乘勢得權者之失國優於愞弱失權者之失國，對權勢優劣之價值觀，君臣同調，可爲「勢」在臣下心目中之評價作一範例。

勢以貴身，勢亦貴親己、近己者之身，太宗多次將此一事理，以言語、動作曉示群臣。其聞於人言而怒責三品以上大臣之輕魏王泰，以大臣之不降乘爲「卑我兒子」，君國大臣亦不容在權益上損及爲皇后執隸之宮婢，州縣之外官不容對近屬之內官執法等，皆爲其一時忘卻謙沖自抑而顯露本來面目之權勢心態。

第五章　貞觀治道之用術

治國必須講求方法。貞觀之所以成治，方法尤不容忽視。術者，推行某事之方法也。法、勢、術皆爲治國的「帝王之具」，而「三者相輔而又相成，連鎖而又一貫。」〔註 1〕本章特就術之一面析而論之。法家言術，寓有宗主（或云宗）與謀略、機變等義，〔註 2〕但究其實質，法家之所謂術，乃君王御下使民之政治手段。〔註 3〕儒家爲政，非不講求術道，但卻從不言術而代之以「德」，就文字之意義言，「德」與「術」南轅北轍，風馬牛不相及，而據國外學者之研究，德也者，乃執政者役使臣民之兩面手法，〔註 4〕其本質不過是權術之流亞，此一觀點似亦可備一說。

術既爲君王獨有的權謀機變下之產物，則對用術者之人格特質與乎成學歷程，宜乎有更進一步之瞭解，惟史籍中對太宗之此類記載絕少，謹就蒐羅所得之一鱗半爪，誌之如下：

一云幼年即聰明睿智，見識深遠，處事果斷，不拘小節，令人莫測高深；「太宗幼聰睿，玄鑒深遠，臨機果斷，不拘小節，時人莫能測也。」〔註 5〕史官所記，應有其所本，以少見長，也見其言而有徵。

〔註 1〕徐師漢昌：《韓非的法學與文學》，頁 1。

〔註 2〕熊十力：《韓非子評論》，高雄市：三信出版社，1974 年，頁 28。

〔註 3〕吳秀英：《韓非子研議》，臺北市：文史哲出版社，1979 年，頁 92。

〔註 4〕Munro, Donald J. 以爲，德乃一種受權勢改變之超然力量，可導致內部權力實際能量之增加。天有好生之德，德最初只具有天與人之間的宗教意義，其後乃延伸爲仁君對人民的慷慨賜予使人民自動對仁君產生情愛與忠誠，結果德乃成爲控制臣民的政治手段，經常與「合法制裁」（按：「刑」）相共而成爲執政者役使臣民的兩面手法。（Munro, Donald J. The Concept of Man in Early China. Stanfords: Stanford University Press, 1969, pp104～109, 185～188）

〔註 5〕《舊唐書・太宗本紀》，頁 21。

二云喜武而不善文，〔註6〕「朕少尚威武，不精學業，先王之道，茫若涉海。」〔註7〕自作此言，或不能謂爲謙遜。「朕少好弓矢，自謂能曲盡其妙。」〔註8〕觀乎史傳中美稱太宗之射術如神，此應非虛語。父母之於子女，愛慈往往不能均浹，其受寵者，或因寵而外生嬌態，或藏之於內而生高人一等之心。高祖正后竇氏生四子（其中玄霸十六歲而夭），而太宗最爲受寵：「始，太宗生有二龍之符，后於諸子中愛視最篤。」〔註9〕或驕或自視出眾，亦皆切合太宗日後之行事風格。竇氏於煬帝大業九年（613年）辭世，時太宗方十四歲，青少年時期即痛失母愛，其對愛慈之體受或亦異於常人。此亦可以作爲窺探其人格特質之一端。

人之善惡行事，其發軔往往皆在心中之一念，而思想內蘊，知之實難，以己之心度之，即所謂「將心比心」，允爲普遍之心法。魏徵嘗謂太宗「聞人之善，或未全信，聞人之惡，以爲必然。」〔註10〕以此擬之於太宗自身之用心，雖不中或亦不遠。

前（第二章）所言太宗之公平器量，應亦屬於太宗人格特質之一環。

太宗對臣下求售於帝王之各種方式，知之甚稔：「人主惟有一心，而攻之者甚眾。或以勇力，或以辯口，或以諂諛，或以姦詐，或以嗜欲，輻湊攻之，各自求售，以取寵祿。人主少懈，而受其一，則危亡隨之，此其所以難也。」〔註11〕能度臣下之用心，能知臣下之所以攻，則應之以統御之術，其宜也。

太宗之於術道，兼綜儒法（謂「德」「術」兼用也），往往有令人耳目一新之創意，今茲以太宗治人與治事之術道，分四節論述之。

〔註6〕太宗出自隴西李氏的名門之後，其父、祖皆歷武職，耳濡目染，其喜武自屬人情之常。諸名宦人家，延西席而授子侄以經文亦應爲常態，而受教者之用心多少與習悟深淺，自必與其喜愛之程度有關。

〔註7〕《全唐文》卷九，頁40。〈答魏徵上群書理要手詔〉，但千年之後，清人輯《全唐詩》時，太宗有文集四十卷，詩六十九首，雖多出自即位後之後天力學，但也迥非凡俗之人所能比擬。若詩文全係自作（而非隨從文翰之代筆或潤飾），則太宗之學習能力與超強之學習意志，更應列入其人格特質之一部分。

〔註8〕《貞觀政要・政體》，頁18。

〔註9〕《新唐書・后妃列傳・高祖太穆竇皇后》，頁3469。

〔註10〕《貞觀政要・公平》，頁265。

〔註11〕《資治通鑑》卷一百九十六，太宗貞觀十七年，頁6185。

第一節　以術御人，天機神隱

韓非言法與術時，有謂「法莫如顯而術不欲見。」〔註 12〕因御臣之術為君王所獨運，故莫如神祕不可測。

貞觀二十二年，太宗語儲君李治以御人理政之秘云：

> 設分懸教，以術化人，應務適時，以道制物。術以神隱為妙，道以光大為功。括蒼旻以體心，則人仰之而不測；包厚地以為量，則人循之而無端。〔註 13〕

蓋已頗得法家用術之要，〔註 14〕法家之術，化生於道，其變化無窮，而又隱密難知，其最要者，術為君王所獨擅，除用之以察姦止亂外，其在「潛御群臣」〔註 15〕與「課群臣之能」〔註 16〕上，更具有無比神效。後者且兼有提昇行政效率，促成治道之效果。

太宗之以術御人，神妙多方，茲據舊、新《唐書》、《資治通鑑》、《貞觀政要》等書所誌，舉李勣、尉遲敬德、魏徵、溫彥博、岑文本、封德彝、許敬宗、馬周諸人析論之。

一、推心待士與機數事君：

李勣原名徐世勣，初在李密帳下，李密歸唐，勣以其所鎮守之大片土地〔註 17〕錄州縣名數及軍人戶口，總啓李密，聽李密自獻，而己不欲表功以邀富貴，高祖以勣為純臣，封爵並賜姓李，後去「世」字以避太宗諱，故今言徐世勣、

〔註 12〕《韓非子・難三》，頁 364。

〔註 13〕《帝範・建親》，頁 26。

〔註 14〕晚近出版之「帝王術」叢書中，將太宗之《帝範》定名為《唐太宗權術大略》，長沙市：湖南人民出版社，1999 年。與范祖禹之《帝學》合為一冊。《帝範》寫於李世民死前一年五個月，西方學者稱之為「政治遺言」，但將之作為對儲君的治國經驗（治國之術）傳承，則應無疑義。《帝範》共分十二條，曰：君體、建親、求賢、審官、納諫、去讒、誡盈、崇儉、賞罰、務農、閱武、崇文。太宗自言：「此十二條者，帝王之大綱也，安危興廢，咸在茲焉。」（寫於〈崇文〉末段之後）將之名為「帝王術」中的「唐太宗權術大略」亦可謂宜矣。

〔註 15〕《韓非子・難三》：「術者，藏之於胸中，以偶眾端而潛御群臣者也。」（見原書頁 364。）

〔註 16〕《韓非子・定法》：「術者，因任而授官，循名而責實，操殺生之柄，課群臣之能者也。」（見原書頁 76。）

〔註 17〕東至於海，南至於江，西至汝州，北至魏郡。見《舊唐書・李勣傳》，頁 2484。

李世勣、李勣皆指其一人，而此三種稱謂在史冊上均頗有留傳，亦可見其盛名。

武德年間，李勣追隨太宗（時爲秦王），在平定竇建德、降服王世充諸役中，立下頗多汗馬功勞，高祖行賞，以太宗爲上將，勣爲下將，二人俱服金甲、乘戎輅、告捷於太廟。其後又在平定江南，討伐輔公祐之征戰中，著建功勳。

玄武門事件前，太宗曾遣人向總重兵在外的李靖、李勣問計，示好拉攏之意明顯，但二人均未明確表態，或曰素知涉入爭儲惡鬥之凶險，或曰兩人均性情沉厚，知所進退。玄武門事件及太宗在其後之封賞名冊中，均無二李之名。

太宗即位，授李勣爲并州都督，〔註18〕防範北方邊患，其在并州十六年，令行禁止，民夷懷服。太宗曾謂群臣：「隋煬帝勞百姓，築長城以備突厥，卒無所益。朕唯置李世勣於晉陽而邊塵不驚，其爲長城，豈不壯哉！」〔註19〕

貞觀三年，以通漢道行軍總管，與李靖、柴紹、薛萬徹等合軍十餘萬，分道出擊突厥，〔註20〕大獲全勝，開疆拓土之外，北方解除夷狄之威脅數十年。

記傳言勣時遇暴疾，驗方云鬚灰可以療之，太宗乃自剪鬚，爲其和藥，勣頓首見血，泣以懇謝，太宗曰：「吾爲社稷計耳，不煩深謝。」〔註21〕貞觀十七年，李治被立爲皇太子，以勣曾在李治遙領并州大都督時任其長史，故轉勣爲太子詹事，加位特進。「太宗嘗於閒宴，顧勣云：『朕將屬以幼孤，思之無越卿者。公往不遺於李密，今豈負於朕哉！』勣雪涕致辭，因噬指流血。俄而沉醉，乃解御服覆之，其見委信如此。」〔註22〕剪鬚必有毀聖顏，或曰鬚乃人身精氣所在，剪自鬚爲愛臣和藥，懇託幼孤，解御服覆其醉，此種恩

〔註18〕其後高宗（時爲晉王）遙領（在京而不赴任所）并州大都督，乃授勣光祿大夫，行并州大都督府長史。

〔註19〕《資治通鑑》卷一百九十六，太宗貞觀十五年，頁6170。

〔註20〕《通鑑》云諸軍皆受李勣節度，而註云十一行本及十二行本皆曰受李靖節度，考李靖當時爲兵部尚書，位階在勣之上（李勣貞觀十五年始任兵部尚書），李靖爲定襄道大總管，而李勣爲行軍總管，此一「大」字，高下立分（如靈州都督府之「升」爲靈州大都督府即是，見《舊唐書・地理志・關內道》），故諸軍宜乎受李靖節度。

〔註21〕《舊唐書・李勣傳》，頁2486。

〔註22〕同上註。

遇，李勣或為千古一人，而李勣之「頓首見血，泣以懇謝」、「雪涕致辭，噬指流血」其令人震撼之程度，亦只差未殺身以報而已。

貞觀十八年，太宗征高麗，勣且為隨征之大將。以高麗人善守，又以嚴寒與糧秣補給不繼等因素，不得意而歸。歸途中太宗病癰，無法騎馬，御步輦（軟轎）而行，其後病雖痊可，健康狀況則江河日下，餌金石、信佛道、國事半委諸太子。貞觀二十三年夏（去駕崩之前不久），太宗謂太子云：「李世勣才智有餘，然汝與之無恩，恐不能懷服。我今黜之，若其即行，俟我死，汝於後用為僕射，親任之；若徘徊顧望，當殺之耳。」〔註 23〕太宗對李勣有此意，應是蘊藏心中已久，蓋李勣不僅文韜武略出類拔萃，胸襟見識與知人之術亦高人一等，〔註 24〕若不能忠於所事，則必為威脅社稷之危險人物。五月十五日（約在語太子之後旬日），詔命李世勣為疊州都督，〔註 25〕「世勣受詔，不至家而去」〔註 26〕。

此事對太宗之誠與義乃一極大之反諷，亦為人主獨擅、周密深藏之術的不經意揭露。胡三省在《通鑑》「不至家而去」之下註云：「史言太宗以機數御李世勣，世勣亦以機數事君。」戈直云：「夫太宗之術數可謂精矣，孰知勣之術數又高出其上哉！厥後武氏之立，竟以勣一言而定，而唐之子孫幾盡於武氏之手。蓋太宗以術數待勣，故勣亦以術數報之。」〔註 27〕范祖禹曰：「太

〔註 23〕《資治通鑑》卷一百九十九，太宗貞觀二十三年，頁 6266。此為欲得其力則懷之以恩，以及不能懷之則除之的課子教材。按：舊、新《唐書・李勣傳》均未記「若徘徊顧望，當殺之耳」之事。《貞觀政要》本文內亦全未著錄此一談話，唯戈直在任賢篇寫李勣事跡後記云：「太宗之將終也，黜勣為疊州都督，謂太子曰：『勣若即行，汝用為相，若不即行，汝必殺之。』勣聞命，不至家而去。」（見《貞觀政要・任賢・集論》，頁 75。）

〔註 24〕《舊唐書・李勣傳》記云：勣前後戰勝所得金帛，皆散之於將士。初得黎陽倉，就食者數十萬人。魏徵、高季輔、杜正倫、郭孝恪皆客游其所，一見於眾人中，即加禮敬，引之臥內，談謔忘倦。……每行軍用師，頗任籌算，臨敵應變，動合事機。與人圖計，識其臧否，聞其片善，扼腕而從，事捷之日，多推功於下，是以人皆為用，所向多克捷。

〔註 25〕疊州為下州，都督府設於今甘肅省迭部縣，轄地為當時之疊、岷、洮、宕、津、序、壹、枯、嶂、王、蓋、立、橋等州，自漢代以來，均為各族羌人盤據地區，距長安西南 1110 里，距洛陽 2560 里。（以上據《舊唐書・地理志・隴右道》）下州都督之編制職階為「從五品上」（據《舊唐書・職官志》）此對當時「同中書門下三品」（入閣議政之宰相），在京師長安署理政務之李勣而言，乃一重大之貶職下放。

〔註 26〕《資治通鑑》卷一百九十九，太宗貞觀二十三年，頁 6267。

〔註 27〕《貞觀政要・任賢》（諸儒之評附於李勣篇之後），頁 75。

宗以勣為何許人哉！以為愚也，則不可以託幼孤而寄天下矣，以為賢也，當任而弗疑，何乃憂後嗣之不能懷服，先黜之而後用之，是以犬馬畜之也，夫欲奪其心，而折之以威；欲得其力，而懷之以恩，此漢祖所以馭黥彭之徒，徂詐之術也。」〔註 28〕太宗嘗云：「為人君者，驅駕英才，推心待士。」〔註 29〕今所推之心乃如是！人之將死，其言也眞（太宗之語李勣，在其駕崩前不久），「推心置腹」四字或絕不宜用於君王之於臣下，蓋已失其眞義矣。必欲為聖君緩頰，則可謂此不過人性之自然流露。前舉魏徵之謂太宗：「聞人之善或未全信，聞人之惡以為必然。」何則？推己之心及人之心而已。法家以人之常情私、惡為立論基礎，蓋有所見而云然。

二、赦之以生與生死以報

生死為人生之一大關卡，英雄豪傑、仁人義士，能勘破此一關卡者亦難有幾人。若外間情勢之發展，已使當事者陷於將死、必死之境，而「貴人」適時赦之以生，同時畀以非分之殊遇，則能不因感激而捨生以報者亦幾稀。〔註 30〕善用此術者，往往有絕大之獲益。茲以尉遲敬德與魏徵之事為例：

高祖武德三年，李世民（時為秦王）討伐劉武周，在介休收服劉武周之偏將尉遲敬德，敬德勇健非凡，李世民甚愛之，使敬德仍統其（在劉武周時）舊部。稍後與敬德前後投效李世民之劉武周舊屬相率叛離，眾人疑敬德必叛，將之囚於軍中，世民左右重要人物（行台左僕射屈突通、尚書殷開山）咸請殺之，世民不從，「遽命釋之，引入臥內，賜以金寶，謂曰：『丈夫以意氣相期，勿以小疑介意，寡人終不聽讒言以害忠良，公宜體之。必應欲去，今以此物相資，表一時共事之情也。』」〔註 31〕敬德感激而終生以至忠事太宗，幾度於戰陣中拯太宗於危，〔註 32〕為唐初開國之名將。

〔註 28〕《唐鑑》卷六，頁 53，其前半（至「以犬馬畜之也」）亦附於儒評。

〔註 29〕《舊唐書・蕭瑀傳》，頁 2402。

〔註 30〕此種赦之以生且畀予非分恩義之事，入於眾人之眼，口耳相傳，其產生之「仁恩」效應，更將百倍擴散。

〔註 31〕《舊唐書・尉遲敬德傳》，頁 2496。

〔註 32〕釋敬德未久，九月，李世民以五百騎行戰地，猝然與王世充軍萬餘相遇，李世民陷入重圍，王世充麾下勇將單雄信引槊直趨世民，方危急間，敬德躍馬大呼，橫刺單雄信墜馬，趁世充軍稍卻之時，護送世民出圍。其後唐之援軍至，卒獲大勝。世民謂敬德曰：「公何相報之速也。」（見《資治通鑑》卷一百八十八，高祖武德三年，頁 5891。）一年半之後，李世民率軍與漢東王劉

欲得其力而懷之以恩，開國之君大多有如是之作為，且不言漢高祖之於黥彭，即李淵之於屈突通亦類是。〔註 33〕屈突通之「期以更生餘年為陛下盡節」〔註 34〕，正可為尉遲敬德之寫照。

玄武門事件後不久，太宗方誅殺建成、元吉之子李承道、李承德等十人，召魏徵而質之曰：「汝何為離間我兄弟！」〔註 35〕眾人皆為魏徵危懼，蓋依魏徵「常勸太子建成早除秦王」〔註 36〕之以往行事，太宗一念之下，頃刻之間可以使魏徵流血五步，魏徵舉止自若對曰：「先太子早從徵言，必無今日之禍。」亦應是自度必死的置之死地而後生之語，「世民素重其才，改容禮之，引為詹事主簿。」〔註 37〕又其後不久，太宗遣魏徵以便宜行事，宣慰山東，途中遇州縣械錮前太子千牛李志安，前齊王護軍李思行送京師，魏徵以太宗曾語：「前宮、齊府左右皆赦不問」，不顧身嫌，解縱二人，其言「既蒙國士之遇，敢不以國士報之乎！」〔註 38〕貞觀一朝，魏徵披肝瀝膽以事太宗，冒觸龍鱗之險以諫者多次，也正是赦之以生而以國士待之的回報。

對所垂青的才彥之士，委之以腹心，畀之以殊遇，雖未有赦之以生之恩，卻也能收報之以死之效，太宗之於溫彥博、岑文本可入於此類。

黑闥在洺水會戰，雙方相持六十餘日，黑闥潛師襲唐軍李世勣大營，李世民率軍掩至黑闥軍之後背以支援世勣，但反被黑闥所圍，尉遲敬德帥壯士突圍而入相救，李世民與李道宗方得以乘間脫出。（見《資治通鑑》卷一百九十，高祖武德五年，頁 5949。）

〔註 33〕李淵太原起兵，隋恭帝義寧元年（617 年）十一月入長安，十二月，與隋將屈突通戰於潼關，通以劣勢之兵力苦戰，斬殺由李淵派往勸降之家僮，又箭射派往勸降之己子，其云：「昔與汝為父子，今與汝為仇讎！」其後屈突通之左右皆釋仗而降，通知不免，下馬東南向（隋煬帝前在江都之方向）再拜號哭曰：「臣力屈至此，非敢負國，天地神祇實知之！」遂為唐軍所執，解送長安，李淵非但不殺，反以恩禮相待，任其為兵部尚書，賜爵蔣公，兼秦公元帥府長史。（見《資治通鑑》卷一百八十四，頁 5768。）

〔註 34〕武德三年，李淵欲進擊據守洛陽之王世充，而屈突通之二子在洛陽世充帳下，「上（李淵）謂通曰：『今欲使卿東征，如卿二子何？』通曰：『臣昔為俘囚，分當就死，陛下釋縛，加以恩禮。當是之時，臣心口相誓，期以更生餘年為陛下盡節，但恐不獲死所耳。今得備先驅，二兒何足顧乎！』」（見《資治通鑑》卷一百八十八，高祖武德三年，頁 5885。）

〔註 35〕《資治通鑑》卷一百九十，高祖武德九年，頁 6013。按：魏徵嘗為太子建成之洗馬，常勸建成早除秦王。

〔註 36〕同上註。

〔註 37〕同上註，頁 6014。

〔註 38〕同上註，頁 6017。

溫彥博（575～637）在高祖武德之朝，曾受徵召爲中書舍人，頗受高祖器重。武德八年，以行軍長史之職，從并州道行軍總管張瑾抗禦突厥之進犯，兵敗被執，力守忠臣之節。〔註 39〕武德九年，太宗即位後與頡利盟於便橋，啗以金帛，頡利以馬、羊回報，太宗不受，但詔歸所掠中國戶口，徵溫彥博還朝，任御史大夫。貞觀四年遷中書令（宰相之一），奏事詳明，析理公允。〔註 40〕頡利敗亡後，如何處置東突厥降眾，廷議之中，諸大臣眾說紛紜，各有所見，太宗棄顏師古、李百藥、竇靜、魏徵之言不用而採溫彥博之策，〔註 41〕貞觀十年六月，任溫彥博爲右僕射，一年之後（十一年六月）薨逝。彥博久掌機務，竭心盡力，知無不爲，太宗嘗謂侍臣：「彥博以憂國之故，精神耗竭，我見其不逮，已二年矣，恨不縱其安逸，竟夭天年！」〔註 42〕

岑文本（595～645）個性沉敏，儀表堂堂，融通經史，擅寫文章。太宗評論諸大臣（長孫無忌、高士廉、唐儉、楊師道、岑文本、劉洎、馬周、褚遂良等人）時，曾謂「岑文本性質敦厚，文章華贍，而持論恆據經遠，自當不負於物。」〔註 43〕貞觀元年授任祕書郎，曾上〈藉田頌〉、〈三元頌〉，文辭優美，尋遷中書舍人。文本起草詔誥，每遇眾務繁湊時，輒命書僮六、七人速記其口述，須臾悉成，亦皆能窮盡其妙。奉敕參與編史，《周書》之史論多出其手。貞觀十一年升任中書侍郎，專知機密，太宗每言其「弘厚忠謹，吾親之信之。」〔註 44〕貞觀十八年初，太宗決心親征高麗，各項準備工作陸續展開，八月二十六日，拜授岑文本爲中書令，對皇上此一非常之拔擢，文本有憂而無喜。〔註 45〕十九年二月，太宗親率諸軍自洛陽出發，

〔註 39〕「突厥以其近臣，苦問以國家虛實及兵馬多少，彥博固不肯言，頡利怒，遷其於陰山苦寒之地。」（見《舊唐書·溫彥博傳》，頁 2361。）

〔註 40〕貞觀四年，諸宰相侍宴，太宗命精於識鑒之王珪品藻與宴諸人，珪以「敷奏詳明，出納惟允，臣不如溫彥博。」爲辭。見《資治通鑑》卷一百九十三，頁 6048。

〔註 41〕彥博言云：「王者之於萬物，天覆地載，靡有所遺。今突厥窮來歸我，奈何棄之而不受乎！孔子曰：『有教無類』，若救其死亡，授以生業，教之禮義，數年之後，悉爲吾民。選其酋長，使入宿衛，畏威懷德，何後患之有！」（見《資治通鑑》卷一百九十三，太宗貞觀四年，頁 6076、6077。）

〔註 42〕《資治通鑑》卷一百九十五，太宗貞觀十一年，頁 6130。

〔註 43〕《資治通鑑》卷一百九十七，太宗貞觀十八年，頁 6210。

〔註 44〕《舊唐書·岑文本傳》，頁 2358。

〔註 45〕由原行中書侍郎而實授中書令，乃大幅之晉升。文本還家，面有憂色，母問其故，文本曰：「非勳非舊，濫荷寵榮，位高責重，所以憂懼。」親朋來賀，

軍次定州而後幽州，軍中之資糧、器械、簿書均責付岑文本。文本日以繼夜，躬自料配，籌、筆不離手，以至於精力耗盡，言辭舉止，皆異於平日，太宗見而憂心，謂左右云：「文本與我同行，恐不能同返。」〔註 46〕四月十日，文本遇暴疾而卒，其夜，太宗聞嚴鼓聲，曰：「文本殞沒，所不忍聞，命撤之。」〔註 47〕

太宗之任溫彥博與岑文本，可謂知人，蓋在其職司上有非凡之才具也。而兩人悉乃心力鞠躬盡瘁，死而後已以酬知己，亦足見其受感召之深。文本蒙拔擢而有憂色，或已有捨命以報之意。〔註 48〕

三、才先德後，惟才是用

治國必須用人，擇人（擇官）以才或擇人以德，才德之間的輕重權衡，往往考驗君王取捨之際的智慧。太宗嘗言：「人之行能，不能兼備。朕常棄其所短，取其所長，人主往往進賢則欲寘諸懷，退不肖則欲推諸壑，朕見賢者則敬之，不肖者則憐之，賢不肖各得其所。」〔註 49〕太宗為此言時已是貞觀二十一年五月，距其崩逝（貞觀二十三年五月）僅有二年，可為其擇官用人取捨標準之總結。賢者或有才有德，不肖者則必是德行有虧，但能蒙主上取其所長而使之得其所，則其有堪用之才，是所必然。貞觀群臣，人才濟濟，或以智謀，或以武略，或以文章，或以辭辯，或以膽識，至少皆有一才之長，其僅以「德」而任用者，似未之有聞。〔註 50〕

魏徵嘗對語太宗的為官擇人，有「亂代為求其才，不顧其行；太平之時，

文本曰：「今受弔，不受賀也。」（見《資治通鑑》卷一百九十七，太宗貞觀十八年，頁 6211。）

〔註 46〕《資治通鑑》卷一百九十七，太宗貞觀十九年，頁 6219。

〔註 47〕同上註。嚴鼓謂疾擊之鼓，昏鼓四通表軍中有大憂。

〔註 48〕本文特別列出太宗決心親征高麗，文本之拜授中書令及鞠躬盡瘁，精力耗竭而卒之年月先後，意在顯示太宗對文本之非常拔擢，或有令文本擔負征高麗軍需後勤文書大計之用心。本傳及《通鑑》似均刻意避開在此一聯想。

〔註 49〕《資治通鑑》卷一百九十八，太宗貞觀二十一年，頁 6247。

〔註 50〕貞觀之用人，主要之來處有三，一為原秦王府所羅致之人才，二為承接武德一朝之舊人，三為精選原太子府、齊王府之人物。前朝之舊人中，多因開國有功，不能論其才德，但因才而為高祖敘用者亦多有，而秦王府、原太子府、齊王府之各類人物，其最初均係以才能而蒙招致。

必須才行俱兼，始可任用」之語。〔註 51〕才、行（才、德）之標準爲何？下列三則詔令之內容，或可一探端倪：

其一：「……其有孝悌淳篤，兼閑時務，儒術該通，可爲師範，文詞秀美，才堪著述，明識治體，可委字民，并志行修立，爲鄉閭所推者，舉送洛陽宮。」〔註 52〕

其二：「……或識達公方，學綜今古，廉潔正直，可以經國佐時；或孝悌淳篤，節義昭顯，始終不移，可以敦風勵俗；或儒術通明，學堪師範，或文章秀異，才足著述，並宜薦舉。」〔註 53〕

其三：「……或甄明政術，曉達公方，稟木鐸於孔門，受金科於鄭相，奇謀間發，明略可以佐時，識鑒清通，偉才堪於幹國；或含章傑出，命世挺生，麗藻遒文，馳楚澤而方駕，鈎深覩奧，振梁苑以先鳴，業擅專門，詞抽載筆；或辯彫春囿，談瑩秋天，發研幾於一言，起飛雷於三寸，蓄斯奔箭，未遂揚庭，并宜推擇，咸同舉薦。」〔註 54〕

細審三則詔令之求訪內容，其於才識之要求，廣泛且明確，著墨既多，敘述亦細，其於德行，不過孝悌淳篤、廉潔正直、節義昭顯等寥寥數語，泛泛且較難考察。且德行者必須佐以才識，而才識者則未強求德行，德與才在君王心中之比重不言而喻。

既已廢除兩漢、魏晉之「選舉」制，亦不承襲其後之「九品中正」制，則貞觀之選人，唯恩蔭與科舉兩途，任官後之考課，可以考察其品德操守，任官前實難察知其人之德行如何，大抵無劣行惡狀宣露於外者，均不能視爲無德，更以貞觀君臣之往跡而論，實不宜在「德」上多所著力，〔註 55〕故其

〔註 51〕《貞觀政要・論擇官》，頁 150。其全文爲：「徵對曰：『知人之事，自古爲難，故「考績黜陟」，察其善惡。今欲求人，必須審訪其行，若知其善，然後用之。設令此人不能濟事，只是才力不及，不爲大害；誤用惡人，假令強幹，爲害極多。但亂代惟求其才，不顧其行；太平之時，必須才行俱兼，始可任用。』」魏徵爲此言，時在貞觀六年，已是貞觀入於大治的太平之時。

〔註 52〕《唐大詔令集・舉薦・採訪孝悌儒術等詔》，頁 518。

〔註 53〕《唐大詔令集・舉薦・求訪賢良限來年二月集泰山詔》，頁 518。

〔註 54〕《唐大詔令集・舉薦・搜訪才能詔》，頁 519。

〔註 55〕以「忠臣不事二主」之傳統觀念而論，魏徵前後共事五主（已如前舉），而承接武德朝之舊人中，亦多有在隋煬帝朝中任官者，如封德彝、虞世南、蕭瑀、裴寂、李白藥等。而在隋末征戰中，王世充於武德二年四月逼迫已爲傀儡之越王楊侗禪讓而僭居皇帝位，貞觀朝之秦叔寶、程知節、李君羨、裴仁基、杜淹、戴胄、孔穎達等均曾爲其朝臣；竇建德於大業十三年自稱長樂王，於

惟才是用，才先德後，亦其宜矣。茲舉封德彝（封倫）、許敬宗（許高陽）、馬周三人之任，援史臣之評贊，以見其才德。

封德彝（568～627）以其揣摩之才，歷仕隋文帝、煬帝、唐高祖、太宗四朝，宇文化及弒煬帝，且以封德彝爲內史令。隋代權臣楊素，文才武略一時無兩，又居高位，一向負貴恃才，對他人多所凌侮，惟極贊賞封德彝，「每引與論宰相之務，日忘倦，因撫其床曰：『封郎必當據吾此座。』」〔註56〕

戈直之評：「封倫，諂佞人也。其在隋，附麗虞世基，諂順其主。得群臣表疏，則屏而不奏；鞫獄用法，則峻文深刻；論功行賞，則抑削就薄。」〔註57〕孫甫謂封德彝之薦人：「上欲欺主之明，下欲蔽天下之善，此眞奸人也。」〔註58〕「惟奸人多才能」，「封倫、裴矩，其奸足以亡隋，其知反以佐唐。」〔註59〕舊唐書史臣之謂封德彝：「封倫多揣摩之才，有附托之巧……太宗明主也，不見其心；玄齡賢相焉，尚容其諂。狡算醜行，死而後彰。」〔註60〕甚且連西方學者也稱許封德彝的才幹，〔註61〕此有才無德而蒙重任之例一。

許敬宗（592～672）爲隋代禮部侍郎許善心之子，善屬文，隋末之亂，許敬宗曾投於李密帳下，任元帥府記室，與魏徵同爲管記。武德初年，太宗聞其名而延入秦王府，爲十八學士之一。貞觀一朝，多次授任爲著作郎、給

武德二年建天子旌旗，魏徵、李世勣、郭孝恪、裴矩、虞世南、張玄素、程名振等人均曾君視之；此外尉遲敬德曾爲劉武周之部將，褚亮亦嘗作薛仁果之屬下。臣下如此，身爲君王之李世民在「德」之素行上更是於焉多愧，玄武門之誅殺兄弟，逼父讓位，縱或可以用爲勢所逼，不得不爾爲之辯解，而即位後，納元吉妻爲妃，寵信有加，長孫皇后病逝後幾乎立其爲皇后，又豈是爲勢所逼呼！眞德秀謂太宗「由心而身，由身而家，皆有慚德。」（見《貞觀政要・論任賢・集論》，頁58），戈直謂太宗「於君臣、父子、兄弟、夫婦之間，皆有慚德。」（見《貞觀政要・論愼終・戈直按語》，頁470。）則在「德」上不能多所著力，亦其宜哉！

〔註56〕《舊唐書・封倫傳》，頁2396。封德彝在高祖之朝官至中書令，在太宗之朝任尚書右僕射，均爲宰相之職，楊素可謂識人。

〔註57〕《貞觀政要・論擇官》戈直按語，頁150。

〔註58〕同上註，集論，頁149。

〔註59〕《新唐書・封倫傳・裴矩傳》史臣贊語，頁3936。

〔註60〕《舊唐書・封倫傳》史臣按語，頁2411。

〔註61〕霍華德・韋克斯勒謂云：「儘管封倫被後世儒家道德派歷史學家所詬病，儘管人們在把他與魏徵等大臣相比時，對他大加貶抑，但他也顯然有他的才幹。他在投唐以前就有了長期在政府當顧問和在決策機構中工作的經驗，而且據說，他在民部尚書任內的作爲還頗得當時人士的讚譽。」（見《劍橋中國隋唐史》，頁172。）

事中、兼修國史，因修成《武德實錄》、《貞觀實錄》受封爲高陽縣男。

許敬宗自掌知國史，記事阿曲，〔註62〕尤以二部《實錄》，頗使唐初「國史」有失其本來面目（詳見本文第四章第四節人君觀國史之記述），而好色貪財，私德不修，《新唐書》將之寫入〈奸臣傳〉，且爲貞觀朝臣入〈奸臣傳〉僅有之一人。《舊唐書》史臣按語既盛讚其文學宏奧之才華，亦鄙其素行之卑劣，「進身以筆，得位由奸」〔註63〕可爲許敬宗一生之寫照。此有才無德而一生顯赫之例二。

馬周（601～648）未顯前，雖落拓江湖，卻也未嘗有失德之事。〔註64〕其爲太宗所知，尤與德行無關，衹以才識驚動聖駕，〔註65〕遂能在十五年之間，由一介平民升至中書令，成爲當朝宰相。太宗之任馬周，絕未嘗察考其德行，馬周之平步青雲，也全由才識，可知「太平之時，必須才行俱兼，始可任用」不過是書面文章。〔註66〕

〔註62〕許敬宗之父許善心爲宇文化及所害時，封德彝爲內史舍人，見許敬宗「舞蹈以求生」之事而告人，許深恨在心，及其爲封德彝立傳時，盛加其罪惡。其女所適之左監門大將軍錢九隴，出身本是皇家奴僕，敬宗貪其財與之聯姻，乃爲錢九隴僞敘門第，妄加功績；娶尉遲寶琳之孫女爲媳，多得賂遺，及爲寶琳之父尉遲敬德作傳時，悉爲隱諸過咎，甚且將太宗賜予長孫無忌之〈威鳳賦〉也記作賜予尉遲敬德。夷酋龐孝泰，懦不知兵，從太宗征高麗，所部爲高麗兵襲破，而許敬宗受其財賂，記其頻破賊徒，斬俘數萬。以「史家」之「曲」筆，泄個人之私憤，易非分之錢財，其貪鄙如此。入高宗之朝後，更受寵幸，屢署要職，官至右相加光祿大夫，並冊拜太子少師，而貪財好色，變本加厲，曾因嫁女與蠻酋馮盎之子，多納金寶，爲有司所劾，又納其母婢爲繼室，謊稱其姓虞氏（入於氏族），其後虞氏與許敬宗之長子許昂私通，許敬宗一怒而廢虞氏，加許昂以不孝之罪，上奏將許昂流放嶺外。高宗廢王皇后而立武則天，許敬宗特贊其事，又與李義府合謀，誣構長孫無忌、褚遂良、韓瑗等直言忤旨者於謀逆之罪，并流死於嶺外，其昭彰之惡跡，可謂罄竹難書。

〔註63〕《舊唐書・許敬宗傳》史臣評述，頁2772。

〔註64〕馬周少孤貧，雖才學滿腹，但以失意放浪不羈而不爲鄉里所敬。武德年間，曾補授博州助教，每日飲酒，不以講授爲事，屢遭刺史斥責，周乃拂然而去，遊蕩於曹、汴，又爲縣令所辱，氣怒之下乃西遊長安，寄舍於中郎將常何之家。

〔註65〕貞觀三年六月，天旱，太宗「詔文武官極言得失。何武人不學，不知所言，周代之陳便宜二十餘條。上怪其能，以問何，對曰：『此非臣所能，家客馬周爲臣具草耳。』上即召之，未至；遣使督促者數輩。及謁見，與語，甚悅，令直門下省，尋除監察御史，奉使稱旨。上以常何爲知人，賜絹三百匹。」（見《資治通鑑》卷一百九十三，頁6064、6065。）

〔註66〕上舉之三次求賢詔，雖皆言及德行，但既無考察德行之具體辦法，則將其列入擇官之條件內，衹能視之爲聊備一格。

法家之「術」，其積極面之性能，爲以術擇人與以術考成。〔註 67〕太宗實深得以術擇人之妙，〔註 68〕蓋「任人以事，存亡治亂之機也。無術以任人，無所任而不敗。」〔註 69〕君王知人善任，掌握擇人之術，使「治國之臣，效功於國以履位，見能於官以受職，盡力於權衡以任事」〔註 70〕則何愁國之不治！

太宗用人，善用法家之「德」，其非凡之垂顧與擢用，即《韓非子・二柄》所言，慶賞之謂德也：「爲人臣者，畏誅罰而利慶賞，故人主自用其刑德，則群臣畏其威而歸其利矣。」〔註 71〕貞觀之成治，亦其宜哉！

第二節　降尊趨卑，融情入術

一、「術」爲法家言君王御臣之所獨擅，「情」則爲講求人倫之道的儒家所主有，合二者而爲用，且以帝王之尊，趨卑而就臣下，則似乎爲太宗行事之特色，以前節所述太宗對李勣之剪鬚和藥、御袍覆醉爲起點，則以下三事，歸之於太宗情在其中的潛御群臣之術，應是無庸置疑。

〔註 67〕詳見拙作《韓非政治思想探析》第三章之〈韓非子用術思想・術之性能〉，頁 48、49。

〔註 68〕太宗嘗謂魏徵：「爲官擇人，不可造次。」（見《資治通鑑》卷一百九十四，太宗貞觀六年，頁 6101。）上舉溫彥博、岑文本之任不待論矣，貞觀一朝之文臣武將，率皆一時之選，而以獨特之眼光而超擢者，如貞觀元年輔掌刑獄之大理少卿孫伏伽，因諫太宗儀刑後世（以身作則爲後代君王之榜樣）而省騎射遊樂，而任其爲諫議大夫（見《資治通鑑》卷一百九十二，頁 6042），貞觀三年將一介平民的中郎將常何之家客馬周，經門下省而任監察御史（太宗令文武官員極言得失，常何武人無學，由其家客馬周代陳二十餘條，太宗奇常何之能而詢之，因知馬周，即命召宣，馬周未至前且遣使者督促數次，事見《資治通鑑》卷一百九十三，頁 6064），貞觀十四年將幾乎斬首之劉仁軌，由陳倉縣尉擢爲櫟陽丞（見《資治通鑑》卷一百九十五，頁 6156，本文第四章第四節「天威九鼎，君尊臣卑」中有論），貞觀十八年，召問洺州刺史程名振，嘉其才敏，試以怒責之，而名振舉止自若，應對愈明辯，即拜授其爲右驍衛將軍（見《資治通鑑》卷一百九十七，頁 6213），貞觀二十年因張亮養假子又「名應圖讖」而受誅時，將作少匠（輔理營造之事）李道裕獨言「亮反形未具，罪不當死」，歲餘，刑部侍郎出缺，令主事者妙擇其人，而所舉數人皆不稱旨，太宗憶起前時李道裕之事而言曰：「朕得其人矣，往者李道裕議張亮獄云『反形未具』，此言當矣，朕雖不從，至今悔之。」乃超擢李道裕爲刑部侍郎。（見《資治通鑑》卷一百九十八，頁 6235。）

〔註 69〕《韓非子・八說》，頁 134。

〔註 70〕《韓非子・用人》，頁 791。

〔註 71〕《韓非子・二柄》，頁 179。

（一）貞觀十九年太宗親征高麗，御駕於五月十日渡遼河，五月十七日諸軍勇戰攻克遼東城，〔註72〕二十八日進抵白巖城，攻戰激烈，「丙申（五月二十九日），右衛大將軍李思摩中弩矢，上親爲之吮血，將士聞之，莫不爲之感動。」〔註73〕

李思摩原爲突厥酋長，原名阿史那思摩，頡利可汗敗亡時，諸部落酋長皆棄頡利降唐，獨思摩不棄不離跟隨，遂與頡利同時被擒，太宗嘉其忠，於貞觀四年拜其爲右武侯大將軍，後以之爲北開州都督，使統領頡利舊眾，賜姓李。貞觀十三年，太宗遷諸胡在諸州安置者渡河（黃河），十五年，遣思摩所部建牙於河北，並立爲可汗。思摩奏言：「臣非分蒙恩，爲部落之長，願子子孫孫爲國家一犬，守吠北門。」〔註74〕但思摩不能撫御其眾，北渡時有眾十萬，勝兵四萬人，而眾不愜服，悉棄之而南渡河，太宗不得已而處之於勝、夏兩州之間。思摩既失眾，乃輕騎入朝，太宗任之爲右武衛將軍，征高麗時統突厥部眾隨軍。

爲部屬吮血，有類於法家前輩吳起所行之事，感奮部眾，樂爲效死，〔註75〕太宗征高麗時雖以將軍自命，〔註76〕但以帝王之身而降尊趨卑，其效驗當遠勝於將軍之於士卒，以之爲御眾之術，或無可質疑。李思摩自賜姓受封之後，終其一生，矢志效忠唐室，死後陪葬昭陵，其墓在太宗陵寢一側不遠之處，生死相隨。

（二）約與李思摩中弩矢同時，白巖城之攻戰中，將軍契苾何力以勁騎八百力戰高麗萬餘兵馬，何力挺身陷陣，腰爲長槊刺中，被救回後氣憤束瘡再戰，卒破高麗兵。何力瘡傷嚴重，太宗親爲其傅藥。有若是英武之部屬，爲主上者親炙以關愛；有若是體恤之主上，爲屬下者焉能不捨生忘死，力圖

〔註72〕今遼寧省遼陽縣。《通鑑》記事云：是戰殺高麗軍及俘勝兵（全副武裝之士卒）各萬餘人，另平民四萬餘人亦淪爲俘虜，太宗以其地置遼州。

〔註73〕《資治通鑑》卷一百九十七，太宗貞觀十九年，頁6221。

〔註74〕《資治通鑑》卷一百九十六，太宗貞觀十五年，頁6165。

〔註75〕《韓非子・外儲說左上》：「吳起爲魏將而攻中山，軍人有病疽者，吳起跪而吮其膿，傷者之母立泣，人問曰：『將軍於若子如是，尚何爲而泣？』對曰：『吳起吮其父之創而父死，今是子又將死也，今吾是以泣。』」（見原書頁497。）

〔註76〕太宗由定州出發時，即「親佩弓矢，手結雨衣於鞍後」（《通鑑》語，全副將軍模樣）唐軍攻安市，高麗遣十五萬眾來援，太宗調度諸軍，曾率數百騎乘高觀山川形勢，可以伏兵及出入之所，一戰大克，其與高士廉等書云：「朕爲將如此，何如？」見《資治通鑑》卷一百九十八，太宗貞觀十九年，頁6226。

報效！契苾何力不愧爲英雄。〔註 77〕太宗崩逝後，何力請殺身殉葬，高宗遣人諭以先帝早有吩咐不准。何力其後爲唐立下無數功勳，〔註 78〕死後陪葬昭陵，上望太宗陵寢，可謂不負知己矣。

（三）李靖衰老，侯君集伏誅，國初征戰之將多已凋零，貞觀十八年，太宗欲自征高麗，亦不免慨歎：「於今名將，惟世勣、道宗、萬徹三人而已。」〔註 79〕大軍進發時，以李勣爲遼東道行軍大總管，而以李道宗爲其副手。三大名將，二人隨征，亦足見太宗之志在必得。

李道宗爲太宗之遠房堂弟，〔註 80〕早年追隨太宗，在平定竇建德、攻破王世充諸戰役中，多次立有殊功。討伐高麗時，李勣與道宗二人爲前鋒，渡遼水，克蓋牟城，適逢高麗大軍來援，而太宗所率之後軍未至，軍中僉欲深溝據險堅守，待太宗兵到後再行進軍，道宗分析敵情後力持反議，其「我既職在前軍，當須清道以待輿駕。」〔註 81〕更見其恪盡職責，勇於進取，雖千萬人吾往矣之氣慨。力戰後果然克敵，太宗深加賞勞，賜道宗奴婢四十人。

進擊安市爲太宗征高麗最激烈之戰事。安市城池險要，守軍精銳，城主智勇雙全，城中軍民男女協力同心，雖在唐軍四面包圍之中相持二月餘，經

〔註 77〕何力於貞觀十六返部族歸覲母姑時，爲薛延陀所執，誓死不降，箕倨於薛延陀眞珠可汗之牙帳前，拔佩刀東向（長安之方位）大呼曰：「豈有唐烈士而受屈虜庭，天地日月願知我心！」且割左耳以誓。白巖城降伏後，太宗自俘虜中推求得刺何力者高突勃，交付何力使自殺之。何力奏稱：「彼爲其主冒白刃刺臣，乃忠勇之士也，與之初不相識，非有怨讎」，遂釋之。（事見《資治通鑑》卷一百九十八，太宗貞觀十九年。）其胸襟氣度如此。

〔註 78〕高宗永徽年間，西突厥率處月、處蜜、姑蘇、歌邏祿、卑失五姓反叛，進犯庭州，攻陷金嶺，攻掠蒲類，詔令何力率軍討伐，何力等分兵數道，攀葛藤而上，力攻處月酋長堅守之牢山，大勝後追擊五百里，處月酋長孤注戰死，俘斬萬餘，牛馬雜畜七萬。並俘獲處蜜二俟斤而還。龍朔初年，拜任遼東道大總管，率領諸蕃三十五軍討伐高麗，趁鴨綠江河冰四合，率軍吶喊過江，擊敗據險堅守之高麗軍，斬首三萬級，並俘餘眾以歸。龍朔二年，鐵勒九姓部落反叛，何力受任鐵勒道安撫使，率五百精騎馳入九姓中，智勇兼具，曉諭九姓歸順朝廷。總章元年，隨李勣討伐高麗，攻戰七閱月，拔其都城平壤，俘高麗國王獻於太廟。

〔註 79〕《資治通鑑》卷一百九十七，太宗貞觀十八年，頁 6208。

〔註 80〕據《新唐書・宗室列傳》太祖爲二人之曾祖父。太祖有八子，三子世祖皇帝生高祖李淵，太宗爲李淵之次子。太祖第四子李璋生二子，長子李韶爲道宗之生父。太宗與李道宗之堂兄弟屬六等親。

〔註 81〕《舊唐書・宗室・李道宗傳》，頁 2356。

多次激戰，甚至築土山以逼城，山頹壓壞城牆，而土山又爲高麗人所奪，〔註82〕始終無法攻下，最後且因天寒地凍糧食將盡而退兵。此戰中「道宗在陣損足，太宗親爲之針，賜以御膳。」〔註83〕更見太宗之以情御下，融情入術的細膩之處。〔註84〕以針刺病，殊非一般人之所能，亦足知太宗之多才多藝。（按：太宗之用針，在貞觀記事中僅此一見。）聖上御手親自操針爲己療傷止痛，感之於心者，當千百倍於針經醫者之手，其爲恤下之情抑爲御下之術，當事者雙方當各有體會。

二、君臣一體，〔註85〕自應手足連心，哀歡喜樂與共。生老病死，固是人生常態，但瀕危之際，將見死別之哀，大去之後，則常有悲思之痛，太宗之於諸臣（尤以近而信者），其所感發之深與廣，殊異於古今帝王，前此即未之見，後或亦絕無僅有，〔註86〕今茲以下列六人爲之申述：

（一）杜如晦之輔佐太宗始在太宗爲秦王時。玄武門之事，獻計籌策，固不遺餘力，太宗即位後，杜與房玄齡共掌朝政，制定臺閣規模，典章文物，亟獲時譽。貞觀四年，如晦病重，「上親臨其宅，撫之流淚，……尋薨，太宗

〔註82〕「諸軍急攻安市，……江夏王道宗督眾築土山於城東南隅，城中意增高其城以拒之。士卒分番交戰，日六、七合，衝車礮石，壞其城堞，城中隨立木柵以塞其缺。……築山晝夜不息，凡六旬，用功五十萬，山頂去城數丈，下臨臨中。道宗使果毅傅伏愛將兵屯山頂以備戰。山頹，壓城城崩；會伏愛私離所部，高麗數百人從城缺出戰，遂奪據土山，塹而守之。上怒，斬伏愛以徇，會諸將攻之，三日不能克。」見《資治通鑑》卷一百九十八，太宗貞觀十九年，頁6229。

〔註83〕《舊唐書・宗室・李道宗傳》，頁2356。

〔註84〕作戰中有傷損，自必有隨軍之醫護爲之治療料理。針所以刺病，對應經脈穴道，或以針刺或以艾灸而治病，應係醫者之專業。

〔註85〕太宗君臣之間，言此義者凡二見。貞觀元年，魏徵因遭責讓宜存行迹而言於太宗云：「臣聞君臣同體，宜相與盡誠。」（見《資治通鑑》卷一百九十二，太宗貞觀元年，頁6040。）《貞觀政要・納諫》繫此事於貞觀六年，魏徵之言云：「臣聞君臣同氣，義均一體，未聞不存公道，惟事行迹。」但《政要》云此事乃「有人告尚書右丞魏徵，言其阿黨親戚。」之時，考魏徵在玄武門事件後，太宗重其才而引爲秦王府詹事主簿，即位後即拜魏徵爲諫議大夫，在貞觀三年以祕書監參預朝政之前，曾先後擔任尚書右丞（貞觀二年，魏徵言「樂誠在人和，不在聲音也。」之時爲尚書右丞。）、尚書左丞之職，故此事應在貞觀元年，而《通鑑》之紀年爲眞。貞觀五年太宗謂侍臣曰：「耳目股肱，寄於卿輩，既義均一體，宜協力同心……」（見《貞觀政要・政體》，頁36。）

〔註86〕筆者不專攻歷史，遍搜《通鑑》所誌帝王之事，自周威烈王二十三年（前403）至（五代）後周世宗顯德六年（959）的一千三百餘年間君與臣之互動而爲是言。

哭之甚慟，廢朝三日，……太宗後因食瓜而美，愴然悼之，遂輟食之半，遣使奠於靈座。」〔註 87〕太宗「嘗贈房玄齡黃銀帶，顧謂玄齡曰：『昔如晦與公同心輔朕，今日所賜，唯獨見公。』因泫然流涕。」〔註 88〕

（二）張公謹（594～632）爲太宗早年秦王府之幕屬，玄武門將發未發之際，力阻太宗以龜卜問事。〔註 89〕貞觀三年，公謹爲代州都督，上書言東突厥六可取之狀（見第二章第五節「振武」及相關註釋），並爲李靖之副以襲突厥。貞觀七年卒於任所。「太宗聞而嗟悼，出次發哀，有司奏言：『準《陰陽書》，日子在辰，不可哭泣，又爲流俗所忌。』太宗曰：『君臣之義，同於父子，情發於衷，安避辰日。』遂哭之。」〔註 90〕

（三）段志玄（598～642）早年追隨太宗，有「共生死」之事，〔註 91〕史

〔註 87〕《舊唐書・杜如晦傳》，頁 2469。

〔註 88〕同上註。《通鑑》繫此於如晦病卒的記事之後：「久之，語及如晦，必流淚，謂房玄齡曰：『公與如晦同佐朕，今獨見公，不見如晦矣！』」（見《資治通鑑》卷一百九十三，太宗貞觀四年，頁 6074。）

〔註 89〕玄武門之發難，眾議一致，而李世民猶豫未決，命卜者以卜凶吉，「幕僚張公謹自外來，取龜投地，曰：『卜以決疑，今事在不疑，尚何卜乎！卜而不吉，庸得已乎！』於是定計。」（見《資治通鑑》卷一百九十一，高祖武德九年，頁 6009。）

〔註 90〕《舊唐書・張公謹傳》。而《貞觀政要・仁惻》亦誌此事。

〔註 91〕高祖武德三年，段志玄從太宗討王世充，太宗將輕騎，猝與王世充之大軍相遇，眾寡不敵，兼以道路險惡，施展（或云逃逸）不易，遂被包圍。《舊唐書・段志玄傳》，頁 2505。記云：「從（秦王）討王世充，深入陷陣，馬倒，爲賊所擒。兩騎夾持其髻，將渡洛水，志玄踊身而奮，二人皆墜馬，馳歸，追者數百騎，不敢逼。」《通鑑》，頁 5886 記云：「秦王將輕騎前覘世充，猝與之（王之主力）遇，眾寡不敵，道路險阨，爲世充所圍。世民左右馳射，獲其左建威將軍燕琪，世充乃退。世民還營，塵埃覆面，軍不復識，欲拒之，世民免冑自言，乃得入。」兩相對照，應以〈段志玄傳〉之所誌爲眞。而「玄齡乃與給事中許敬宗等刪爲〈高祖〉、〈今上〉實錄」見《資治通鑑》卷一百九十七，太宗貞觀十七年，頁 6203。按：司馬光撰《通鑑》，縱使明知有疑問，亦不得不以修史者之本分，依從《實錄》等檔案資料，而《通鑑》所誌，太宗愼謀能斷，神武英明，在開國與國初平亂之數十戰中，所向披靡，雖以少敵眾，也從無不勝，天下寧有是事！必也刪改史料，導人入迷思的作僞者（許敬宗）之筆。對照《通鑑》與《舊唐書・段志玄傳》，眞實情況應是：段志玄隨秦王以輕騎覘視敵營，不期而猝與王世充之大軍相遇，道路險阨，無所施展，兩人俱爲王世充軍所擒，遭夾持於馬背，軍行經洛水時，段志玄縱身向上躍起，李世民與段志玄兩人皆墜於馬下，又奪得馬匹，疾馳逃出，歸抵己方營門時，塵埃覆面，滿身狼狽，守門軍士不能辨識其身分，幾乎拒之入內。其後太宗整軍與王世充戰，乃有擊退王世充與俘獲其左建威將軍燕琪之事。

料所記，皆云太宗英明勇武與所向披靡，人物傳記中則往往可以發掘正史不載之事。由《舊唐書．段志玄傳》太宗與段志玄應係在討王世充之戰中，輕騎覘候敵營，猝與大隊世充之勁軍相遇，眾寡不敵而遭俘虜，兩人皆遭夾持於馬背，於行經洛水時相機逃出。此一敘述未免驚世駭俗，但與〈段志玄傳〉中之「為賊所擒，兩騎夾持其髻，將渡洛水，志玄踴身而奮，二人（非志玄一人！）皆墜馬，馳歸……」，則太宗曾遭王世充軍俘獲一事應是無可置疑。兩人狼狽回營，其後太宗整軍與王世充戰，獲勝而擒其左建威將軍燕琪。御用記事者記其前與後，而略去中間被俘之一段，遂使後之史家無從記述太宗曾一度為俘囚之事。但太宗與段志玄之「共生死」事，〈段至玄傳〉中則歷歷如繪。

文德皇后過世時，志玄以夜中不辨手敕之眞僞，閉門不納太宗所遣之宮官，太宗深為稱譽。〔註 92〕貞觀十六年，志玄病重，「太宗親自臨視，涕泣而別，顧謂曰：『當與卿子五品』志玄頓首固請迴授母弟志感，太宗遂授志感左衛郎將。及卒，上為發哀，哭之甚慟。」〔註 93〕

（四）魏徵事蹟，前文記述已多，茲不贅言。貞觀十六年，以太子承乾失德，群臣頗疑太宗將立有寵之魏王泰。太宗因謂侍臣：「方今群臣，忠直無踰魏徵，我遣傳太子，用絕天下之疑。」〔註 94〕以魏徵為太子太師。徵是時有疾，詣朝上疏請辭讓，太宗手詔答以：「周幽、晉獻，廢嫡立庶，危國亡家。漢高祖幾廢太子，賴四皓然後安。賴公，即其義也。知公疾病，可臥護之。」〔註 95〕徵方受詔。貞觀十七年，魏徵病篤，「輿駕再幸其第，撫之流淚……後數日，太宗夜夢徵若平生，及旦而奏徵薨，時年六十四。太宗親臨慟哭，廢朝五日。」〔註 96〕出殯之日，「太宗登苑西樓，望喪而哭，詔百官送出郊外，帝親製碑文，並為書石。」〔註 97〕

若依《通鑑》所誌（應是據《太宗實錄》），「左右馳射，獲其左建威將軍燕琪」則是神射退敵，又俘獲敵將以歸，又何至於狼狽至塵埃覆面，守營兵士不能辨其身分而拒其入內之程度。

〔註 92〕文德皇后之葬，至玄與宇文士及分統士馬出肅章門。「太宗夜使宮官至二將所，士及開營內使者，志玄閉門不納，曰：『軍門不可夜開。』使者曰：『此間有手敕。』志玄曰：『夜中不辨眞僞。』竟停使者至曉。太宗聞而嘆曰：『此眞將軍也，周亞夫無以加焉。』」（見《舊唐書．段志玄傳》。《資治通鑑》亦誌此事。）

〔註 93〕《舊唐書．段志玄傳》，頁 2506。

〔註 94〕《資治通鑑》卷一百九十六，太宗貞觀十六年，頁 6177。

〔註 95〕同上註。

〔註 96〕《舊唐書．魏徵傳》，頁 2561。

〔註 97〕同上註。

（五）高士廉爲長孫皇后之舅父，玄武門事件曾參預密謀。貞觀初年，爲益州大都督府長史時，治理蜀地，頗有政聲。貞觀十二年奉詔與令狐德棻等撰成《氏族志》，以皇家姓氏爲上之上，外戚（后族）姓氏爲上之中。貞觀二十年，高士廉有疾而重，「太宗幸其第問之，因敘說生平，流涕歔欷而訣。」〔註 98〕二十一年正月卒，太宗欲往其第哭之，房玄齡固諫，不聽。「長孫無忌（士廉之甥）在士廉喪所，聞上將至，輟哭，迎諫於馬首曰：『陛下餌金石（時太宗已抱疾多時，諸藥不能癒，已轉求道士之金石丹藥），於方不得臨喪，奈何不爲宗廟蒼生自重！且臣舅臨終遺言，深不欲以北首、夷衾，輒屈鑾駕。』上不聽，無忌中道伏臥，流涕固諫，上乃還入東苑，南望而哭，涕下如雨。及柩出橫橋，上登長安故城西北樓，望之慟哭。」〔註 99〕

（六）房玄齡爲貞觀之一代名相，自其策杖謁李世民於軍門（時在隋恭帝義寧元年〔617 年〕），以迄終於相位（648 年），凡三十二載。貞觀二十二年，太宗幸玉華宮，「時玄齡舊疾發，詔令臥總留臺。及漸篤，追赴宮所，乘擔輿入殿，將至御座乃下。太宗對之流涕，玄齡亦感咽不能自勝。敕遣名醫救療，尚食每日供御饍。若微得減損，太宗即喜見顏色；如聞增劇，便爲改容淒愴。」〔註 100〕其時太宗亟謀再伐高麗，玄齡力疾而上表諫，請太宗「許高麗自新，焚陵波之船，罷應募之眾，……臣旦夕入地，儻蒙錄此哀鴻，死且不朽！」〔註 101〕太宗雖未納其諫，但語高陽公主（玄齡兒媳）云：「彼病篤如此，尚能憂我國家。」〔註 102〕其後玄齡病情轉劇，太宗令鑿穿宮院之牆，另開一門，以近便問訊，「累遣中使候問，上又親臨，悲不自勝。」〔註 103〕未幾，玄齡薨逝，太宗爲之廢朝三日，詔陪葬昭陵。

太宗對臣下臨喪所表達的慰唁，不止於上述六人，他如戴胄：「太宗爲之舉哀，廢朝三日。」；虞世南：「太宗舉哀於別次，哭之甚慟。」；王珪：「太宗素服舉哀於別次，悼惜久之。」；李大亮：「太宗爲舉哀於別次，哭之甚慟，廢朝三日。」；馬周：「周病消渴，彌年不瘳……名醫中使，相望不絕……太宗親爲調藥」卒後「太宗爲之舉哀」。（以上均引自《舊唐書》各人本傳。）

〔註 98〕《舊唐書・高士廉傳》，頁 2444。
〔註 99〕《資治通鑑》卷一百九十八，太宗貞觀二十一年，頁 6244。
〔註 100〕《舊唐書・房玄齡傳》，頁 2464。
〔註 101〕《資治通鑑》卷一百九十九，太宗貞觀二十二年，頁 6260。
〔註 102〕同上註。
〔註 103〕《舊唐書・房玄齡傳》，頁 2467。

即令一向為諸儒許為奸邪諂諛之封德彝，當其遘疾於尚書省時，「太宗親自臨視，即命尚輦送還第，尋薨，年六十，太宗深悼之，廢朝三日。」〔註 104〕

廢朝（或云輟朝）乃皇帝不臨朝以向亡者致哀，由通鑑所誌，其行之於前代者僅二次，一為長城公禎明元年（587 年），突厥沙缽略可汗（已稱臣為隋之藩附）卒，隋主（即文帝楊堅，《通鑑》以陳紀長城公紀年，稱堅為隋主）為之廢朝三日，一在煬帝大業五年（609 年），突厥啓民可汗（稱臣於隋）卒，煬帝為之廢朝三日。突厥之可汗，其地位等同於華夏之帝王，以其已為臣屬，乃為之廢朝誌哀，應屬至高的哀悼之禮，太宗以之普施於愛臣，其用心亦可謂至矣。〔註 105〕

太宗對諸臣病危存問或臨喪弔唁之所言所發，無法否認其有至情之存在與流露，但也絕無法將之全歸於至情。太上用情，確乎可感發臣下之效忠，而融情入術，更是統御臣下之更高一層境界。上述諸例中，何者為情，何者為術，縱能起太宗於地下，或也無由分曉。情亦術之一端，法家諸子見不及此！

三、太宗有一古今帝王少有——或絕無僅有——之特質：其哭易發，其淚易流，《資治通鑑》記一千三百餘年（前 403～959）間帝王之事，太宗此一特質無人能及，玆將太宗泣淚之二十事，錄之於下：

（一）隋恭帝義寧元年（617 年，或云煬帝大業十三年），李淵自太原起兵，在霍邑為宋老生、屈突通所拒，大雨不止，淵軍中乏糧，遣劉文靜赴突厥請兵相助，未返，而李密與劉武周近在腹背，姦謀難測，李淵欲回師太原固根本，再圖後舉。李世民不欲大事止於啓始，諫強攻霍邑指向咸陽，李淵不聽，下令諸軍回師太原。李世民欲再諫，而日已暮，淵已寢；「世民不得入，號哭於外（按：此為李世民之首哭），聲聞帳中。」〔註 106〕李淵被驚起，召世民入問，世民答云：「今兵以義動，進戰則克，退還則散；眾散於前，敵乘於後，死亡無日，何得不悲！」〔註 107〕（其後李淵乃整軍再攻霍邑）

〔註 104〕《舊唐書・封倫傳》，頁 2397。

〔註 105〕《唐會要》卷二十五〈輟朝〉節，開元十八年十二月起始有輟朝之紀事，而太宗早已開風氣之先。諸臣之薨而廢朝事，通鑑皆未錄，但記有廢太子之死而廢朝之事，文云：「壬寅，故太子承乾卒於黔州，上為之廢朝，葬以國公禮。」（見《資治通鑑》卷一百九十七，太宗貞觀十八年，頁 6215。）

〔註 106〕《資治通鑑》卷一百八十四，恭帝義寧元年，頁 5744。

〔註 107〕同上註。

（二）武德九年六月，玄武門事件中，李世民射殺太子建成，世民手下尉遲敬德射殺齊王元吉，提二首級以示鏖戰中之太子、元吉軍，使之潰散逃逸；尉遲敬德擐甲持矛衝至李淵泛舟之海池「宿衛」，請李淵降手敕，令諸軍並受秦王處分，由李世民之手下宇文士及出宮門宣敕，塵埃始定。「上召世民，撫之曰：『近日以來，幾有投杼之惑。』世民跪而吮上乳，號慟久之。」〔註 108〕

（三）武德九年十月，太宗（已於八月即位）追封故太子建成爲息王，故齊王元吉爲剌王，依安葬親王之禮重新安葬。「葬日，上哭之於宜秋門，甚哀。」〔註 109〕

（四）貞觀四年，杜如晦疾篤，太宗除遣太子（承乾）問疾外，又自臨視之，三月十九日，如晦病逝。「上每得佳物，輒思如晦，遣使賜其家。久之，語及如晦，必流涕，謂房玄齡曰：『公與如晦同佐朕，今獨見公，不見如晦矣！』」〔註 110〕

（五）貞觀六年四月八日，襄州都督張公謹〔註 111〕卒，「明日，上出次發哀。有司奏，辰日（四月九日）忌哭。上曰：『君之於臣，猶父子也，情發於衷，安避辰日！』遂哭之。」〔註 112〕

（六）貞觀十年二月，太宗任命高祖子（太宗之異母弟）元景、元昌、元禮、元嘉、元則、靈夔，己子李恪、李泰、李祐、李愔、李惲、李貞爲荊、梁、徐、潞等州之都督。三月，各親王啓程前往任所就職。「上與之別曰：『兄弟之情，豈不欲常共處邪！但以天下之重，不得不爾。諸子尚可復有，兄弟不可復得。』因流涕嗚咽不能止。」〔註 113〕

（七）太宗於武德九年八月立長孫氏爲皇后，甚相恩愛。后自幼知書，

〔註 108〕《資治通鑑》卷一百九十一，高祖武德九年，頁 6012。

〔註 109〕《資治通鑑》卷一百九十二，高祖武德九年，頁 6024。

〔註 110〕《資治通鑑》卷一百九十三，太宗貞觀四年，頁 6074。按：此記太宗泣與淚之次數與稍前記太宗對臣下的死別之哀與悲思之痛，引文有重覆之處，取向不同，亦情非得已。記泣淚全以《通鑑》爲本，以資公平，而述與臣下的死別悲思，則有取於記傳。

〔註 111〕太宗秦王府之舊人，太宗發動玄武門事件，張公謹曾投太宗所欲決疑之龜甲於地，使太宗下定決心而不求於龜卜。玄武門之役中，力戰建成、元吉軍，居功頗大。

〔註 112〕《資治通鑑》卷一百九十四，太宗貞觀六年，頁 6096。

〔註 113〕《資治通鑑》卷一百九十四，太宗貞觀十年，頁 6119。

造次必循禮法，宅心仁慈，又務存儉約，統理內宮，眾所悅服，亦爲太宗深所敬重。貞觀十年，后疾篤，猶言願太宗親君子，遠小人，納忠諫，屏讒慝，省作役，止遊畋。嘗采自古婦人得失事爲《女則》三十卷，七月逝於立政殿（時年三十六歲），「宮司并《女則》奏之，上覽之悲慟，以示近臣曰：『皇后此書，足以垂範百世。朕非不知天命而爲無益之悲，但入宮不復聞規諫之言，失一良佐，故不能忘懷耳！』」〔註 114〕

（八）太宗葬文德皇后於昭陵，「上念后不已，於苑中做層觀以望昭陵，嘗引魏徵同登，使視之。徵熟視之曰：『臣昏眊，不能見。』上指示之，徵曰：『臣以爲陛下望獻陵〔註 115〕，若昭陵，則臣固見之矣。』上泣，爲之毀觀。」〔註 116〕

（九）虞世南（558～638）善屬文，在隋代時已有重名，爲太宗秦王府十八學士之一，博學多識，頗受倚重。貞觀十二年五月壬申，「弘文館學士永興文懿公虞世南卒，上哭之慟。」〔註 117〕太宗其後在予魏王泰之手敕中有「虞世南於我，猶一體也。拾遺補闕，無日暫忘，實當代名臣，人倫準的。吾有小失，必犯顏而諫之。今其云亡，石渠、東觀之中，無復人矣，痛惜豈可言耶！」〔註 118〕

（十）尉遲敬德事，前章〈貞觀治道中之勢道〉中已述及。貞觀十三年，當太宗告敬德「人或言卿反」時，敬德激憤陳詞，歷述對太宗之忠誠，「因解衣投地，出其瘢痍。上爲之流涕。」〔註 119〕

（十一）契苾何力爲鐵勒族哥論易勿施莫賀可汗之孫，貞觀六年率眾千餘歸唐，太宗以其爲左領軍將軍。貞觀九年唐伐吐谷渾，赤水之戰，何力將數百騎竭力奮擊，救出身陷重圍且已中槍之薛萬均、薛萬徹兄弟，其後何力乘勢追襲吐谷渾伏允可汗於突倫川，破其牙帳，俘其妻子。論功時，薛萬均排毀何力，自稱己功，何力憤而舉刀欲殺萬均，爲諸將救止。太宗問明原委，欲解萬均官以授何力，何力以不欲群胡之以爲太宗重胡輕漢懇辭，深爲太宗敬重。貞觀十六年，何力返部落省親，爲其徒眾劫持詣薛延陀眞珠可汗牙帳

〔註 114〕《資治通鑑》卷一百九十四，太宗貞觀十年，頁 6122。
〔註 115〕太上皇李淵甫於貞觀九年五月崩逝，葬於獻陵。
〔註 116〕《資治通鑑》卷一百九十四，太宗貞觀十年，頁 6123。
〔註 117〕《資治通鑑》卷一百九十五，太宗貞觀十二年，頁 6138。
〔註 118〕《舊唐書・虞世南傳》，頁 2570。
〔註 119〕《資治通鑑》卷一百九十五，太宗貞觀十三年，頁 6144。

前，何力誓死不降，拔佩刀東向（按：長安在其所處之東）大呼曰：「『豈有唐烈士而受屈虜庭，天地日月，願知我心！』因割左耳以誓。」〔註120〕人或告何力叛，且具言戎狄之氣類相親，「上曰：『不然。何力心如鐵石，必不叛我。』會有使者自薛延陀來，具言其狀，上為之下泣。」〔註121〕

（十二）魏徵事蹟，前文記述已多。貞觀十七年正月，魏徵寢疾，「上遣使者問訊，賜以藥餌，相望於道。又遣中郎將李安儼宿其第，動靜以聞。上復與太子同至其第，指衡山公主欲以妻其子叔玉。戊辰，徵薨，命百官九品以上皆赴喪，給羽葆鼓吹，陪葬昭陵。其妻裴氏曰：『徵平生儉素，今葬以一品羽儀，非亡者之志。』悉辭不受，以布車載柩而葬。上登苑西樓，望哭盡哀。上自製碑文，並為書石。上思徵不已，謂侍臣曰：『人以銅為鏡，可以正衣冠；以古為鏡，可以見興替；以人為鏡，可以知得失。魏徵沒，朕亡一鏡矣！』」〔註122〕

（十三）侯君集事見前章第二節。君集為太宗秦王府舊人，又有玄武門策計陷陣及攻滅吐谷渾、高昌二國之功，及參與太子承乾謀反繫獄，其婿賀蘭楚石復詣闕告發內情，「上引君集謂曰：『朕不欲令刀筆吏辱公，故自鞫公耳。』君集初不承，引楚石具陳始末，又以所與承乾往來啟示之，君集辭窮，乃服。上謂侍臣曰：『君集有功，欲乞其生，可乎？』群臣以為不可。上乃謂君集曰：『與公長訣矣！』因泣下。君集亦自投於地，遂斬之於市。」〔註123〕

（十四）太子承乾以謀反被廢，諸臣（以岑文本、劉洎為首）或勸立魏王李泰，另方（以長孫無忌為首）或勸立晉王李治，「諫議大夫褚遂良曰：『……陛下日者既立承乾為太子，復寵魏王，禮秩過於承乾，以成今日之禍。前事不遠，足以為鑒。陛下今立魏王，願先措置晉王，始得安全耳。』上流涕曰：『我不能爾。』因起，入宮。」〔註124〕

（十五）承乾謀反案，太宗姊長廣公主（高祖第五女）之子趙節為承乾黨與，繫獄將誅。「上至公主所，公主以首擊地，泣謝子罪，上亦拜泣曰：『賞不避仇讎，罰不阿親戚，此天下至公之道，不敢違也，以是負姊。』」〔註125〕

〔註120〕《資治通鑑》卷一百九十六，太宗貞觀十六年，頁6180。

〔註121〕同上註。

〔註122〕《資治通鑑》卷一百九十六，太宗貞觀十七年，頁6184。

〔註123〕《資治通鑑》卷一百九十七，太宗貞觀十七年，頁6194。

〔註124〕同上註，頁6195。

〔註125〕同上註，頁6197。

（十六）貞觀十九年，太宗親征高麗，「戰士死者幾二千人，戰馬死者什七、八」〔註 126〕而冬季降臨，遼左地區草枯水凍，士馬難久留，且糧食將盡，九月十八日敕令班師，十月十一日返抵營州。「詔遼東戰亡士卒骸骨並集柳城東南，命有司設太牢，上自作文以祭之，臨哭盡哀。其父母聞之曰：『吾兒死而天子哭之，死何所恨！』」〔註 127〕

（十七）貞觀二十年，十二月二十五日，「上謂長孫無忌等曰：『今日吾生日，世俗皆爲樂，在朕翻成傷感。今君臨天下，富有四海，而承歡膝下，永不可得，此子路所以有負米之恨也。詩云：「哀哀父母，生我劬勞。」奈何以劬勞之日更爲宴樂乎！』因泣數行下，左右皆悲。」〔註 128〕

（十八）貞觀二十一年正月，高士廉疾篤，「辛卯，上幸其第，流涕與訣；壬辰，薨。上將往哭之，房玄齡以上疾新愈，固諫，上曰：『高公非徒君臣，兼以故舊姻戚，豈得聞其喪不往哭呼！公勿復言！』帥左右自興安門出，長孫無忌在士廉喪所，聞上將至，輟哭，迎諫於馬首曰：『陛下餌金石，於方不得臨喪，奈何不爲宗廟蒼生自重！且臣舅臨終遺言，深不欲以北首、夷衾，輒屈鑾駕。』上不聽。無忌中道伏臥，流涕固諫，上乃還入東苑，南望而哭，涕下如雨。及柩出橫橋，上登長安故城西北樓，望之慟哭。」〔註 129〕

（十九）貞觀二十二年，房玄齡疾篤，「上徵赴玉華宮，肩輿入殿，至御座側乃下，相對流涕，因留宮下，聞其小愈則喜形於色，加劇則憂悴。……上自臨視，握手與訣，悲不自勝。」〔註 130〕

（二十）自征高麗班師途中病癰起，太宗健康情況始終未見好轉，醫藥

〔註 126〕此應是《通鑑》據實錄所記之數字，事實上絕無可能，蓋其亦云斬首（敵方）四萬人。凡有城池攻略，攻難守易，攻守兩方戰死者何得如此懸殊！唐軍士亦血肉之身，且「東夷善守城」（貞觀十八年，太宗召問曾隨煬帝伐高麗之鄭元璹答問之語），而「吾以天下之眾困於小夷」（歸後謂李靖）顯見乃不得意而歸，但其戰果之懸殊數字，或不免貽笑大方。

〔註 127〕《資治通鑑》卷一百九十八，太宗貞觀十九年，頁 6231。

〔註 128〕《資治通鑑》卷一百九十八，太宗貞觀二十年，頁 6243。

〔註 129〕《資治通鑑》卷一百九十八，太宗貞觀二十一年，頁 6244。高士廉爲長孫皇后及長孫無忌之舅，此時去長孫皇后之逝已逾十年，而長孫無忌之受重用也日甚一日，太宗因高士廉之由疾而喪，有三哭之誌，得毋太過？（按：貞觀元年且曾因高士廉〔時爲侍中〕寢而不言王珪之密奏，將高貶爲密州大都督）抑或以此加恩於無忌？使其竭盡忠誠以輔其所擁立之太子李治（亦長孫一脈）。

〔註 130〕《資治通鑑》卷一百九十九，太宗貞觀二十二年，頁 6260。

之外，且寄托於方士之金石丹方，但病情仍舊每下愈況，貞觀二十三年三月十七日，力疾至顯道門外，赦天下，二十三日敕太子於金液門聽政。「上苦利增劇，太子晝夜不離側，或累日不食，髮有變白者。上泣曰：『汝能孝愛如此，吾死何恨！』」〔註131〕五月二十四日，病情危急，二十六日召長孫無忌、褚遂良至臥前囑託後事後崩逝。

以上記人、記事二十則，言及太宗在其中號哭、悲慟流涕、臨哭盡哀、泣下數行者凡二十二次（此僅計數《通鑑》之所載，不計入舊、新《唐書》諸人傳記中太宗之泣下與臨哭數），所以云哭與淚爲太宗有別於古來帝王絕無僅有之特質者，蓋蒐尋《通鑑》所誌，帝王之淚、泣極爲罕有。遠者不計，即以隋、唐之隋文帝、煬帝、唐高祖與太宗四帝而論，自陳宣帝太建七年（575年）楊堅之名初見，〔註132〕至貞觀二十三年（649年）太宗之崩爲止，言楊堅（文帝）之泣者一次，〔註133〕楊廣（煬帝）之泣淚者無見，言李淵（高祖）之哭者一次，〔註134〕則太宗之二十二次可謂絕倫突出矣。更以仁弱之高宗李治〔註135〕而論，自立爲太子（貞觀十七年〔643年〕）至駕崩（弘道元年〔683年〕），四十年之間，《通鑑》述其泣淚者共有六次，〔註136〕或稍得太宗之稟賦，

〔註131〕《資治通鑑》卷一百九十九，太宗貞觀二十三年，頁6267。

〔註132〕時楊堅爲周主之大將軍，姿相奇偉，大夫來和嘗謂堅云：「公眼如曙星，無所不照，當王有天下，願忍誅殺。」（見《資治通鑑》卷一百七十二，宣帝太建七年，頁5344。）

〔註133〕開皇十四年，關中大旱，民飢，文帝遣左右視民食，得豆屑雜糠以獻，「上流涕以示群臣，深自咎責，爲之不御酒肉，殆將一朞。」（見《資治通鑑》卷一百七十八，頁5545。）

〔註134〕時在高祖武德元年（618年），李淵已自太原起兵，尚未即帝位，《通鑑》以唐王稱之，云：「煬帝凶問至長安，唐王哭之慟，曰：『吾北面事人，失道不能救，敢忘哀乎！』」（見《資治通鑑》卷一百八十五，高祖武德元年，頁5791。）

〔註135〕太宗嘗疑李治仁弱，曾謂長孫無忌云：「公勸我立雉奴（李治小字雉奴），雉奴弱，恐不能守社稷，奈何！」（見《資治通鑑》卷一百九十七，太宗貞觀十七年，頁6206。）

〔註136〕貞觀十九年，太宗親征高麗，「上將發，太子悲泣數日。」（《資治通鑑》卷一百九十七，頁6218。）；貞觀二十三年，太宗崩逝，「太子擁無忌頸，號慟將絕。」（《資治通鑑》卷一百九十九，頁6267。），高宗永徽四年，因房遺愛（房玄齡之子）、薛萬徹等謀反，株連所及，賜李元景、李恪、高陽公主、巴陵公主等自盡，「上泣謂侍臣曰：『荊王，朕之叔父，吳王，朕兄，欲匄其死，可乎？』」（《資治通鑑》卷一百九十九，頁6281。），高宗永徽五年，早已「見才人武氏而悅之」至李治往感業寺爲太宗行香，復得見在寺爲尼之武則天，「忌日，上詣寺行香，見之，武氏泣，上亦泣。」（《資治通鑑》卷一百九十九，

但高宗之泣淚全在親情與兒女私情，而太宗之泣淚，情在其中，術亦在其中，父子相較，子之不如乃父遠矣。

第三節　人欲爲心，仁義入術

儒家論政言道皆植本於仁。太宗嘗言：「所好者唯堯舜周孔之道。」〔註137〕貞觀元年，欲「專以仁義誠信爲治」〔註138〕蓋思國祚之綿延也。太宗的不忍人之心，誌於《通鑑》者凡二十八件，相對於史上其他君王，可謂傲眾兀立，其爲仁乎？其爲術乎？謹試以儒、法兩家之觀點爲之解析：

孔子曰：「克己復禮爲仁」、「爲仁由己」〔註139〕朱子釋云：「仁者，本心之全德。爲仁者，所以全其心之成也。……言爲仁由己，而非他人所能預，以見其機之在我，而無難也。」〔註140〕程子云：「非禮處便是私意，既是私意，如何得仁，須是克盡己私，皆歸於禮，方始是仁。」〔註141〕爲仁須出乎本心，行仁的道理，在於克制自己之私欲，使一切事物回歸於理性。準此，則太宗之「行仁」有其私欲在乎？或似乎已克制外觀能見之私欲，而內則有更高之人所難見之私欲在？

孟子以人乍見孺子將入於井而皆有不忍人的怵惕惻隱之心，而推得惻隱之心爲人之所以異於禽獸的仁之端。〔註142〕「先王有不忍人之心，斯有不忍人之政矣。以不忍人之心，行不忍人之政，治天下可運之掌上。」〔註143〕然

頁6284。），高宗顯慶四年，許敬宗以朝臣朋黨之事，誣奏長孫無忌謀反，且云（奉高宗之敕）始末推究，反狀已露，「上泣曰：『我家不幸，親戚間屢有異志……』」高宗命許敬宗更加審察，後奏同黨已承與無忌同反……，參驗辭狀，咸相符合，請收捕準法，「上又泣曰：『舅若果爾，朕決不忍殺之。』」（見《資治通鑑》卷二百，頁6313。）

〔註137〕貞觀二年，太宗與群臣言梁武帝及元帝迷於佛、道之不可取，乃有「朕所好者，唯堯、舜、周、孔之道，以爲如鳥有翼，如魚有水，失之則死，不可暫無耳。」見《資治通鑑》卷一百九十二，太宗貞觀二年，頁6054。

〔註138〕貞觀元年，太宗語侍臣：「朕看古來帝王以仁義爲治者，國祚延長；任法御人者，雖救弊於一時，敗亡亦促。既見前王成事，足是元龜，今欲專以仁義誠信唯治，望革近代之澆薄也。」見《貞觀政要·仁義》，頁233。

〔註139〕《論語·顏淵》。

〔註140〕朱熹：《四書章句集註·論語集註》，高雄市：復文圖書出版社，1985年9月，頁131。

〔註141〕同上註，頁132。程子之言附於朱子之後。

〔註142〕見《孟子·公孫丑》。

〔註143〕同上註。

則，不忍人之心既是人皆有之，行不忍人之政，何必先王！古來帝王多矣，行不忍人之政者則罕有。朱子曰：「衆人雖有不忍人之心，然物欲害之，存焉者寡，故不能察識而推之政事之間；惟聖人全體此心，隨感而應，故其所行無非不忍人之政也。」〔註 144〕準此，則太宗的不忍人之心，有物欲害之乎？是否能入於「隨感而應」的聖人之列？

以下列述《通鑑》所載太宗所行（或所顯）的仁義二十八事：

一、貞觀元年（改元之後不久），命長孫無忌與學士、法官更議定輕刑之律令，「寬絞刑五十條爲斷右趾，上猶嫌其慘曰：『肉刑廢已久，宜有以易之。』」〔註 145〕視刑人若刑己，頗能想見斷右趾之痛。

二、貞觀二年，大理寺引重罪待決之囚徒至金殿點驗，岐州刺史鄭善果亦在囚衆之列，太宗謂大理少卿胡演曰：「善果雖復有罪，官品不卑，豈可使與諸囚爲伍，自今三品已上犯罪，不須引過，聽於朝堂俟進止。」〔註 146〕官民有分，高下有別，雖在囚列，亦欲維持其起碼之尊嚴。往昔爲臣子，今日爲囚徒，憐惜之心，歷歷猶在。

三、關內大旱，民因饑饉多有賣子女以求衣食。「己巳，詔出御府金帛爲贖之，歸其父母。」〔註 147〕想見父母子女慘別思念之痛，捨御府之金帛以全下民之人倫。

四、四月己卯，詔以「隋末亂離，因之饑饉，暴骸滿野，傷人之目，宜令所在官司收瘞。」〔註 148〕白骨滿野，見之者怵目驚心，君王亦思之傷感，通令地方官署妥爲收集埋葬，所以安君王之心，亦所以安天下人之心。

五、蝗蟲爲災，京畿地區亦見蝗跡。「辛卯，上入苑中，見蝗，掇數枚，祝之曰：『民以穀爲命，而汝食之，寧食吾之肺腸。』舉手欲吞之，左右諫曰：『惡物或成疾。』上曰：『朕爲民受災，何疾之避！』遂吞之。」〔註 149〕其「寧食吾之肺腸」與「朕爲民受災，何疾之避！」古之聖王或亦不能及此。

六、貞觀二年，天旱少雨，中書舍人李百藥上言宮中多無用之宮人，虛

〔註 144〕《四書章句集註．孟子集註》，頁 237。

〔註 145〕《資治通鑑》卷一百九十二，太宗貞觀元年，頁 6031。其後肉刑改爲加役流，徙三千里，居作三年。

〔註 146〕《資治通鑑》卷一百九十二，太宗貞觀二年，頁 6048。

〔註 147〕同上註，頁 6049。

〔註 148〕同上註，頁 6049。

〔註 149〕同前註，頁 6053、6054。《劍橋中國隋唐史》謂「太宗具有作出戲劇性和炫耀性姿態的才能」（見原書，頁 189。）吞蝗事或爲其中之一。

耗衣食且陰氣鬱積，足以致旱，請依往年例遣出。〔註 150〕「上曰：『婦人幽閉深宮，誠爲可愍，灑掃之餘，亦何所用，宜皆出之，任求伉儷。』」〔註 151〕能體察憐憫幽閉深宮婦女之艾怨，遣之出宮以求良配，則感恩戴德者，當不止遣放之宮女而已。

七、貞觀四年，太宗讀《明堂鍼灸書》，內有人之內臟皆聯繫於脊背之語，「戊寅（十一月十七日），詔自今毋得笞囚背。」〔註 152〕唐有笞刑，施於犯行較輕之囚徒，太宗觀醫書而知內臟與脊背之聯附關係，恐笞撻傷及囚人之臟腑，若父母之憐惜子女。

八、貞觀五年二月，太宗詔令：「諸州有京觀處，無問新舊，宜悉剗削，加土爲墳，掩蔽枯朽，勿令暴露。」〔註 153〕此時突厥已平，四夷咸服，君王廣被之仁心，乃由天下之生民擴而至古今之白骨。

九、隋末暴亂，民眾流離四方，「中國人多沒於突厥，及突厥降，上遣使以金帛贖之。」〔註 154〕對流離異域之國人，以金帛（而非以上邦之強制力）贖之歸鄉，柔遠於外而恤民於內，仁君聖王的溫柔敦厚之心見乎其中。

十、貞觀五年，「八月，甲辰，遣使詣高麗，收隋民戰亡骸骨，葬而祭之。」〔註 155〕五月方甫令境內諸州安葬新、舊之京觀枯骨，八月乃遣使至異國收埋前代戰亡之骸骨，且爲之祭奠，君王之仁心，似是無遠弗屆。

〔註 150〕武德九年八月二十八日（李世民於八月九日即帝位）曾詔以「宮女眾多，幽閟可愍，宜簡出之，各歸親戚，任其適人。」見《資治通鑑》卷一百九十一，頁 6018。

〔註 151〕《資治通鑑》卷一百九十三，太宗貞觀二年，頁 6057。前後出宮女三千餘人，且太宗兩次言及婦人幽閉深宮之可憫，亦可稱善察人情、善體人意矣。

〔註 152〕《資治通鑑》卷一百九十三，太宗貞觀四年，頁 6083。

〔註 153〕《資治通鑑》卷一百九十三，頁 8086。「京觀」爲集骷髏築成之高台，上掩以土，乃戰勝者埋置敵人屍骨以表己方戰功者。經歲月風雨之侵蝕，表土流失，乃見枯骨暴露於外。自古以來，兵家征戰，其戰場所在，往往爲京觀林立之處。

〔註 154〕《資治通鑑》卷一百九十三，太宗貞觀五年，頁 6087。沒於突厥者，或投奔突厥，或爲突厥入寇時所擄掠，應多已淪爲隸役。五月，乙丑，有司上奏，贖回之男女凡得八萬口。

〔註 155〕《資治通鑑》卷一百九十三，頁 6087。隋煬帝於大業八年（612 年）、九年、十年，傾全國之兵，三度親征高麗，前二次敗歸，第三次因高麗乞降求和而退軍。首征之敗，其渡遼河之陸路大軍三十五萬五千人，全身而回者僅二千七百人，身死異鄉者不計其數。太宗遣使往高麗收集隋之戰亡骸骨，因數量龐大，應是在高麗就適當之地埋葬而非攜回。

十一、貞觀五年十一月，林邑進貢五色鸚鵡，新羅進獻美女二人，魏徵以爲不宜受。「（太宗聞諫而喜）上喜曰：『林邑鸚鵡猶能自言苦寒，思歸其國，況二女遠別親戚乎！』并鸚鵡，各付使者而歸之。」〔註 156〕「胡鳥依北風，越鳥巢南枝」〔註 157〕鳥獸亦有其家園故地之戀。太宗憐美女之別家而憫惜之心及於禽鳥，仁心之外，亦顯現其性情中人之一面。

十二、自張蘊古之罪不及誅而在太宗盛怒之下受誅，乃有死刑三覆奏之詔。（張蘊古之受誅見第三章第三節「貞觀群臣之涉法思想」記述權萬紀之事內）貞觀五年十二月，「制：『決死囚者，二日中五覆奏，下諸州者，三覆奏；行刑之日，尚食勿進酒肉，內教坊及太常不舉樂。皆令門下覆視，有據法當死而情可矜者，錄狀以聞。』由是全活甚眾。」〔註 158〕詔命之後再出以制令，具見太宗體恤民命之仁心聖德；決死囚之日，君王不聽音樂，不啖酒肉，益見其哀戚。

十三、突厥爲遊牧民族，馳騁草原爲日常生活素行之一部分。頡利可汗被俘後，「詔館於太僕，厚廩食之。」〔註 159〕形同幽禁。貞觀六年，「突厥頡利可汗鬱鬱不得意，數與家人相對悲泣，容貌羸憊。上見而憐之，以虢州地多麋鹿，可以遊獵，乃以頡利爲虢州刺史；頡利辭，不願往。癸未，復以爲右衛大將軍。」〔註 160〕昔日疆場相見眼紅之仇敵、初即位時啗以金帛之奇恥人辱已成往事，〔註 161〕今朝則憐其鬱鬱寡歡，容貌羸憊，求於古仁人之心亦不過如是。

〔註 156〕《資治通鑑》卷一百九十三，頁 6089。鸚鵡馴養後，靈慧能爲人語，林邑爲古國，位於今越南順化左近，地處熱帶，長安十一月已是嚴冬，故有鸚鵡自言苦寒之述。

〔註 157〕〈古詩十九首〉之句，收錄於〔梁〕蕭統編：《文選》卷二十九，臺北市：五南圖書出版公司，2002 年 10 月，頁 741。

〔註 158〕《資治通鑑》卷一百九十三，頁 6090。此爲三覆奏之外，另加二次覆奏，且不容許「須臾之間，三覆已訖」（太宗語）之事發生，而所制諸項，皆令門下檢查督促，務求貫徹。

〔註 159〕《資治通鑑》卷一百九十三，太宗貞觀四年，頁 6075。

〔註 160〕《資治通鑑》卷一百九十四，頁 6099。

〔註 161〕武德九年八月，頡利與突利兩可汗合兵攻至長安，僅一水之隔的渭水便橋，太宗啗以金帛與訂白馬之盟，乃太宗引爲奇恥大辱之事，見第二章第五節之「振武修文」與相關引註。按：《貞觀政要・任賢》李靖篇，謂擒獲頡利時，太宗有「太上皇以百姓之故，稱臣於頡利，朕未嘗不痛心疾首」之語，其「奇恥大辱」應是更甚。唯據李樹桐〈唐高祖稱臣於突厥考辨〉（載於《唐史考辨》）此語乃許敬宗修太宗實錄時，「歸太宗之過於高祖」之僞作改造，今不取。

十四、赦囚爲喧騰後世文人筆下之大事，貞觀六年，《資治通鑑》誌云：「辛未，帝親錄繫囚，見應死者，閔之，縱使歸家，期以來秋來就死。乃敕天下死囚，皆縱遣，使至期來詣京師。」〔註 162〕七年續誌云：「去歲所縱天下死囚凡三百九十人，無人督帥，皆如期自詣朝堂，無一人亡匿者，上皆赦之。」〔註 163〕

此事若完全眞實（按：舊、新《唐書・太宗本紀》及《新唐書・刑法志》皆記此事），足可傳頌千古，蓋前絕未之有，後亦絕無可能再有。以無上的惻隱之心，縱放天下死囚歸家，使與家人享有死前一年之最後歲月，聖王之仁心，誠足以感動天地，而三百九十人皆爲此仁心感召，全數返回就死，古聖先王睹乎此景，亦當自愧弗如！

儒家前賢對此事頗有評論，〔註 164〕歐陽修與王夫之對太宗之縱囚，尤持極端負面之看法。筆者亦以爲二事有疑：貞觀四年尚是「終歲斷死刑纔二十九人。」〔註 165〕天下承平，何乃至貞觀六年死囚便遽爾增至二百九十人？得非詐充人數以壯其盛舉乎？四年與六年之囚徒數字，必有一處不實！吳兢作《貞觀政要》時，去太宗之世不遠，而吳作爲史官，知情亦必較詳實，縱囚事載之於舊、新《唐書・太宗本紀》、《新唐書・刑法志》，而吳之《貞觀政要》

〔註 162〕《資治通鑑》卷一百九十四，頁 6100。

〔註 163〕同上註，頁 6103。

〔註 164〕其最凸顯對此事之見地者有歐陽修與王夫之二人。歐陽修在其〈縱囚論〉中有謂：「……太宗之爲此，所以求此名（謂施恩德可使罪大惡極之小人變而爲君子，蓋其恩德入人之深而移人之速有如是者）也。然安知夫縱之去也，不意其必來以冀免，所以縱之乎？又安知夫被縱而去也，不意其自歸而必獲免，所以復來乎？夫意其必來而縱之，是上賊下之情也；意其必免而復來，是下賊上之心也；吾見上下交相賊以成此名也，烏有所謂施恩德，與夫知信義者哉？……」王夫之在其〈讀通鑑論〉卷十一，頁 494，云：「……太宗之世，天下大定。道有使，州有刺史，縣有令尉，法令密而廬井定，民什五以相保，宗族親戚，比閭而處。北不可以走胡，南不可以走粵，囚之縱者，雖欲逋逸，抑誰爲之淵藪者。太宗持其必來之數以爲權，囚亦操其必赦之心以爲券，縱而來規，遂以侈其恩信之相孚。夫誰欺？欺天乎！夫三百九十人中，非無至愚者，不足以測太宗必赦之情，而徼幸以逃，且當縱遣之時，爲此駭異之舉，太宗以從諫聞，亦未聞法吏據法以廷爭，則必太宗隱授其來歸，則赦之旨於有司，使密諭所縱之囚，交相隱以相飾，傳之天下與來世，或驚爲盛治，或詑爲非常，皆其君民上下密用之機械，所籠致而如拾者也。古所未有者，必有妄也；人所爭誇者，必有詐也！王道平平，言僻而行詭者，不容於堯舜之世。蘇洵氏樂道之曰，帝王之權，惡烈於洪水矣。」

〔註 165〕《資治通鑑》卷一百九十三，頁 6085。

對此則不著一字，蓋放囚人歸家享生命中最後一年之天倫，眾囚以生命報聖君，全數返回受死，上施下以仁，下報上以義，誠足以感動天地。縱囚事若寫入《政要》之〈仁惻〉篇內，應是最好之題材，吳兢不此之為，是否因知此事之並非仁惻，恐誌之文字而畫虎不成？縱囚之錄於史事，一若貞觀二十三年太宗對李治之言李世勣：「若徘迴顧望，當殺之耳。」一言洩而術用之機心全出！

十五、〈秦王破陣樂〉為頌揚太宗為秦王時，平定劉武周一戰功成之贊歌。〔此樂成曲之原委見本文第二章第五節（四）之「增修禮樂典制」〕貞觀七年正月，「更名〈破陣樂〉曰〈七德舞〉。癸巳，宴三品已上及州牧，蠻夷酋長於玄武門，奏〈七德〉、〈九功〉之舞。太常卿蕭瑀上言：『〈七德舞〉形容聖功，有所未盡，請寫劉武周、薛仁果、竇建德、王世充等擒獲之狀。』上曰：『彼皆一時英雄，今朝廷之臣往往嘗北面事之，若睹其故主屈辱之狀，能不傷心乎！』瑀謝曰：『此非臣愚慮所及。』」〔註 166〕

能稱許昔日所擒獲之敵酋為一時英雄，已見太宗不同流俗的心胸器度，能體會顧及曾「北面事之」的朝廷臣子之感受，勿令彼等睹演舞之情而屈辱傷心，太宗對座下臣子的憐憫關愛之情也已入微。

十六、貞觀十一年七月初，大水泛溢，淹浸洛陽宮，壞官寺、民居，溺死者逾六千人。「乙未，車駕還洛陽，詔：『洛陽宮為水所毀者，少加修繕，纔令可居。自外眾材，給城中壞廬舍者。令百官各上封事，極言朕過。』壬寅，廢明德宮及飛山宮之玄圃院，給遭水者。」〔註 167〕因天災而令百官上封事「極言朕過」，或因天災乃是「國家將有失道之敗，而天迺先出災害以譴告之」〔註 168〕，故以類似罪己之方式，令百官言君過而改正之，以示君王仍是惟德是依；但將修繕皇宮之眾材賜予百姓修整水患損毀之廬舍，並拆除舊有宮苑以繼之，則似乎非具有悲天憫人之心不能辦。

十七、貞觀十六年，國初功臣党仁弘涉貪，罪當死，太宗謂侍臣曰：「吾昨見大理五奏誅仁弘，哀其白首就戮，方晡食，遂命撤案；為之求生理，終不可得，今欲曲法就公等乞之。」〔註 169〕不忍見臣子之白首就戮，因之情傷，

〔註 166〕《資治通鑑》卷一百九十四，頁 6101。
〔註 167〕《資治通鑑》卷一百九十五，頁 6131。
〔註 168〕《漢書‧董仲舒傳》，頁 2498。此為仲舒「天人三策」第一策中之句。
〔註 169〕《資治通鑑》卷一百九十六，頁 6182。

食難下咽，固已顯現太宗悲憫之情懷，而放下君王身段向臣下爲罪人乞命，尤爲高居九五之尊者之所難。党仁弘終得免於誅戮，流放欽州。（党仁弘事，詳見本文第三章第二節六：「兢兢業業，奉法畏天。」）

十八、貞觀十六年十二月，太宗獵於驪山。「上登山，見圍有斷處，顧謂左右曰：『吾見其不整而不刑，則墮軍法；刑之，則是吾登高臨下以求人之過也。』乃托以道險，引轡入谷以避之。」〔註 170〕陷於墮軍法與求人過之兩難，然未始無不忍刑人之同情心在。

十九、侯君集參與太子承乾之謀反，事發繫獄，其婿賀蘭楚石復揭發諸多謀反事證，太宗傳見侯君集謂曰：「『朕不欲令刀筆吏辱公，故自鞫公耳。』君集初不承。引楚石具陳始末，又以所與承乾往來啓示之，君集辭窮，乃服。上謂侍臣曰：『君集有功，欲乞其生，可乎？』群臣以爲不可。上乃謂君集曰：『與公長訣矣！』因泣下。君集亦自投於地，遂斬之於市。」〔註 171〕對叛逆之故人能設想並力求其生至如此程度，可謂仁至義盡矣。若只就此處之記述觀察，或無人可以否認太宗是既明於國法，又富於情義之仁君。本文第四章第二節二析論侯君集前此諸事及太宗之絕患於疑手法，則對君王之仁心作全然之否定。孰是孰非，且存此一問。

二十、李安儼以參與承乾謀反案服誅，「李安儼父，年九十餘，上愍之，賜奴婢以養之。」〔註 172〕謀反乃十惡之首的重罪，株連親族，〔註 173〕但男夫八十歲以上有篤疾者已可免死，而太宗哀憐李安儼父之老年喪子，特賜奴婢以終養，具見愍老及於罪人之仁慈。

二一、貞觀十九年，太宗親征高麗，三月，車駕至定州，部卒中有染病者，「上見病卒，召至御榻前存慰，付州縣療之，士卒莫不感悅。」〔註 174〕帝王垂問士卒，以至尊存慰至卑，況乃召至近身之御榻前！士卒體會君王之悲憫情懷，能不奮命爲之效死乎！

〔註 170〕《資治通鑑》卷一百九十六，頁 6182。

〔註 171〕《資治通鑑》卷一百九十七，太宗貞觀十七年，頁 6194。（按：《通鑑》此段文字，本章第一節三（十三）曾大部分徵引，斯時乃針對太宗之泣與淚爲之計數，此處再度全文徵引，則爲敘述其仁義，冗贅或爲不得不爾。）

〔註 172〕同上註，頁 6195。

〔註 173〕《唐律・賊盜一》諸謀反及大逆者皆斬，父子年十六以上皆絞，十五以下及母女妻妾、祖孫兄弟姐妹，若部曲資財田宅，並沒官。男夫年八十及篤疾，婦人年六十及廢疾者並免。伯叔父兄弟之子，皆流三千里，不限籍之同異。（見《唐律疏議》卷第十七・三、賊盜，頁 40。）

〔註 174〕《資治通鑑》卷一百九十七，頁 6218。

二二、征高麗大軍經十餘日奮戰，於貞觀十九年五月十七日攻克遼東城（今遼寧省遼陽縣），遼東城左近之白巖城請降，既而中悔，太宗怒其反覆，曾下令軍中，攻克白巖後以城中人物賞賜戰士。六月一日，大軍進擊白巖城西南，城主孫代音遣心腹請降，而太宗受之，於時，「李世勣帥甲士（將領）數十人請曰：『士卒所以爭冒矢石，不顧其死者，貪虜獲耳；今城垂拔，奈何更受其降，孤戰士之心！』上下馬謝曰：『將軍言是也，然縱兵殺人而虜其妻孥，朕所不忍。將軍麾下有功者，朕以庫物賞之，庶因將軍贖此一城。』」〔註175〕先王的不忍人之心〔註176〕與太宗的「朕所不忍」，正是古今同調；而以自家國庫之資財爲敵方生靈贖命，並降階向屬下之將軍求情，古今之英明帝王，幾人能夠！

二三、白巖城歸降，城內尋見奉遼東城長史之妻兒來此之省事（猶侍從），蓋長史爲其部下所殺，省事乃護送其妻兒投奔白巖城。「上憐其有義，賜帛五匹；爲長史造靈輿，歸之平壤。」〔註177〕有情有義者人所共欽，太宗相應省事之義行，對之憐惜而行之義事，亦傳諸青史爲世人共欽。

二四、太宗渡遼河之前半月（四月二十六日），李世勣等先遣部隊已攻陷高麗之蓋牟城（今遼寧省撫順縣），俘虜其軍民二萬餘人，其中有莫離支（高麗執政官）淵蓋蘇文由加尸城（在平壤西南）派往戍守之七百士卒在內。自是，七百人請從軍爲大國效力。「上曰：『汝（等）家皆在加尸，汝爲我戰，莫離支必殺汝妻子，得一人而滅一家，吾不忍也。』戊戌，皆廩賜遣之。」〔註178〕「得一人而滅一家，吾不忍也。」再次展現天國君王的不忍人之心。

二五、大軍激戰，往往傷亡盈野，對陣亡者，己方得勝則就近覓適當之地營葬，己方不利則棄之戰地，任其暴屍草莽，似已爲古今通則，此所以有「可憐無定河邊骨，猶是深閨夢裏人」〔註179〕之嘆，初唐開國，太宗（時爲秦王）多年征戰，自是深識此中況味。唐軍四月初渡遼河，連月攻戰，傷亡已多，「己卯（七月十三日），詔標識戰死者屍，俟軍還與之俱歸。」〔註180〕

〔註175〕《資治通鑑》卷一百九十八，太宗貞觀十九年，頁6222。

〔註176〕孟子有：「先王有不忍人之心，斯有不忍人之政；以不忍人之心行不忍人之政，治天下可運之掌上。」（見《孟子・公孫丑》。）

〔註177〕《資治通鑑》卷一百九十八，太宗貞觀十九年，頁6223。

〔註178〕同上註。

〔註179〕唐・陳陶〈隴西行〉七絕之句，全詩爲：「誓掃匈奴不顧身，五千貂錦喪胡塵。可憐無定河邊骨，猶是深閨夢裏人。」（見《全唐詩》，頁4405。）

〔註180〕《資治通鑑》卷一百九十八，太宗貞觀十九年，頁6227。

看似一紙詔令，其間耗損之人力物力，或將大至無從估算，但能稍慰陣亡將士家人之心，少卻許多「春閨夢裏人」之思與痛，亦乃君王仁心之所至。

二六、親征高麗，雖未得遂所志，但亦是全軍班師，且有虜獲。「諸軍所虜高麗民萬四千口，先集幽州，將以賞軍士，上愍其父子夫婦離散，命有司平其直，悉以錢布贖爲民，讙呼之聲，三日不息。十一月，辛未，車駕至幽州，高麗民迎於城東，拜舞呼號，宛轉於地，塵埃彌望。」〔註 181〕被賞予軍士則爲奴，太宗命有司以國庫之錢布，贖敵國之俘虜爲民，奴與民之間，相去之境遇有如天壤，而太宗之出發點，在「愍其父子夫婦離散」，則高麗民之拜舞呼號，宜乎爲聖德天子仁心之回響。

二七、回顧前有之事：「上嘗幸未央宮，辟仗（開路清道之衛士）已過，忽於草中見一人帶橫刀，詰之，曰：『聞辟仗至，懼不敢出，辟仗者不見，遂伏不敢動。』上遽引還，顧謂太子：『茲事行之，則數人當死，汝於後速縱遣之。』又嘗乘腰輿，有三衛誤拂御衣，其人懼，色變，上曰：『此間無御史，吾不汝罪也。』」〔註 182〕因過失而使君王有陷入危險之可能者，其罪當誅；因過失而對君王有不敬之行止，罪亦不在小，太宗因憐憫之心而曲意縱放誤罹罪網者，情與法的兩端，或亦曾使聖明之君王一時陷於難以取捨之矛盾。

二八、貞觀二十年五月，首征高麗未遂所志而還師不久，方圖再舉，「高麗王藏及莫離支蓋金遣使謝罪，並獻二美女，上還之。」〔註 183〕《政要》記此事較詳（唯記年落於貞觀十九年），其云：「高麗王高藏及莫離支蓋蘇文遣使獻二美女，太宗謂其使云：『朕憫此女離其父母兄弟於本國，若愛其色而傷其心，我不取也。』並卻還之本國。」〔註 184〕悲憫之心，一如貞觀五年十一月之遣歸新羅所獻美女二人（見本節十一），歲月流逝，十五年之後對比同樣事例，太宗之仁心似仍未改。

前舉太宗之二十八事，載之史冊，其爲實事應無可疑，所須辨識者，其乃屬「由仁義行」的安而行之，或是「行仁義」的利而行之（或勉強而行之）？

〔註 181〕《資治通鑑》卷一百九十八，太宗貞觀十九年，頁 6231。

〔註 182〕同前註，頁 6235。

〔註 183〕《資治通鑑》卷一百九十八，太宗貞觀二十年，頁 6236。

〔註 184〕《貞觀政要・貢賦》。按：《政要》記此事於貞觀十九年，實爲誤植，史家亦有言及於此者。蓋貞觀十八年十一月，唐之征高麗大軍已由水陸兩路分道出擊，直至貞觀十九年九月，雙方均在交戰之中。太宗於十九年九月十八日下令班師，因病癰，一路緩行，貞觀二十年三月七日始返回京師（以上均依《通鑑》記事），故貞觀十九年絕不可能有高麗遣使謝罪、進獻美女之事。

〔註185〕雖然，「或安而行之，或利而行之，或勉強而行之，及其成功一也。」〔註186〕太宗畢竟是史上卓越成功的帝王之一！

儒家所推重的仁義之事，以儒解儒，或較能推得太宗所行仁義之事的眞趣。

吳兢撰《貞觀政要》，旨在仁義者，有〈仁惻〉、〈仁義〉二篇，〈仁惻〉記出宮人、出御府金贖因旱鬻子女歸其父母、辰日哭張公謹之喪、征高麗時召病卒至御床前存問，回軍時哭祭陣亡將士以及攻白巖時爲李思摩中流矢之創處吮血諸事，俱在本文記述之內；〈仁義〉篇記太宗言仁義之四事，一爲貞觀元年言古來帝王以仁義爲治者，國祚延長，故「今欲專以仁義誠信爲治」；二爲貞觀二年言爲國之道，必須撫之以仁義，示之以威信；三爲貞觀四年評煬帝之滅亡乃因仁義不修而群下怨叛；四爲貞觀十三年謂侍臣：「仁義積則物自歸之，行仁義，則災害不生，仁義之道，當思之在心，常令相繼。」吳兢記其事與言，不加臧否，但由其選材（遠遠不及《通鑑》之多）亦頗具彰美之意。

《舊唐書》與《新唐書》對太宗之功德稱揚備至，對太宗之仁義、仁惻全未著墨（未予針砭）〔註187〕。宋代以後的儒者針對太宗仁義之評論，則是一片撻伐。王夫之由玄武門事件及太宗命房玄齡「直書其事」（見《資治通鑑》卷一百九十七，頁6203）評曰：「太宗以奪大位爲心，有不可示人之巨慝乎？至於自敕直書，而太宗不可復列於人類矣。……天子之不仁者：『吾

〔註185〕以人有仁義等四端，孟子曰：「人之異於禽獸者幾希，庶民去之，君子存之。舜明於庶物，察於人倫，由仁義行，非行仁義也。」（見《孟子・離婁》）由仁義行，乃是順仁德與義理行事的安而行之，行仁義則是因知仁義之美的利而行之或勉強而行之。

〔註186〕《中庸》第二十章，孔子答哀公之問政。

〔註187〕《舊唐書》之編修，本紀（其末附有評贊）由張昭遠（後晉高祖石敬瑭朝中之户部侍郎）負責，其評太宗云：（以）況周發、周成之世襲，我有餘妍：較漢文、漢武之恢弘，彼多慚德。迹其聽斷不惑，從善如流，千載可稱，一人而已！（頁63）《新唐書》本紀部分由歐陽修擔綱，其評太宗云：「盛哉，太宗之烈也！其除隋之亂，比迹湯舜；致治之美，庶幾成、康。自古功德兼隆，由漢以來未之有也。」（頁48）（以上均見舊、新《唐書・太宗本紀》之「贊」或「史臣曰」。學者將史家入於儒者，一由於對所見者之出生背景，而已故耶魯大學歷史學講座教授芮沃壽針對《隋書》之評論亦爲動因，芮氏云：「（由煬帝周圍的倖臣）這一可能眞正導致國家滅亡的結構，肯定使以後的（全是儒家的〔按：原文如此〕）史學家對煬帝苛加指責。」見《劍橋中國隋唐史》，頁126。）

以天下故殺兄弟也』……史者，垂於來今以作則者也。導天下以不仁，而太宗之不仁蔑以加矣。」〔註 188〕戈直之評太宗：「太宗之於仁義也，慕其名而不得其實，喜其文而不究其本，……其於聖人之仁義，蓋外似而內違，名同而實乖也。」〔註 189〕宋儒唐仲友謂：「仁義是君王之道，……太宗謂仁義，乃在制度紀綱而已。」〔註 190〕朱子更以：「太宗之心，則吾恐其無一念之不出於人欲也，且以其能假仁借義，以行其私，而當時與之爭者，才能知術既出其下，又不知有仁義之可飾，是以彼善於此，而得以成其功耳。」〔註 191〕評騭太宗之仁義者非止上述諸人，時代更由宋、元綿亙至明末清初，由諸儒之論，則前列二十八事與太宗之所言，其爲仁義或乃以仁義爲掩飾之術用，蓋已可一目瞭然矣。

筆者亦以爲，當國已大治，民裕財豐時，諸如剗削京觀、收葬枯骨、贖回流離異域之國人、以庫物贖降者之一城等，君王旨出令行，立而可辦。太宗諸多「仁義」之言行，也應與其尋求歷史定位有關，〔註 192〕朱子謂其「假仁借義」，由人欲之觀點而言，確有其道理在。當貞觀五年，憐美女之別家而遣還新羅進獻之美女二人，（貞觀二十年亦遣還高麗所進獻之二美女，見《資治通鑑》，頁 6236。）對比其貞觀十六年欲以公主下嫁薛延陀可汗之「苟可利之，何愛一女！」〔註 193〕頗使人爲此一代聖君之「仁義」汗顏。

法家非不知仁與義，〔註 194〕但卻不以仁義爲治道之用。其治道建基於對

〔註 188〕王夫之：《讀通鑑論》卷十一，頁 504。

〔註 189〕《貞觀政要・政體・諸儒集論》，頁 35。

〔註 190〕《貞觀政要・仁義・諸儒集論》，頁 235。

〔註 191〕陳亮：《龍川文集・附錄》朱子之「論漢祖唐宗只是暗合於道答陳同甫」，頁 374。按：本文第一章之立論基礎曾以此入論。

〔註 192〕霍華德・韋克斯勒教授謂：「太宗是一位非常自覺的帝王，深切關心他留給後世的形象。（他的）許多公開的舉止，與其說似是出自本心，倒不如說是想得到朝官——尤其是起居注官——讚許的願望。」（見《劍橋中國隋唐史》，頁 189。）

〔註 193〕貞觀十六年，太宗謂侍臣云：「薛延陀屈強漠北，今御之止有二策，苟非發兵殄滅之，則與之婚姻以撫之耳，二者何從？」房玄齡對曰：「中國新定，兵凶戰危，臣以爲和親便。」上曰：「然。朕爲民父母，苟可利之，何愛一女！」（見《資治通鑑》，頁 6180。）

〔註 194〕集法家大成之韓非有云：「夫天性仁心固然也。」（見《韓非子・外儲說左下》，頁 525。），「仁者，謂其中心欣然愛人也，……義者，君臣上下之事也，父子貴賤之差也，知交朋友之接也，親疏內外之分也，臣事君宜，下懷上宜，子事父宜……」（見《韓非子・解老》，頁 724。）（按：並不及於上對下之「君接臣宜」）

人性趨利避害與好利自爲之掌控上，〔註 195〕學者有謂：「《韓非子》通篇所論，莫非人欲也。」〔註 196〕則朱子所言太宗或無一念之不出於人欲，則已直射其對「仁義（仁惻）」之所爲所言，固在以其爲術用。君王之「人欲」何在？其欲壽延千年，國祚萬代自不待論，但此則非自身之可以致力者。自突厥臣服，貞觀成治，太宗以詔命御使臣民，以「天可汗」命使四夷，實已爲華夷之共主，後期破吐谷渾、平高昌、滅薛延陀後，言事功應已史罕其匹，太宗亦頗有意氣風發之色，〔註 197〕其於三皇五帝之業，僅或德與仁有所虧欠而已。〔註 198〕貞觀十四年，魏徵在其〈論治道疏〉中，尚有「以陛下之聖明，以當今之功業，誠能博求時俊，上下同心，則三皇可追而四，五帝可俯而六矣。」〔註 199〕則追求歷史之定位，積德、累仁自不可少，而累仁亦可以積德。有仁心者，固可以由仁義行，無仁心者，亦可以因利（歷史定位）之所在而行仁義，以君王之權與勢，一言一令，諸多「仁義」之行事立而可致。

綜以上論析，則太宗所爲之仁、義二十八事，宜多歸於法家言政之術用，而與儒家之由仁義行少涉焉。

第四節　術制四夷、方遇佛道

四夷之爲中國患，由來已久，由秦至隋，中國盛則四夷稍安，中國亂則

〔註 195〕韓非云：「凡治天下，必因人情，人情有好惡，故賞罰可用，賞罰可用，故禁令可立，而治道具矣。」（見《韓非子・八經》，頁 150。）

〔註 196〕謝雲飛：《韓非子析論》，頁 144。

〔註 197〕太宗於貞觀二十年八月幸漢故甘泉宮，有詔云：「戎、狄與天地俱生，上皇並列，流殃構禍，乃自運初。朕聊命偏師，遂擒頡利；始弘廟略，已滅延陀。鐵勒百餘萬户，散處北溟，遠遣使人，委身内屬，請同編列，並爲州郡；混元以降，殊未前聞，宜備禮告廟，乃頒示普天。」（見《資治通鑑》卷一百九十八，頁 6239。）二十一年三月，自謂：「朕於戎、狄所以能取古人所不能取，臣古人所不能臣者，皆順眾人之所欲故也。」同年五月，問侍臣曰：「自古帝王雖平定中夏，不能服戎、狄。朕才不逮古人而成功過之，自不諭其故，諸公各率意以實言之。」（見《資治通鑑》卷一百九十八，頁 6246、6247）

〔註 198〕太宗嘗問魏徵對其積德、累仁、豐功、厚利之評價，魏徵答以：「德、仁、功、利，陛下兼而行之。然則内平禍亂，外除戎狄，是陛下之功。安諸黎元，各有生業，是陛下之利。由此言之，功利居多，惟德與仁，願陛下自強不息，必可致也。」（見《貞觀政要・君臣鑒戒》，貞觀十六年，頁 141。按：《冊府元龜》及《魏文貞公年譜》記魏徵爲此言在貞觀十五年。）

〔註 199〕《貞觀政要・君臣鑒戒》，頁 138。

邊禍連年，貞觀朝則爲此一情勢開一新局。佛教自東漢時傳入，盛於五代，貞觀時期仍普遍受人重視，道教在其與佛教的爭勝抗衡中，始終有眾多信徒膜拜，太宗在諸多層面的考量下，也自有其運用與因應之道。本節謹就此二主題究探論述。

一、威服與德化之兩用

太宗登基甫二十日，突厥頡利可汗即揮重兵進抵與長安僅一水之隔的渭水便橋之北，雖以「白馬之盟」而突厥退兵，但此一屈辱下之盟約，亦令太宗念念不忘者久之。（渭橋白馬之盟諸事，見本文第二章第五節，振武修文及相關引註。）如何「攘夷」，太宗或曾在「耀兵振武，懾服四夷」與「偃革興文，布德施惠」之間往復思考，〔註 200〕考諸其後行事，修文固矣，但革絕未嘗偃，而「耀兵振武」、「布德施惠」則在安中國與服四夷之目標中扮演重大角色，亦獲致莫大之成效。

先云耀兵振武。貞觀一朝，四夷之遭降服及滅國者，有突厥（東突厥）、吐谷渾、薛延陀等「大邦」，高昌、伊吾、焉耆、龜茲等小國。大唐疆域之超逾秦漢，絕多均係由於武力之征取。部分非以武力而「自動」歸附者，亦皆因懾於唐之國力與兵威，在強鄰壓境與優渥條件之誘引下，少有選擇。〔註 201〕而以武力征取者，其獲地之廣與收戶之眾，又遠倍於歸附者。〔註 202〕振武而

〔註 200〕《貞觀政要・論誠信》記云：「太宗嘗謂長孫無忌等曰：『朕即位之初，有上書者非一，或言人主必須威權獨任，不得委任群下；或欲耀兵振武，懾服四夷。惟有魏徵勸朕偃革修文，布德施惠，中國既安，遠人自服。朕從此語，天下大寧，絕域君長，皆來朝貢，九夷重譯，相望於道。』」（見原書頁 282）

〔註 201〕其要者，如貞觀二十年攻滅薛延陀後，原歸附於薛延陀之回紇、僕骨、多濫葛、拔野古、同羅、思結、斛薛、奚結、渾、阿跌、契苾等各有領地之部族各遣使入貢，「乞置官司，養育奴等。」（見《資治通鑑》卷一百九十八，頁 6239。）蓋以唐設置之羈縻府州，其對歸附四夷之待遇，權利義務皆優於漢人府州（見第二章第五節「羈縻和親」）。貞觀二十一年所設置之瀚海府、金微府、燕然府、幽陵府、龜林府、盧山府、泉蘭州、高闕州、雞鹿州、雞田州、榆溪州、蹛林州、寘顏州等，原皆爲前述各部族之領地。

〔註 202〕攻滅東突厥後，「處突厥降眾，東自幽州，西至靈州；分突利故所統之地，置順、祐、化、長四州都督府；又分頡利之地爲六州，左置定襄都督府，右置雲中都督府，以統其眾。」（見《資治通鑑》卷一百九十三，太宗貞觀四年，頁 6077。）降服伊吾後，以其地置西伊州，滅高昌後，「下其二十二城，戶八千四十六，口一萬七千七百，地東西八八里，南北五百里。」（見《資治通鑑》卷一百九十五，太宗貞觀十四年，頁 6155。）以其地爲西州。

有武威，故能威服遠人，宰制夷夏，正如太宗所自言之「取古人所不能取，臣古人所不能臣」〔註203〕雖不免有驕人之氣，亦紀實焉。

至於「布德施惠」，本章之序端曾以西方學者「德乃執政者役使臣民之兩面手法」爲言，此處將「臣民」以「四夷」代之，以見太宗以「布德施惠」作爲制夷之術的端倪。

貞觀十八年，太宗將親征高麗而群臣諫請其留鎮洛陽，另遣諸將東征，以防前此徙置河南（距京師不遠）之突厥部族蠢動時，太宗嘗語云：「人主患德澤不加，不必猜忌異類。蓋德澤洽，則四夷可使如一家；猜忌多，則骨肉不免爲讎敵。」〔註204〕其內心猶視四夷爲異類，而「德澤洽，則四夷可『使』如一家」，太宗以德澤爲役使四夷之術道，其意亦已至明矣。

太宗「布德施惠」之「德澤」，屬於對四夷懷柔之一面，施行之法約有下列數端：

（一）對四夷的上層人物，授之以官爵。貞觀四年，以右武衛大將軍史大奈〔註205〕爲豐州都督，而平服東突厥以後之各部落上層人物，「其餘酋長至者，皆拜將軍中郎將，五品已上百餘人，殆與朝士相半。」〔註206〕而貞觀一朝所設置之羈縻府、州、縣，其都督、刺史與縣令，皆以各部族之首領任之。

（二）輕其傜賦。一般之夷民，無須服傜役（漢人之編戶則無此優遇），僅酋長之子弟，定期入京作爲時短暫之宿衛，而羈縻府州上繳朝庭之賦亦遠低於漢人地區，僅具象徵性，夷民亦因之殊少負擔。

（三）愼選通達蕃情且廉潔幹練之能臣以理邊務。直接對四夷行使管、訓、教之邊務大臣，其對夷民之福樂影響至大，太宗對出任斯等職務者，多予愼選。如：「并州大都督長史李世勣在州十六年，令行禁止，民夷懷服。」〔註207〕李大亮爲貞觀名臣，秉性忠誠謹愼，才幹德行可比漢初名臣王陵、周勃（本傳贊云：「大亮才德，陵、勃名隨」）任邊陲地區之交州、涼州都督多

〔註203〕《資治通鑑》卷一百九十八，太宗貞觀二十一年，頁6246。

〔註204〕《資治通鑑》卷一百九十七，頁6216。

〔註205〕史大奈原爲西突厥之特勤（可汗之子），煬帝時即已入隋爲官。李淵起兵太原，大奈率其部眾相從，又隨李世民於唐初掃平群雄之征戰，頗著戰功。

〔註206〕《資治通鑑》卷一百九十三，頁6078。

〔註207〕《資治通鑑》卷一百九十六，太宗貞觀十五年，頁 6170。「民夷懷服」句，舊、新《唐書‧李勣傳》皆作「號爲稱職」。

年，太宗特爲信任，〔註 208〕其任西北道安撫大使時，招撫伊吾一帶散落之大度設、拓設、泥熟特勤及七姓種落，夷民多所降附。張儉招慰安集思結部落，存綱紀、推誠心，亟獲夷民信任，〔註 209〕後檢校代州都督，勸導移入代州之思結部族營田，每年豐熟，儉又奏請朝廷以市價收購蕃民蓄積之糧食以充邊儲，「部落喜，而營田轉力，而邊備實焉。」〔註 210〕郭孝恪爲貞觀名將，自少即有胸懷氣節，貞觀十六年，任安西都護、西州刺史（西州爲高昌舊都所在），「高昌舊民與鎮兵及謫徙者雜居西州，孝恪推誠撫御，咸得其歡心。」〔註 211〕李素立於貞觀二十一年任燕然都護府都護，統領瀚海、皋蘭等府、州邊地，「素立撫（夷民）以恩信，夷落懷之，共率馬牛爲獻，素立唯受其酒一盃，餘悉還之。〔註 212〕謝叔方「歷遷西、伊二州刺史，善綏邊鎮，胡戎愛而敬之，如事嚴父。」〔註 213〕

太宗之精選邊務大臣，甚或有不顧臣子之意願者，貞觀二年，詔諭「才兼文武、廉平公直」之瀛州刺史盧祖尙出任諸蠻所在的荒僻之所的交趾都督，盧初則唯唯不敢拒，其後以病堅辭，太宗怒而斬盧祖尙於金鑾殿前，之後亦悔行事之孟浪。（詳見本文第三章第四節「以法把持天下」）

（四）致力於夷夏間之平，毋使遠方之人有重漢輕夷之感覺。太宗固嘗爲李勣剪鬚和藥（見本章第一節「以術御人，天機神隱」），爲李道宗之足傷親手以針刺病（事在貞觀十九年太宗親征高麗的安市之戰，見本章第二節「降尊趨卑，融情入術」），亦曾對受箭傷之突厥李思摩「親爲之吮血」（事在貞觀十九年五月征高麗的白巖城之戰，見本章第二節），爲受槊刺重創的契苾何力（鐵勒族人）親手傅藥（事在貞觀十九年征高麗的白巖城之戰，約與李思摩之受箭創同時，見本章第二節），其臣下所受之親炙關愛，無分夷夏——帝術之所及，無分夷夏——尤有甚者，貞觀九年伐吐谷渾的赤水之戰，統軍薛萬均排毀契苾何力，妄以何力之功爲己功，太宗知情後，怒而欲解萬均之官以

〔註 208〕太宗曾下之書云：「以卿兼資文武，志懷貞確，故委藩牧，當茲重寄。」（見《舊唐書・李大亮傳》，頁 2387。）

〔註 209〕張儉調職別任後，州官覺有異象，奏思結部落將叛，朝廷議發兵進討，起張儉爲使，就觀動靜。「儉單馬推誠，入其部落，召諸首領布以腹心，咸匍匐起顙而至。」（見《舊唐書・張儉傳》，頁 2776。）

〔註 210〕《資治通鑑》卷一百九十二，太宗貞觀四年，頁 6082。

〔註 211〕《資治通鑑》卷一百九十六，頁 6177。

〔註 212〕《資治通鑑》卷一百九十八，頁 6246。

〔註 213〕《舊唐書・謝叔方傳》，頁 4873。

授何力，因何力固辭而止。〔註 214〕幾乎使持夷夏之平轉爲重夷輕夏。貞觀二十一年六月，以官府貨財贖回被薛延陀擄掠之漢人，亦同樣贖回被擄掠之室韋、烏羅護、靺鞨族人，〔註 215〕其對夷夏的一視同仁，無法不贏得四夷的擁戴。太宗嘗言：「自古皆貴中華，賤夷、狄，朕獨愛之如一，故其種落皆依朕如父母。」〔註 216〕以父母待子女之心待狄夷，人所共見，薛延陀眞珠可汗即曾言：「(突厥）未破之時，歲犯中國，殺人以千萬計。臣以爲至尊克之，當翦爲奴婢，以賜中國之人；乃反養之如子，其恩德至矣。」〔註 217〕

對中華、夷狄愛之如一，謂對兩者出自以公平無私之關愛。「平」（或云公平）爲法家重要之理念，法家前輩管子，且以天、地至高至大之層次喻之；〔註 218〕商鞅之「壹刑」論述，〔註 219〕使法之公平性，跨越貴賤之界限；韓非更以「明主之道，必明於公私之分，明法制，去私恩」〔註 220〕以言君道之必須明於公私，蓋去私即入於公，入於平。太宗以「爲政莫若至公」稱美以法家治道理國的諸葛孔明；〔註 221〕即位未二閱月，即以「王者至公無私，故能服天下之心」〔註 222〕以訓臣下，可謂善具法家治道之理念者矣。

太宗以「耀兵振武」而懾服（或云征服）四夷，以「布德施惠」收四夷之心，威服與德化兩種手段交相使用，乃能使其「自古帝王雖平定中夏，不能服戎狄。朕才不逮古人而成功過之」〔註 223〕之語，言之無愧而擲地有聲。

〔註 214〕何力云：「陛下以臣之故解萬均官，群胡無知，以陛下爲重胡輕漢，轉相誣告，馳競必多。且使胡人謂諸將皆如萬均，將有輕漢之心。」（見《資治通鑑》卷一百九十四，頁 6115、6116。）

〔註 215〕太宗詔云：「隋末喪亂，邊民多爲戎、狄所掠，今鐵勒歸化，宜遣使詣燕然等州，與都督相知，訪求沒落之人，贖以貨財，給糧遞還本貫；其室韋、烏羅護、靺鞨三部人爲薛延陀所掠者，亦令贖還。」（見《資治通鑑》卷一百九十八，頁 6248。）

〔註 216〕《資治通鑑》卷一百九十八，太宗貞觀二十一年，頁 6247。

〔註 217〕《資治通鑑》卷一百九十七，太宗貞觀十八年，頁 6215。

〔註 218〕語云：「天公平而無私，故美惡莫不覆；地公平而無私，故小大莫不載。」（見《管子・形勢解》，頁 1294。）

〔註 219〕語云：「聖人之爲國也：壹賞，壹刑，壹教。……所謂壹刑者，刑無等級，自卿相將軍以至大夫庶人，犯國禁，亂上制者，罪死不赦。」（見《商君書・賞刑第十七》，頁 132～135。）

〔註 220〕《韓非子・飾邪》，頁 211。

〔註 221〕見《資治通鑑》卷一百九十二，太宗貞觀二年，頁 6048。

〔註 222〕《資治通鑑》卷一百九十二，高祖武德九年，頁 6023。按：太宗即位於武德九年甲子（八月九日），爲此言在當年己酉（九月二十四日），相去未二閱月。

〔註 223〕《資治通鑑》卷一百九十八，太宗貞觀二十一年，頁 6247。

二、和親夷狄與以夷制夷

「和親」一詞源於先秦，意謂和睦相親愛，並無彼此聯姻之關係。〔註224〕漢初婁敬建議高祖與匈奴和親，而爲漢（及其後）帝王延用，「和親」一詞方結合「修好」與「聯姻」兩重意義，而形成一種政策。〔註225〕但此種「政策」，實乃一種政治手段，有時以和親爲名，待目的達成後而卒無和親之實者。〔註226〕名實相符之和親亦有多例（見本文第二章第五節之「羈縻和親」），確也具因聯姻而修好之效果。

將和親視爲太宗御戎之「術」，可由太宗與臣下之對言見其端倪。貞觀十六年，太宗謂侍臣曰：

> 北狄代爲寇亂，今延陀倔彊，須早爲之所。朕熟思之，惟有二策：選徒十萬，擊而虜之，滌除凶醜，百年無患，此一策也；若遂其來請，與之爲婚媾，朕爲蒼生父母，苟可利之，豈惜一女？北狄風俗，多由內政，亦即生子，則我外孫，不侵中國，斷可知矣。以此二言，邊境足得三十年無事。舉此二策，何者爲先？〔註227〕

「苟可利之，豈惜一女」則和親之目的爲求「利之」，貞觀五年送歸新羅所獻美女的悲憫之心，早已忘諸腦後矣。以公主妻夷狄可汗，先作可汗之岳父，後作新可汗之外公，換得三十年邊境之無事，太宗之「策」，確爲其愼思熟慮之所出。蓋此時所針對者乃薛延陀之眞珠可汗，其麾下有勝兵二十萬，若欲「擊而虜之」，也必如房玄齡所云之「兵凶戰危，聖人所愼，和親之策，實天下幸

〔註224〕如《左傳·襄公二十三年》「中行氏以伐秦之役怨欒氏，而固與范氏和和親。」杜預注云：「范宣子佐中行偃於中軍」（見楊伯峻編：《春秋左傳注》，頁1074。）謂中行氏與范氏聯合以對付欒氏並無締姻之意；又：《周禮·秋官·象胥》記云：「掌蠻、夷、閩、貉、戎、狄之國史，掌傳王之言而諭說焉，以和親之。」（見楊家駱編：《周禮注疏及補正》，臺北市：世界書局，1978年8月，頁559。）「和親」僅指華夷間之修好行爲，亦無締姻之舉。

〔註225〕見朱振宏：《大唐世界與「皇帝·天可汗」之研究》，新北市：花木蘭文化出版社，2009年3月，頁73。

〔註226〕如武德五年高祖「遣使賂突厥頡利可汗，且許結婚」以換回武德四年被突厥拘留之李瓌（河間王李孝恭子）、鄭元璹、長孫順德。三人遣還後，未嫁公主，又復兵戎相見；貞觀十六年，太宗愛將之一的契苾酋長何力爲薛延陀所拘，太宗許以親生女新興公主下嫁薛延陀可汗以求何力，何力返，而下嫁公主事最後以絕婚告終。（見本文第二章第五節之「羈縻和親」及第三章第二節四之「誠信自許」）新興公主後降長孫曦。

〔註227〕《貞觀政要·議征伐》，頁412。

甚。」〔註 228〕太宗答允眞珠可汗遣使請婚之要求後（重要原因爲藉允婚換回被眞珠可汗居留之愛將何力，見本文第二章第五節之「羈縻和親」），產生之效果爲：眞珠可汗聞訊大悅，謂其國中曰：「我本鐵勒小帥也，天子立我爲可汗，今復嫁我公主……斯亦足矣。」〔註 229〕則太宗之術，可謂直擊夷酋之心。

文成公主與吐蕃棄宗弄讚之和親（事在貞觀十五年，詳本文第二章第五節四），亦有靖邊二十年之效，〔註 230〕終太宗之世，吐蕃始終對唐室（岳父）忠心不渝。〔註 231〕

另可一述者，太宗之「和親」以及具和親意味之以王室女下嫁內附之外夷上層人物，除二位公主爲皇妹外，〔註 232〕其餘五人全爲宗室女，〔註 233〕太宗之親生女則未嘗以之「和親」。〔註 234〕和親所受之聘禮豐厚，〔註 235〕外夷軍長之與唐和親者，均矢言效力唐廷，此或皆爲歷朝以公主和親之君王所望塵莫及者。〔註 236〕

〔註 228〕《貞觀政要・議征伐》，頁 412。

〔註 229〕《舊唐書・北狄・鐵勒傳》，頁 5346。

〔註 230〕《劍橋中國隋唐史》稱：「這次和親帶來了中國和吐蕃此後二十年的和平關係。」（見原書頁 229。）

〔註 231〕貞觀十九年，棄宗弄讚遣其相祿東贊來長安朝賀，奉表稱婿之外，另獻高七尺之鉅型金鵝一隻，製作精巧，中可盛酒三斛。貞觀二十二年，右衛率長史王玄策出使天竺，爲中天竺所掠（天竺有東、西、南、北、中五國，以中天竺最強），玄策遭擒後脱身宵遁，至吐蕃請援，棄宗弄讚發精兵一千二百人，由玄策指揮，會同泥婆國（臣屬於吐蕃者）之七千餘騎，一舉擊潰中天竺軍（《通鑑》卷一百九十九，太宗貞觀二十二年，頁 6257、6258 詳記此事）。棄宗弄讚特爲此遣使來獻捷。《舊唐書・吐蕃傳》誌此事。

〔註 232〕高祖第八女九江公主下嫁突厥之執失思力。高祖第十二女下嫁突厥之阿史那社爾。

〔註 233〕弘化公主嫁吐谷渾慕容諾曷鉢、文成公主嫁吐蕃棄宗弄讚、定襄縣主嫁突厥阿史那忠、臨洮縣主嫁鐵勒契苾何力、金城縣主嫁吐谷渾慕容蘇度摸莫。

〔註 234〕太宗親生二十一女，四人未嫁而早夭，十六人下嫁國人（見《唐會要・公主》卷六，頁 63）。其第八女普安公主下嫁史仁表，仁表爲史大奈之子，史大奈原爲西突厥之特勤（可汗之子），煬帝時已入朝爲官，李淵起兵，大奈率部投效，卓立戰功，追隨李世民平定薛舉、王世充、竇建德、劉黑闥等，功績超群，且深獲李世民賞識，在貞觀初年檢校豐州都督，封竇國公。太宗以普安公主下嫁史大奈之子史仁表，或不能謂之「和親」。

〔註 235〕如貞觀十六年薛延陀「獻馬五萬匹、牛駝一萬、羊十萬以請婚」（見《舊唐書・太宗本紀》）即爲一例。

〔註 236〕和親政策一般皆行之於中原王朝國勢衰微之時，「和親」之名亦往往與屈辱、妥協相關或同義，貞觀一朝在國勢隆盛時與外夷和親，自具有不同之意義。

以夷制夷謂利用外夷不同族類間之矛盾衝突，使之削弱或互爲牽制，〔註237〕貞觀一朝之以夷制夷，表現於下述二個層面：

（一）以冊封之方式，使受封者爲唐之民族政策（針對外夷者）服務。以此術行之者有四次：

1. 貞觀二年，冊封薛延陀俟斤夷男爲可汗。其時太宗方圖對抗突厥頡利可汗，突厥北部諸胡族多有叛頡利而歸薛延陀者，彼等共推薛延陀之俟斤夷男爲可汗，而夷男因懼頡利而不敢當，太宗乃遣游擊將軍喬師望間道齎冊書封夷男爲眞珠毗伽可汗，賜以鼓纛。「夷男大喜，遣使入貢，建牙於大漠之鬱督軍山下，東至靺鞨，西至西突厥，南接沙磧，北至俱倫水；廻紇、拔野古、阿跌、同羅、僕骨、霫諸部落皆屬焉。」〔註238〕次年眞珠毗伽可汗遣其弟統特勒入貢，太宗賜以寶刀及寶鞭，謂曰：「卿所部有大罪者斬之，小罪者鞭之。」〔註239〕突厥頡利可汗因而大懼，始遣使稱臣，請尚公主，脩婿禮。

2. 突厥頡利可汗敗亡之後，北方空虛，薛延陀眞珠可汗乃帥其部落，將原在鬱都軍山下之龍庭移至都尉犍山之北與獨邏水之南二處，立其二子拔酌、頡利苾分主南、北部，有勝兵二十萬。太宗以薛延陀漸趨強盛，恐日後難制，貞觀十二年九月，冊封拔酌、頡利苾爲小可汗，「各賜鼓纛，外示優崇，實分其勢。」〔註240〕

3. 太宗於貞觀四年滅東突厥之後，遷其降眾十餘萬於河南朔方，封其酋長以上者爲官，突厥人之入居長安者近萬家。結社率事件〔註241〕之後，群臣

對太宗之和親，亦有持反議者，宋儒胡寅以「人各有偶，天子之女，非外夷所當偶，昏世愚主，則何較焉。漢高祖、唐太宗，不世出之英主，而皆以外夷爲子婿，人君見有不及，則藉群臣而正之，房公狃於漢故，不知遠稽先王（指房玄齡對答太宗之「和親使」）豈非可嘆之甚邪！……嫁女以結其心（謂答允薛延陀之和親），而太宗君臣正爾都俞，不亦鄙歟！」（見《貞觀政要．議征伐．集論》，頁412。）

〔註237〕《後漢書．鄧訓傳》有「議者咸以羌胡相攻，縣官之利，以夷伐夷，不宜禁護」或爲「以夷制夷」一語之原始出處。（見原書頁143。）

〔註238〕《資治通鑑》卷一百九十三，頁6061、6062。

〔註239〕同上註，頁6065。

〔註240〕《資治通鑑》卷一百九十五，頁6140。

〔註241〕結社率爲突利可汗之弟，貞觀三年隨其兄歸唐，授升中郎將，居家無賴，爲突利叱責，憤而誣告突利謀反，太宗恥其爲人，久久不爲遷調。結社率陰結其舊部四十餘人，欲趁晉王四鼓出宮，開門辟仗時馳入宮門，直指太宗御帳，以建立驚天動地之「功業」。貞觀十三年四月十一日，擁突利之子賀邏鶻趁夜埋伏宮外，等待四鼓時發動。不巧當晚大風，晉王未出宮，結社率恐天明後

多云突厥留河南不便，太宗亦悔當初未用魏徵之言，〔註 242〕於是冊立李思摩（阿史那思摩後賜姓李，即追隨頡利，不棄不離，與頡利同時就擒者，見本文第二章第二節四「褒忠」。李思摩此時爲右武侯大將軍、化州都督、懷化郡王）爲乙彌泥孰俟利苾可汗，賜之鼓纛，率領最初安置於河南朔方之突厥人及安置於諸州之胡人，渡黃河返回其故地，建牙於頡利舊龍庭所在處之定襄。太宗之意在使所冊封者世作藩屏，長保邊塞，而阻抑日趨強盛之薛延陀更屬當下籌略的目標之一。俟利苾可汗建牙後，奏言：「臣非分蒙恩，爲部落之長，願子子孫孫爲國家一犬，守吠北門。」〔註 243〕

4. 貞觀十五年西突厥沙鉢羅葉護可汗屢次遣使入貢，「秋，七月，甲戌，命左領軍將軍持節卽其所號立爲可汗，賜以鼓纛。」〔註 244〕其時西突厥正分裂爲「南庭」與「北庭」，雙方時有衝突，沙鉢羅葉護可汗主控南庭（乙毗咄陸可汗主控北庭），《劍橋中國隋唐史》稱太宗之冊封沙鉢羅葉護可汗爲「太宗巧妙地運用傳統的『以夷制夷』政策，以保持西突厥內部的不和。」〔註 245〕

（二）徵召已歸附夷族之兵馬從征，以討伐未歸附之夷族。貞觀四年太宗平東突厥後，以其地爲羈縻府州。〔註 246〕（羈縻府州詳本文第二章第五節四）中央有外事，羈縻府州之首長（原爲各部族之首領）有接受軍事徵發之義務，率領其屬下部眾參加朝廷對外之軍事征戰。〔註 247〕自貞觀八年至貞觀

行跡敗露，乃進犯行宮，衝破四層防衛之宮門，弓矢亂發，衛士死者數十人。在折衝孫武開帥眾奮擊之下，結社率知不能得逞，乃馳入御廄，盜馬二十餘匹，北走，渡渭河，欲投奔其部落，但爲官軍追獲，斬首。

〔註 242〕貞觀四年攻滅東突厥之後，朝議如何處置其降眾，魏徵力主置降者於其故地，不可徙處於中國，其言云：「突厥世爲寇盜，百姓之讎也。今幸而破亡，陛下以其降附，不忍盡殺，宜縱之使還故土，不可留之中國。夫戎狄人面獸心，弱則請服，強則叛亂，固其常性。今降者眾近十萬，數年之後，蕃息倍多，必爲腹心之患，不可悔也。晉初諸胡與民雜居中國，郭欽、江統，皆勸武帝驅出塞外以絕亂階，武帝不從。後二十餘年，伊、洛之間，遂爲氈裘之域，此前事之明鑒也！」（見《資治通鑑》卷一百九十三，頁 6076。）

〔註 243〕《資治通鑑》卷一百九十六，太宗貞觀十五年，頁 6165。

〔註 244〕《資治通鑑》卷一百九十六，頁 6168。沙鉢羅葉護可汗爲其國人所立，太宗即其所號立之，意義上乃轉爲可汗爲大唐天子所冊立。

〔註 245〕《劍橋中國隋唐史》，頁 223。

〔註 246〕唐之羈縻府州制由斯而起。由貞觀至開元，蠻夷之內屬者，皆就其部落屬地爲羈縻府州，多至八百五十六府州。

〔註 247〕其非內屬而對皇帝進貢稱臣（如吐蕃）者，無接受軍事徵召之義務，但得應皇帝之詔書而發兵。

二十三年，此種有夷族兵馬參予（有時全爲夷族兵馬）之對外戰事約如下述：

1. 貞觀八年六月討伐吐谷渾，「遣左驍衛大將軍段志玄爲西海道行軍總管，左驍衛將軍樊興爲赤水道行軍總管，將邊兵及契苾、党項之眾以擊之。」〔註 248〕契苾、党項二族之兵馬參予此次征討。

2. 貞觀十四年征伐高昌，焉耆派兵加入唐軍。貞觀六年時，焉耆王龍突騎支曾遣使來朝，而高昌會同處月、處密在貞觀十二年入侵焉耆，拔其五城，焚其廬舍並搶掠男女一千五百人而去。貞觀十四年太宗遣吏部尚書侯君集領軍擊高昌，君集「遣使與（焉耆）相聞，龍突騎支喜，引兵佐唐。高昌破，歸向所俘及城，遣使者入謝。」〔註 249〕

3. 貞觀十五年，薛延陀眞珠可汗合其各族兵二十萬進襲太宗冊封之俟利苾可汗（李思摩），思摩不能禦，帥部落入長城，保朔州，遣使告急，太宗乃令李世勣、李大亮、張士貴、李襲譽、張儉各領軍出擊薛延陀，其中「營州都督張儉帥所部騎兵及奚、霫、契丹壓其東境」〔註 250〕，爲外夷軍隊在唐軍統帥下參戰之另一例。

4. 貞觀十九年二月，太宗親征高麗，先遣部隊與高麗之接觸於貞觀十八年七月即已開始，迄至貞觀十九年九月天寒糧盡班師爲止，外夷兵馬參戰之記錄有五處，一爲貞觀十八年，「甲午（七月二十三日），下詔遣營州都督張儉（594～653）等帥幽、營二都督兵及契丹、奚、靺鞨先擊遼東以觀其勢。」〔註 251〕二爲十八年「甲午（十一月二十四日）……又以太子詹事、左衛率李世勣爲遼東道行軍大總管，帥步騎六萬及蘭、河二州降胡趣遼東。」〔註 252〕其三爲同年「甲寅（十二月十四日）詔諸軍及新羅、百濟、奚、契丹分道擊高麗。」〔註 253〕其四爲十九年「壬寅（四月五日）……營州都督張儉將胡兵爲前鋒，進渡遼水，趨建安城，破高麗兵，斬首數千級。」〔註 254〕其五爲十九年丁巳（六月二十一日），太宗揮軍進攻安市城時，高麗北部耨薩高延壽、高惠眞率軍十五萬救安市，進抵距安市四十里處，太宗恐其逡巡不進，失卻

〔註 248〕《資治通鑑》卷一百九十四，頁 6106。
〔註 249〕《新唐書・焉耆傳》，頁 6229。
〔註 250〕《資治通鑑》卷一百九十六，頁 6171。
〔註 251〕《資治通鑑》卷一百九十七，頁 6209。
〔註 252〕同上註，頁 6214。
〔註 253〕同上註，頁 6215。
〔註 254〕同上註，頁 6219。

己方部署之戰機，乃「命左衛大將軍阿史那社爾將突厥千騎以誘之，兵始交而僞走。」〔註 255〕是則征討高麗之戰事中，史載之從戰外夷有契丹、奚、靺鞨、胡兵、新羅、百濟、突厥等部族。

5. 貞觀二十年討伐薛延陀，用突厥兵及胡兵。「乙亥（六月十五日），詔以江夏王道宗、左衛大將軍阿史那社爾爲瀚海安撫大使；又遣右領衛大將軍執失思力將突厥兵，右驍衛大將軍契苾何力將涼州及胡兵，代州都督薛萬徹、營州都督張儉各將所部兵，分道並進，以擊薛延陀。」〔註 256〕

6. 貞觀二十一年進擊龜茲，用鐵勒、突厥、吐蕃、吐谷渾等外族兵馬。「龜茲王伐疊卒，弟訶黎布失立，浸失臣禮，侵漁鄰國。上怒，戊寅（十二月二十六日），詔使持節・崑丘道行軍大總管・左驍衛大將軍阿史那社爾、副大總管・右驍衛大將軍契苾何力、安西都護郭孝恪（？～649）等將兵擊之，仍命鐵勒十三州、突厥、吐蕃、吐谷渾連兵進討。」〔註 257〕

7. 貞觀二十二年，太宗遣右衛率長史王玄策出使西域，天竺五國（東、西、南、北、中五天竺國）其中之四皆遣使入貢，而最強之中天竺則因國王崩卒，國中騷亂，自立爲王之大臣阿羅那順發兵攻擊王玄策，玄策隨從三十人盡爲所擒，諸國進獻之貢物亦皆爲所掠。玄策趁夜脫逃至吐蕃西境，致書吐蕃棄宗弄讚（貞觀十五年尙文成公主者，見本文第二章第五節四・和親），「吐番遣精銳千二百人、泥婆國（吐蕃之屬國）遣七千餘騎赴之。玄策與其副蔣師仁帥二國之兵進至中天竺所居茶鎛和羅城，連戰三日，大破之，……俘阿羅那順以歸。」〔註 258〕只憑使者一封書（玄策手中應無天子請調兵之詔令），即請得近萬之夷族勁旅在其統率下赴戰，大唐天威，可謂無遠弗屆矣。

8. 貞觀二十三年討伐西突厥，用回紇、僕骨之兵。「上以突厥車鼻可汗不入朝，遣右驍衛郎將高侃發回紇、僕骨等兵襲擊之。兵入其境，諸部落相繼來降。」〔註 259〕

冊封一夷族以牽制另一夷族固是「以夷制夷」政策之原意，而統率夷族之兵馬以制伏其他之夷族，應更符「制」之旨，或爲另一方式之「以夷制夷」。

威服、德化，兩策並用，和親、以夷制夷，兩術兼行，太宗之民族政策，

〔註 255〕《資治通鑑》卷一百九十八，頁 6224。
〔註 256〕同上註，頁 6237。
〔註 257〕同上註，頁 6250。
〔註 258〕《資治通鑑》卷一百九十九，頁 6257。
〔註 259〕同上註，頁 6265。

乃收成亙古未有之豐碩果實。「統制四夷，自此始也。」〔註 260〕不過陳述客觀之事實，而「唐之德大矣！際天所覆，悉臣而屬之，薄海內外，無不州縣，遂尊天子曰『天可汗』。三王以來，未有以過之。」〔註 261〕亦足當之無愧。

三、對佛道的扶抑並行與禁導兼施

貞觀之所以爲治，在於明君賢臣皆有強旺之企圖心，孜孜不倦，此與佛家之出世、道家之與世游離思想，〔註 262〕頗是格格不入。

魏晉南北朝時期，由於帝王的提倡與民俗之浸染，佛、道兩教〔註 263〕（尤以佛教）均有廣泛之傳播與眾多之信徒，而兩教之間亦有激烈之競爭，唐初兩教昌盛與競爭之情勢依然不改。學者往往以釋（佛）道排名（有時兼及儒）之先後，以論其受帝王重視之程度。〔註 264〕本文則在淬取統治者在其中之策略運用。（排名先後，有時亦爲運用之一環）

武德九年，辛巳（四月二十三日）李淵下詔：「命有司沙汰天下僧、尼、道士、女冠，其精勤練行者，遷居大寺觀，給其衣食，無令闕乏。庸猥粗穢者，悉令罷遣，勒還鄉里。京師留寺三所，觀二所，諸州各留一所，餘皆罷之。」〔註 265〕此詔爲對稍前太史令傅奕（555～639）上疏之回應，經群臣廷議與皇帝愼思之結果，〔註 266〕義正辭嚴，且有具體之辦法，若有司

〔註 260〕《唐會要》卷一百，雜錄，頁 1796，其全文爲：「（貞觀）四年三月，諸蕃君長詣闕，請太宗爲天可汗。乃下制，令後璽書賜西域北荒之君長，皆稱皇帝天可汗，諸蕃渠帥有死亡者，必下詔冊立其後嗣焉。統制四夷，自此始也。」

〔註 261〕《新唐書．北狄列傳．贊》，頁 6183。

〔註 262〕陳榮捷：《中國哲學文獻選編》，臺北市：巨流圖書公司，2005 年 7 月，頁 223。

〔註 263〕就思想之層面言，佛家不等於佛教，道家更不等於道教，但兩教及其眾多之徒眾，皆引兩家之思想爲其教旨。帝王之治道，所須面對者爲其治下之萬民（在兩教而言則爲其信眾），故其言之所指則爲兩家，意之所向則在兩教。

〔註 264〕隋文帝時爲佛、道、儒，煬帝時爲儒、佛、道，儒之排名，或先或後，但佛總在道之前，唐高祖李淵與太宗標榜「以儒爲治」，而佛教之發展，似是已更上層樓。

〔註 265〕《資治通鑑》卷一百九十一，頁 6002。高祖於武德九年下「沙汰佛道詔」。（見《全唐文》卷三，頁 10。）《通鑑》淬其要者以書。

〔註 266〕傅奕疏云：「佛在西域，言妖路遠，漢譯胡書，恣其假托。使不忠不孝削髮而揖君親，遊手遊食易服以逃租賦。僞啓三塗，謬張六道，恐愒愚夫，詐欺庸品。乃追懺既往之罪，虛規將來之福；布施萬錢，希萬倍之報，持齋一日，冀百日之糧。遂使愚迷，妄求功德，不憚科禁，輕犯憲章；有造爲惡逆，身墜刑網，方乃獄中禮佛，規免其罪。且生死壽夭，由於自然；刑德威福，關

貫徹以行，則雖不致於「滅佛」毀道，其影響也絕不容小覷。〔註 267〕

玄武門事件之當日，方誅殺建成、元吉之後，尉遲敬德「擐甲持矛，直至上所」，「請降手敕，令諸軍並受秦王處分，上從之」。順下之發展，《通鑑》之記述爲：「是日，下詔：『赦天下。凶逆之罪，止於建成、元吉，自餘黨與，一無所問。其僧、尼、道士、女冠並宜依舊。國家庶事，皆取秦王處分。』」〔註 268〕建成、元吉之黨與，幾乎遍布天下，大變之後，首要之務當爲求安止亂。對建成、元吉之黨與「一無所問」，固是求安止亂之一法，而「其僧、尼、道士、女冠並宜依舊」亦在迫切的求安止亂之法中！蓋此時距高祖前頒「沙汰佛道詔」尚不足二月，京城及各州封閉寺、觀，〔註 269〕罷遣「勒還鄉里」之佛道徒眾，失其正業，或正鬱怨在鄉，或正陸續於途，若與建成、元吉之黨與呼應結合，勢將引發星火燎原之亂事。「其僧、尼、道士、女冠並宜依舊」也者，乃使彼等回復「沙汰佛道詔」以前之舊狀，依舊執其「生業」，封閉寺、觀，罷遣佛道徒眾之工作自是戛然而止。高祖六月四日之詔，必係受迫而爲之，因此時之情勢在李世民之掌控下，早已身不由主，而前詔沙汰佛道，此詔則使彼等「並宜依舊」，若非在受迫下作爲橡皮圖章，則前後何其反也！以是知「其僧、尼、道士、女冠並宜

之人主；貧富貴賤，功業所招；而愚僧矯詐，皆云由佛。竊人主之權，擅造化之力，其爲害政，良可悲矣！……今天下僧尼，數盈十萬，翦刻繒綵，裝束泥人，競爲厭魅，迷惑百姓。請令匹配，卽成十萬餘户，產育男女，十年長養，一紀教訓，可以足兵。四海免蠶食之殃，百姓知威福所在，則妖惑之風自革，淳朴之化還興。」傅奕爲道家中人，其疏只云斥抑佛眾。（見《資治通鑑》卷一百九十一，武德九年，頁 6001。）

〔註 267〕在此之前，由於「道教運用帝王勢力以摧殘佛教」（周世輔：《中國哲學史》，臺北市：三民書局，1998 年 10 月，頁 251。）佛教於北魏太平眞君七年（446 年）與後周建德三年（574 年），遭到二次「廢佛」（或云「滅佛」）的摧毀性打擊。高祖之詔若付諸實施，京師與諸州所允許留下之有限寺、觀（京師寺三、觀二，諸州寺、觀各一），勢將無法容納以萬記數的僧、尼、道士與女冠，其被迫「勒還鄉里」成爲俗人者必極其可觀，（當時無可依之具體數據，但唐武宗會昌五年〔845 年〕第三次廢佛，「凡天下所毀寺四千三六百餘區，歸俗僧尼二十六萬五百人」〔《資治通鑑》卷二百四十八，頁 8017。〕可以作參考數字。且僅爲僧、尼。武宗並未毀道，不能詳知可與佛教徒眾相抗衡之道教道士、女冠數。）

〔註 268〕《資治通鑑》卷一百九十一，高祖武德九年，頁 6012。

〔註 269〕京師原有佛寺一百二十座減至三座，原有道觀十座減至一座，其激烈程度可想。各州之佛寺、道觀，因情況不同而數目殊異，但減至各留一所，亦必然是鉅幅之減縮。

依舊」乃太宗在特殊因緣時際下的求安止亂之策，佛、道兩教不巧正是策中之棋子。

太宗既不親佛，亦不親道，此可由長孫皇后之一語中見之：貞觀十年，長孫皇后病篤，醫藥罔效，太子（李承乾）請白父王赦罪人及度人入道以求冥福時，后曰：「死生有命，非智力所移，……赦者國之大事，不可數下。道、釋異端之教，蠹國病民，皆上素所不爲，奈何以吾一婦人使上爲所不爲乎！」〔註270〕知夫莫若妻，長孫皇后之一言，不難窺知太宗心底對佛道兩教之眞實想法。

道教多言神仙方術，亦多爲顯現符瑞者建立觀祠，凡此皆不爲太宗認同，改元之前即有詔云：「民間不得妄立妖祠。自非卜筮正術，其餘雜占，悉從禁絕。」〔註271〕貞觀元年十二月，亦有「神仙事本虛妄，空有其名」〔註272〕之語，其不信神仙，不迷方術，於事甚明。佛理奧妙，佛教多言輪迴報應，但亦甚難入於太宗之心。即位之初，曾以「佛之爲教，玄妙可師，卿何獨不悟其理？」〔註273〕以詢傅奕，傅奕答其非不悟佛理，但鄙而不學之因由時，太宗亦「頗然之」〔註274〕。貞觀二十年，其「貶蕭瑀手詔」而載之於《通鑑》中有：「朕於佛教，非意所遵。求其道者未驗福於將來，脩其教者翻受辜於既往。至若梁武窮心於釋氏，簡文銳意於法門，傾帑藏以給僧祇，殫人力以供塔廟。及乎三淮沸浪，五嶺騰煙，假餘息於熊蹯，引殘魂於雀鷇，子孫覆亡而不暇，社稷俄頃而爲墟，報施之徵，何其謬也！」〔註275〕具見佛在太宗心中之地位。

佛道信仰在信徒中產生之社會力量，只要不產生明顯的「蠹國病民」行動，爲治者多不欲與之抗爭，此種社會力量亦無法根絕，前此兩次滅佛，佛教春風吹又生，強勁如昔（第二次滅佛，且佛、道皆禁，但道教依然屹立），上上之策，莫如納此種力量爲己用，或至少不爲己害。太宗處理佛道之術，約有下述二端：

（一）以抑、扶之策略，防止佛教之過度膨脹而獨尊，扶持道教，使能

〔註270〕《資治通鑑》卷一百九十四，太宗貞觀十年，頁6120。
〔註271〕《資治通鑑》卷一百九十二，高祖武德九年，頁6023。
〔註272〕《舊唐書・太宗本紀》，頁33。
〔註273〕《資治通鑑》卷一百九十二，高祖武德九年，6029。
〔註274〕傅奕答云：「佛乃胡中桀黠，誑耀彼土。中國邪僻之人，取莊、老玄談，飾以妖幻之語，用欺愚俗。無益於民，有害於國，臣非不悟，鄙不學也。」（出處同上註）
〔註275〕《資治通鑑》卷一百九十八，頁6240。

保持對佛教一定之牽制力量。佛道兩教之事，史書罕載，〔註276〕舊、新《唐書》及《資治通鑑》亦殊少提及（尤以兩《唐書》爲然），但太宗之詔、敕、書、文、序、手跋之涉及佛、道者凡十八篇，〔註277〕其中佛十三、道一、兩有者四篇。由篇數之比例，亦可見太宗對兩教不同之關注程度。貞觀初年所頒之〈度僧於天下詔〉中，有「比因喪亂，僧徒減少，……其天下諸州有寺之處，宜令度人爲僧尼，總數以三千爲限。……（所度者）務須精誠德業，……其往因減省還俗及私度白首之徒，若行業可稱，通在取限。」〔註278〕適度限制佛徒之過度膨脹。（並無限制道士、女冠數之詔令，或因無此需要。）貞觀十一年二月頒〈令道士在僧前詔〉，乃是因道教之發展不如佛教遠甚，（詔中有「滯俗者聞元宗而大笑，好異者望眞諦而爭歸」之語）乃有「自今以後，齋供行立至於稱謂，其道士、女冠可在僧、尼之前，庶敦本之俗，暢於九有，尊祖之風，貽諸萬葉。」〔註279〕以敦本（蓋道教爲本土宗教）尊祖（太宗尊道家始祖老子爲本宗）爲名，抬高道教身分，使其居佛教之上，應是其對兩教抑制、扶持之策略運用。

（二）以規範與導正之策略，禁阻教徒之逾格行爲，誘導彼等入於國之禮法。在〈度僧於天下詔〉中指出：「多有僧徒，溺於流俗：或假託神通，妄傳妖怪；或謬稱醫筮，左道求財；或造詣官曹，囑致贓賄；或鑽膚焚指，駭俗驚愚。」〔註280〕故而「依附內律，參以金科，具陳條制，務使法門清整。」

〔註276〕《劍橋中國隋唐史》考定中國之史料，有謂「等級複雜的佛僧和道士除非成爲立法對象，否則（史書中）很少被提到，而這些人在各級社會中卻起著重要作用，並且集中了大量財富和權勢。」（見原書頁42。）

〔註277〕由《全唐文》所載，計有：爲爲戰亡人設齋行道詔、爲戰陣處立寺詔、度僧於天下詔、令道士在僧前詔、詰沙門法琳詔、答元（玄）奘還至于闐國進表詔、貶蕭瑀手詔、諸州寺度僧詔、爲故禮部尚書虞世南齋僧詔、捨舊宅造興聖寺詔、令諸州寺觀轉經行道詔、佛遺教經施行敕、斷賣佛像敕、告柏谷塢少林寺上座書、大唐三藏聖教序、大興善寺鐘銘序、宏福寺施齋願文、爲太穆皇后追福手跋等十八篇。

〔註278〕武德九年四月，高祖詔令沙汰僧、尼、道士、女冠，除極少數留存者外，餘均迫令還俗，造成不少「並宜依舊」後，仍是「華台寶塔，窺户無人」（太宗〈度僧於天下詔〉中語）之情況。此一〈度僧於天下詔〉即爲對此種情況之補救。但限定天下所度僧尼總數不得逾三千，且需精誠德業及（前此被迫還俗者）行業可稱，既限制數量，亦要求品質。

〔註279〕〈令道士在僧前詔〉尾語。

〔註280〕此應爲當時習見之現象，千餘年後之今日，猶隱隱然見其痕跡。但太宗詔中予以明指，則爲其制律以禁之張本。

（詔文中語）唐律中之一般法條，固未曾將僧、道徒眾排除於外，且有特別爲彼等訂定之條例，〔註281〕貞觀十年，頒定管理僧尼道士之《條制》，貞觀十一年更制定《道僧格》〔註282〕，其將兩教徒眾納入禮法規範之意圖甚爲明顯。太宗在其〈佛遺教經施行敕〉〔註283〕中，特令有司多寫經本，交五品以上官員及各州刺史，用以查察佛徒行爲之逾越經文者，更是以《遺教經》補律法之不足。

貞觀五年，「春，正月，詔僧、尼、道士致拜父母。」〔註284〕舊、新《唐書》、《全唐文》、《唐大詔令集》均未見此詔之詔文。《劍橋中國隋唐史》則謂「631 年（即貞觀五年），他（謂太宗）成了頭一個禁止僧尼受親生父母致拜的皇帝。」（見原書頁 217）《貞觀政要》記太宗之言云：「佛道設教，本行善事，豈遣僧尼道士等妄自尊榮，坐受父母之拜，損害風俗，悖亂禮經，宜即禁斷，仍令致拜於父母。」〔註285〕由《劍橋中國隋唐史》所言，則在太宗頒此詔令之前，凡俗人家之有子女爲僧、尼、道士者，父母尊長須向之致拜，而太宗所頒者，乃禁斷此一行事之首一詔令。〔註286〕

〔註281〕如：「稱道士、女冠（僧尼同）」、「私入道」等。其他並散見於《唐律疏義》之釋文中。

〔註282〕史書中不見《條制》與《道僧格》之記述，據今人研究，其乃對僧、道徒眾之特別規範，小至衣服服色（如：穿著俗服者即逼令還俗）亦在規範之內。違規者處以「還俗」、「苦使（勞役）」爲多。《劍橋中國隋唐史》稱《道僧格》之制頒爲：「它提出了一個官方管制僧徒行爲的世俗法律體制，而以前僧徒僅受『毗奈耶（戒律）』之中的宗教紀律的約束。」（見原書頁 217。）

〔註283〕敕文云：「僧尼出家，戒行須備。若縱情淫佚，觸塗煩惱，關涉人間，動違經律，既失如來元妙之旨，又虧國王受付之義。《遺教經》者，是佛臨涅槃所說，誡勸弟子，甚爲詳要。末俗緇素，並不崇奉，大道將隱，微言且絕，永懷聖教，用思宏闡。宜令所司，差書手十人，多寫經本，務在施行。所須紙筆墨等，有司準給。其官宦五品已上及諸州刺史，各付一卷。若見僧尼行業與經文不同，宜公私勸勉，必使遵行。」（見《全唐文》卷九，頁 42。）

〔註284〕《資治通鑑》卷一百九十三，頁 6086。

〔註285〕《貞觀政要‧論禮樂》，頁 351。

〔註286〕《劍橋中國隋唐史》之下文續云：「雖然在 633 年，他（太宗）在佛教徒和他的有勢力的支持者的壓力下接受勸告，廢除了這個命令……」是則僧尼受父母致拜之事應在貞觀七年恢復。高宗顯慶二年（657 年）《通鑑》誌云：「是歲，詔『自今僧尼不得受父母及尊者禮拜，所司明有法制禁斷。』」（見《資治通鑑》，頁 6308。）則高宗之詔，爲繼乃父之後第二個禁斷佛道徒眾受父母致拜的詔令。

太宗在〈爲故禮部尚書虞世南齋僧詔〉中有「追懷遺美，良用悲悼，宜資冥福，申朕思舊之情。」在佛眾前彰顯其「思舊之情」的君恩；在〈宏福寺施齋願文〉中有「追維撫育之恩，每念慈顏之遠，……敬養已絕，方恨不追」更是在「已絕世情」的佛眾前，明申對慈親之孝道，教忠教孝之旨，意在言外。「詔僧、尼、道士致拜父母」與對僧眾之教忠、教孝，其欲令僧徒道眾之入於禮法，應是不爭之事實。

基於爲治之需要，太宗對逾其法禁之兩教徒眾並不惜展現其霹靂鐵腕，〔註287〕對大德高僧亦不放過，〔註288〕在適當時際，對兩教亦予以建寺觀、（特許）度僧尼、道士等之恩撫。〔註289〕扶抑與禁導並用，應是太宗治術中，行之一貫的恩與威之展現。

威服、德化、和親與以夷制夷，皆是太宗制御四夷之「廟略」〔註290〕，其實質內容，大抵使夷、狄知利與害之所趨以及己方之利與害爲考量。好利惡害與趨利避害爲人類（及動物）之自然屬性，對此種屬性之掌握，乃法家

〔註287〕隋恭帝義寧年間，私度之僧尼不在少數，貞觀三年，太宗令州、府大肆搜求此輩私度者，逼令彼等出首，不出首而搜獲者處以極刑，不可爲不重。按「度」凡眾之入僧入道，爲朝廷之公權力，既可以寬嚴控制或平衡教徒人數，亦可以特許之度爲示惠之手段。私入道（謂未經官署認許，取得牒狀而入寺入觀爲僧爲道）爲法所禁，其私入道者及私度其入道者，唐律中有杖、徒、流等處分規定。

〔註288〕貞觀十一年太宗頒〈令道士在僧前詔〉（《全唐文》卷六，頁 26。），其中有「老君垂範，義在清虛」、「朕之本系，出於柱史」，道士秦英指高僧法琳所撰之《辯正論》出言對老子不遜，攻其毀謗皇祖，太宗特爲此頒〈詰沙門法琳詔〉（《全唐文》卷六，頁 27。），其中「誹毀我祖禰，謗讟我先人，如此挾君，罪在不恕」，因此入法琳於罪，後流放蜀地，病死途中。（民間稗史有謂法琳之《辯正論》中有「念觀音者刀不能傷」之語，太宗乃令法琳念七日觀音，屆時試刀，以觀刀能傷否。七日後法琳謂太宗云，「臣七日唯念陛下，陛下即觀音。」因免於一死。）

〔註289〕如貞觀元年立興聖寺、貞觀五年立並光寺、貞觀八年立宏福寺、又貞觀五年立西華觀、貞觀九年置太受觀、貞觀十一年修老子廟。貞觀初年，度天下僧尼三千人（按：此爲對高祖沙汰天下僧尼之回補），其後又令天下諸州寺各度五人，京師宏福寺度五十人（見〈諸州寺度僧詔〉），貞觀九年，爲太受觀度道士二十七人。

〔註290〕「廟略」謂廊廟之上所定之長遠計畫也。貞觀二十年，太宗詔云：「戎、狄與天地俱生，上皇並列，流殃構禍，乃自運初。朕聊命偏師，遂擒頡利；始弘廟略，已滅延陀。鐵勒百餘萬户，散處北溟，遠遣使人，委身内屬，請同編列，並爲州郡；混元以降，殊未前聞，宜備禮告廟，仍頒示普天。」（見《資治通鑑》卷一百九十八，頁 6239。）

建構其治道之基礎，〔註 291〕太宗的制四夷之術，可謂深得此中三昧。

法家諸子立論之時，佛教尚未東傳，道家亦未爲宗教屬性之徒眾所襲。太宗以方遇佛道（方、術也），其方則扶與抑，禁與導，究其實，亦乃利、害兩端的策略運用。術本原於道，道與術爲體用關係，〔註 292〕帝王之術加於道教（佛教同），或可對「歸本」一詞另作一釋義。

第五節　小結

一、術爲君王御下使民之政治手段，太宗尤精於以術御人。史官云其自幼即「玄鑒深遠，臨機果斷，不拘小節，時人莫能測也。」魏徵云其「聞人之善，或未全信，聞人之惡，以爲必然。」或可得窺此一出身尚武之富貴家庭、成長期受親寵最深、十四齡即痛失母愛的不世出之君王的人格特質。由此特質亦可略探其天機神隱之用術端倪。

太宗之於李世勣，既倚爲禦夷之長城，又使爲託孤之心腹，而剪鬚和藥以療世勣之疾，解御服以覆世勣之醉，其信寵之深一至於斯，但臨崩前語太子：「李世勣才智有餘，然汝與之無恩，恐不能懷服。我今黜之，若其即行，俟我死，汝於後用爲僕射，親任之；若徘徊顧望，當殺之耳。」一席話以及黜勣爲疊州都督一事，則其前此術御李世勣之機心全出。倘無此事之見諸史筆，則太宗對李世勣之殊恩與推心置腹，或將傳美名於千古。

太宗以傑出之英才與非凡之際遇，其能成爲諸多豪傑志士之貴人，本不謂奇，但太宗則能善用此一「貴人」之身分，致英雄、彥士於其帳下。武德三年，眾人咸疑尉遲敬德或將叛離，囚而欲殺之際，太宗（時爲秦王）遽命釋之，引入臥內，賜以金寶，語敬德：「丈夫以意氣相期，……必應欲去，今以此物相資，表一時共事之情也。」敬德感激而終生對太宗不棄不離，幾度於戰陣中拯太宗於危，成爲唐初開國名將。太宗爲敬德之貴人，於敬德自度或不得生之際，引入臥內而賜金送行，此非欲擒而故縱的高度藝術運用而何？玄武門事件之後魏徵在面對「何以離間我兄弟」之問時，應也自分必死，其

〔註 291〕韓非云：「凡治天下，必因人情，人情有好惡，故賞罰可用，賞罰可用，故禁令可立，而治道具矣。」（《韓非子・八經》）人情好賞而惡罰，可以賞罰而立治道，人情好利而惡害，則以利與害之兩端以向四夷，在堅強的武威國力與雄厚的經濟基礎（相當於行賞與罰之資）之下，四夷少有不入其術中者。

〔註 292〕吳秀英：《韓非子研議》，臺北市：文史哲出版社，1979 年 3 月，頁 92。

答語「先太子早從徵言，必無今日之禍」更屬不遜，但「貴人」之術，赦之生而畀以非分之殊遇，魏徵其後以其忠直，披肝瀝膽以事太宗。貞觀之有治，魏徵之忠諫以及其引發眾臣勇於進諫之效應，也正是貴人之術的回應。

太宗對有非凡才具之臣子，往往畀以非凡之殊恩，亦往往能獲得彼等鞠躬盡瘁，死而後已以酬君王之回報。溫彥博之竭心盡力於國事，精神耗竭不得終其天年；岑文本之日夜躬親料籌軍務，暴卒而使太宗夜聞軍中之嚴鼓，不過史家簡擇之二例。太宗之御臣，每不拘一格，器使之法也有多端，謂其爲治術之大家，盍曰不宜！

太宗深知人之才行德能不能兼備，故其擇官用人，取其所長而不計其短。魏徵所云：「太平之時，必須才行俱兼，始可任用。」雖不能謂爲無理，但究其實際，或不免流於表面文章。蓋用人之前，對其人之德行知之實難，大抵無劣行惡狀之宣露於外者，皆不能視爲無德。貞觀多次求賢詔之內容，對於才識之要求，廣泛而明確，對於德行，不過孝悌淳篤、廉潔正直、節義昭順等泛泛之辭，而貞觀群臣或以智謀，或以武略，或以文章，或以辭辯，或以膽識，至少皆有一才之長，其僅以德行而任用者，似未之有聞。故太宗選人之標準，以才爲主，即使必須加上德行，亦是才先德後。所舉封德彝、許敬宗、馬周等三人之事略，不過便於闡明此一事實，蓋也無法舉出反例。法家之術，其積極面之性能，爲以術擇人與以術考成，太宗之用人，取法家之術與儒家之「恩德」（謂非凡之垂顧與擢用），可謂超越兩家而自成一格。

二、太宗頗能將法家所宗的君王獨擅之術，與儒家所主的人倫普有之情，合而爲用，產生相加相乘之效果。貞觀十九年親征高麗所發生之三事，足爲玆證：一爲右衛大將軍李思摩在白巖城之攻戰中爲弩矢所中，太宗親爲之吮血，既感奮士卒，又使思摩感激而矢志終生效忠唐室。以帝王之尊而行若是之事，當使「先行者」之法家前輩吳起自愧弗如。二爲在白巖城之攻戰中，將軍契苾何力挺身陷陣，腰爲長槊刺中，何力被救回後氣憤束瘡再戰，英武無倫，終破高麗兵，而太宗親爲受創嚴重之何力傅藥。太宗崩逝後，何力自請殺身殉葬，非爲至情所感者何能若是！何力其後捨身忘死，爲唐室立下無數功勳，亦所以報太宗矣。李道宗爲太宗之遠房堂弟，其領軍作戰勇於進取，有敵無我之氣慨非常人之所能及。道宗在最激烈的安市之戰中傷足，太宗親自操針爲其療傷止痛。對道宗或對全軍上下，太宗操針之手，其所生之功效當千百倍於醫者之手。

君臣一體，哀歡喜樂與共，太宗對近而信之諸臣瀕危之際所將見的死別之哀，以及大去後所發的悲思之痛，誠之於中而形之於外，殊非古今帝王之所能及。對房玄齡之語杜如晦：「昔如晦與公同心輔朕，今日所賜，唯獨見公。」固是深情感人，對張公謹之逝的「君臣之義，同於父子，情發於衷，安避辰日！」亦同樣不遑多讓；魏徵病篤時，太宗「夜夢徵若平生，及旦而奏徵薨，……親臨慟哭，廢朝五日。」；高士廉停柩在家時，太宗欲往悼奠，爲長孫無忌（高士廉之甥，長孫皇后之兄）中道伏臥，流涕諫阻，乃「還入東苑，南望而哭，涕下如雨」；房玄齡病情轉劇時，由宮門出入前往探視曲折費時，太宗令鑿穿宮院之牆，另開一門，以便取捷徑問訊……凡此皆可以入太宗於性情中人之列，然太上用情亦頗有其心機在，融情入術，乃屬統御臣下之更高一層境界，而法家諸子之言術者見不及此！太宗善哭，易流淚，此一特質古今帝王中應屬絕無僅有，二十三年中，《通鑑》記太宗之泣與淚者二十二次，泣淚以宣洩悲慟情懷，泣淚以表述對臣下之愛顧，泣淚使已下令回師之諸軍返而復戰，則太宗之泣與淚，情在其中，術亦在其中，許其爲一代用術之大家，誰曰不宜！

三、儒家論政言治皆植本於仁，太宗亦自言「所好者唯堯、舜、周、孔之道」、欲「專以仁義誠信爲治」，諸家之論貞觀之治爲儒治者，蓋以太宗多行仁、義之事，本文第三節所列，二十年間《資治通鑑》所誌之仁義事，其可稱者凡二十八件。誌之史冊，其眞實性無可置疑，但以儒家定位仁義之標準而言，太宗的仁義之事，利而行之或勉強而行之者多，安而行之者少，有所圖謀而行仁義者多，隨感而應、由仁義行者少。宋儒對太宗的仁義之事，批判遠多於稱美，尤以朱子認爲太宗乃假仁借義，無一念之不出於人欲，以此歸結太宗行仁義諸事，多屬法家治道之術用，雖不中亦應不遠。

四、貞觀爲「三代以還」中國之最盛時期，疆域之廣，超逾秦漢，柔遠人，制夷狄，太宗以「取古人所不能取，臣古人所不能臣」而傲視古人，蓋其事實確屬如此。「耀兵振武」與「布德施惠」爲太宗威服與德化策略之具體運用。威服乃威之以武，服之以兵，突厥、吐谷渾、薛延陀，高昌、伊吾、焉耆、龜茲等大邦小國，次第在唐的征取之下，咸爲唐的郡縣，其鄰接之四夷部族，亦懾於唐之國力與兵威，紛紛歸附。「貞觀之治」可數之事雖多，但制伏四夷宜乎爲最大之成就，四夷服則華夏安，文治諸端方得以在安定之環境中齊頭並進。

「布德施惠」爲德化策略之實施。對四夷之上層人物，授之以官爵，對所設置羈縻府州則輕其徭賦，且慎選通達蕃情、廉潔幹練之官員，以理對羈縻府州管、訓、教之邊務。太宗在德化四夷之實施中，致力於夷夏間之平，其云：「自古皆貴中華，賤夷、狄，朕獨愛之如一，故其種落皆依朕如父母。」而其行事也確如是言。平（或公平）爲法家治道之重要理念，太宗之人格特質中本已具有公平之器量，今以「平」行之於夷狄，則太宗入法之深，應非無由。

以公主下嫁四夷君長之和親，兼有修好與聯姻雙重意義，但其實乃一種考量國家利益之政治手段。太宗即曾明言：「苟可利之，何愛一女！」貞觀一朝之和親，其所收取效益或爲歷代君王之望塵莫及。

「以夷制夷」謂利用外夷不同族類間矛盾衝突，使之削弱或互爲牽制，用以減省己方因應彼等時之損耗。貞觀一朝，此一策略行之者屢屢，以西突厥爲例，外國學者即指出：「太宗巧妙的運用傳統的『以夷制夷』政策，以保持西突厥內部的不和。」此外，徵召已歸附夷族之兵馬以討伐制伏未歸附之夷族，在貞觀已是視爲當然之平常事，此或爲太宗另一方式之「以夷制夷」。

佛道兩教（尤以佛教）在唐初擁有眾多之信徒，在民俗上亦有深遠之影響力，太宗既不親佛，亦不親道，在對兩教之治理上，太宗以抑、扶之策略，抑止佛教之過度膨脹一枝獨大，扶持道教使能保持對佛教一定之牽制力量，再則以規範與導正之策略，禁阻兩教徒眾之逾格行爲，誘導彼等入於國之禮法，扶、抑並用，禁、導兼行，有霹靂之鐵腕，亦有適時之恩撫，在在呈現此一不世出之英明帝王術用的治道特色。

第六章　貞觀之治與貞觀治道的回顧

「貞觀」爲期二十三年，〔註 1〕「治」的情狀有起伏，「治道」之施也有變化，如僅以某一時期或某些現象描繪貞觀之治及其所行之治道（此爲介紹貞觀之史書所常用），或將因取樣不足而不能窺其全貌。本文以第二章全章介紹貞觀之治道，旁及治道所施之效果（亦所以敘述貞觀之治），以三至五章析論貞觀治道中之法、勢、術內涵（亦治道之實質內涵），仍多未足之處，尤以負面之探討爲然。自不同之角度切入，可發掘不同之事實，對前此之論而未定者，亦有相輔相成之作用，因特爲「回顧」，以補其闕。

第一節　貞觀之治的瑜中之瑕

純美而無缺之事，世間所無，茲以美中求疵之角度，析論貞觀之治中之瑕。

一、行政效率之低落

尚書省爲政策之執行單位，有類今日之行政院，其辦事效率，直接影響國計民生。貞觀十五年，劉洎上太宗之疏中有謂：

> 尚書萬機，實爲政本，……比者綱維不舉，并爲勛親在位，品非其任，攻勢相傾。凡在官僚，未循公道，雖欲自強，先懼囂謗。所以郎中抑奪，唯事諮稟；尚書依違，不得斷決。或懼聞奏，故事稽延，

〔註 1〕以年號論，由貞觀元年至貞觀二十三年；以太宗主理全局之時間而論，由武德九年六月四日玄武門塵埃落定之當日「諸君並受秦王處分」起，至貞觀二十三年五月二十六日太宗崩逝止，亦約略近二十三整年。

案雖理窮，仍更盤下。去無程限，來不責遲，一經出手，便涉年載。或希旨失情，或避嫌抑理。勾司以案成爲事了，不究是非；尚書用便辟爲奉公，莫論當否。遞相姑息，唯務彌縫。〔註2〕

推諉拖延、姑息、卸責、不決不斷，但求無過結案之心態與事例躍然紙上。此爲行政效率低落之例一。

有才能可以勝任職司的官員，然後可以要求行政效率，貞觀十九年，《通鑑》記云：「吏部尚書楊師道坐所署用多非其才，左遷工部尚書。」〔註3〕吏部掌理天下官吏之選授、勳封、考課，文官階品等職司。選、考各有一定之準則，〔註4〕今則掌理選、考之官署，本身所任用之官員均不能稱職，遑論其所選、考之天下官員！且吏部如此，其他部署之情況又復如何？以上所舉兩事，究竟爲偶見之特例或冰山之一角，吾人固無法探知，但其爲貞觀之治中的瑜中之瑕，則殆可斷言。

二、官僚之老化與鈍化

前舉劉洎之疏猶有下文：

至於懿戚元勳，但優其禮秩，或年高耄及，或積病智昏，既無益於時宜，當致之以閒逸。久妨賢路，殊爲不可。〔註5〕

懿戚元勳，年高智昏之人當道，自然形成整個官僚體系之老化與鈍化。舊人不退，新人無位可入，便縱有千般才幹，也是無由施展。這種老化與鈍化之現象，或不僅尚書省爲然，當年隨太宗征戰八方，襄助帷幄，以及玄武門事件落幕後所封之文、武才彥，至十餘年後之貞觀中、後期，多已垂垂老矣。〔註6〕而太宗之用人，幾乎是不死不休，活躍於《貞觀政要》中之人物，或死於任上，或死於散官之名銜〔註7〕中，尚未有致仕而悠遊林泉者，〔註8〕僅見之

〔註2〕《舊唐書・劉洎傳》，頁2607。

〔註3〕《資治通鑑》卷一百九十八，頁6231。

〔註4〕擇人以身、言、書、判四才，考核以德行、才用、勞效三實。（見《舊唐書・職官志・尚書都省》，頁1818。）

〔註5〕《舊唐書・劉洎傳》，頁2608。

〔註6〕貞觀十九年，太宗征遼歸來，謂薛仁貴云：「朕諸將皆老，思得新進饒勇者將之，無如卿者，朕不喜得遼東，喜得卿也。」（見《資治通鑑》卷一百九十八，頁6231。）歲月催人老，武將如此，文臣又焉能例外。

〔註7〕散官即閒散無職事之官，如李靖之解右僕射，太宗以之爲特進，但封爵、祿賜、吏卒並依舊給，俟疾小瘳（李靖以疾求遜位），仍每兩日至門下、中書平

乞骸骨〔註9〕而未獲准者爲尉遲敬德，貞觀十七年時敬德爲鄜州都督，上表請乞骸骨，太宗將之調爲開府儀同三司（散官），五日一上朝。老臣不死則職位不空，新血輪之注入自多滯礙。

老化與鈍化，邏輯上並無必然之因果關係，但反應於行事中，則每見其然，貞觀二十年，房玄齡（時年六十八歲）以受譴歸第，褚遂良上疏云：「玄齡自義旗之始翼贊聖功，武德之季冒死決策，貞觀之初選賢立政，人臣之勤，玄齡爲最。自非有罪在不赦，搢紳同尤，不可遐棄。陛下若以其衰老，亦當諷諭使之致仕，退之以禮；不可以淺鮮之過，棄數十年之勳舊。」〔註10〕房玄齡以淺鮮之過，受譴歸第，已非一次，貞觀十年（時玄齡五十八歲），長孫皇后病篤時，房玄齡正在受譴歸第期中，后言於太宗云：「玄齡事陛下久，小心愼密，奇謀秘記，未嘗宣洩，苟無大故，願勿棄之。」〔註11〕玄齡亦自知歲月不饒人，久任左僕射一職，榮寵加身而深畏滿盈，貞觀十三年時，上表請解機務（謂請辭左僕射之職），太宗不許，玄齡一再固辭，太宗乃詔令斷表（謂下令宮門拒受玄齡之奏章），玄齡祇得繼續擔任其首席宰相之職。〔註12〕

章政事，官散而事不散；魏徵以目疾求爲散官，太宗不得已解其侍中職，任爲特進，但仍知門下事，朝章國典，參議得失，徙、流以上之罪，仍詳事聞奏，祿賜、吏卒並同任職之官，亦是官散而事不散。

〔註 8〕貞觀元年，封德彝死於右僕射任上，終年六十；貞觀四年，杜如晦死於解職之後不久（貞觀三年十二月十七日，如晦以病重請解右僕射之職，太宗許之，如晦死於解職的三個月之後，貞觀四年三月十九日辭世，享年四十六歲）；貞觀十一年，溫彥博死於右僕射任上，享年六十四歲；貞觀十二年，虞世南請解除弘文館學士職，太宗許之，未幾即辭世，享年八十一歲；貞觀十三年，王珪以六十九歲之齡死於禮部尚書任上；同年，傅奕以八十五歲之齡死於太史令任上；貞觀十七年，魏徵以太子太師職銜死於任上，享年六十四歲；貞觀十八年，李大亮以五十九歲之齡死於代州都督任上；貞觀十九年，岑文本（時任中書令）以五十一歲之齡死於隨太宗征遼途中；貞觀二十一年，高士廉以開府儀同三司之銜辭世，享年七十二歲；貞觀二十二年殞落之名臣最多，馬周以四十八歲之齡死於中書令兼右庶子任上，蕭瑀以七十四歲之齡，銜特進之名辭世，房玄齡以七十之齡，終於司空任上；貞觀二十三年，李靖以七十九歲之齡，銜開府儀同三司之名而逝，距太宗之崩僅有八日。

〔註 9〕即請求致仕之意。人臣委身以事君，身非己之所有，故其乞退謂之乞骸骨。尉遲敬德之乞骸骨，見《資治通鑑》卷一百九十六，太宗貞觀十七年，頁 6185。敬德逝於高宗顯慶三年，已在「乞骸骨」的十五年之後。

〔註10〕《資治通鑑》卷一百九十八，頁 6243。

〔註11〕《資治通鑑》卷一百九十四，頁 6121。

〔註12〕唐爲多相制，左、右僕射，中書令、侍中、六部尚書並爲宰相，而以左僕射序位最高。

臻諸貞觀名臣之鞠躬盡瘁不死不得休止，以及房玄齡之欲辭而不得，則在貞觀中、後期呈現官僚之老化與鈍化，應非出人意外之事。

三、庶與富之反思

儒家言治，庶而加之以富，富而加之以教，〔註 13〕貞觀之治，其云庶與富，應是未臻普遍，且與理想之庶與富或尚有一段差距，此可由以下之事例證之：

貞觀六年，太宗欲封禪而魏徵諫阻，諫言中有「今自伊、洛以東至於海、岱，煙火尚希，灌莽極目」句，（魏徵諫阻封禪事，見本文第四章第四節「天威九鼎，君尊臣卑」）而貞觀十四年，高昌王文泰之言：「往吾入朝（按：麴文泰曾於貞觀四年甲寅〔十二月二十四日〕入朝），見秦、隴之北，城邑蕭條，非復有隋之比。」〔註 14〕李大亮於貞觀四年，諫廢磧口貯糧賑給來歸之突厥人眾，諫言中有「河西州縣蕭條」〔註 15〕句，則貞觀四年至六年之情況，灌莽極目，煙火稀少，州縣蕭條之地區，數不在少，其去庶也遠矣。貞觀四年，司馬光記貞觀之治：「是歲，天下大稔，流散者咸歸鄉里，米斗不過三、四錢，終歲斷死刑纔二十九人，東至於海、南極五嶺，皆外戶而不閉，行旅不齎糧，取給於道路焉。」〔註 16〕吳兢且有「入山東村落，行客經過者，必厚加供待，或時有贈遺，此皆古昔未有也」〔註 17〕之語，似乎一片物阜民豐之象，但同時卻又見太宗於貞觀四年十二月：「獵狩於鹿苑，見野人多藍縷，遣侍中王珪賑賜貧人焉」〔註 18〕大稔之年，京畿之地，庶民尚且衣衫藍縷，則其去富又甚遠。不僅民間如此，政府中之低層官員或也溫飽堪虞，貞觀八年，中書舍人高季輔上言：「外官卑品，猶未得祿，饑寒切身，難保清白。今倉廩浸實，宜量加優給，然後可責以不貪，嚴設科禁。」〔註 19〕以上所舉之諸例，並無否定先賢美言貞觀之治所誌之事，卻也須承認，美好與淒清之事實可以並存，大唐之貞觀盛世亦無從例外。

〔註 13〕《論語・子路篇》：子適衛，冉有僕。子曰：「庶矣哉！」冉有曰：「既庶矣，又何加焉？」曰：「富之」。曰：「既富矣，又何加焉？」曰：「教之。」

〔註 14〕《資治通鑑》卷一百九十五，頁 6154。

〔註 15〕《資治通鑑》卷一百九十三，頁 6081。

〔註 16〕同上註，頁 6085。

〔註 17〕《貞觀政要・論政體》，頁 41。

〔註 18〕《冊府元龜》卷一〇五，頁 1256。

〔註 19〕《資治通鑑》卷一百九十四，頁 6109。

四、赦與不赦之間

法家論政不言赦，蓋赦者，徇情而害法，常因帝王之私意損及法之公平性與絕對性，故爲主張法、勢、術爲治的法家所不取，法家前輩管仲有云：「赦者，小利而大害，久而不勝其禍；無赦宥者，小害而大利，久而不勝其福。」〔註 20〕小利而大害與小害而大利之間，要爲治者知所取捨。儒家則反是，《周禮・秋官》即有司制掌三赦三宥之法〔註 21〕的記載。仲弓問政，孔子答以「先有司，赦小過，舉賢才。」〔註 22〕儒家之赦，多少有對所定之法、刑再度予以權衡之意味，亦爲「聖王」用「德」的方式之一。

貞觀七年，太宗謂侍臣曰：

> 天下愚人者多，智人者少，智者不肯爲惡，愚人好犯憲章。凡赦宥之恩，惟及不軌之輩。古語云：「赦者小人之幸，君子之不幸。」一歲再赦，善人喑啞。凡養稂莠者傷禾稼，惠宄者賊良人。……諸葛亮理蜀十年，不赦而蜀大化；梁武帝每年數赦，卒至傾敗。夫謀小仁者，大仁之賊。故我有天下已來，絕不放赦。今四海安寧，禮義興行，非常之恩，彌不可數，將恐愚人常冀僥倖，惟欲犯法，不能改過。〔註 23〕

赦與不赦之間，近於法而遠於儒也甚明。太宗雖有是言，而行不顧言，貞觀之二十三年間，太宗所行之赦事甚多，茲以所針對者爲群體之一般性者，及所針對爲個人之特殊性者爲之類分。

（一）舊、新《唐書・太宗本紀》，自即位至崩逝，太宗具有規模之赦事（謂所赦之對象爲眾人者）有下列十五宗：

1. 武德九年八月，即皇帝位，大赦天下。
2. 貞觀二年三月，以蝗災自責，大赦天下。
3. 貞觀四年，李靖破突厥於陰山，頡利遠遁，大赦天下。
4. 貞觀五年十二月，赦關內人犯。
5. 貞觀七年九月，以去年所縱死囚三百九十人悉數來歸，皆赦之。
6. 貞觀九年三月，大赦天下。

〔註 20〕《管子・法法第十六》，頁 391。
〔註 21〕三赦謂赦止於幼弱、老耄、惷愚；三宥謂宥止於不識，過失、遺忘。
〔註 22〕《論語・子路篇》。
〔註 23〕《貞觀政要・論赦令》，頁 389。按《通鑑》誌太宗此語於貞觀二年。

7. 貞觀十三年正月，拜謁獻陵（高祖陵墓），赦三原（陵墓所在地）之人犯及隨行人員之前過。

8. 貞觀十四年正月，幸魏王泰第，赦雍州長安縣（魏王泰居地）之人犯。

9. 貞觀十四年二月，赦大理寺內之萬年縣人犯。

10. 貞觀十四年九月，赦高昌郡人犯。其他地區之人犯，因子弟征高昌者亦赦免等差。（按：侯君集於是年八月克高昌）

11. 貞觀十七年四月，立晉王治爲皇太子，大赦天下。

12. 貞觀十七年十一月，以涼州獲瑞石，赦涼州人犯。

13. 貞觀二十年正月，赦并州人犯。

14. 貞觀二十二年三月，赦宜君縣人犯。

15. 貞觀二十三年三月，久旱逢雨，大赦天下。

細察因由，其行事近於儒而遠於法也至爲明確。（其中多次之赦事，含「大赦天下」在內，《通鑑》、《政要》皆不錄。此處所舉之赦例，選取自舊、新《唐書・太宗本紀》）

（二）赦與不赦之間，其特殊針對個人而有可議者，有下述五件：

1. 貞觀元年十二月，利州都督李孝常、右武衛將軍劉德裕、統軍元弘善、監門將軍長孫安業等互說符命，謀以宿衛兵作亂，未及發動而事洩，李孝常、劉德裕、元弘善皆伏誅，惟長孫安業因長孫皇后苦苦求情之故，〔註 24〕太宗赦其死罪，流放巂州。

2. 貞觀十七年四月，太子李承乾遭告變謀反，太宗敕令長孫無忌（李承乾之舅父）、房玄齡、蕭瑀、李世勣等重臣，以及大理寺、中書省、門下省共同參鞫，〔註 25〕罪證確鑿，依國法爲惟一死刑。太宗終不忍嫡親長子死於刀下，待得通事舍人來濟之進言：「陛下不失爲慈父，太子得盡天年」的下台之階，乃捨法用赦，免承乾一死，廢爲庶人。

〔註 24〕長孫安業爲長孫皇后之同父異母兄長，年歲長於長孫皇后及長孫無忌（皇后同父同母兄）甚多，父親長孫晟過世時，無忌與長孫皇后俱年幼，爲兄長者，平素嗜酒無賴，此時非但不撫養弟妹，反將之逐回舅家（無忌與長孫皇后之舅爲高士廉）。太宗登基後，長孫皇后不念舊惡，對長孫安業恩禮甚厚。謀反事覺後（按：謀反爲必死之十惡重罪），長孫皇后涕淚交下，一再爲安業求情，其云：「安業罪誠當萬死，然不慈於妾，天下知之；今寘以極刑，人必謂妾所爲，恐亦爲聖朝之累。」（見《資治通鑑》卷一百九十二，太宗貞觀元年，頁 6039、6040。）太宗不得已而捨法用赦，免長孫安業一死。

〔註 25〕唐制，凡國之大獄，由給事中、中書舍人與御史等三司詳決，今則大理寺與三省重臣皆參鞫，可見其重。

3. 太宗之同父異母弟，漢王李元昌亦參與承乾謀反，依法不分首從，死無倖免。太宗弗忍加誅，本已特赦免死，後因大臣高士廉、李世勣之諫，不得已收回成命，賜李元昌自盡於家，而赦元昌之母、妻、子免於籍沒。

4. 侯君集爲太宗秦王府之藩邸舊人，參贊玄武門事件，籌策用命，與房、杜等同爲首賞。又有平定吐谷渾，攻滅高昌之功，但以參與承乾之謀反，亦未能免於斬首東市。君集就戮前，太宗曾爲其乞命於群臣，知不可而罷，欲赦而未赦。（太宗爲侯君集乞命，筆者以爲乃故作姿態，詳見本文第四章第二節「絕患於疑、鋤抑武將」又：赦、誅李承乾、李元昌、侯君集事，並見本文第三章第一節一：「法在重信、立威，情義中之優先性」）

5. 貞觀四年，開國功臣且受知於太宗甚深的党仁弘犯下貪贓重罪，依法當死。太宗極盡其乞党仁弘之命於群臣之姿態，並以下詔自責之方式，曲法而赦党仁弘之死罪。（党仁弘事，詳見本文第三章第二節六：「兢兢業業，敬法畏天」）

以上五宗赦與不赦間之事，三赦二不赦，對於太宗之取捨，誠不知應稱許其智慧，抑體諒其進退之兩難。

綜觀（一）與（二）之二十事，其不契於法家必矣，蓋法家根本反對有赦之事，亦未能完全契合於儒家，因其既不符三赦之幼弱、老耄、惷愚（以及三宥之不識、過失、遺忘），亦絕非孔子所言之赦小過。其所赦者，在眾人則爲普遍之全面赦免，在個人則所赦者皆爲必死之重罪。太宗之所行，云其略同於前此之帝王行徑則可，太宗既言梁武帝每年數赦，卒至傾敗，又譏煬帝「是堯、舜而非桀、紂，行事何其反也」〔註 26〕則其以不放赦爲言，而二十三年間一赦再赦，不亦行事何其反之例乎！

五、乾坤獨斷，亢龍有悔

貞觀之有治，太宗之謙虛納諫（尤以初年）宜乎爲重要原因之一，戈直亦以「唐太宗得天下之道不一，而莫大於納諫」〔註 27〕爲言。諫風大暢之下，國事天下事，幾乎無一不可以諫。人之智慮不一，觀點不同，尤以國政大計，群臣之諫言，往往仁智互見，而君王爲最後之決行者，亦自擔負其所決行之後果。太宗爲一世英主，時以才智自負，其「以多問於少」之事，不過一例，

〔註 26〕《資治通鑑》卷一百九十二，太宗貞觀二年，頁 6053。
〔註 27〕《貞觀政要・論納諫・集論》，頁 128。

〔註 28〕雖多納臣下諫言，亦每多剛愎自用、乾坤獨斷之事。斷而有失，難免有悔，(《通鑑》、《政要》中之例甚多)，此特舉其悔之尤大者，并見其決事之心態。

貞觀四年，李靖攻滅東突厥。突厥之眾部落，有北走依附薛延陀者，有西奔西域者，其降唐者約有十萬眾，太宗詔群臣廷議區處之宜。廷議中眾臣各有所見，〔註 29〕而以魏徵與溫彥博之往復辯論最爲激烈，〔註 30〕太宗最後乾坤獨斷，採用惟一主張置突厥於河南（河南謂河套以南）之策，而否定魏徵及其他眾臣之建言，〔註 31〕雖云嘉許給事中杜楚客末了之進言：「北狄人面獸心，難以德懷，易以威服。今令其部落散處河南，逼近中華，久必爲患。……夷不亂華，前哲明訓，存亡繼絕，列聖通規。臣恐事不師古，難以長久。」〔註 32〕但卻因「方務懷柔，未之從也。」〔註 33〕乃有入居長安之突厥人近萬家，部落皆襲衣冠，其酋長並帶刀宿衛，五品以上之突厥官百餘人，「殆與朝士相半」之情況。

〔註 28〕貞觀三年，太宗問給事中孔穎達曰：「論語云：『以能問於不能，以多問於寡，有若無，實若虛。』何謂也？」(見《貞觀政要・論謙讓》，頁 295。）按：首二句謂有才能者問於無才能者，見聞多者問於見聞少者，頗有況己與況臣之意味。

〔註 29〕中書侍郎顏師古請置降眾於北河之北，分立酋長，領其部落。禮部侍郎李百藥請因突厥部族之離散，各以本部署爲君長，(因突厥爲游牧之多種族聚合體，種族之間，族性相近而不相同，其人眾最多，實力最強之部族乃統領其他部族。）不相臣屬，於定襄置都護府，爲其節度。夏州都督竇靜以置戎狄於中國，有損無益，請分其土地，析其部落，假以王侯之號，妻以宗室之女，使各部族權弱勢分，永爲藩臣。

〔註 30〕溫彥博請處突厥降眾於河南，全其部落，不離其土俗，以實河南空虛之地，二示對降者無猜疑之心；魏徵請遣發突厥降眾於河北，居其舊土，尤不可處以河南，以免數年之後，滋息過倍，居於中國之肘腋，成爲心腹之患；彥博以天子之於萬物，天覆地載，來歸者則必養之，「宜處之河南，所謂死而生之，亡而存之，懷我厚恩，終無叛逆。」；魏徵舉晉武帝不採江統將胡人逐出塞外之建議，使胡人散居於內地郡縣，數年之後遂傾伊、洛的前車之鑑，「陛下必用彥博言，遣居河南，所謂養獸自遺患也。」；彥博後以「孔子曰：『有教無類。』若救其死亡，授以生業，教之禮義，數年之後，悉爲吾民，選其酋長，使入宿衛，畏威懷德，何後患之有！」打動太宗之心，而採用其策。(以上溫、魏對語，節略自《貞觀政要・議安邊》，頁 428、429 及《資治通鑑》卷一百九十三，太宗貞觀四年，頁 6076、6077。）

〔註 31〕眾臣之見，無一人主張置突厥於河南，且均對突厥之性懷有戒心，雖主張不盡與魏徵相同，但絕然與溫彥博相反。

〔註 32〕《貞觀政要・議安邊》，頁 429。

〔註 33〕同上註。

太宗在廷議中之乾坤獨斷，排除眾議而獨取溫彥博之策者，宋儒胡寅以為應係溫彥博之先意承志，蓋「留突厥於塞內，使充宿衛如一家者，本太宗雄夸之心，彥博探其微，贊之。」〔註 34〕華夏皇帝以夷狄之酋長為宿衛而推心不疑，太宗或為千古一人。觀其後期處處以能服夷狄而傲視古人，〔註 35〕胡氏之言或已直探太宗本心。

貞觀十三年四月，太宗幸九成宮，四月十一日結社率夜犯御營的行宮入幕之變，幾陷太宗於危殆（結社率夜犯行宮之事，見本文第五章第四節二・3及註）太宗此時方大悔其留突厥於塞內，使其酋長為宿衛之事，但已怪罪無人（溫彥博於貞觀十年六月升任右僕射，於貞觀十一年六月薨逝）乃於遣返入居河南的十萬人以上突厥部族之餘，謂侍臣云：「中國，根榦也；四夷，枝葉也；割根榦以奉枝葉，木安得滋榮！朕不用魏徵言，幾致狼狽。」〔註 36〕

高昌在長安之西四千餘里，有城二十一，勝兵萬人，其語言、文字、風俗習慣，甚至經書刑法，均與中原地區相類似。貞觀四年太宗平服東突厥後，高昌王麴文泰曾親至長安朝謁。其後，高昌之近鄰西突厥，吐谷渾崛起，高昌與唐之關係乃漸疏遠，甚且因遏阻通路之故，使唐與西域之通商往來遭受影響（因高昌位居天山南、北路之出口，為絲綢之路的必經之地）。貞觀十三年，太宗欲伐高昌，朝臣之諫阻均不能動搖其意向。〔註 37〕貞觀十四年，侯君集受命討伐高昌，虎將雄兵，八個月之內，令高昌始而顧盼自安，繼而俯首降服。〔註 38〕

〔註 34〕《貞觀政要・議安邊・集論》，頁 433。

〔註 35〕貞觀二十一年辛卯（三月五日），太宗有「朕於戎、狄所以能取古人所不能取，臣古人所不能臣者……」之語。同年五月，特意問侍臣：「自古帝王雖平定中夏，不能服戎、狄。朕才不逮古人而成功過之，自不諭其故……」則太宗之以能服戎、狄而度越古人，自已形諸顏色。

〔註 36〕《資治通鑑》卷一百九十五，貞觀十三年，頁 6149。

〔註 37〕《舊唐書・高昌傳》：「時公卿近臣，皆以（進軍高昌）行經沙磧，萬里用兵，恐難得志，又界居絕域，縱得之，不可以守，競以為諫，太宗皆不聽。」（見原書頁 5295。）

〔註 38〕侯君集時為吏部尚書，太宗令其為交河道大總管，統官軍及突厥、契苾之兵，步騎數萬，進擊高昌。雙方軍力懸殊，高昌自是不堪一擊。但初始麴文泰聞唐軍將啓時，曾謂其左右云：「唐去我七千里，沙磧居其二千里，地無水草，寒風如刀，熱風如燒，安能致大軍乎！……今來伐我，發兵多則糧運不給；三萬已下，吾力能制之。當以逸待勞，坐收其弊。若頓兵城下，不過二十日，食盡必走，然後從而虜之。何足憂也！」（見《資治通鑑》卷一百九十五，太宗貞觀十四年，頁 6154。）而唐軍在意料之外的兵臨磧口時（按：薛延陀可汗曾上表請為唐軍之嚮導，太宗許之。）麴文泰驚懼不知所措，發病而死，其子智盛繼立，力屈而降。

太宗欲以高昌爲州縣，魏徵諫阻，〔註 39〕太宗不聽。乃以其地置西州，另以可汗浮圖城置庭州。〔註 40〕

既已立州，則每歲調發千餘人前往戍守，黃門侍郎褚遂良再上疏請太宗選擇高昌之可立者，遣還本國，使其負戴洪恩而長爲中國之藩翰。疏表呈上之後，太宗不予回復，其不聽之意也甚明。高昌立州後，《通鑑》記云：「於是唐地東極于海，西至焉耆，南盡林邑，北抵大漠，皆爲州縣，凡東西九千五百一十里，南北一萬九百一十八里。」〔註 41〕超越前此中國任一朝代之版圖。凌駕古人當是太宗乾坤獨斷，不理會公卿近臣之勸阻，置魏徵與褚遂良之諫、疏於不顧之主要原因。

貞觀十六年，西突厥寇西州，太宗謂侍臣曰：「朕聞西州有警急，雖不足爲害，然豈能無憂乎？往者初平高昌，魏徵、褚遂良勸朕立麴文泰子弟，依舊爲國。朕竟不用其計，今日方自悔責。」〔註 42〕乾坤獨斷之後，再次失悔。

貞觀十八年，太宗將親征高麗，群臣之中，除李世勣舉昔往事贊其行之外，餘皆一片反對之聲，〔註 43〕但太宗皆置若罔聞。是年十一月，令張亮率

〔註 39〕魏徵諫云：「陛下即位，高昌最先朝謁，俄以掠商胡，遏貢獻，故王誅加焉。文泰死，罪止矣，撫其人，立其子，伐罪弔民，道也。今利其土，屯守常千人，屯士數年一易，辦裝資，離親戚，不十年隴右且空，陛下終不得高昌圭粒咫帛助中國費，所謂散有用事無用。」（見《新唐書・高昌傳》，頁 5296。）

〔註 40〕高昌與西突厥有盟約，急難時彼此相助。聞唐有意伐高昌，西突厥可汗乃遣其葉護屯駐鄰近高昌國境之可汗浮圖城，以爲聲援。待侯君集軍至磧口，西突厥可汗懼而西走千餘里，而葉護以城降，故立爲庭州之可汗浮圖城，應爲西突厥之土地。

〔註 41〕《資治通鑑》卷一百九十五，太宗貞觀十四年，頁 6156。

〔註 42〕《貞觀政要・議安邊》，頁 435。

〔註 43〕高麗自武德二年遣使來唐，武德四年遣使入貢之後，克盡臣禮，歲貢不絕，事奉大國，小心謹愼。貞觀十六年，高麗蓋蘇文弒其君，另立君弟之子而自專國政，且侵擾其鄰國新羅，但對唐仍維持歲貢之臣禮。貞觀十八年，太宗言於侍臣：「蓋蘇文弒其君，賊其大臣，殘虐其民，今又違我詔命，侵暴鄰國（太宗遣使諭高麗勿攻新羅，蓋蘇文不從），不可不討。」褚遂良以爲不可興兵，李世勣則舉貞觀十五年薛延陀攻襲李思摩，魏徵諫阻太宗發兵征討而薛延陀爲患至今之事爲失策。褚遂良知討伐之事無法阻，但期太宗勿親征，上疏云：「……高麗罪大，誠當致討，但命二、三猛將四五萬眾，仗陛下威靈，取之如反掌耳。今太子新立，年尚幼穉，自餘藩屏，陛下所知，一旦棄金湯之全，踰遼海之險，以天下之君，輕行遠舉，皆愚臣之所甚憂也。」而太宗不聽。（以上見《資治通鑑》卷一百九十七，太宗貞觀十八年，頁 6207。）尉遲敬德亦諫以：「……邊隅小國，不足親勞萬乘，若克勝，不足爲武；儻不勝，翻爲所笑。伏請委之良將，自可應時摧滅。」（見《貞觀政要・議征伐》，頁 416。）太宗亦不從其諫。

士卒四萬、戰艦五百艘，由水路趨高麗國都平壤，令李世勣率步、騎兵六萬及蘭、河二州歸降之夷族兵馬，由陸路指向高麗西部之重鎮遼東，太宗自領諸軍（數目不詳，《新唐書・高麗傳》有「帝曰：『士度遼十萬，皆去家室』」之句，或爲太宗所將之兵力）於貞觀十九年二月自洛陽出發，爲李世勣軍之後援（實爲主力）。征高麗之戰，海路攻下其登陸之據點沙卑城後，再無進展。〔註 44〕陸路則在新城、建安及六山（太宗在此處戰勝，更其名爲駐蹕山）有激烈之攻戰。後以久攻安市不下，「上以遼左早寒，草枯水凍，士馬難久留，且糧食將盡，癸未（九月十八日）敕班師。」〔註 45〕

征遼之戰，由《通鑑》所云，應是大勝，〔註 46〕但研析後續資料，則恐是敗非勝，〔註 47〕甚或是頗爲慘重之失敗。返京途中，太宗在營州對征遼東

〔註 44〕卑沙應非大城，《新唐書・高麗傳》云唐軍攻拔卑沙，「俘男女八千人」，《劍橋中國隋唐史》謂：「太宗可能想依靠海上入侵去佔領這個目標（指平壤），但看來他這個計劃失敗了，中國史料對其結果幾乎始終沒有提及。」（見原書頁 233）

〔註 45〕《資治通鑑》卷一百九十八，太宗貞觀十九年，頁 6230。《劍橋中國隋唐史》記載：「早在七世紀二十年代（620 年至 630 年，即高祖武德三年至貞觀四年），高麗謹慎地沿遼河西岸建造大量堡壘，以防中國人（於煬帝之後）再度進行可能的入侵。這條防線用了大約十年的工夫才完成。」（見原書頁 230。）高麗之難攻，乃在其早有準備。

〔註 46〕戰果爲：「凡征高麗，拔玄菟，橫山、蓋牟、磨米、遼東、白巖、卑沙、麥谷、銀山、後黃十城、徒遼、蓋、巖三州户口入中國者七萬人。新城、建安、駐蹕三大戰，斬首四萬餘級，（己方）戰士死者二千人，戰馬死者什七、八。」（見《資治通鑑》卷一百九十八，頁 6230。）

〔註 47〕班師渡渤錯水（爲高麗之沼澤地）時，「暴風雪，士卒沾濕多死者」（《通鑑》所記），而《劍橋中國隋唐史》則記爲：「在歸途中唐軍還是遭到大風雪的襲擊，死了幾千人，整個遠征以災難性的失敗而告終。」（見原書頁 233），筆者以服役軍旅三十年之所知，頗懷疑《通鑑》所記之傷亡數字，以兩方攻戰之激烈，大將軍李思摩中弩矢，將軍契苾何力爲槊所重傷，李道宗（爲李世勣之副手）在陣中傷足等事實——太宗親爲彼等「吮血」、「傅藥」、「爲之針」（見本文第五章第二節），則斬首敵軍四萬餘，而己方陣亡尚不及二千，乃神話數字之不可信（攻城時，攻方之死傷重於守方，乃一般之軍事常識）。岑文本死後，太宗召許敬宗隨軍記事，許爲劣跡昭彰之作僞高手（見本文第四章第四節史官掌修國史及其註），司馬光依其所記錄之「史料」而作記載，焉得眞實！班師之後，所下之玄菟，橫山等十城又重歸高麗，此亦無怪乎太宗於貞觀二十年二月返回京師之後，對李靖有「吾以天下之眾困於小夷，何也？」之問。（見《資治通鑑》卷一百九十八，頁 6235。）《劍橋中國隋唐史》記云：「當第二年（謂貞觀二十三年，按貞觀二十二年六月，《通鑑》有『上以高麗困弊，議以明年發三十萬眾，一舉滅之』之記錄，見頁 6258。）太宗去世的時候，

戰亡士卒臨哭盡哀以祭之餘，亦感傷而詩誌其事，〔註 48〕深悔征遼之舉，懷念故人，「嘆曰：『魏徵若在，不使我有是行也！』」〔註 49〕

第二節　襲隋之跡與以隋爲鑑

唐初襲隋之處甚多，因隋祚甚短（僅 37 年，581～618），而隋唐乃終結中國近四百年長期分裂後之第二次大統一（秦滅六國一統華夏，以秦祚短促〔僅 39 年，前 246～前 207〕，而以秦漢爲第一次大統一）。漢承秦制而唐亦承隋制，其同、似之處實多。本節因以此爲論。

一、帝位之承與典章之繼

唐高祖（566～635）帝位之承接隋恭帝與隋文帝（541～604）帝位之承接北周靜帝，其過程與型式，幾乎同出一轍。〔註 50〕繼隋文帝之後的煬帝，與繼高祖之後的太宗，其異地不同時的得位情態相似度更猶如再版。本文既以貞觀爲主軸論事，而《貞觀政要》之論及隋代故事及以隋爲鑑者凡四十餘處，故以比較煬帝（569～618）與太宗之同似度爲本節之啓始。

（一）兩人皆爲正宮皇后所出，兩皇后皆爲胡人血統，兩人皆爲次子，且下有諸弟，以是兩人皆非原定之皇位繼承者。〔註 51〕

以打擊他的可惡敵人爲目的的決定性遠征尚未發動起來，他所嘗到的唯一一次大失敗的苦果尚餘味未盡。」（見原書頁 233。）

〔註 48〕太宗之〈傷遼東戰亡〉詩：鑿門初奉律，仗戰始臨戎。振鱗方躍浪，騁翼正凌風。未展六奇術，先虧一簣功。防身豈乏智，殉命有餘忠。（見《全唐詩》，頁 59。）

〔註 49〕《資治通鑑》卷一百九十八，太宗貞觀十九年，頁 6230。按：魏徵已於太宗親征前一年病歿。

〔註 50〕宣帝太建十二年（580 年，《資治通鑑》以陳紀記年）北周天元帝崩殂，靜帝年幼（不滿八歲），楊堅以輔佐幼主之名，爲左丞相（後靜帝去左、右丞相之名，以堅爲大丞相，不久爲相國），都督中外諸軍事，假黃鉞，總百揆，劍履上殿，贊拜不名，入朝不趨，被九錫，建天子旌旗，出警入蹕，未幾靜帝即下詔遜居別宮，奉皇帝璽紱，「禪位」於隋。恭帝義寧元年（617 年，或云煬帝大業十三年），李淵入長安，立年僅十三歲的代王楊侑（煬帝之孫）爲隋恭帝，侑以淵爲假黃鉞，使持節，大都督內外諸軍事，尚書令，大丞相，進封唐王，劍履上殿，贊拜不名，建天子旌旗，出警入蹕，次年五月，煬帝江都被弒之訊傳至長安，恭帝乃遜居代邸，「禪位」於唐。楊堅與李淵之差別，在前者即位後幾乎太平無事，後者即位後，尚有數年討平群雄之征戰。

〔註 51〕隋文帝與獨孤皇后育有五子，長子楊勇，宣帝太建十三年（581 年）被立爲皇太子。楊廣爲次子，其下有三子楊俊，四子楊秀，五子楊諒。唐高祖與太穆

（二）兩人皆有奪嫡之心，且在奪嫡之前，經營甚久，而經營之成果，亦皆彌足可觀。〔註 52〕

（三）兩人奪嫡登帝位，皆罔顧人倫，逼迫父皇，殘殺兄弟並及於子侄。〔註 53〕

（四）兩人皆文武全才，有足以留與後人說之建樹與殊業。煬帝博學能文，太宗即稱其「文辭奧博，是堯舜而非桀紂」（見《通鑑》頁 6053），煬帝之詩不論在隋代文人之橫線上或古今帝王之縱線上皆爲翹楚人物。太宗亦能文，其飛白體書法，在唐代別樹一格，且有論書法之〈筆法論〉、〈指法論〉、〈筆意論〉傳世；太宗固有四夷酋長所奉之「天可汗」尊號，煬帝亦有突厥啓民可汗（大可汗）所敬獻之「聖人可汗」尊號（事在大業三年），太宗有俘獲突厥頡利可汗（大可汗），將北方強敵東突厥滅國之殊功，煬帝亦有建運河、造福後世幾近千年之偉業；太宗有足以傲世的貞觀之治，而

皇后生四子，長子李建成於武德元年被立爲皇太子。李世民行二，其下尚有李玄霸（早逝），四子李元吉。

〔註 52〕開皇八年（588 年）楊廣以晉王而節度諸軍平陳（平定江南），但三軍之咨稟，皆取斷於其行軍長史高熲，江南底定，廣雖無實績，卻添威望。其後爲揚州總管十年，在平服地方的反叛之後，招聚江南才俊於晉王府，恩威兩用，收攬人心，弘揚佛道，使最初瀰漫江南的反隋氣息化爲烏有，使其「聲名籍盛，冠於諸王」，而成爲奪取儲君之位的重要資源。李世民在大唐開國剷平群雄的諸次征戰中，卓有功績，高祖特置天策上將予李世民位在王公上，任世民爲尚書令——以李世民曾任此職之故，終唐之世，無人敢再任此職——天策府可置官屬，又設文學館，收羅四方文士，聲勢在太子李建成之上。

〔註 53〕玄武門事件，李世民親手射死李建成，李元吉則爲尉遲敬德所殺，並誅殺建成之子與元吉之子各五人，絕其屬籍。楊廣在文帝駕崩後，秘不發喪，矯詔賜前太子（其長兄）楊勇死，勇拒服毒，而由楊素之弟楊約將之勒斃；文帝之第三子楊俊在楊廣爲太子前已病歿，第四子楊秀爲楊廣（其時爲太子）陷構，被文帝廢爲庶人且加以幽禁，楊廣即位後幽禁如故，後死於宇文化及之難。第五子楊諒於楊廣即位後，發并州之兵造反，兵敗被執，幽禁至死。楊秀之諸子及楊諒之子並在宇文化及之亂中被害。楊廣是否弒文帝而得位，太宗是否逼脅高祖傳位，後者在本文第四章第一節〈執柄處勢，法勢連横〉中已論之甚明；《隋書》，頁 1288 文帝及煬帝本紀，均隻字未言弒奪之事。《隋書・楊素傳》則隱有所指，似是引人聯想，其云：「上以此日崩，由是頗有異論。」隋末群雄起兵，李密在其討煬帝之檄文中，列舉煬帝之十大罪狀，首罪即云其弒君父：「先皇大漸，侍疾禁中，遂爲梟獍，便行鴆毒。」（見《舊唐書・李密傳》，頁 2212，彼既未親見，史亦未曾明言，只能存此一論。但《中國歷史大事年表》則記隋文帝仁壽四年云：「七月，文帝於仁壽宮被太子廣所殺。廣即位，是爲煬帝。」）

煬帝在大業五年所呈現的治世數據，絕不在貞觀之治之下。〔註 54〕

（五）煬帝傾全國可用之兵，三次親征高麗，精粹之軍傷於遼水，半無所獲，〔註 55〕猶念念不忘再征高麗，直至江都遭弒，含恨以終。〔註 56〕太宗徒言煬帝之窮兵極武，但卻步其覆轍，親征高麗，耗失不貲，又傷身體健康，鎩羽而猶圖再舉，天不假年，齎志以歿。〔註 57〕

〔註 54〕司馬光於煬帝大業五年記云：「是時天下凡有郡一百九十，縣一千二百五十五，户八百九十萬有奇，東西九千三百里，南北萬四千八百一十五里。隋氏之盛，極於此矣。」（見《資治通鑑》卷一百八十一，頁 5645。），近世學者亦有：「從隋朝極盛時的人口、耕地、郡縣、疆域和儲備、繁榮、強大等各個方面來說，煬帝的『大業之治』都強於秦始皇單純暴力的『唯法而治』和漢武儒家獨尊的『外儒內法』之治，也強於隋文帝的開皇之治和唐太宗的貞觀之治。」（見韓隆福：〈一個有偉大貢獻的「暴君」〉，《常德師範學院學報（社會科學版）》，第 27 卷第 5 期，2002 年 9 月。）

〔註 55〕煬帝於大業八年、九年、十年三次親征高麗，首征的動員之眾，前所未有：「八年春正月，大軍集於涿郡。……總一百一十三萬三千八百，號二百萬，其餽運者倍之。癸未，第一軍發，終四十日，引師乃盡，旌旗亙千里，近古出師之盛，未之有也。」（《隋書‧煬帝紀》，頁 81。），而失敗之慘亦前所未見：「秋，七月，壬寅，至薩水，軍半濟，高麗自後擊其軍，右屯衛將軍辛世雄戰死。於是諸軍俱潰，不可禁止，將士奔還，一日一夜至鴨綠水，行四百五十里。將軍天水王仁恭爲殿，擊高麗，卻之。來護兒（水軍）聞述等敗，亦引還。唯衛文昇一軍獨全。」（《資治通鑑》卷一百八十一，煬帝大業八年，頁 5665、5666。）渡河攻遼之九路大軍三十五萬五千人，全身而回者僅二千七百人，器械輜重丟失殆盡。二征與三征之兵力規模約與首征相當，但二征在高麗「敗勢日蹙」之際，因楊玄感之造反而急遽回軍平叛，三征則因水軍進逼平壤，高麗懼而獻上一紙降表，別無所獲而「光榮」班師。

〔註 56〕煬帝迄未忘情於高麗，大業十一年北巡被突厥始畢可汗圍於雁門時，亟欲將士浴血固守，接受蕭瑀（時任內史侍郎）之諫：「將士之意，恐陛下既免突厥之患，還事高麗，若發明詔，諭以赦高麗、專討突厥，則眾心皆安，人自爲戰矣。」……「虞世基亦勸帝重爲賞格，下詔停遼東之役。帝從之。」（見《資治通鑑》卷一百八十二，頁 5698。）但大業十二年五月，猶向納言蘇威「帝問威以伐高麗事」（《通鑑》頁 5704。）直至大業十二年七月自東都南下江都，留詩贈別宮人：「我夢江都好，征遼亦偶然。」（《通鑑》頁 5705。）征高麗之心或方全然放下。蓋自茲至大業十三年（或云恭帝義寧二年，或云高祖武德元年，618 年）三月在江都被弒，未再言征高麗事。

〔註 57〕太宗嘗於貞觀四年，謂有司：「自古以來，窮兵極武，未有不亡者也。……隋主亦必欲取高麗，頻年勞役，人不勝怨，遂死於匹夫之手。」（見《貞觀政要‧議征伐》，頁 408。）而貞觀十九年乃步隋之跡，發大兵親征高麗，太宗以「以史爲鑑」毋乃具有選擇性，未必始終一致。太宗之親征高麗，事見前節五之「乾坤獨斷，亢龍有悔」。貞觀十九年九月攻安市不下而班師後，二十年十月「更議討之」（見《資治通鑑》卷一百九十八，頁 6241。）二十一年欲復伐高

千古二帝之雷同處如此。另一巧合處，兩人或崩逝或遭弒時，均在五十歲之盛年，〔註 58〕弔與嘆之間，予人無限遐想。

隋在終結近三百年的南北分裂之後統一，爲使政令在全國各地推行無礙，曾以頗多之心力建立堪稱完善之典章制度。唐承隋制毋乃必然，〔註 59〕

麗，而依朝議「數遣偏師，更迭擾其疆埸，使彼疲於奔命，釋耒入堡，數年之間，千里蕭條，則人心自離，鴨綠之北，可不戰而取。」之議（見《資治通鑑》卷一百九十八，頁 6245。），而遣牛進達領兵萬餘人由水路自萊州汎海攻高麗，李世勣則將兵三千人及營州都督府兵（數不詳）自新城道入攻高麗，皆無甚大之戰果而還。二十二年正月及四月薛萬徹及古神感分別將兵渡海擊高麗，亦未收重大之戰果。以上數次皆數小規模的「擾其疆埸」之襲擊，自無決定性之勝負，貞觀二十二年六月，「上以高麗困弊，議以明年發三十萬眾，一舉滅之。」（見《資治通鑑》卷一百九十九，頁 6258。）並自七月起，在劍南道從事大規模之建造戰船，但太宗尚未出師身先死，於貞觀二十三年五月二十六日駕崩。

〔註 58〕《唐會要・帝號》頁 2，記：「太宗文武大聖大廣孝皇帝諱世民，隋開皇十八年（598 年）十二月戊午，生於武功別館，……貞觀二十三年（649 年）崩於翠微宮含風殿。」《資治通鑑》頁 6267，太宗崩逝，胡三省註云：「年五十有三」，《舊唐書・太宗本紀》記太宗生死年月日與《唐會要》同，但於「上崩於含風殿」之後，明書「年五十二」，《新唐書・太宗本紀》未書太宗之出生年月，但有「大業中，突厥圍煬帝於雁門（按：時在大業十一年，615 年），煬帝從圍中以木繫詔書，投汾水而下，募兵救援，太宗時年十六，往應募」之語，按此，則太宗應生於隋文帝開皇二十年（600 年）。（對太宗崩逝之年月日，各書均無異）。《劍橋中國隋唐史》頁 188 記云：「太宗李世民本爲高祖次子，公元 600 年生於今陝西省武功縣。」，同書頁 237 末行至頁 238 首行記云：「649 年陰曆五月，享年不足五十歲的太宗在久病後去世。」太宗究竟享壽多少，關鍵在出生年，《舊唐書》、《唐會要》之（598 年 12 月戊午，〔年底矣〕）記與《新唐書》之推算相異，而《新唐書》推算之出生年則與《劍橋中國隋唐史》之記載相同，依中外記年齡相差一歲之成例，《劍橋中國隋唐史》所云享年不足五十歲（實歲）應爲眞，依中式算法，則應爲享年五十歲。《通鑑》記楊廣之死日爲高祖武德元年（618 年）丙辰（三月十一日）未誌其生年，《隋書・煬帝本紀》亦未記煬帝生年，但記其死：「二年三月，（隋恭帝義寧二年，618 年）『上崩於溫室，時年五十』」；《劍橋中國隋唐史》頁 114 記：「楊廣，歷史上稱隋煬帝，生於 569 年。」同書頁 146 記：「618 年，他在浴室被宇文化及所殺。」西式算法享年四十九歲（569～618，與太宗之不足五十歲相同），中式算法亦是五十歲。

〔註 59〕隋承北朝餘緒兼及南朝梁陳，於斟酌損益之後，建立堪稱健全之典章制度，唐初之制，率多襲取隋代。《劍橋中國隋唐史》稱：「隋朝消滅了其前人的過時的和無效率的制度，創造了一個中央集權帝國的結構，在長期分裂的各地區發展了共同的文化意識。」（見原書頁 147）其制度之必爲初始立國的唐所承襲，乃屬不喻自明之事。

其情況一似八百餘年前之漢承秦制。貞觀之有治，其推行治道的制度之健全合理，乃屬重要之原因。本文第二章廣述貞觀之治道，其中租庸調制、府兵制、三省制與科舉制「唐代輝煌文化的四大柱石」固是淵源於隋，而頗爲人所詬病的恩蔭之制也襲自前隋。〔註60〕《劍橋中國隋唐史》更明述：「人們通常以爲太宗之治（626～649 年）是唐代『理想制度』的形成時期，……事實上太宗在執政時並沒有制定新制度，政府的政策也沒有大變化。政府的基本結構、行政細節以及政府干預的限度這一十分重要的問題，早在隋代已被建立和解決，只是在唐高祖時期稍加修改後又被採用，並體現在 624 年（高祖武德七年）頒布的一些法典化的法律中。」〔註61〕此亦無怪乎後之論史者，言典章制度，往往視隋、唐爲一體，由隋制起敘，再逐步言其變化。

二、汲取與鑑戒之間

太宗汲取前隋（文帝、煬帝）之處甚多，以之爲鑑戒者亦復不少，取與鑑之間，頗可窺見貞觀得治之因由。

（一）以法為治之理念

本文在第三章第一節一中，已闡明法之入於太宗之心者實深。魏徵嘗言太宗：「貞觀之初，志存公道，人有所犯，一一於法。」〔註62〕太宗亦自言：「法者，非朕一人之法，乃天下之法。」〔註63〕其重法之理念，相當多之部分得之於歷史中「覽前王之得失」〔註64〕，遠者取諸秦漢，近者取諸前隋。隋文帝在「探討問題，採納解決問題的辦法以及所愛所恨等方面，實際上接近於法家本身。」〔註65〕隋文帝「帝王作法，沿革不同，取適於時，故有損

〔註60〕恩謂皇恩，蔭謂樹蔭，恩蔭指在皇恩之下，父祖之官職可以蔭庇子孫進入仕途。其敘階之法，規定一至五品之官皆可蔭及子孫爲官，官品愈高者，其子孫之起敘官品愈高。三品以上之官，除子孫外，並可蔭及曾孫。見《唐六典．吏部尚書》及其註。

〔註61〕《劍橋中國隋唐史》，頁 13。

〔註62〕《貞觀政要．論公平》，頁 267。

〔註63〕同上註，頁 258。

〔註64〕貞觀十年正月，由太宗下敕修撰之五朝史修成，太宗特頒詔書，即明申「將欲覽前王之得失，爲在身之龜鏡。」（見《冊府元龜》卷 554。）

〔註65〕《劍橋中國隋唐史》，頁 63。

益。」深得法家立法之要。〔註 66〕開皇二十一年，有感於李安兄弟大義滅親忠心報國之事，文帝詔書中有「先王立教，以義斷恩，割親愛之情，盡事君之道。」〔註 67〕考諸太宗貞觀一朝中「割親愛之情」而依法行事之事多矣。（詳見本文第三章第一節一：〈法在重信、立威、情義中之優先性〉）隋文帝之重法思想，頗有足以作爲太宗之龜鑑者，而其法律之前，人人平等之作法，〔註 68〕尤爲太宗所奉行。

（二）勤政與儉樸

貞觀四年，太宗問蕭瑀如何視隋文帝，瑀對曰：「克己復禮，勤勞思政；每一坐朝，或至日昃；五品以上，引坐論事；宿衛之士，傳飧而食，雖性非仁明，亦是勵精之主。」〔註 69〕太宗以瑀之所言「未知其二」而以文帝之「不肯信任百司，每事皆自決斷，雖則勞神苦形，未能盡於合理。」〔註 70〕爲之增補，但攷太宗在貞觀初一心求治時之行事，亦堪稱隋文帝勤勞思政之追隨者。〔註 71〕《劍橋中國隋唐史》謂太宗及其臣屬咸具有共同的使命感，太宗本人有事必躬親的行政作風〔註 72〕，則太宗在初承帝位之前數年，其勞神苦形，或亦不在隋文帝之下。

隋文帝以儉樸——甚至吝嗇——知名於史，《隋書・本紀》之評其德業，

〔註 66〕文帝之言，見《隋書・刑法志》。法家商鞅有「禮、法以時而定；制、令各順其宜。」之說（見《商君書・更法》，頁 6。），韓非有「聖人不期修古，不法常可，論世之事，因爲之備。」之言（見《韓非子・五蠹》，頁 26。）

〔註 67〕《隋書・李安傳》，頁 1324。

〔註 68〕楊俊爲文帝之第三子，開皇十七年，以其在并州總管任內奢縱好女色，召回京師，免其官稱，僅保留親王之爵位，放歸自宅府第。「左武衛將軍劉昇諫曰：『秦王非有他過，但費官物營廨舍而已，臣謂可容。』上曰：『法不可違。』昇固諫，上忿然作色，昇乃止。其後楊素復進諫曰：『秦王之過，不應至此，願陛下詳之。』上曰：『我是五兒之父，若如公意，何不別制天子兒律？以周公之爲人，尚能誅管、蔡，我誠不及周公遠矣，安能虧法乎？』卒不許。」（見《隋書・秦孝王楊俊傳》，頁 1240。）則隋文帝之依法行事，法律之前不別親私，當予太宗深刻之印象。

〔註 69〕《貞觀政要・論政體》，頁 24。

〔註 70〕同上註。

〔註 71〕武德九年十二月，太宗謂裴寂（時爲民部尚書）曰：「比多上書言事者，朕皆粘之屋壁，得出入省覽，每思治道，或深夜方寢。」（見《資治通鑑》卷一百九十二，頁 6026。）；貞觀二年，太宗謂侍臣曰：「朕每夜恆思百姓間事，或至夜半不寐，惟恐都督、刺史堪養百姓以否，故於屏風上錄其姓名，坐臥恆看，在官如有善事，亦具列於名下。」（見《貞觀政要・論擇官》頁 148。）

〔註 72〕《劍橋中國隋唐史》，頁 14。

亦以儉樸爲首，〔註 73〕帝、后儉樸自守，抑己惜民之二、三事，尤爲史家口碑。〔註 74〕太宗之節儉諸事，見本文第二章第四節〈寓兵利農，儉約明賞〉，雖非天性如此，但能節制一己之私心而爲天下國家計，隋文帝之榜樣應有相當之啓示作用在。

太宗的師法隋文帝之處，可攷於史家筆墨者，尚有武德九年之以賄賂試官吏，〔註 75〕其與隋文帝開皇十年之手法同出一轍，〔註 76〕而貞觀五年怒斬張蘊古於長安街市，其後失悔所頒「自今有死罪，雖令即決，仍三覆奏乃行刑」之詔令（詳見本文第三章第四節〈以法把持天下〉），也與隋文帝開皇十六年八月所頒之詔令：「決死罪者，三奏然後行刑。」〔註 77〕毫無二致，承襲之跡明顯。

然須特別一敘者，太宗治道「崇儒學」（《貞觀政要》以之爲篇目之一）

〔註 73〕「史臣曰：『高祖龍德在田，……劬勞日昃，經營四方，……於是躬節儉，平徭賦，倉廩實，法令行，君子咸樂其生，小人各安其業，強無陵弱，眾不暴寡，人物殷阜，朝野歡娛。二十年間，天下無事，區宇之內晏如也。』」（《隋書・高祖紀》，頁 55。）以躬節儉起始，身體力行，乃得有物阜民豐，河清海晏之成果。

〔註 74〕其一、《通鑑》記云：「后性儉約，帝嘗合止利藥，須胡粉一兩。宮內不用，求之，竟不得。又欲賜柱國劉嵩妻織成衣領，宮內亦無之。」（見《通鑑》卷一百七十五，頁 5447。），皇上欲配止瀉藥，需要女用之化粧粉一兩，宮中皇后、妃子、宮女竟皆不用，遍尋無著，平日莫非素顏！皇上欲賞賜柱國之妻金絲采紋之衣領一件，宮中竟也厥如。其二、《通鑑》記云：「關中大旱，民饑，上遣左右視民食，得豆屑雜糠以獻。上流涕以示群臣，深自咎責，爲之不御酒肉，殆將一朞。」（見《通鑑》卷一百七十八，頁 5545。）流涕、咎責，或可視爲一時之情動，但以九五之尊，約近一年飲食中不進酒肉，求之平常百姓人家也絕難如此。其三云：「（開皇十三年）二月，丙午，詔營仁壽宮於岐州之北，使楊素監之。……（十五年三月）仁壽宮成，丁亥，上幸仁壽宮，……及至，見制度壯麗，大怒曰：『楊素殫民力爲離宮，爲吾結怨天下。』素聞之，惶恐……」（見《通鑑》卷一百七十八，頁 5539、5548。）楊素爲文帝一朝之重臣，功勳無數，欲討好皇上而悉心將離宮建成華麗輝煌，竟遭譴責，若非求封德彝在皇后前爲之緩頰，或難善了。

〔註 75〕武德九年（太宗即位後）「上患吏多受賕，密使左右試賂之。有司門令史受絹一匹，上欲殺之，民部尚書裴矩諫曰：『爲吏受賂，罪誠當死；但陛下使人遺之而受，乃陷人於法也，恐非所謂「道之以德，齊之以禮。」』」（見《資治通鑑》卷一百九十二，頁 6029。）

〔註 76〕開皇十年，《通鑑》記云：「上性猜忌，不悅學，既任智以獲大位，因以文法自矜，明察臨下，恆令左右覘視內外，有過失則加以重罪。又患令史贓汙，私使人以錢帛遺之，有得犯立斬。」（見《資治通鑑》卷一百七十七，頁 5528。按：此事並見《隋書・刑法志》。）

〔註 77〕《資治通鑑》卷一百七十八，文帝開皇十六年，頁 5550。

則係棄文帝而師煬帝，祇是未提兩帝之名而已。文帝即位之初，也曾重視教育，開皇三年且頒行「勸學行禮詔」，但鑒於成效不佳，〔註78〕乃於十七年後的仁壽元年（600年）全面廢滅學校幾至名存實亡之程度。〔註79〕而煬帝即位則迅即改變此一現象，〔註80〕於全面恢復庠序之餘，亦詔選優秀學者，隨才任職，〔註81〕其拔擢的項次有：孝悌有聞、德行敦厚、節義可稱、操履清潔、強毅正直、執憲不撓、學業優敏、文才美秀、才堪將略、膂力強壯等十項，〔註82〕儒家所稱美的德行品質幾乎全已入列。煬帝且「徵天下儒學之士，悉集內史省，朝次講論。」〔註83〕凡此種種，不可謂煬帝不重視儒學。

太宗之視儒學爲可以資治者，是在武德九年改元之前，〔註84〕兩年之後，立孔子廟堂於國學，且「大收天下儒士，賜帛給傳，令詣京師，擢以不次，布在廊廟者甚眾。學生通一大經以上，咸得署吏；國學增築學舍四百餘間；國子、太學、四門、廣文，亦增置生員；其書算各置博士、學生，以備眾藝。」〔註85〕太宗的獎掖儒學，與煬帝頗有類比相通之處。

（三）以煬帝爲鑑戒

《貞觀政要》舉隋之失者凡四十餘處，茲特以太宗親口所言以煬帝爲鑑戒之二十三則爲準據以綜析之。（依《政要》頁次）

〔註78〕開皇九年，文帝稱生徒「教訓不篤，考課未精」、「未有灼然明經高第」（見《隋書・高祖紀下》，頁33。）

〔註79〕《隋書・儒林・劉炫傳》，頁1720。記其事云：「廢國子四門及州縣學，唯置太學博士二人，學生七十二人。」

〔註80〕《隋書・儒林傳・序》，頁1707。云：「煬帝即位，復開庠序，國子郡縣之學，盛於開皇之初。」

〔註81〕大業元年煬帝詔曰：「方今宇宙平一，文軌攸同，十步之內，必有芳草，四海之內，豈無奇秀。諸在家及見（現）入學者，若有篤志好古，耽悅典墳，學行優敏，堪膺時務，所在採訪，是以名聞，當即隨其器能，擢以不次。」（見《隋書・煬帝紀上》，頁64。）

〔註82〕見《隋書・煬帝紀上》，頁68。

〔註83〕《隋書・儒林・褚輝傳》，頁1723。

〔註84〕武德九年「（上）精選天下文學之士虞世南、褚亮、姚思廉、歐陽詢、蔡允恭、蕭得言等，以本官兼學士，令更日宿直，德朝之隙，引入內殿，講論前言往行，商榷政事，或至夜分乃罷。」（見《資治通鑑》卷一百九十二，頁6023。）《貞觀政要》則將「講論前言往行」易爲「討論墳典」（見《政要》，頁333。）

〔註85〕《貞觀政要・崇儒學》，頁334。按《唐會要》卷三十五，頁635記貞觀二年十二月房玄齡等奏請停祭周公，以孔子爲先聖，釋奠於太學，而太宗詔許之通經給官、國學增築學舍，乃至諸蕃酋長遣子弟請入國學之事，皆在貞觀十四年。（見《資治通鑑》卷一百九十五，太宗貞觀十四年，頁6152、6153。）

1. 隋主殘暴，身死匹夫之手，率土蒼生罕聞嗟痛。（頁 28）

2. 往昔初平京師，宮中美女珍玩，無院不滿，煬帝意猶不足，徵求無已，兼東西征討，窮兵黷武，百姓不堪，遂致亡滅。（頁 36）

3. 隋煬帝不解精選賢良，鎮撫邊境；惟遠築長城，廣屯將士，以備突厥，而情識之惑，一至於此。（頁 71）

4. 至於隋煬帝暴虐，臣下鉗口，卒令不聞其過，遂至滅亡；虞世基等，尋亦誅死。（頁 78、129）

5. 隋煬帝好自矜誇，護短拒諫，誠亦實難犯忤；虞世基不敢直言，或恐未爲深罪。（頁 81）

6. 煬帝豈不以下無忠臣，身不聞過，惡積禍盈，滅亡斯及。（頁 82）

7.（對張玄素言）卿以我不如煬帝，何如桀紂？（頁 95）

8. 非是煬帝無道，臣下亦不盡心。須相匡諫，不避誅戮，豈得惟行諂佞，苟求悅譽。（頁 130）

9. 隋煬帝錄宇文述在藩之功，擢化及於高位，不思報效，翻行弒逆，此非臣下過歟？（頁 142）

10. 隋煬帝豈爲甲仗不足，以至滅亡？正由仁義不修，而群下怨叛故也。（頁 234）

11. 煬帝無道，枉見誅夷（謂煬帝之殺高熲），何嘗不想見此人，廢書欽歎。（頁 260）

12. 婦人幽閉深宮，情實可愍。隋氏末年，求採無已，至於離宮別館，非幸御之所，多聚宮人，此皆竭人財力，朕所不取。（頁 297）

13. 隋煬帝性好猜防，專信邪道，大忌胡人，乃至謂胡床爲交床，胡瓜爲黃瓜，築長城以避胡，終被宇文化及使令狐行達殺之。又誅戮李金才，及諸李殆盡，卒何所益？（頁 304）

14. 隋煬帝初幸甘泉宮，泉石稱意，而怪無螢火，敕云：「捉取多少於宮中照夜。」所司遽遣數千人採拾，送五百轝 於宮側。小事尚爾，況其大乎？（頁 307）

15.（高熲）及爲煬帝所殺，刑政由是衰壞。（頁 311）

16. 隋煬帝奢侈自賢，身死匹夫之手，亦爲可笑。（頁 326）

17. 秖如梁武帝父子，及陳後主、隋煬帝，亦大有文集，而所爲多不法，宗社皆須臾傾覆。（頁 345）

18. 隋文帝不憐百姓而惜倉庫，比至末年，計天下儲積，得供五、六十年。煬帝恃此富饒，所以奢華無道，遂致滅亡；煬帝失國，亦此之由。（頁 400）

19. 隋主亦必欲取高麗，頻年勞役，人不勝怨，遂死於匹夫之手。（頁 408）

20. 隋煬帝廣造宮室，以肆行幸。（頁 439）

21. 此宮觀台沼，並煬帝所爲，所謂「驅役生人，窮此雕麗」，復不能守此一都，以萬人爲慮；好行幸不息，人所不堪。（頁 439）

22. 隋煬帝承文帝餘業，海內殷阜，若能常處關中，豈有傾敗？（頁 440）

23. 秦始皇平六國，隋煬帝富有四海，既驕且逸，一朝而敗，吾亦何得自驕也？言念於此，不覺惕焉震懼。（頁 452）

所舉煬帝之失，約可類分爲（1）驕逸奢華，貪求無厭；（2）護短拒諫，臣下鉗口；（3）猜防殘暴，不修仁義；（4）行幸不息，不守國都；（5）勞役生人，不憐百姓；（6）誅夷忠臣，禦邊無策；（7）東西征討，窮伐高麗。而煬帝之臣下，則爲負義忘恩，諂佞苟且。

觀乎貞觀前期太宗之治道，頗多針對煬帝之失而力求矯正，其尤爲明顯者，爲求諫納諫、儉約任賢、修文利農〔註 86〕諸項（并見本文第二章所言貞觀治道之相關節次）。太宗登帝位後，雖常有畋獵而未見遊幸，長在東西二都而未有巡行天下。〔註 87〕但亦有引爲鑑戒而不免於效法追隨之例，如煬帝好猜防而誅李金財，乃因《祕記》、圖讖之「李氏當爲天子」，事與太宗之殺張亮、誅李君羨（見本文第四章第二節〈絕患於疑，鋤抑武將〉）且幾乎在《祕記》所云「唐三氏之後，女主武王代有天下」的傳聞下，對「疑似者盡殺之」並相類似。〔註 88〕

〔註 86〕「修文」所行諸事，與修行仁義——推行儒家經訓——密切相關，利農則多爲與農民有益之事，少其勞役，中國以農立國，農民人口佔全人口之九成以上（歷朝未有若何變易），農民與生人（人民）幾乎同義。（按：《政要》避太宗之諱，改「民」爲「人」，生人者，生民也。）

〔註 87〕太宗不親巡而代之以派遣諸道黜陟大使巡行天下：「察長吏賢不肖，問民間疾苦，禮高年，賑窮乏，俾使者所至，如朕親臨。」（見《資治通鑑》卷一百九十四，太宗貞觀八年，頁 6105。）

〔註 88〕煬帝於大業八年征高麗大敗而返之後，大業九年忿兵再舉，時天下已亂，《祕記》言李氏有王氣，李淵以名應圖讖，爲煬帝所忌，懼而縱酒納賂以自晦（見《資治通鑑》卷一百八十二，頁 5682。），李金才之被戮，事在煬帝大業十一年，方士安伽陁言「李氏當爲天子」，勸帝盡誅海內凡李姓者，李金才即於是時遭譖被殺，右驍衛大將軍李渾亦以受謀反之誣告遭戮，三從以上之宗族三十二人流徙邊徼。（見《資治通鑑》卷一百八十二，頁 5695、5696。），此與張亮、李君羨被《祕記》、圖讖之禍，同出一轍。

太宗在貞觀九年後，遣將破吐谷渾、滅高昌、滅薛延陀、降服回紇諸部、破龜茲、焉耆諸役（見本文第二章第五節之〈振武修文，羈縻和親〉）正有過於煬帝之東西征討；煬帝之必欲取高麗而窮兵不息，與太宗親征高麗受挫而返之後，積極準備再伐之情亦極相彷彿，房玄齡臨終前之諫言固未能停太宗之步伐，〔註 89〕紛亂之徵兆與生民之苦怨，亦未能動其再征高麗之志，〔註 90〕若非遭逢大限，高麗之征不知伊於胡底。太宗處處以煬帝爲鑑戒，確乎爲貞觀前期得以大治之因。而日久頑生，得治之後，逐漸忘卻鑑戒之心，其轍跡乃漸與煬帝雷同。鑑戒與承襲之間，太宗之行事轉折，實亦令人難以理解。

第三節　貞觀治道的法儒之辨

言貞觀治道的法儒之辨，自不得不由法儒何以由涇渭分明的先秦到漢武帝後之逐漸難以分辨談起。

漢承秦制，所承的不僅刑法而已，更重要的是法家所建立的專制統一帝國的制度之承襲與延續。當漢武帝「罷黜百家，獨崇儒術」，儒家思想定於一尊時，就政治方面而言，儒家理想之落實爲漢家制度，所能實現的，必是能與專制政體統合的那一部分，〔註 91〕而儒家精神，其在「政治性格」上已發

〔註 89〕房玄齡病篤瀕危時，謂其諸子云：「吾受主上厚恩，今天下無事，唯東征未已，群臣莫敢諫，吾知而不言，死有餘責。」乃上表諫，其云：「……願陛下許高麗自新，焚陵波之船，罷應募之眾，自然華、夷慶賴，遠肅邇安。臣旦夕入地，儻蒙錄此哀鳴，死且不朽！」太宗謂其女高陽公主（房玄齡之媳）云：「彼病篤如此，尚能憂我國家。」（見《資治通鑑》卷一百九十九，太宗貞觀二十二年，頁 6260。）諫竟未從。

〔註 90〕隋末之亂，始於大業七年煬帝之征高麗。《通鑑》記因煬帝發民夫及鹿車夫（前者未言數目，後者謂六十萬人）運米而致「耕稼失時，田疇多荒」、「百姓困窮，財力俱竭，安居則不勝凍餒，剽掠則猶得延生，於是始相聚爲群盜」（見《資治通鑑》卷一百八十一，頁 5656。）貞觀之事，則是貞觀二十一年九月「敕宋州刺史王波利等發江南十二州工人造大船數百艘，欲以征高麗。」（《通鑑》頁 6249。）貞觀二十二年八月「敕越州都督府及婺、洪等州造海船及雙舫千一百艘」、「強偉等發民造船，役及山獠，雅、邛、眉三州獠反」、「蜀人苦造船之役，或乞輸直雇潭州人造船，上許之，州縣督迫嚴急，民至賣田宅，鬻子女不能供，穀價踊貴，劍外騷然。」（見《資治通鑑》卷一百九十九，頁 6261、6262。）

〔註 91〕韋政通：《中國思想史》，頁 458。韋氏並云：「儒學表面上雖已處於獨尊的地位，儒家眞精神早已陷入七折八扣的局面，這七折八扣的犧牲，就是取得獨尊付出的代價。

生了基本的改變。儒家日益肯定刑法在維持社會秩序方面的作用，是其改變之一，而君臣觀念由孟子的「君輕」、荀子的「從道不從君」到定位於法家的「尊君尊臣」，更是一百八十度的根本改變。〔註92〕故儒學定於一尊之日，也正是儒學法家化起始之時。浸漸日久，「唐初儒學的內含已遠遠逸出先秦時代的範疇」〔註93〕

當儒學內涵因法家思想之嚴重滲透，已近乎發生質變之時，口稱欲專以仁義爲治的太宗，其所行的卻多是「仁義之似」（見後文），則對貞觀治道行法儒之辨，固有其難度與辨後依然迷離之處。

貞觀之歷史已成往跡，但史載貞觀盛世之事，典型猶在夙夕，史傳貞觀君王將相之言，其文字記敘亦斑斑在目，今玆以法、儒思想之質性，試爲之析辨。後人觀前史，聽人物在前史中之言，因已見證其發展，故其評述尤爲可取，此亦本節之倚爲圭臬者。

法儒之辨，本文以儒主仁義，法主法律與儒行德治，法行法治以明。

一、仁義與法律之辨

《資治通鑑》言太宗即位前四年由困窘而入於治之歷程，〔註94〕其述太宗之作爲，以「上勤而撫之」一語帶過。吳兢在《貞觀政要》，對同一事實，則有較詳明之記述，且多所增益，〔註95〕且對太宗之治道，有扼其綱要之提點，其云：「從諫如流，雅好儒術，孜孜求士，務在擇官，改革舊弊，興復制度；……深惡官吏貪濁，有枉法受財者，必無赦免；在京流外有犯贓者，皆遣執奏，隨其所犯，寘以重法，由是官吏多自清謹制馭。王公妃主之家，大

〔註92〕余英時：《歷史與思想．反智論與中國政治傳統》，頁32。余氏稱此種改變爲「儒學的法家化」。

〔註93〕羅彤華：《貞觀之治與儒家思想》，頁16。儒家思想因他家思想之滲入而改變；羅氏以「對儒家滲透得最厲害，幾乎與其互爲表裏，並行不悖的當屬法家思想。法家學說自韓非集大成之後，已沒有更進一步的發展，而主要入於實際政務中。」

〔註94〕其誌云：元年，關中饑，米斗直（值）絹一匹；二年，天下蝗；三年，大水，上勤而撫之，民雖東西就食，未嘗嗟怨。是歲（按：貞觀四年）天下大稔，流散者咸歸鄉里，米斗不過三、四錢，終歲斷死刑纔二十九人。東至於海，南極五嶺，皆外户不閉，行旅不齎糧，取給於道路焉。（見《資治通鑑》卷一百九十三，太宗貞觀四年，頁6084、6085。）

〔註95〕亦有節損之處：《政要》未言「終歲斷死刑纔二十九人」之事。

姓豪猾之伍，皆畏威屏跡，無敢侵欺細人。」〔註96〕今就其所舉諸項簡析之：

儒家以仁義稱，貞觀之諫者，亦多諫太宗之斷決取捨以仁義爲考量，學者對太宗之從諫如流而趨於儒家爲治之理想亦有頗高之評價，〔註97〕太宗之求諫與納諫，詳見本文第二章第一節。從諫如流可以彰顯太宗樂於聽取諫言中的仁義之諷，《政要》且有〈論仁義〉之專篇，以是知「從諫如流」之治道，甚能與「仁義」相接。

學者以「儒術」乃謂教育，非關思想，〔註98〕觀乎貞觀時期中央與地方之廣設學校，國子監的規模之盛〔見本文第二章第五節二之（二）〕，則「儒術」專指教育，義雖新穎，絕非無理，蓋「儒術」也甚難與儒學的仁義二字直接掛勾。以是太宗之「雅好儒術」，應與仁義、法律之辨無關（或相涉不大），「孜孜求士，務在擇官」選人任事，儒法所同重，「改革舊弊，興復制度」等治道亦同此。

所宜注意者，乃吳兢所言治道之官吏貪濁枉法受財必無赦免，在京流外犯贓之寘以重法，則全在「法律」的範疇之內；王公妃主、大姓豪猾之畏威屏跡，無敢侵欺細人，非畏太宗之嚴於法而爲何？衡諸吳兢扼要提點之貞觀治道，「法律」之分量絕不在「仁義」之下。太宗喜言仁義，〔註99〕貞觀二年，其見百姓漸知廉恥，官人奉法，盜賊日稀（皆由亂入治之象），謂侍臣云：「人無常俗，政有治亂，是以爲國之道，必須撫之以仁義，示之以威信，因人之心，去其苛刻。」〔註100〕帝王知爲國必須撫之以仁義，固是全民之福，但在「示之以威信」之下，（威信必也涵攝甚多律法之成分）仁義、威信之用便幾乎淪爲兩手策略之術道，「仁義」亦失其純美之本義矣。

太宗意欲在治國之成就上超越古之帝王——尤以無明史記錄之三皇五帝—

〔註96〕《貞觀政要・論政體》，頁40、41。

〔註97〕《劍橋中國隋唐史》謂：「太宗的施政作風之所以被人推崇，不僅由於它的成就，而且由於它接近儒家的納諫愛民爲治國之本這一理想，……」（見原書頁238。）

〔註98〕李定一：《中華史綱》謂：儒家重視教育，孔子之後，「儒」便逐漸爲教育家的稱呼，孔子時之「君子儒」即是以教育他人的德智體爲職業，以化育眾人爲鵠的，以是教育被稱爲「儒術」。「儒術」與「儒學」之別，前者爲方法，後者爲哲理，並謂漢武帝之「尊崇儒術，罷黜百家」只是提倡教育，政府不再用公帑去養不重視教化的「學人」（百家）而已。（見原書77、118。）

〔註99〕太宗嘗言：「仁義積則物自歸之」、「行仁義則災害不生」、「夫仁義之道，當思之在心，常令相繼。」（見《貞觀政要・論仁義》，頁325。）

〔註100〕《貞觀政要・論仁義》，頁234。

一旦在治績之某一項目有所突破時與古相較，〔註101〕而國祚之長遠尤爲其念念不忘者。貞觀元年，其語侍臣：「朕看古來帝王，以仁義爲治者，國祚延長；任法御人者，雖救弊於一時，敗亡亦促。既見前王成事，足是元龜。今欲專以仁義誠信爲治，望革近代之澆薄也。」〔註102〕國之已治，賡續治之以仁義（德治），應有國祚延長之效；國之未治，則仁義之德治應不能在較短之期程內收民強國富之功，貞觀元年正是思力所誇言「頡利與突利二可汗將兵百萬，今至矣。」〔註103〕太宗啗以金帛，與突厥在渭水便橋訂「白馬之盟」後不久，（按：「白馬之盟」事在武德九年八月三十日。）軍力不若對方強旺，民生凋敝未復，正欲「救弊於一時」之際，太宗欲「專以仁義誠信爲治」確須相當之勇氣。

決事於法律之外，太宗以爲其嚴重性可以影響國祚。貞觀六年，太宗謂侍臣云：「朕比來決事或不能皆如律令，公輩以爲事小，不復執奏。夫事無不由小而致大，此乃危亡之端也。」〔註104〕則太宗視律令爲決事不可或無，視決事不依律令乃國脈危亡之端，對律令之青睞，顯然可知。

儒家講求以德化民，德爲己身之以身作則；法家講求以德御人，德爲君王所予之賞譽，太宗之德，取乎法家。宋儒唐氏仲友謂太宗之言仁義乃本乎魏徵之勸（謂非由自發），而所謂仁義，乃在制度、紀綱（未在太宗行事之本身）而已。〔註105〕《貞觀政要》之述〈仁義〉篇幅僅三頁，內文衹簡短之四則，並〈仁惻〉、〈孝友〉，同爲〈政要〉篇目中內容之最貧弱者，蓋事實本來如此，吳兢也巧婦難爲無米之炊。

戈直言太宗之行事：「知謹刑矣，而復濫殺；知尚文矣，而復慕武；知任賢矣，而復聽讒；知斷恩矣，而復牽愛。甚矣，其雜而不純也。……太宗之於仁義也，慕其名而不得其實，喜其文而不究其本，……其於聖人之仁義，蓋外似而內違，名同而實乖也。」〔註106〕朱子更言太宗乃「假仁借義，以行

〔註101〕太宗威服四夷，其攘夷之成就確乎超越前人，貞觀二十一年，即以之語侍臣：「自古帝王雖平定中夏，不能服戎、狄，朕才不逮古人而成功過之，……」（見《資治通鑑》卷一百九十八，頁6247。）

〔註102〕《貞觀政要・論仁義》，頁233。

〔註103〕《資治通鑑》卷一百九十一，高祖武德九年，頁6019。

〔註104〕《資治通鑑》卷一百九十四，頁6100。

〔註105〕唐氏仲友曰：「仁義是帝王之道，然必如中庸，九經與大學，自誠意達之明明德於天下，方爲醇粹。太宗言仁義，本乎魏徵之勸。然所謂仁義，乃在制度、紀綱而已。」（見《貞觀政要・仁義・集論》，頁235。）

〔註106〕《貞觀政要》戈直按語，頁34、329。

其私」〔註 107〕觀乎貞觀一朝，太宗美言仁義之時多，眞行仁義之事時少；言舉律令之時不多，事依律令之處不少（其甚者「朕即法律」的以喜怒爲法律，見本文第三章第四節〈以法把持天下〉）仁義與法律之間，孰輕孰重，孰多孰少，甚至孰眞孰假，亦蓋可以明矣。

二、德治與法治之辨

「道之以德，齊之以禮」與「道之以政，齊之以刑」爲王道與霸道之分（或德治與法治之分），天下萬民在不同的道（導）與齊之下，是否歸於「有恥且格」或「民免而無恥」〔註 108〕則史上並無明顯之對照組以資比較，此處且存而不論。

太宗在正式即位之前，即已以太子身分，「命縱禁苑鷹犬，罷四方貢獻，聽百官各陳治道。」〔註 109〕其欲有所作爲，似已迫不及待。瞭然於治道之後，政策以德、禮爲導向，抑或以政、刑爲導向，則對之作一較長期程之觀察，或較能探得其實質。

據《通鑑》記事，太宗即位後之重要行事約爲：

（一）引諸衛將卒教射於殿庭。（武德九年九月）其結果是「人思自勵，數年之間，悉爲精銳。」〔註 110〕（以下之《通鑑》記事，如僅爲卷數、年、頁數者，不再加註）

（二）置弘文館於殿側，聚四部書二十餘萬卷，精選天下文學之士以本官兼學士，更日宿直（値），德朝之隙，與之商権政事。（武德九年）

（三）降宗室郡王皆爲縣公。（武德九年十一月）

（四）制：中書、門下及三品以上入閣議事，皆命諫官隨之，有失輒陳。（貞觀元年正月）

（五）將天下州縣大加併省爲十道（貞觀元年二月），並併省官員員額，留文武總六百四十三員。

（六）關內旱饑，民多賣子以接衣食。詔出御府金帛爲贖之，歸其父母。（貞觀二年三月）

〔註 107〕見陳亮：《龍川文集・附錄》，頁 374。

〔註 108〕《論語・爲政》子曰：「道之以政，齊之以刑，民免而無恥；道之以德，齊之以禮，有恥且格。」

〔註 109〕《資治通鑑》卷一百九十一，高祖武德九年，頁 6014。

〔註 110〕同上註，頁 6022。

（七）太常少卿祖孝孫修定制成唐雅樂，奏新樂。太宗以爲禮樂乃聖人緣情設教之具，治之隆替，並非由此。魏徵附和以「樂誠在人和，不在聲音」。（貞觀二年六月）

（八）詔令宇文化及之黨牛方裕、薛世良等（均爲弑煬帝有關之人物而入唐後封官者）除名徙邊。（貞觀二年七月）

（九）簡（揀）出釋放宮人三千餘人。（貞觀二年）

（十）命李靖、李世勣等合兵十餘萬，分道出擊突厥（貞觀三年十一月出師，貞觀四年二月功成班師，四月俘頡利可汗送京師）

（十一）任命降服之突厥酋領阿史那蘇尼、阿史那思摩等爲都督（稍前已受封爲郡王），其餘酋長等皆拜將軍中郎將，五品以上百餘人，殆與朝士相半。因而入居長安者近萬家。（貞觀四年三至五月）突厥之地則置羈縻州府。

（十二）詔僧、尼、道士致拜父母。（貞觀五年正月）同月，大獵於昆明池，四夷君長咸從。

（十三）剗削諸州京觀，加土爲墳。以金帛贖回隋末沒於突厥之中國人男女八萬口，遣使詣高麗收隋代在彼處戰亡骸骨，葬而祭之。（貞觀五年二至八月）

（十四）修仁壽宮，更名爲九成宮，（貞觀五年九月）久之，又命修洛陽宮，修成後，又遽命毀之，免將作大匠竇璡官。（或因修建時鑿池築山，雕飾華靡觸怒太宗之故。）

（十五）制：死決囚者，二日中五覆奏，下諸州者三覆奏。行刑之日，尚食勿進酒肉，內教坊及太常不舉樂。有據法當死而情可矜者，錄狀以聞。（貞觀五年十二月）

（十六）侍上皇宴於大安宮，太宗與皇后更獻飲膳及服御之物。夜深，欲親爲上皇捧輿至殿門，上皇不許，命太子代之。（貞觀六年十月）

（十七）親錄繫囚，閔應死者，敕縱天下死囚遣使歸家，期以來秋返回就死。（貞觀六年十二月）七年，所縱死囚三百九十人，無人督帥，皆如期自詣朝堂，無一人亡匿者，皆赦之。

（十八）從上皇置酒故漢未央宮，上皇命突厥頡利可汗起舞，又命南蠻酋長馮智戴詠詩，笑曰：「胡越一家，自古未有也。」（貞觀七年十二月）

（十九）命李勣、蕭瑀等凡十三人巡行天下，「察長吏賢不肖，問民間疾苦，禮高年，賑貧乏，起久淹（或：起久滯），俾使者所至，如朕親臨。」（貞觀八年）

（二十）下詔大舉討吐谷渾，李靖爲主帥，將吐谷渾滅國。（貞觀九年）

（二十一）李淵崩逝，以原陵之制（陵高六丈）葬之。（貞觀九年）

（二十二）全國十道共置六百三十四徵兵府，關內（陝西）另置二百六十一徵兵府，健全府兵之編制與訓練。（貞觀十年）

不計玄武門事件至即位前（共二個月又五日）之事，選取太宗即位後至貞觀十年間之重要事項二十二則。（蓋貞觀之治的基礎奠立於貞觀前期）綜覽其內容，則勵精圖治之意向甚爲明確，德、禮、政、刑並用，少爲無益之舉，務實之精神也見乎其內。觀乎其見效之速——貞觀四年即已將北方之重大威脅東突厥滅國，且「流散者咸歸鄉里，米斗不過三、四錢」、「海內康寧」（見《通鑑》，頁6085）——則或較傾向於法治「動作——反應」期程迅速之特質。〔註111〕另由制度面之觀察，其傾向於法治之轍跡更爲明顯，縱貫於貞觀全期，精神襲自法家而成全貞觀之治的治道：其一爲唐的考課之法，各等屬之官，百司之長，每歲攷其功過，由職務之屬性，檢核其年內之作爲之績效，並品德操守，定其等差。〔註112〕由其等差而獎善懲劣，貞觀三年即有治書侍御史權萬紀劾奏房玄齡、王珪內外官考不平之事，太宗且曾命侯君集推求所劾之事確否，足見其受重視之程度。唐的考課之法，雖云大部分沿襲前朝，但攷課之精神，則多本乎韓非綜核名實的循名而責實，〔註113〕以及形名參同〔註

〔註111〕法家爲治，其施爲與見效之「動作——反應」期程，遠較儒家以道德驅策之期程爲短。見拙著《韓非政治思想探析》，頁44～46「法用」。

〔註112〕以四善二十七最定其上上、上中……下下之等差（凡九等）。四善：一曰德義有聞，二曰清愼明著，三曰公平可稱，四曰恪勤匪懈。二十七最爲二十七類職務中，其在本職分內之表現最可稱道者，如近侍之最爲善可興替，拾遺補闕；選司之最爲銓衡人物，擢盡才良；屯官之最爲耕耨以時，收穫成課；牧官之最爲牧養肥碩，蕃息滋多等。凡有一最四善者爲上上，一最三善者爲上中，……無最而有一善爲中中，善最不聞，職事粗理爲中下，……背公向私，職事廢闕爲下中，居官諂詐，貪濁爲下下。（見《舊唐書．職官．尚書都省．考功郎中》，頁1823、1824。）

〔註113〕《韓非子．定法》，頁76有：「術者，因任而授官，循名而責實，操殺生之柄，課群官之能者也。」亦即授官任職後，根據職掌而考核，並由攷核之結果施以獎懲之法。

〔註114〕《韓非子．揚搉》，頁702：「君操其名，臣效其形，形名參同，上下和調也。」以官位職務爲名，則職權與政績即爲形，形名參同指職權與政績須與職務官位相一致。唐攷課中之二十七最，指出每類職官政績之最善者，乃形名相合之例證，否則，甲類職官有乙類職官之善，形名不合，即不得稱其爲最矣。

114〕之要旨，雖因時代之變遷而有小幅之修正，〔註 115〕但不損其核心價值。

唐之府兵制也隱然有商鞅農戰治道的軀殼與精神在。貞觀爲實施政府兵最成功之時期。（之前與之後均因條件不具或條件流失，以致成效不彰或無以爲繼，見本文第二章第四節〈寓兵利農・儉約明賞〉）其在足食兼能足兵方面之貢獻不容忽視。儒家德治，講究重農而不言戰，〔註 116〕商鞅則以農戰爲富國強兵之本，其云：「國之所以興者，農戰也。」〔註 117〕近代學者亦以商鞅之重農與戰，幾乎無所謂本末輕重，〔註 118〕貞觀之府兵，則是「兵之備存，農之利在。」〔註 119〕雖然爵祿利得二者有別，〔註 120〕但其重視與獎引之道則無二致。

另在太宗個人，其言行之可爲是否儒家德治之論者猶有二事，一爲貞觀二年太宗對雅樂之見解，以爲悲喜在人心，不在音樂本身，亦即音樂之能感人，在其能誘發人身本已存在之悲與喜，而音樂本身並不具有悲與喜之質性：「夫樂能感人，故樂者聞之則喜，憂者聞之則悲，悲喜在人心，非由樂也。」〔註 121〕此與嵇康〈聲無哀樂論〉中的東野主人（亦嵇康自況）同一論調，而

〔註 115〕在先秦，一國之國君可以循名責實，以攷其治下爲數不多之群臣；大一統之後，政廣事繁，官員人數遠非前比，皇帝無法兼顧每一政事，則攷成指令某部大臣負責，乃勢所必然。

〔註 116〕孔子於足食、足兵、信守三者，必不得已而去之，以去兵爲首。（《論語・顏淵》：「子貢問政。子曰：『足食，足兵，民信之矣。』子貢曰：『必不得已而去，於斯三者何先？』曰：『去兵。』」）孟子有「善戰者服上刑」之論（見《孟子・離婁（上）》）韓非之譏儒家：「見大利而不趨，聞禍端而不備，淺薄於爭守之事，而務以仁義自飾者，可亡也。」（見《韓非子・亡徵》）亦多指儒家之輕於戰備而言。

〔註 117〕《商君書・農戰》，頁 23。

〔註 118〕侯家駒以爲：「商鞅是以『戰』爲目的，以『農』爲手段。」（見侯家駒：《先秦法家統制經濟思想》，臺北市：聯經出版有限公司，1985 年 12 月，頁 143。）張泫以爲：「商鞅重農，亦重戰，驟觀之，以農爲本，以戰爲輔，實則以農爲經，以戰爲緯，二者幾無爲軒輊。」（張弦：〈商鞅的農戰思想〉《復興崗學報》第 3 期，1962 年 7 月，頁 184。）

〔註 119〕宋儒曾鞏謂太宗：「以租庸任民，以府衛任兵，……賦役有定制，兵農有定業，……民有農之實，而兵之備存；有兵之名，而農之利在。」（見《貞觀政要・論政體・集論》頁 42。）

〔註 120〕在商鞅，幾乎是使不從農者無以食。（見康珮：《《商君書》與商鞅治道之研究》，臺北市：花木蘭文化出版社，2008 年 9 月，頁 75、76。）而爵祿之途亦以戰功之高低爲標準，貞觀則作戰有功者得賞，但更爲實際的則是，不論有無戰事，府兵在服役期間內（由 20 歲至 60 歲）均免除賦稅與勞役。

〔註 121〕《資治通鑑》卷一百九十二，頁 6051。

太宗之「禮樂之作是聖人緣物設教，以為撙節，治政善惡，豈此之由？」〔註122〕更根本否定音樂有化民成俗之作用，音樂不過是「聖人」緣物設教，欲致政治於美善之工具，但此工具則並不必然具有聖王期望之作用，「治政善惡，豈此之由」乃太宗對音樂作用之結論，治政善惡非由禮樂，乃與儒家對樂之認知大相逕庭，〔註123〕無怪乎司馬光謂「必若所言，則是五帝三王之作樂皆妄也。」〔註124〕並引孔子之言「君子於其所不知，蓋闕如也。」〔註125〕以諷太宗。太宗論樂之言，或並非反儒，但與傳統儒家之樂論唱反調則係事實。

太宗在貞觀七年之釋囚，死囚三百九十人於次年全數歸來準備受死，而太宗皆憫而赦之之事，確屬可令古今帝王側目的匪夷所思手筆，歐陽修以為太宗縱囚還家，約其自歸以就死，乃是「以君子之難能，期小人之尤者以必能」，〔註126〕而眾囚屆期全數來歸，乃是不近人情的「君子之所難而小人之所易」〔註127〕必是早有不宣的歸而必赦之承諾，眾囚乃配合演出一齣欺世盜名的鬧劇，「意其必來而縱之，是上賊下之情也；意其必免而復來，是下賊上之心也；吾見上下交相賊以成此名也，烏有所謂施恩德，與夫知信義者哉！」〔註128〕醇醇儒者以此語加諸太宗，其責備不可謂不重。

儒家德治講求仁，是否「貞觀之治在於『治』而不是舊史家們溢美的所謂『仁政』」〔註129〕或可以商榷，但太宗之治道中，政令刑罰與仁德教化相輔為用則係事實。貞觀十六年，太宗問魏徵：「朕克己為政，仰企前烈，至於積德累仁，豐功厚利，四者常以為稱首，……不知朕之所行何等優劣？」〔註130〕

〔註122〕《貞觀政要・論禮樂》，頁363。

〔註123〕太宗嘗云：「功成設樂，治定制禮，禮樂之興，以儒為本。」（見《帝範・崇文》，太宗將儒家之教化，歸於「文」與「學」：「宏風導俗，莫尚於文，敷教訓人，莫善於學。」此二句緊接「禮樂之興，以儒為本」之後）而不及於禮樂，則其對樂之不涉於教化，立場前後一致。雖與嵇康批評「樂」之背景不同，但其結論卻是殊途同歸。有關嵇康以聲無哀樂對當時儒家名教進行批判之背景，詳見拙著〈從聲、音、樂的觀點看嵇康的聲無哀樂論〉，《屏東教育大學學報》（人文社會類）2008年9月，頁197～214。

〔註124〕《資治通鑑》卷一百九十二，頁6053。

〔註125〕《論語・子路》。

〔註126〕見歐陽修：《歐陽文忠公文集・縱囚論》，北京市：中國書店，1989年。

〔註127〕同上註。

〔註128〕同上註。

〔註129〕宋家鈺：〈略說唐初的「立法」與「守法」〉，載於《唐太宗與貞觀之治論集》，西安市：陝西人民出版社，1982年3月，頁126。

〔註130〕《貞觀政要・論君臣鑒戒》，頁141。

積德累仁宜歸於儒，而豐功厚利則應歸於法，魏徵之應答蓋可描述太宗施政之實情：「德、仁、功、利，陛下兼而行之。然則內平禍亂，外除戎狄，是陛下之功；安諸黎元，各有生業，是陛下之利。由此言之，功利居多。惟德與仁，願陛下自彊不息，必可致也。」〔註 131〕向法多於向德，近代學者之觀察亦與此相合。〔註 132〕至於太宗個人，魏徵謂太宗「暇豫清談，皆敦尚於孔老；威怒所加，則取法於申韓。」〔註 133〕敦尚與取法之間，向德之態顯而向法之心隱，但卻使人有顯而不覺，隱而彌彰的感覺，此亦學者所言：「（太宗）以選擇性的態度來接受儒家學說，以自利觀點來詮釋儒家理想，並以任賢納諫，常懷謙懼等典型的儒家作爲，飾去他自保權力的法家動機。」〔註 134〕以及其「游移於純儒純法兩個思想極端間，自命實行王道，但不自覺地時時表現法家思想的典型事例。」〔註 135〕

第四節　治與治道——由貞觀之治談起

「道」有「理」與「術」二義，亦即道理與方法，而方法者，發端於道理，故特定門類之術，皆衍生於此一門類之理。本文第二章已就方法面敘述貞觀之治道頗詳，爰就理之一面爲之續，並與歷朝治道比論。

一、貞觀之治道與法儒思想

君主專制政治，君爲實際之政治主體，故治道即乃君道。〔註 136〕《貞觀政要》以〈君道〉爲首篇，而以方法類之任賢、求諫等依次編列，其寓意甚明。〈君道〉收文五篇，除第四篇魏徵之「十思諫」，係對太宗爲政十一年來爲政之失婉言針砭，第三、五篇言守天下（含得天下）之難易，意有雷同外，

〔註 131〕《貞觀政要・論君臣鑒戒》，頁 141。

〔註 132〕雷家驥：《隋唐中央權力結構及其演進》，頁 2，有謂：「隋朝及唐朝前半期，大體上屬於律令政治時期，這段時期內，政府組織及行爲大率以律令爲依據，較傾向於法治。」

〔註 133〕《貞觀政要・論刑法》，頁 382。

〔註 134〕羅彤華：《貞觀之治與儒家思想》，頁 53。

〔註 135〕同上註，頁 42。

〔註 136〕徐復觀以專制政治之政治權力，在君而不在民，君乃眞正之政治主體，其云：「中國聖賢，一追溯到政治的根本問題，便首先不能不把『權原』的人君加以合理的安頓；而中國過去所談的治道，歸根到底便是君道。」（見氏著《學術與政治之間・中國的治道》，頁 104。）

由太宗親口道出的「爲君之道」有存百姓、正己身、戒嗜欲、戒無理之言四事，〔註137〕太宗問魏徵答，而太宗「甚善其言」，有欲作明君勿爲暗君、並由此引出暗君則受貴臣壅蔽，而明君則兼聽納下之諫。〔註138〕帝王之業，草創誠然不易，但既得之後，魏徵所言君王之「志趣驕逸，百姓欲靜，而徭役不休；百姓凋殘，而侈務不息；國之衰弊，恆由此起。」〔註139〕道出「撫民以靜」的治道至理。〔註140〕

由《政要》君道篇之內容，並治道即是君道之說，可知治道也者，實乃爲君王者治國理政之準則（此亦符合其文字之釋義）。準則可以衍生方法，治國理政之準則，亦必發軔於「治」之政治思想。貞觀爲歷史上膾炙人口之治世，固毋庸諱言，貞觀之治之爲儒治或法治，或云貞觀之治係由儒家之政治思想所主導，抑或爲法家政治思想所主導（或更另有其他），亦宜由本文三、四、五章言法、勢、術的析事之外，由另一角度切入，並據以與他朝之治世相比況。

司馬談論六家要指，言陰陽、儒、墨、名、法、道德六家皆務爲治者，其言儒家：「儒者，博而寡要，勞而少功，是以其事難盡從，然其序君臣父子之禮，列夫婦長幼之別，不可易也。」〔註141〕已指出儒家思想入治之長短，其長在以禮定君臣、父子之次第，亦以禮別夫婦、長幼之人倫；其短在雖博而寡要，雖勞而少功，〔註142〕或即《人物志》所言「能傳聖人之學，而不能

〔註137〕貞觀元年，太宗謂侍臣：「爲君之道，必須先存百姓；若損百姓以奉其身，猶割股以啖腹，腹飽而身斃。若安天下，必須先正其身，未有身正而影曲，上理而下亂者。朕每思傷其身者不在外物，皆由嗜欲以成其禍；若耽嗜滋味，玩悅聲色，所欲既多，所損亦大，既妨政事，又擾生民。且復出一非理之言，萬姓爲之解體，怨讟既作，離叛亦興。朕每思此，不敢縱逸。」（見《貞觀政要・論君道第一》，頁3。）

〔註138〕見《貞觀政要・論君道》，頁5。

〔註139〕見《貞觀政要・論君道》，頁7。

〔註140〕貞觀前、後君王因撫民以靜而得治者，將於後文述及。太宗之爲此語，在突厥兵馬武德九年進抵渭橋，因「白馬之盟」退兵之後，其云不與之戰乃因「吾即位日淺，國家未安，百姓未富，且當靜以撫之。」（見《資治通鑑》卷一百九十一，頁6020。）蓋太宗固已瞭然於撫民以靜則國家能安，百姓能富。

〔註141〕見《史記・太史公自序》，頁1367。

〔註142〕瀧川龜太郎引日本學者中井積德之言，以爲斯二語之注，其云：「當時（謂史遷作《史記》之時）儒者多趙綰、王臧之倫，治國以明堂辟雍爲首務，其他莫非制度文飾，訓詁名物，不知儒術爲何物，宜乎毀之曰寡而少功也。」

幹事施政，是謂儒學。」〔註 143〕之類有暗合之處。班固言儒者乃助人君順陰陽明教化者，於六經之中，仁義之際，祖述堯舜，憲章文武〔註 144〕而美稱其道爲最高。但大致而言，馬班之見，已成學者對儒家之定論。

六家要指謂法家：「嚴而少恩，然其正君臣上下之分，不可改矣。」〔註 145〕班固則釋以：「法家者流，蓋出於理官，信賞必罰，以輔禮制。易曰：『先王以明罰飭法』，此其所長也。及刻者爲之，則無教化，去仁愛，專任刑法而欲以致治，至於殘害至親，傷恩薄厚。」〔註 146〕此「刻者」或謂爲政苛刻之「刻峭」者，或謂慘覈寡恩之「刻薄」者（按：取辭書之釋義），要非法家之本質如此。而「刻者」以法致政，或將有若是之結果。

「以禮定君臣、父子之次第」與「（以法）正君臣上下之分」功能相同而強弱之程度有別，蓋「正」除寓有「定」之字義外，更有「正其不正曰正」與「必」字義（依辭書釋義），則法之必使君臣上下有分；其強制性當較禮之「定」君臣、父子之次第爲高。法與禮皆規範人之行爲，而法更具強制性。

由治道即君道處言貞觀。本文三、四、五章，法、勢、術諸論中，太宗之行事，其爲兼聽納下之明君應是無可置疑，戒嗜欲亦已履行至相當難能之程度，戒無理之言則或僅戒之在貞觀初年。〔註 147〕其存百姓亦僅存之於貞觀前期。〔註 148〕至於正己身則不堪聞問矣。〔註 149〕貞觀一朝，並未行休養生息

〔註 143〕劉邵：《人物志・流業第三》臺北市：金楓出版社，1986 年 12 月，頁 51。

〔註 144〕其云：「儒家者流，蓋出於司徒之官，助人君，順陰陽，明教化者也。游文於六藝之中，留義於仁義之際。祖述堯、舜，憲章文、武，宗師仲尼，以重其言，於道爲最高。……然惑者既失精微，而辟（僻）者又隨時抑揚，違離道本，苟以譁眾取寵，後進循之，是以五經乖析，儒學寖　衰；此辟儒之患。」（見《漢書・藝文志》）美稱其於道爲最高，而將其缺失歸之於儒中之惑者與辟者。

〔註 145〕《史記・太史公自序》，頁 1167。

〔註 146〕《漢書・藝文志》，頁 442。

〔註 147〕攷閱《貞觀政要》諸篇，其在貞觀前十年，則「太宗語侍臣」、「太宗曰」以下之言語，多可作爲箴言，此或吳兢編之以爲「政要」之故，而貞觀十三年魏徵之十漸疏中，已有太宗「百姓無事則驕逸，勞役則易使」之語（見《資治通鑑》卷一百九十五，頁 6147。）貞觀十八年，劉洎上書，謂太宗對臣下之言諫者「動神機，縱天辯，飾辭以折其理，引古以排其非，欲令凡庶何階應答！」之語，（見《資治通鑑》卷一百九十七，頁 6209。）則「戒無理之言」或僅戒之在貞觀前期，其後則漸不克終矣。

〔註 148〕貞觀四年《資治通鑑》記：「上讀《明堂鍼灸書》云：『人五藏（臟）之系（繫），咸附於背』乃於戊寅『詔自今毋得笞囚背。』」（見《通鑑》頁 8053。）又云：「元年，關中饑，米斗直（值）絹一匹；二年，天下蝗；三年，大水。上勤

之政。興利除弊，往往諸端並舉；對外征討，每數年必有大事，如伐突厥、破吐谷渾、降高昌、征高麗、滅薛延陀，用兵回紇諸地等，難得平靖，撫民以靜者，說說而已。〔註 150〕

再由〈論六家要指〉與《漢書・藝文志》的儒、法之別言貞觀。貞觀君臣行事「勞而少功」者極爲罕見，信賞必罰之可非議處亦殊少（見本文第三章〈明賞顯罰〉），貞觀律令中極峻於君臣之分（見本文第四章第一節〈執柄處勢、法勢連橫〉），太宗對其御下諸臣，雖嚴而絕不少恩，此皆見其近於法而遠於儒之處。口稱堯舜者多有之，〔註 151〕自以成功超逾古之帝王者有之，〔註 152〕憲章文武則法令典章多從前期之制而增損，其去文武也已遠矣。以是綜觀貞觀之治道，仍是漢宣帝所言的「霸王道雜之」漢家制度〔註 153〕之翻版，而宣帝之治，「信賞必罰，綜核名實，政事文學法理之士咸精其能，……亦足

而撫之，民雖東西就食，未嘗嗟怨。」是皆存百姓之證。前舉貞觀十三年太宗言「百姓無事則驕逸，勞役則易使。」已見心不存百姓之兆，貞觀二十二年，「蜀人苦造船之役，……州縣督迫嚴急，民至賣田宅、鬻子女不能貢，穀價踊貴，劍外騷然。」（見《資治通鑑》卷一百九十九，頁 6262。）則坐實「存百姓」之事早已置諸腦後矣。

〔註 149〕戈直於太宗言「若安天下必須先正其身」處評云：「中庸九經，修身爲先，大學八目，修身爲本……惜乎太宗能言之而不能行之。」（見《貞觀政要》，頁 4、5。）又於太宗言仁義時，評云：「太宗芟除禍亂，身致昇平，可謂偉矣。然由心而身，由身而家，皆有慚德。」（見《貞觀政要・仁義》，頁 234。）

〔註 150〕《新唐書・突厥傳》，頁 6033。記渭水白馬之盟，突厥退兵後，太宗曾語臣下云：「我新即位，爲國者要在安靜。」

〔註 151〕如：貞觀元年，太宗曰：「比見群臣上表賀祥瑞，夫家給人足而無瑞，不害爲堯舜。」（見《資治通鑑》卷一百九十三，頁 6056。）貞觀二年，太宗謂侍臣：「古人云：『君，猶器也，人，猶水也』方圓在於器，不在於水。故堯、舜率天下以仁，而人從之。」（見《貞觀政要・愼所好》，頁 301。）貞觀六年，欲置三師之位，詔書中以古之明王聖帝爲例：「朕比尋討經史，明王聖帝曷嘗無師傅哉？……黃帝學大顛，顓頊學錄圖，堯學尹壽，舜學務成昭，禹學西王國，湯學威子伯，文王學子期，武王學虢叔。……」（見《貞觀政要・尊敬師傅》，頁 190。）

〔註 152〕如：貞觀二十一年五月，太宗登翠微宮正殿，特意問侍臣：「自古帝王雖平定中夏，不能服戎、狄。朕才不逮古人而成功過之，自不諭其故，諸公各率意以實言之。」（見《資治通鑑》卷一百九十八，頁 6247。）特意問侍臣者，蓋欲聞臣下歌功頌德之言爾。其下之發展，亦正如其所料。

〔註 153〕漢孝元皇帝爲太子時，柔仁好儒，見宣帝所用多文法吏，以刑名繩下嘗侍燕（宴）從容言：「陛下持刑太深，宜用儒生。」宣帝作色曰：「漢家自有制度，本以霸王道雜之，奈何純任德教，用周政乎！」（見《漢書・元帝紀》，頁 77。）

以知吏稱其職，民安其業也。」〔註 154〕則法主儒從之跡也甚明。貞觀治道雖或未至「以儒術緣飾法律」之程度，儒家思想主導治道之比重，也應確不如法家思想。

二、文景之治道與黃老思想

漢初七十年，黃老思想當道，爲當時之顯學。漢初政治上的黃老之學，乃是假托黃帝之言，繼承老子之學，又有別於老子之學的新學說。〔註 155〕黃老之學的特點是「以道統法」，將老子的「道」與法家的刑名法術作有機之結合，從本體論的高度，確認法之意義，並論證仁義禮法等政治教化與倫理規範之必要性。〔註 156〕其範圍並具體而微的兼賅百家，正如〈論六家要指〉言道家之術：「因陰陽之大順，采儒墨之善，撮名法之要與時遷移，應物變化，立俗施事，無所不宜。」〔註 157〕較之對其他各家皆有所臧否，司馬談似是獨厚道德家。黃老之學既言道，又言事，乃因「言道而不言事，則無以與世浮沉；言事而不言道，則無以與化游息。」〔註 158〕

黃老之學大行於漢初，其效驗尤見著於文景兩朝（前 180 年至前 141 年），世人讀史，往往將文景之治與黃老思想互爲聯想。黃老政治的特色在清靜無爲，與民休息。此處之無爲，乃以「道生法」之觀念，結合道法兩家思想；將《老子》的「無爲」轉化爲法家式的無爲，〔註 159〕故不能望文生義。「黃老言清靜，第不欲擾民耳，非廢弛簡陋之謂也。」〔註 160〕因知無爲乃是毋作擾民之事。

〔註 154〕《漢書・宣帝紀・贊》，頁 76。

〔註 155〕林聰舜：《西漢前期思想與法家的關係》，臺北市：大安出版社，1991 年 4 月，頁 34。

〔註 156〕李昱東：《西漢前期政治思想的轉變及其發展　從黃老思想到獨尊儒術的演變》，新北市：花木蘭文化出版社，2009 年 9 月，頁 105。

〔註 157〕《史記・太史公自序》，頁 1367。

〔註 158〕劉文典：《淮南鴻烈集解》，北京市：中華書局，2004 年 6 月，頁 700。按：《淮南子》一書集黃老學之大成，此所以言其成書之宗旨。

〔註 159〕林聰舜：《西漢前期思想與法家的關係》，頁 41。林氏並引〈經法〉、〈道法〉之「道生法。法者，引得失以繩，而明曲直者也，（故）執道者生法而不敢犯也，法立而不敢廢（也）。……故執道者之觀於天下也，無執也，無處也，無爲也、無私也。」以佐證其立論。

〔註 160〕〔清〕朱一新：《無邪堂問答　太史公先黃老後六經辨》，臺北市：世界書局，1963 年 4 月，頁 17。

以黃老道家思想爲指導的政策措施（治道）約有以下三端：

（一）偃兵息武、和親備邊

兵凶戰危，聖人不得已方始用之。秦漢之際，經歷多年征戰，早已是民困兵疲。高祖七年（紀元前 200 年）征匈奴，困於平城，解圍而出之後，終高祖之朝，中經惠帝、高后、文、景諸朝，已無主動性之征伐用武。討伐國內之反叛雖時有發生，但均爲維護皇權完整之不得已行動。匈奴爲北方大患，不時侵擾邊地，力無法制之，則和親——嫁公主（多爲宗室女）予匈奴單于——乃既富創意，又具效果之策略，雖不能完全平息邊地之戰塵，但應已將兵戈相見之次數及戰事之規模減至甚低之幅度。

自高祖九年（前 198 年）公主首嫁，至武帝討伐匈奴爲止，漢對匈奴之和親共有七次，〔註 161〕其中且有軟語卑辭，屈辱求全者。〔註 162〕蓋與匈奴戰，

〔註 161〕其次第先後爲：一、高祖九年（前 198）「上取家人子名爲長公主，使劉敬往結和親約。」（《資治通鑑》卷十二，頁 382。按：此爲和親之用的肇始。）二、惠帝二年（前 192）「以宗室女爲公主，嫁匈奴冒頓單于。」（《資治通鑑》卷十二，頁 413。）三、文帝前四年（前 176 年），匈奴滅月氏，得樓蘭、烏孫，呼揭等二十六國之地，冒頓單于遣使言和親事，「漢議擊與和親孰便，公卿皆曰：『單于新破月氏，乘勝，不可擊也。且得匈奴地，澤鹵非可居也，和親甚便。』漢許之。」（見《漢書˙匈奴傳》，頁 947。按：匈奴破月氏，遣使言和親事，《通鑑》記爲文帝前六年，見《資治通鑑》卷十四，頁 467。）「後頃之，冒頓死，子稽粥立，號曰老上單于，老上單于初立，帝復遣宗室女翁主爲單于閼氏。」（見《資治通鑑》卷十四，文帝前六年，頁 468。）四、文帝後二年（按：文帝以前十七年爲後元年）「匈奴連歲入邊，殺略人民、畜産甚多，……上患之，乃使使遺匈奴書，單于亦使當户報謝，復與匈奴和親。」（見《資治通鑑》卷十五，頁 504。）五、景帝前元年（前 156）夏四月，「遣御史大夫青至代下與匈奴和親。」（見《資治通鑑》卷十五，頁 511。）六、景帝前二年，「秋，與匈奴和親。」（見《資治通鑑》卷十五，頁 513。）七、景帝前五年（前 152 年）「遣公主嫁匈奴單于。」（見《資治通鑑》卷十六，頁 531。）

〔註 162〕《漢書・匈奴傳》記云：「孝惠、高后時，（按：其時應在高祖駕崩，高后新寡，惠帝以十七歲之齡即位，高后輔政之時）冒頓浸驕，乃爲書，使使遺高后曰：『孤僨之君，生於沮澤之中，長於平野牛馬之域，數至邊境，願遊中國。陛下獨立，孤僨獨居。兩主不樂，無以自虞，願以所有，易其所無。』」高后大怒，初欲斬其使者，發兵擊匈奴，終因力不如人，強忍屈辱，「令大謁者張澤報書曰：『單于不忘弊邑，賜之以書，弊邑恐懼。退日自圖，年老氣衰，髮齒墮落，行步失度，單于過聽，不足以自汙。弊邑無罪，宜在見赦。竊有御車二乘，馬二駟，以奉常駕。』冒頓得書，復使使來謝曰：『未嘗聞中國禮義，陛下幸而赦之。』因獻馬，遂和親。（見《漢書・匈奴傳》，頁 946。）

傾全國之力未必能勝，且如休養生息，儲殖國力，以待可勝，此亦柔以克剛，以退爲進的老子之道。和親期間（文、景兩朝之和親，佔七次中之五次）匈奴雖常有寇邊，但已無大舉入侵之事。〔註 163〕討伐國內反逆凶頑時，有和親以「備邊」，亦可傾注較大之力度，以較短之時間剿平亂事。〔註 164〕

（二）儉樸勸農，輕徭薄賦

老子云：「五色令人目盲；五音令人耳聾；五味令人口爽；馳騁畋獵，令人心發狂；難得之貨，令人行妨。是以聖人爲腹不爲木，故去彼取此。」〔註 164〕文、景二帝對此躬親踐行不渝。文帝（前 202～前 157）在位二十三年，「宮室苑囿車騎無所增益，……身衣弋綈，所幸愼夫人衣不曳地，帷帳無文繡」〔註 165〕「漢興，掃除繁苛，與民休息。至於孝文，加之以恭儉，孝景遵業，五六十載之間，至於移風易俗，黎民醇厚。」〔註 166〕天子以身垂範，群臣百姓景從，文景可謂得之。

道家崇尚白然，而自然經濟，乃指農業經濟而言，〔註 167〕儒、法兩家亦莫不重農業。文、景兩朝，皇帝親耕，皇后親桑，藉田勸農，不遺餘力，兩帝之本紀中，其勸農桑者凡九詔，幾達所錄全部詔文之半。〔註 168〕輕徭薄賦

〔註 163〕文帝前十四年（前 166）冬，匈奴老上單于以十四萬騎入侵，殺北地都尉卯，馳至彭陽，使奇兵入燒回中宮，直抵雍、甘泉。文帝欲親征擊之，因皇太后力阻而止。遣將軍擊之，亦未有大接觸。「單于留塞內月餘，乃去。漢逐出塞即還，不能有所殺。」（見《資治通鑑》卷十五，頁 498。）文帝後五年（前 159）冬，匈奴三萬騎入上郡，三萬騎入雲中，烽火通於甘泉、長安。漢以周亞夫等爲將，行軍月餘，「漢兵至邊，匈奴亦遠塞，漢兵亦罷。」（見《資治通鑑》卷十五，頁 506、507。）此爲兩次較大規模之匈奴入侵，但均進入邊塞不遠，且月餘即自行退去，與漢軍並無正面之鏖戰。以之言匈奴，乃有「終景帝世，時時小入盜邊，無大寇。」之記。（見《漢書・匈奴傳》，頁 949。）

〔註 164〕景帝前三年（前 154）七國之亂，趙王「北使匈奴與連兵」（《通鑑》頁 520。），蓋其早在文帝崩時已「陰使於匈奴」（《漢書・匈奴傳》，頁 947。）匈奴兵未發而漢已破趙。

〔註 164〕《老子》第十二章，頁 38。

〔註 165〕《漢書・文帝紀・贊》，頁 41。

〔註 166〕《漢書・景帝紀・贊》，頁 45。

〔註 167〕周金聲：《中國經濟思想史》，臺北市：周金聲著作發行所，1965 年 7 月，頁 7～9，略謂：農業全由土地生產，最合於自然天道，且歷時遠較商品經濟古老，故自然經濟乃指農業經濟而言。

〔註 168〕茲舉其二。文帝前三年九月，詔曰：「農，天下之大本也。民所恃以生也；而民或不務本而事末，故生不遂。朕憂其然，故今茲親率群臣農以勸之；其賜天下民今年田租之半」（見《漢書・文帝紀》，頁 37。）景帝後三年正月，詔

爲促進農業生產之重要措施，文帝時，將傜役由前此之一年一事減爲三年一事，將田租由前此之什伍而稅一，改爲三十而稅一，景帝（前 188～前 141）時，曾一度有「令民半出田租，三十而稅一。」〔註 169〕爲中國歷史上少有之薄賦。在文景兩帝四十年經營之下，至漢武帝時，已是「非遇水旱，則民人給家足，都鄙廩庾盡滿，而府庫餘財。京師之錢累百鉅萬，貫朽而不可校。太倉之粟陳陳相因，充溢露積於外，腐敗不可食。」〔註 170〕稱之爲「治」，文景當之無愧。

（三）約法省禁、輕刑律貪

黃老之治非不重法，只是側重「因道全法」〔註 171〕，道法合一，反對峻法嚴刑而已。老子以爲：「法令滋彰，盜賊多有。」〔註 172〕故黃老法治講求約法省禁，又鑑於秦以嚴刑峻法失天下，故主輕刑，唯對官吏之貪黷予以特別之重視。

約法輕刑，高祖時即已開始，惠帝、高后時見於典制，〔註 173〕文帝二年五月，除誹謗妖言之罪，〔註 174〕十二月，除收孥相坐律，〔註 175〕文帝十三年，

曰：「農，天下之本也。黃金、珠、玉，饑不可食，寒不可衣，以爲幣用，不識其終始。間歲或不登，意爲末者眾，農民寡也。其令郡國務勸農桑，益種樹，可得衣食物。吏發民若取庸，采黃金、珠、玉者，坐贓爲盜。二千石聽者，與同罪。」（見《漢書．景帝紀》，頁 46。）

〔註 169〕《漢書．食貨志》，頁 291。

〔註 170〕同上註。

〔註 171〕「因道全法」語出《韓非子．大體》，謂爲政者應因循老子「道」之旨意，順應自然物性與天道規律以保全、加強和提高「法」的功能價值。詳見拙文：〈道法之間——韓非的老子之道〉《國立高雄師範大學第十九屆所友暨第六屆研究生學術討論會論文集》，2012 年 4 月，頁 157 至頁 174。

〔註 172〕《老子》第五十七章。

〔註 173〕漢高祖初入關，與民約法三章，曰：「殺人者死，傷人及盜抵罪。」但犯法爲惡之種項萬千，三章不足以禦姦，蕭何乃攈摭秦法，「取其宜於時者，作律九章」（《漢書．刑法志》，頁 282。）「九章」內容，今已不可考，其不宜於時者，必再省約之列。惠帝四年三月除挾書律。高后元年（前 187 年）正月，詔曰：「前日孝惠皇帝言欲除三族罪，妖言令，議未決而崩，今除之。」

〔註 174〕其詔云：「古之治天下，朝有進善之旌，誹謗之木，所以通治道而來諫者也。今法有誹謗訞言之罪，是使眾臣不敢盡情，而上無由聞過失也。將何以來遠方之賢良？其除之。」《漢書．高后紀》，頁 32。

〔註 175〕收孥相坐，謂拘收連坐，謂對重大犯罪者之父母、子女、兄弟、妻妾等之拘收連坐，其重者可至於死，輕者或收爲官奴婢。《史記．文帝紀》：「二年（前 178 年）十二月，上曰：『法者，治之正也，所以禁暴而率善人也。今犯法已

除肉刑，〔註 176〕文規景隨，景帝雖未另有刑章之省，但對文帝輕刑之實施未當者，亦有所補足。〔註 177〕

官吏之貪贓受賄，壞政至鉅，文帝十三年（前 167 年）定戒貪吏之法：「吏坐受賕枉法，守縣官財務而即盜之，已論命復有笞罪者，皆棄市。」〔註 178〕可謂治官嚴於治民。

法已定而執法者對法之認知，以及其個人之擔當操守等，亦關乎法治之效果甚鉅。文景兩帝，頗能慎選其人，〔註 179〕此亦四十年施政譽多毀少的原因之一。

論，而使毋罪之父母妻子同產坐之，及爲收帑，朕甚不取，其議之。』」（見《史記》，頁 196。）有司或陳異見者，終以帝之旨意去除此律。

〔註 176〕孝女緹縈救父乃啓除肉刑之因，其事載於《漢書・刑法志》。文帝十三年（前 167 年）詔云：「……今法有肉刑三，而姦不止，其咎安在？非乃朕德之薄，而教不明與！……今人有過，教未施而刑已加焉，或欲改行爲善，而道亡繇至，朕甚憐之。夫刑至斷支體，刻肌膚，終身不息，何其刑之痛而不德也！豈稱爲民父母之意哉？其除肉刑，有以易之。」（見《漢書・刑法志》，頁 282。）

〔註 177〕文帝「其除肉刑，有以易之。」所易者，以笞代刑。「當劓者，笞三百，當斬左止者，笞五百。」（見《漢書・刑法志》，頁 282。）但加笞有輕重，笞箠有大小，受刑者之生死，仍操於施笞者之人意。景帝元年詔曰：「加笞與重罪無異，幸而不死，不可爲人。其定律，笞五百曰三百，笞三百曰二百。」（《漢書・刑法志》，頁 283；景帝中六年〔前 144 年〕又減笞三百曰二百，笞二百曰一百。）景帝並定箠令，規範箠之尺寸厚薄及笞打之部位：「笞者，箠長五尺，其本大一寸，其竹也，末薄半寸，皆平其節。當笞者笞臀。毋得更人，畢一罪乃更人。」（《漢書・刑法志》，頁 283。）

〔註 178〕見《漢書・刑法志》，頁 282。「受賕枉法」謂曲公法而受賄賂；「守縣官財物而即盜」謂監守自盜。

〔註 179〕文帝前三年（前 177 年）張釋之爲廷尉。帝行出中渭橋，有一人從橋下走，乘輿馬驚，使捕此人屬廷尉。釋之奏：「此人犯蹕，當罰金。」帝怒曰：「此人親驚吾馬；馬賴和柔，令他馬，故不敗傷我乎！而廷尉乃當之罰金！」釋之曰：「法者，天下公共也。今法如此；更重之，是法不信於民也。且方其時，上使使誅之則已，今已下廷尉；廷尉，天下之平也，壹傾，天下用法皆爲之輕重，民安所錯其手足！唯陛下察之！」上良久曰：「廷尉當是也。」（見《資治通鑑》卷十四，頁 460。「當」者，處其罪也。）景帝時用郅都爲中尉：「都爲人，勇悍公廉，不發私書，問遺無所受，請謁無所聽，行法不避貴戚，列侯宗室見都，側目而視，號曰『蒼鷹』」。（《資治通鑑》卷十六，頁 534。另《史記》記張釋之之事，見本文第三章註 15。此事《漢書》未錄，張釋之在《漢書》內無傳。）後以臨江王自殺之事，竇太后遷怒郅都，遂斬之東市。然「自郅都之死，長安左右宗室多暴犯法。上乃召濟南都尉南陽甯成爲中尉。其治效郅都，其廉弗如，然宗室豪傑皆人人惴恐。（《資治通鑑》卷十六，景帝中六年〔前 144 年〕頁 542。）

文景之治道，其他可述之處尚多，但當以此處所舉之三端爲最。黃老治術非無缺點，總以法網過疏，藏富太過，以致於「役財驕溢或至兼并，豪黨之徒，以武斷於曲。」〔註 180〕予後繼者大肆變革與揮霍之空間，《通鑑》乃以「自是以後，孝武內窮侈靡，外攘夷狄，天下蕭然，財力耗矣！」〔註 181〕，作爲黃老七十年之治的最終落筆。

三、開皇之治與開元之治

黃老治術之大用於世，僅漢初一見。自漢武帝「獨尊儒術」之後，諸家思想之用於治者，僅有法、儒兩家。法家思想以秦行法治，暴虐無道〔註 182〕而國祚短促之故，不得不隱身幕後，以「陽儒陰法」或「外儒內法」之方式生存。用法爲政治之現實，爲鞏固專制統治所必須，即使其慘礉少恩，嚴峻刻薄，亦不得不用。〔註 183〕漢武帝以後各朝之爲治，不論其是否能成爲治世，其治道必皆是法、儒思想之揉合（或稍攙入佛、道等因素）其差別只在法、儒兩家所佔之比例而已，今再舉合於治世的隋・開皇、唐・開元兩朝之治論之。

（一）隋文帝（541～604）開皇之治

隋文帝秉政有開皇、仁壽兩年號，合共二十四年（開皇 20 年，仁壽 4 年）可稱「治」之時期，約在開皇十七年以前，雖不能縱貫全程，但亦殊爲不易，其爲治極端傾向於法家。本章第二節〈襲隋之跡與以隋爲鑑〉已論及太宗以法爲治之理念，頗有以隋文帝之行事作爲龜鑑者，西方學者更將文帝之建立中央化、理性化政府，視其爲典型之法家。〔註 184〕即位不久，即令重要臣僚制定新律，〔註 185〕具見其以法治國之用心。王夫之在其「讀通鑑論」中有謂：

〔註 180〕《資治通鑑》卷十六，景帝後三年，頁 548。

〔註 181〕同上註。

〔註 182〕秦政之順天應人，建制立度，謀萬代之福者多矣，而背上暴虐無道之罵名，其原因固有多端，詳見李定一：《中華史綱・秦始皇時代》，頁 94～105。

〔註 183〕牟宗三先生以爲，行法必然是認事不認人，認法不認人。在信賞必罰時，毫不容情，毫無通融：（不如此，法無效。）當然顯得嚴峻刻薄。政治運用的客觀性，法的領域，其本質就是如此。（見牟宗三：《政道與治道・論中國的治道》，臺北市：臺灣學生書局，1980 年 4 月，頁 39。）

〔註 184〕耶魯大學教授 Arthur F. Wright 在《劍橋中國史・隋朝》分析文帝行事風格，以及對法律、儒學和臣僚的態度後作此斷言。見原書頁 69～71。

〔註 185〕文帝命尚書左僕射高熲、上柱國鄭譯、楊素及太子率更令裴政等從事制律工作，因裴政「練習典故，達於從政」故有疑滯處皆取決於裴政。「采魏、晉舊

「今之律，其大略皆隋裴政之所定也。政之澤遠矣，千餘年間，非無暴君酷吏，而不能逞其淫虐，法定故也。」〔註 186〕唐之貞觀律據武德律而增省，武德律則以開皇律爲藍本，傳沿直至清末之變法修律，則開皇律之影響也亦深遠矣。

隋文帝以文法自矜而不喜儒學，晚年大舉裁併學校生徒，〔註 187〕但也有其以儒爲緣飾的即興之作，〔註 188〕或謂其無恤民之心，任令「府藏皆滿，無所容，積於廊廡。」〔註 189〕而不於災荒之年開倉賑民，〔註 190〕史家多以其吝嗇見責，〔註 191〕文帝與帝后自奉甚薄固係事實，但其賞功之厚，〔註 192〕亦絕

律，下至齊、梁，沿革重輕，……去前世梟、轘及鞭法，自非謀叛以上，無收族之罪。始制死刑二，絞、斬；流刑三，自二千里至三千里；徒刑五，自一年至三年；杖刑五，自六十至百；笞刑五，自十至五十。又制議、請、減、贖、官當之科以優士大夫。除前世訊囚酷法，考掠不得過二百；枷杖大小，咸有程式。民有枉屈，縣不爲理者，聽以次經郡及州；若仍不爲理，聽詣闕伸訴。」（見《資治通鑑》卷一百七十五，宣帝太建十三年，頁 5445。按《通鑑》此處以陳紀定年。）

〔註 186〕王夫之：《船山全集》卷 10，臺北市：力行書局，1965，頁 7991。

〔註 187〕仁壽元年乙丑，「詔以天下學校生徒多而不精，唯簡留國子學生七十人，太學、四門及州縣學并廢。」（《資治通鑑》卷一百七十九，文帝仁壽元年，頁 5588。）

〔註 188〕鄭譯以上柱國歸第，雖賞賜豐厚自以被疏，呼道士醮章祈福，爲婢所告，以爲巫蠱，譯又與母別居，爲憲師所劾，由是除名。文帝下詔曰：「譯若留之於世，在人爲不道之臣；戮之於朝，入地爲不孝之鬼。有累幽顯，無所置之，宜賜以孝經，令其熟讀。」仍遣與母共居。（《資治通鑑》卷一百七十五，宣帝太建十三年，頁 5444。）

〔註 189〕《資治通鑑》卷一百七十八，文帝開皇十二年，頁 5539。按：文帝置洛口、黎陽等五大倉，儲糧多者千萬石，少者數百萬石，杜佑謂此乃「魏晉以降之未有」（見《通典》卷七，頁 42。）

〔註 190〕開皇十四年，「關中大旱，民飢，上遣左右視民食，得豆屑雜糠以獻。上流涕以示群臣，深自咎責，爲之不御酒肉，殆將一朞。八月，辛未，上帥民就食於洛陽，敕斥候不得輒有驅逼。男女參廁於仗衛之間，遇扶老攜幼者，輒引馬避之，慰勉而去；至艱險之處，見負擔者，令左右扶助之。」（《資治通鑑》卷一百七十八，頁 5546。）

〔註 191〕太宗亦曾於貞觀二年謂王珪曰：「開皇十四年大旱，隋文帝不許賑給，而令百姓就食山東，比至末年，天下儲積可供五十年。煬帝恃其富饒，侈心無厭，卒亡天下。但使倉廩之積足以備凶年，其餘何用哉！」（《資治通鑑》卷一百九十二，頁 6047、6048。）

〔註 192〕如平陳之後賞賜將士：「自門外夾道列布帛之積，達于南郭，班賜各有差，凡用三百餘萬段。」（《通鑑》，頁 5517。）「每年賜用，至數百萬段。」（《通鑑》，頁 5539。）史萬歲擊江南亂賊，十旬無音訊，得其竹筒浮水傳書，嗟嘆其勇，即賜萬歲家錢十萬。（《通鑑》，頁 5531。）楊素營建仁壽宮，克費心力，文

不能謂其吝嗇。所以不開倉濟民，應係法家並無不功而賞，不勞而得之思想，〔註 193〕觀其「帥民」就食於洛陽（並非「驅民」或「令民」！）路途之種種，流涕深自咎責之狀，將近一年不進酒肉，何得謂其不恤民！

《通鑑》謂文帝：「性嚴重，令行禁止。每旦聽朝，日昃忘倦。雖嗇於財，至於賞賜有功，即無所愛；將士戰沒，必加優賞，仍遣使者勞問其家。愛養百姓，勸課農桑，輕傜薄賦。其自奉養，務爲儉素……故衣食滋殖，倉庫盈溢，受禪之初，民戶不滿四百萬，末年，踰八百九十萬。」〔註 194〕開皇之治，信非僥倖。

（二）唐玄宗（685～762）開元之治

唐玄宗在位四十二年（開元元年至開元二十九年 713～741，天寶元年至天寶十四載，742～755）〔註 195〕但開元開創稱盛之期，則在最初之十四年（開元元年至開元十四年，713～726）玄宗以姚崇（650～721）、宋璟（663～737）、張說（667～731）等人爲相，採行姚崇所奏之政先仁恕，不倖邊功等十事，〔註

帝先怒而後賞，賜錢百萬，錦絹三千段。（《通鑑》，頁 5548。）又經營文獻皇后葬事，「事極誠孝」，除「封楊素一子義康公，邑萬户」之外，并賜田三十頃，絹萬段，米萬石，金珠綾錦稱是。」（《通鑑》，頁 5593。）

〔註 193〕《商君書・畫策第十八》有「不作而食，不戰而榮……此之謂姦民。」、「餓不苟食，死不苟生，此乃有法之常也。」（見原書頁 147、149。）以言明主爲治之理。《韓非子・外儲說右下》亦有秦大饑荒，應侯請發五苑草蔬菜橡棗栗以活民，而昭襄王不受之事。昭襄王云：「吾秦法使民有功而受賞，有罪而受誅，今發五苑之蔬果者，使民有功與無功俱賞也。夫使民有功與無功俱賞者，此亂之道也。夫發五苑而亂，不如棄棗蔬而治。」（見原書頁 599。）其情境更與文帝之不開倉濟民相合。

〔註 194〕《資治通鑑》卷一百八十，文帝仁壽四年，頁 5601。

〔註 195〕天寶二年後，改年曰載，故天寶二年後爲天寶三載。

〔註 196〕玄宗欲得姚崇爲相，乃咨天下事，袞袞不知倦，崇請以十事聞，若度可行，則願效愚，否之則請辭。其十事之諫言爲：「垂拱以來，以峻法繩下；臣願政先仁恕，可乎？朝廷覆師青海，未有牽復之悔；臣願不倖邊功，可乎？比來壬佞，冒觸憲網，皆得以寵自解；臣願法行自近，可乎？后氏臨朝，喉舌之任出閹人之口；臣願宦豎不與政，可乎？戚里貢獻，以自媚于上，公卿方鎮寖亦爲之；臣願租賦外一絕之，可乎？外戚貴主更相用事，班序荒雜；臣請戚屬不任臺省，可乎？先朝褻狎大臣，虧君臣之嚴；臣願陛下接之以禮，可乎？燕欽融、韋月將以忠被罪，自是諫臣沮折；臣願群臣皆得批逆鱗、犯忌諱，可乎？武后造福先寺，上皇造金仙、玉貞二觀，費鉅百萬；臣請絕道佛營造，可乎？漢以祿、莽、閻、梁亂天下國家爲甚；臣願推此鑒戒爲萬代法，可乎？」（見《新唐書・姚崇傳》，頁 4383。按：此十事《通鑑》及《舊唐書》未載。）玄宗答以「朕能行之。」崇乃頓首謝。

196〕以爲「治策」，推行仁政，不圖邊功，宮廷以儉樸爲尚，群臣以能諫自許，遂開啓大治之坦途。崇罷相，薦宋璟（時爲廣州都督）自代，璟能擇人，隨材授任，刑賞無私，又敢犯顏直諫；「上甚敬憚之，雖不合意，亦曲從之。」〔註197〕宋璟之後未久，張說爲相，亦能力政不遜於姚、宋。《通鑑》美稱姚崇、宋璟：「姚、宋相繼爲相，崇善應變成務，璟善守法持正，然協心輔佐，使賦役寬平，刑罰清省，百姓富庶。唐世賢相，前稱房、杜，後稱姚、宋，他人莫得比焉。」〔註198〕學者除姚、宋之外，亦頗推功於張說。「玄宗在這批人輔佐下，使唐代得繼續自太宗以來的安定繁榮，發展成爲歷史上空前的殷庶康盛時期。」〔註 199〕張說之後，張嘉貞、李元紘、杜暹、張九齡等相繼爲相，雖再無開創，亦善能守成。開元政風之敗壞，自李林甫始，李林甫（？～752）爲相十六年（開元二十四年至天寶十一載，736 年至 752 年）諸相中之在位最久者，開元治世，遂告傾圮，至楊國忠（？～756）而每下愈況，終至安祿山「漁陽鼙鼓動地來」，而玄宗之朝畫下句點。開元之治，其成也丞相，敗也丞相。

治道思想之影響開元，儒、法似在伯仲之間。雖「政先仁恕」，亦「法行自近」（見姚崇之十事註）。姚崇、宋璟爲相時，有《開元前令》與《開元後令》之法典重訂，張說、蕭嵩爲相時，有《開元禮》之刊定。抑制佛教，〔註200〕對道教之尊崇則與抑佛形成明顯之對比，〔註 201〕但大致而言，在佛、道上之用心，或只佔治事之一角。

四、治與治道

就稱治之文景、開皇、貞觀、開元四朝而論，其共同之特色爲人治（除

〔註197〕《資治通鑑》卷二百一十一，玄宗開元四年，頁 6724。

〔註198〕同上註，頁 6725。

〔註199〕李定一：《中華史綱》，頁 302。杜甫詩以詩史稱，其〈憶昔詩〉記開元之盛云：憶昔開元全盛日，小邑猶藏萬家室；稻米留脂粟米白，公私倉廩俱豐實；九州道路無豺虎，遠行不勞吉日出；齊紈魯縞車斑斑，男耕女桑不相失。（見《全唐詩》，頁 1258。）

〔註200〕唐自中宗以來，貴戚爭營佛寺，富户強丁多削髮以避傜役。開元二年，從姚崇奏，玄宗命有司「沙汰天下僧尼，以僞妄還俗者萬二千餘人。」（《資治通鑑》卷兩百一十一，頁 6695）又「禁百官家毋得與僧、尼、道士往還。」「禁人間鑄佛、寫經。」（《通鑑》，頁 6703。）

〔註201〕開元十四年（726 年），各家各户奉命須備有《道德經》一冊，開元二十年，各州奉命建老子道觀一座，開元二十九年以〈崇玄學〉入國子監。

非推翻專制政體，此殆不可免者。）因君明於治理，臣（相）嫻於治術而得治。但君明臣賢僅係「治」之必要條件，而非充分條件。「治」尚須有其他因素之配合方得其宜，爰就此試析之。

（一）治道必須因時。黃老以道家思想爲主導之治道，利在民生凋敝時恢復國家之元氣。秦末暴亂，自陳勝、吳廣起事，各地英雄雲會而響應，至楚漢相爭，項羽自刎於烏江，其間凡七年（秦二世皇帝元年至漢高帝五年，前209年至前202年），若益以春秋末歷戰國時期之動盪而言，其時間更長。烽火戰亂與饑饉流亡之後遺影響亟待恢復，與民休息或爲不得不有之明智選擇。〔註202〕

（二）治有「天」之因素在。此非謂帝王之天命，而係天機不可測下之機運。唐太宗一代英主，但若非突厥之滅，是否能在強夷之威脅與侵擾下有治，恐是一令人懷疑之未知數。要非其時突厥「內政失修、國人離心、天災頻仍、連降大雪，六畜多死，人民饑饉，國勢大衰。」（見本文第二章第五節一）而致李靖等一戰功成，則以後之發展殊難逆料。西洋人不信天，但《劍橋中國隋唐史》則有「太宗得天之助，消滅了東突厥帝國」〔註203〕的按語。

（三）「治世」多在朝代更替之初期（或一朝之中經大變亂而剝復之初期）〔註204〕君王之銳意圖治也多在其即位之初期。前者是否「與道暗合」〔註205〕固未可定論，後者或不免於張久乃弛，驕逸因功成（及年歲之長）而起之自然法則。〔註206〕（本節所論列之隋開皇、唐貞觀、唐開元，君主之悉心政事，皆在其秉政之前期，中期以後率皆守成以享前期經營之果實。）

（四）專制政體之治，既爲人治，則人之因素，重要性在其他因素之上。人之因素，「人」當指君與臣，而君之重要性，尤在臣之上。君可以尋訪賢能，

〔註202〕黃老思想當道，能左右政局人物（如竇太后）之篤信，當亦促成此一結果之原因。

〔註203〕《劍橋中國隋唐史・東西突厥》，頁222。

〔註204〕周之成康、前漢之文景、後漢之明章、晉之太康、唐之貞觀、宋之開國四朝、明之洪武永樂、清之康雍乾嘉皆是。

〔註205〕曹翼遠：《治道與人性》，臺北市：中央文物供應社，1956年4月，頁54～56，言大亂後之自然鬆弛時有此說。此說不能以理論證，但以其確然符合歷史事實，因存之以備參。

〔註206〕貞觀十五年太宗問侍臣「守天下難易？」魏徵之答語有：「觀自古帝王，在於憂危之間，則任賢受諫，及至安樂，必懷寬怠……」（見《貞觀政要・論君道》，頁17。）或可作此自然法則之註腳。

佐其治國（如開元之玄宗任姚崇等），即令所任不盡賢，君王仍得以個人之明與嚴使臣下盡職。韓非有言：「臣之忠詐，在君之所行也。君明而嚴則群臣忠，君懦而暗則群臣詐。」〔註 207〕觀乎各治世之朝，所遇之君王皆明而嚴。嚴非刻峻，而係嚴於持法守正，嚴於持身律己。君王明而嚴，故能以敏銳之眼光察得賢能之臣，以持法守正之嚴，使臣下忠於任事。〔註 208〕

（五）由思想之層次言，治道者治人之「道」。牟宗三言儒家德化的治道與道家道化的治道，其最高境界乃天國境界，神治境界，人民在此境界中爲天民，而非國民或公民。〔註 209〕專制政體既爲人治，不能以神與聖之標準要求主治者，而人治者，所治者平凡之庶民，而非神治境界之天民，筆者以爲，此或德化之治道與道化之治道不能大行，祇能在君王賢相之考量中聊備一格，用以補充法家「物化的治道」（牟先生語）不足處之原因。

（六）由儒法思想以言貞觀之治道。太宗之能使臣民悅服，其公平之施政理念（見本文第二章第三節二）宜乎爲重要之原因。「法者天下之平」（貞觀二十年房玄齡語）幾乎貫穿貞觀一朝的任法與理政諸事。〔註 210〕而儒家德治思想則顯然遭到冷落，〔註 211〕只此一端，貞觀治道之傾向於法家思想或傾向於儒家思想，實已不判自明。

第五節　小結

一、以美中求疵之角度析論貞觀之瑕，則有貞觀後期之行政效率低落，官員之老化與鈍化諸事。蓋國初所任之賢臣俊秀已漸入老境，致仕未見行之於制度，太宗又情契不忍割捨舊人有以致之。行政機器之運轉日久，因循而

〔註 207〕《韓非子・難四》，頁 368。

〔註 208〕武德九年，太宗令左右以賂試有司，察其貪廉，司門令史受絹一匹，太宗欲斬之，民部尚書裴矩以太宗之試賂乃陷人於法，不足以言「道之以德，齊之以禮。」司馬光評云：「古人有言：君明臣直。裴矩佞於隋而忠於唐，非其性之有變也。君惡聞其過，則忠化爲佞，君樂聞直言，則佞化爲忠。是知君者表也，臣者景也，表動則景隨矣。」（《資治通鑑》卷一百九十二，頁 6029。）

〔註 209〕牟宗三：《政道與治道》，頁 34、37。

〔註 210〕崇功務實爲貞觀君臣行事之特質，管子任法篇有「法者，天下之至道也，聖君之實用也。」之言。（見王冬珍等校注：《新編管子》，頁 1027。）

〔註 211〕羅彤華在其《貞觀之治與儒家思想》中有謂：「德治思想雖不足以支配貞觀政治的發展，甚至我們也很難看出他對政策的實際影響，但可以很肯定的是，他持續不斷地在浸潤著貞觀時代，……（見書，頁 39。）

不變革，則不求有功但求無過之怠惰無法避免，雖非普遍之現象，卻也難免爲貞觀的白璧之瑕。

以富庶比較貞觀與隋代，貞觀或多有不如。貞觀六年，已是所稱的「頻致豐稔，米斗三、四錢，馬牛布野，外戶而不閉」描述貞觀之治盛景的二年之後，而「伊、洛以東至於海岱，煙火尚希。」甚至貞觀十四年尚有「秦、隴之北，城邑蕭條」之情景存在，則有富庶之實的地區，應非全面。長安京畿之地，太宗於貞觀四年底狩於鹿苑，尚見野人多藍縷而遣王珪賑賜貧人，則社會應有甚大之貧富距離。貞觀八年，「外官卑品，猶未得祿，饑寒切身，難保清白。」則是國家財賦尚未能照顧至地方官之低層者，凡此皆與普遍的既富且庶存有一段差距。貞觀稱治，應非虛假，但或不如史官筆下所傳之美好。

法家論政不言赦，蓋以其徇情而害法。太宗於貞觀七年亦信誓旦旦，云「我有天下已來，絕不放赦，……恐愚人常冀僥倖，惟欲犯法，不能改過。」但考太宗在位二十三年之間，所赦對象爲眾人之具有規模之赦事凡十五件，其中地區性之人犯蒙赦九次，「大赦天下」亦達六次，對個人罹犯必不可赦之重罪者，亦有三件曲法而赦之例，此固不合於不言赦之法家，亦不合於赦小過及只行「三赦三宥」標準之儒家。帝王行事，每有不得已之苦衷，或不能因此而責太宗一赦再赦之行不顧言。

太宗謙虛納諫，廣取臣下智謀以慮國事，此亦史家以爲貞觀得治之由。但帝王自居高位，亦自有其思考之層面，故太宗不顧臣下諫言而乾坤獨斷之事亦多有。斷而不能億中自是必然。太宗獨斷而失悔之大事凡三，一爲滅東突厥後許其十萬降眾徙居河南，雖享受外夷酋長「帶刀宿衛」之古今殊榮，卻未免於不肖夷徒之夜犯行宮而「幾致狼狽」，最後將十萬突厥人遣回河北，許其自立部落，「世作藩屏」，而有：「中國，根幹也；四夷，枝葉也，割根幹以奉枝葉，木安得滋榮」〔註 212〕之悔。二爲貞觀十四年之攻拔高昌，太宗不顧含魏徵在內之群臣勸阻，以高昌地置西州，每歲調發千餘人前往戍守，雖獲得「唐地東極于海，西至焉耆，南盡林邑，北抵大漠，皆爲州縣」的開疆拓土美稱，卻也在貞觀十六年，西突厥侵犯西州，嚐到「隴右且空，……終不得高昌圭粒咫帛助中國費」〔註 213〕的苦果而失悔。親征高麗爲太宗在群臣

〔註 212〕《資治通鑑》卷一百九十五，太宗貞觀十三年，頁 6149。
〔註 213〕《新唐書・高昌傳》，頁 6222。

一片反對之聲下的乾坤獨斷，數逾二十萬的水陸大軍，爲期近十閱月的攻防激戰，最後落得「遼左早寒」、糧食將盡而退軍。征遼之戰或爲太宗生平少有之敗績。哭祭陣亡將士，感傷賦詩之餘，亦嘆息「魏徵若在，不使我有是行也」〔註214〕之悔。

二、唐繼隋立，唐承隋制一似前此之漢承秦制。唐代「輝煌文化的四大柱石」：租庸調、府兵、三省、科舉四項制度，均襲自前隋，僅因應時宜，稍事修改。貞觀一朝，並未制定新制度，政府之決策方向較之前朝也無大變化，政府之基本結構、行政細節及政府干預民間事務之限度等，均一仍前隋，此亦後之論史者，言典章制度，往往視隋唐爲一體之故。

唐太宗一心爲治，其視隋祚之短促，處處以隋之失爲鑑戒，隋之可學習之處，亦不吝於汲取。隋傳文、煬二帝，大致而言，太宗對文帝頗多取法，對煬帝則視之爲反面教材，力謀行事與煬帝反，俾效果得其正。但亦須特別一提者，貞觀之崇儒學，取法之對象乃是煬帝而非文帝，其成果豐碩，〔註215〕但《通鑑》與《政要》卻始終未提煬帝之名。

太宗取法隋文帝最深者，乃以法爲治之理念。外國學者之視隋文帝，幾乎爲典型之法家人物，其依法行事，法律之前不別親私之作爲，多爲太宗所奉行，此亦貞觀一朝之凡事依法令人印象深刻。隋文帝以勤政與儉樸著稱，其儉樸由於天性，其勤政則爲開國帝王勵精圖治者之所必有，太宗在貞觀前期，勞神苦形、事必躬親的治理政事作風，其勤政不在隋文帝之下，太宗雖未生就儉樸之性，但亦頗能克制嗜欲，不入於奢靡。

《貞觀政要》之記述中，太宗親口所言煬帝之失、以煬帝爲鑑戒者凡二十三處，要可類分爲七：（一）驕逸奢華，貪求無厭；（二）護短拒諫，臣下鉗口；（三）猜防殘暴，不修仁義；（四）行幸不息，不守國都；（五）勞役生人，不憐百姓；（六）誅夷忠臣，禦邊無策；（七）東西征討，窮伐高麗。太宗秉政，其行事多據之而改，尤以去驕逸貪求，求諫納諫，行不出長安、洛陽等最具針對性，但亦有欲引以爲戒，反從而師法之例，如東西征討，親征高麗等是。

〔註214〕《資治通鑑》卷一百九十八，太宗貞觀十九年，頁6230。

〔註215〕儒學因太宗之獎掖而日益昌盛，太宗威服德化兩策並行，耀兵振武之結果，四夷多視唐爲宗主國，而德化之行，乃有「吐蕃及高昌、高麗、新羅等諸夷酋長，亦遣子弟請入于學。於是國學之內，鼓篋升講筵者，幾至萬人。儒學之興，古昔未有也。」之盛況。（見《貞觀政要・崇儒學》，頁335。）

不以成敗論英雄，太宗與煬帝之俊才與偉業，亦絕多可以比類者，兩人之出身、奪嫡、罔顧人倫等事，尤多雷同，兩人同以五十歲而終，更屬難言之巧合。

三、先秦法家與儒家思想之別，涇渭分明，自漢武帝罷黜百家、獨崇儒術、取儒家思想可與專制政體統合之部分落實爲制度後，政治上必須爲用的法家治「道」附身於儒家思想內，使儒家不得不吸收而開啓儒學法家化之途，浸淫既久而法儒之辨日益爲難，衹能約略由兩家分野之最大處——仁義對比法律、德治對比法治——作爲指導貞觀治道的兩家之辨。

吳兢《貞觀政要》言貞觀之得治，蓋由於太宗之從諫如流，雅好儒術、孜孜求士、務在擇官、改革舊弊、興復制度諸端，並特別指出太宗之深惡官吏貪瀆而寘之以重法，嚴格行法不別親貴等事，細析其內涵，可歸於仁義者少，可歸於法律者多，太宗言治國之道，「撫之以仁義」下連「示之以威信」，此在化爲執行之方策時，不免淪爲兩手策略之術道；太宗在亟須儘速強兵富國之貞觀元年，不提法家諸賢有實例可依之致此捷徑，而欲「專以仁義誠信爲治」，其勇氣誠然足以嘉許，其執行時之眞實程度卻也令人生疑。太宗以決事不依律令乃國脈危亡之端，其對法律之青睞，誠於中而形於外。

宋後儒者頗以太宗之言仁義並非自發，謂其於仁義「慕其名而不得其實，喜其文而不究其本」，其於仁義，「外似而內違，名同而實乖」，「假仁借義，以行其私」，語雖苛刻，但出自以仁義爲心（或以仁義爲學）的儒家學者之口，卻也可以想見對此一近似儒家聖王者之不以爲然。太宗之於仁義與法律，孰輕孰重，孰多孰少，甚至孰眞孰假，至此乃不復難以分辨。

德、禮與政、刑，乃王道霸道之分，亦德治與法治之別。貞觀之治的基礎奠立於貞觀前期，依《資治通鑑》之記事，分析由武德九年太宗即位至貞觀十年之重要「資治」行事，由其務實之精神與見效之速，應較傾向於法治。再由制度面的考課、府兵之制，則貞觀治道傾向於法治之轍跡更爲明顯。太宗個人固有司馬光所云「五帝三王之作樂皆妄也」〔註216〕與儒家樂論唱反調之事實，其欲博取行仁政之名，縱放三百九十死囚，而次年全數歸來就死，從而赦之之事，也被醇醇大儒如歐陽修者，作「上下交相賊」之撻伐。衡諸《通鑑》、《政要》、舊、新《唐書》之史錄記載，並近代學者之觀察研析，則貞觀治道之指導思想，應可定性爲趨近以政刑爲尚之法家。

〔註216〕《資治通鑑》卷一百九十二，太宗貞觀二年，頁6053。

四、君主體制，君爲實際之政治主體，故君道與治道應爲同一義涵之兩種名稱。《貞觀政要》以〈君道〉爲首篇，亦寓含以君道作爲統攝其餘各篇（皆言治者）之總綱，故君道實乃治道。

司馬談論六家要指，言陰陽、儒、墨、名、法、道德皆務爲治者，比及漢初，尚能維持其生存與發展，對政治產生重大作用者，僅道（黃老）、儒、法三家。漢初七十年的黃老之治，爲道家治道在政治上之最後湧現，儒法兩家，在法家思想滲透儒家，儒家在現實面屈從於帝王——帝王以法持國乃不得不有之政治現實，屈從於帝王之另一層面乃屈從於法家——陽儒陰法或外儒內法乃中國二千年君主統治之政治實況，其差別只在「外」與「內」所占成分之多少，或儒家「緣飾」之涵蓋面廣度如何，法家實際運作之影響深度如何而已。

可稱爲「治」的文景、開皇、貞觀、開元諸朝，不論其所倚之指導思想爲何，要皆不脫明主賢相之人治特色。戰亂流離之後，文景以黃老的休養生息而得治；戰亂流離之後，貞觀興利除弊，諸端並舉亦可以得治。各有治之朝均有可循之法，以律臣民，刑或輕或重，仁德或可見或不可見，但既須治法，亦須治人則係其通性。至於治道思想主倚於那家，似無決定性之影響。倚於道家者文景，倚於法家者開皇，儒法並倚者開元，均能開創各自之盛世，因時因勢，各取其宜而已。

由貞觀談起，再回談貞觀，唐太宗，明君也，嚴而明察，又善用賢才；貞觀之政策、制度，良策也，又巧因時之所宜（如均田、府兵）而施行，故能廣收其益，自助者宜乎有天助之，（乃能「得天之助，消滅了東突厥帝國」）故能有傳頌至今的貞觀之治。必欲言指導治道之儒、法思想，則由儒家德治思想之遭到冷落，「法者天下之平」幾乎貫穿貞觀一朝的任法理政觀之，貞觀不脫「霸王道雜之」之格局：「霸道」之中稍稍雜以「王道」，主要引領治道之思想，仍屬之法家。

第七章　結　論

本文以求諫納諫、兼聽閣議等五節二十目，論述貞觀之治道，〔註1〕以好賢從諫為貞觀之治的重要柱石，以公平為太宗理國治事順多逆少的主要原因之一，並以振武為貞觀最具成就之治道。全篇旨在由貞觀之治道中，透顯法家思想之影響重於儒家，故以法家言政之法、術、勢為切入點，並以儒家論治之仁義、德禮與之相比並析，力求免於個人主觀之偏頗而獲致論證之客觀性。

一、貞觀之重法與法儒思想

秦以法為治，二世而滅，但其倚以為核心之專制統治與權集於君王之法家思想，卻是代代相傳，歷久彌新。其俯拾見於貞觀者有四：一曰用人唯才，使人如器。「才」為儒、法兩家所同重，儒家之「君子不器」或不如法家之「使人如器」更能見其事功。二曰公平公正，去私從公。法為天下之至公，擇人治事欲得其正，必須「明法制，去私恩」方有可能。三曰明賞顯罰，並以之治國化民。君王善用賞罰二柄，治國理事，事半而功倍。四曰依循律令，一切依法行事，「不游意於法之外，不為惠於法之內，動無非法。」〔註2〕任法而治，益多損少。

〔註1〕吳兢《貞觀政要》言為政之要，有〈論君道〉、〈論政體〉、〈論任賢〉等四十篇，其中〈論太子諸王定分〉、〈論行幸〉、〈論災祥〉等多篇，筆者並未取以入論，本文所舉之振武、閣議、寓兵、明賞諸目，亦不在《政要》所舉之篇章內，蓋取捨各有不同。

〔註2〕《韓非子・有度》，頁261。

無論儒家或法家，「法」均爲治道上之一種手段。法家以「法」爲政治上之唯一手段，而儒家則以之爲輔助手段。觀乎所列治道之條目中，「法」之形跡雖隨處可見，但似非「唯一」之手段；而「輔助」之手段也者，若以其爲主要之手段（超乎對其他因素之攷量），則謂其具有較大之影響層面，當不爲過。

「情」爲儒家人倫關係中重要之一環，「嚴而少恩」之法家則擯情於法之外，蓋信賞必罰，毫不容情，方能建立法之有效性與權威性。事不涉情，主政者之依法行事，其中心思想之向儒家或向法家，或尚難以權衡，唯處斷陷於情與法之兩難，徇私情則壞公法，依公法則毀私情時，情與法在主政者心中之天人交戰，則其斷決乃適足以觀察其思想之傾向。

貞觀十七年，太子承乾以儲君之位受逼而策劃謀反事泄，太宗之處斷可見其「冷靜的乾靜」與「嚴峻的心腸」〔註3〕：賜同父異母弟漢王元昌自盡於家，不能「情屈至公」而赦李元昌之死；洋州刺史（太宗同父同母長姐長廣公主之子）斬首伏誅，長姐叩首碰地，涕泣爲子請命，太宗亦叩頭泣拜：「賞不避仇讎，法不阿親戚，此天下至公之道，不敢違也，是以負姐。」其所傷姐弟之情，或終生不能復；太宗女婿駙馬都尉杜荷（亦爲愛臣杜如晦之子，其時杜如晦已逝）斬首伏法，不能體諒愛女之遽失夫婿，亦無法顧及愛臣地下之長哭嘆息，太宗或不免於心中滴淚。有破二國之功，玄武門之事功封第一，自太宗爲藩王時，即追隨左右的侯君集斬首東市，法不能念舊情固是理所當然，「有功於前，有敗於後，不爲損刑」〔註4〕亦法家用法之旨。太子承乾免於死罪，廢爲庶人，使「陛下不失爲慈父，太子得盡天年」〔註5〕亦商鞅刑不及太子與謀逆者死罪之折衷處理。半年之後，太宗語吳王恪〔註6〕：「父子雖至親，及其有罪，則天下之法不可私也。」〔註7〕由言語及行事處斷，法家之法在太宗心中之分量，其超越儒家人倫之情也亦遠矣。

貞觀期中，並有天子敕令已出，而執法者以法理折之，使法能全大信於

〔註3〕牟宗三謂法家人物之成就事功者具有的本質。見《政道與治道》，頁39。

〔註4〕《商君書・賞刑》，頁135。

〔註5〕太宗問「何以處承乾？」群臣緘默莫敢對時，通事舍人來濟之奏言。見《資治通鑑》卷一百九十七，頁6193。

〔註6〕吳王恪之母爲隋煬帝之女，恪雖爲庶出，太宗以其英毅類己，特爲鍾愛，一度欲傳位於恪，因長孫無忌之堅持不易太子而罷。

〔註7〕《資治通鑑》卷一百九十七，頁6206。

天下，將天子敕令不行之失信，以一時喜怒視之之事。（詳第三章第一節：〈法在重信、立威、情義中之優先性。〉）貞觀天子之重法，不祇超乎人倫親情而已。

以《開皇律》爲基礎，據《武德律》而增省之《貞觀律》，奠定唐律之獨立體系與風格，並爲帝制時代歷朝律令所宗法。〔註 8〕唐律十二篇 502 條，其中不少由禮文照抄或直接演繹而來，多爲懲罰非禮而制定之「出禮入刑」條，「法之所禁，必皆禮之所不容，而禮之所允，刑必無涉。」〔註 9〕禮文滿紙，仿佛唐律乃配上懲罰條例之禮書。領銜編撰者（長孫無忌）且於卷一之名例條中直書：「德禮爲政教之本，刑罰爲政教之用，猶昏曉陽秋相須而成者也。」似乎法已統於禮，刑罰不過爲推行德禮之工具而已，〔註 10〕研析其內容，卻又大謬不然，其最著之處：（一）禮以司教化，本身不具強制性，其受薰陶者之所以能有恥且格，亦因薰陶而存養其良心夜氣（從孟子），或因薰陶而習染向善（從荀子）；以刑罰加諸於失禮者，禮乃因法（刑）而具有強制性，其本質已變，「齊之以禮」已十足成爲「齊之以刑」，欲使「民免而無耻」已是不易，何能再侈言有耻且格！（二）儒家講求「君臣有義，父子有親，夫婦有別」的雙向彼此相處之道，法家只云臣事君，子事父，妻事夫三者的單向關係，就此三者而言，唐律極傾向於法家，其對所有涉及君王之犯罪，皆科以重罰嚴刑。「十惡」中十項重罪，其中之四，均係對君王人身安全或權威之維護，且爲純然之單向，所體現者乃法家以君王爲絕對至尊之思想。父子之間，雖有雙向之律定，但亦向父之一方極度傾斜，夫婦、男女之間亦完全不見《四庫全書・唐律疏議提要》所言之「出入得古今之平」之事。（三）儒家之禮，不加於韓非所稱之「蚤絕其姦萌」與「禁姦於未萌」，唐律〈十惡〉罪之前三項，「謀」即已入罪，且均爲重罪，正是法家：「明君見小姦於微，故民無大

〔註 8〕唐律以貞觀所修爲定本，貞觀本於武德，武德本於開皇，然武德已非全用開皇之制，貞觀又重加刪定。……自宋以後，修律莫不奉爲圭臬。（見清・沈家本：《歷代律令》，臺北市：臺灣商務印書館，1976 年 11 月，頁 4。）

〔註 9〕黃源盛：《漢唐法制與儒家傳統》，頁 207。

〔註 10〕法典乃君王統治臣民之工具，漢武帝「獨尊儒術」，漢以後各朝法典之編纂，幾乎都出於熟習儒家經典的讀書人之手。（見黃源盛：《漢唐法制與儒家傳統》，頁 112。）《貞觀律》編撰的主其事者爲長孫無忌、房玄齡，其下則爲一批「學士法官」。皇帝既要「專以仁義誠信爲治」（貞觀元年太宗之語，見《貞觀政要・論仁義》，頁 233。）承其事者，敢不在文字及德禮見諸律文中之量上與之配合！「本」小而「用」大或乃唐律之實質。

謀；行小誅於細，故民無大亂」〔註11〕之具體呈現。（四）儒家反對連坐，孟子有「罪人不孥」之說，荀子有反對族誅之論，而唐律之反、逆、叛（及其他重大罪行）皆有連坐，且近親之連坐皆斬、絞、流二千里以上之重刑。連坐（誅）乃承自主張嚴刑重罰之法家。（五）法家講求「明主治吏不治民」〔註12〕，唐律之〈職制〉篇幾乎爲治吏之專篇；其他〈戶婚〉、〈廄庫〉、〈鬥訟〉、〈捕亡〉等十餘篇，亦散見治吏之律文。吏在法家，乃民之師，「以法爲教，以吏爲師」被儒家或自目爲儒家者評騭二千年，但唐律則對法家之治吏思想，有相當大之發揮。

在禮文充斥之唐律中，也確有能闡發儒家精神者。其一爲對儒家差等精神之維護，唐律用法之對象，依等級而有所不同。皇帝以外，有貴族與官吏、平民、賤民之等級。法家之「壹刑」思想〔註13〕在此種等級之間自是蕩然不存。唯此一「階級法」在同階級內則係「得古今之平」者。廣大之平民階級，不與其他階級有「法」上之糾葛，彼此之間仍得有法之平（其他同等級之間亦類是）。

儒家「刑不上大夫」之觀念，亦得以在唐律中有部分之體現。官吏犯罪，原則上不科以眞刑，而是透過議、請、減、贖、官當等途徑，使之獲得減、免或易刑。〔註14〕惟不適用於「十惡」之重大犯罪。

貞觀佐政諸臣，向君深亦向法深，「君臣同氣，義均一體。」〔註15〕魏徵、蕭瑀、戴冑固爲知法、向法、明法之臣，即令醇醇儒者的孔穎達與顏師古，其明法之深，較之前者亦不遑多讓。君臣受法家思想之浸染，深而且遠。

二、貞觀之固勢用術與情義仁德

大一統之帝國，君王乾坤獨斷，太宗亦是絕對君權之力行者，穩固及擴張君權之事，貞觀所在多見，以是貞觀治道中，有頗爲濃厚之勢治色彩。

玄武門事件塵埃落定之當日，李世民即已是帝國最高權力之實際執掌

〔註11〕《韓非子・難三》，頁353。

〔註12〕《韓非子・外儲說右下》，頁590。其云：「人主者，守法責成以立功者也。聞有吏雖亂而有獨善之民，不聞有民亂而有獨善之吏，故明主治吏不治民。」

〔註13〕商鞅之壹刑，乃無分親疏、尊卑、貴賤、賢愚，法律之前一視同仁，不容許特權存在，見《商君書・賞刑》，頁135。

〔註14〕見劉俊文：《唐代法制研究・以有罪無刑崇官責》，頁100。

〔註15〕貞觀六年魏徵回復太宗之語，見《貞觀政要・直諫》，頁116。

者。玄武門鏖戰中殺太子建成、齊王元吉，奪得權力後之首誅，即是斬殺建成、元吉之子各五人，在在顯示李世民必欲取得帝位與永絕後患的爭權奪勢之心。爲元吉立嗣之「仁」舉，反而彰顯其醜。〔註 16〕

太宗將百姓之適意生存與帝王之正身寡欲作有機之結合，使其鞏固統治權之固勢手段（統治方法）凸顯儒家民爲邦本之形象。但太宗此處所行之君道，其實質意義乃是使統治安定，國祚延續之方法，並未因具有儒家思想之形象而有所改易。

太宗對法勢極具慧根，明定嚴刑重法，制度性的以法輔勢，以勢行法，使「法」與「勢」相結合，既維護君權，又將君勢提升至更高之高度。貞觀一朝，有六宗涉及謀逆之罪，均依法予以嚴罰重誅，而罪及當事者之父、子、妻、女，率皆株連甚廣，在在彰顯君勢之不可侵犯。

篡奪或六朝以來之所謂禪讓，均有極高之武力因素在內，武人若懷異志，其危險性遠大於文人，尤以有思想、善征戰之武人爲然。太宗因固勢而對此輩採取之對策，乃是犯大罪者不赦，小罪者重罰，無罪者處處設防。貞觀武人之入於此列者，尤以李靖、李勣、侯君集爲代表人物，另張亮、李君羨、薛萬徹、尉遲敬德等亦在太宗心目中的「謀反名單」之內。李靖之功蹟威望，可稱貞觀第一名將，但功高震主，太宗早已在對其故示恩信之餘，極度慎重的予以特別之「關注」，甚至在李靖已屆七四高齡時，〔註 17〕尚未放鬆防範。李靖以杜門謝客，韜光養晦十餘年而克保厥躬，亦可謂善體君心矣。侯君集能征慣戰，在極度艱困環境下依然克敵致勝之能耐，或爲貞觀武將所僅有，以其有怨望而爲太宗所疑，參與太子謀反事發，太宗不以其功滅二國，府藩舊人而除其死罪，則侯君集臨刑前，太宗與之揮淚訣別，向使評價太宗爲情義深重或詭術權變之人看法兩極。太宗對李勣之特別寵遇與蘊藏之戒心，宜乎已將君王之用術演入化境，其對張亮、李君羨以子虛烏有之圖讖與《祕記》而行誅殺，亦所以保權固勢之道。

唐代屠戮宗室之事始於太宗，屠戮之人數僅次於「殺唐子孫殆盡」的武則天而名登亞榜，以自身之登帝位並非順取而係逆得，故太宗對宗室所行之種種措施，皆爲保護權勢帝祚、防範宗室諸王之逆得而作。其以「君雖不君，

〔註 16〕太宗於玄武門事件中殺齊王元吉，又納元吉之妻爲己妃，生子李明以之過繼爲元吉之後嗣。元吉地下有知，對殺己奪妻者，以其與己妻所生之子爲己之子嗣，誠不知作何想法。後人評此事，亦對太宗此舉大不謂然。

〔註 17〕衡諸當時之醫藥衛生條件及朝臣之平均壽限，斯時七四之齡或可況今之九十。

臣不可以不臣」〔註 18〕，律定眾臣，且對前朝以「忠」稱人物之褒獎勗勉與不忠者之懲前毖後，其亟欲臣下對君王盡忠守義，毋為「不臣」之臣，蓋已音在弦外。

翦滅東突厥而安排於順天門之受降儀式，與斯時四夷君長獻上之「天可汗」尊號，使太宗威勢之隆盛，足以睥睨古人，長照華夷史冊；終貞觀一世未能如願封禪，亦此一可令秦皇漢武在泰山前側目的非常天子之非常憾事。因固勢而重修《氏族志》不見接納於當時社會之士族階層，親觀本朝國史而貽後世之譏，或亦非太宗以勢為治時之始料所及。

太宗具有「玄鑒深遠，臨機果斷，不拘小節，令人莫測高深」〔註 19〕及「聞人之善，或未全信，聞人之惡，以為必然」〔註 20〕的人格特質，此或乃一窺其以術御臣，以術治事之門徑。

太宗之於李勣，既倚為禦夷之長城，又使為託孤之心腹，剪鬚和藥以療勣之疾，親解御服以覆勣之醉，李勣感恩，為之頓首見血。君臣相遇，本可傳為千古佳話，乃太宗臨崩前之語太子：「李世勣才智有餘，然汝與之無恩，恐不能懷服，我今黜之，若其即行，俟我死，汝於後用為僕射，親任之，若徘徊顧望，當殺之耳。」〔註 21〕一席話使前此的君臣相遇之美化為泡影。因李勣受詔後，不至家而去，後之儒者乃有：「太宗之術數可謂精矣，孰知勣之術數又高出其上哉」〔註 22〕之嘆。

太宗之於有勇力、有才具之士，常於彼等頻於必死之境時，以「貴人」之身分出現，赦之以生而畀以非常殊遇，而獲得彼等終生不渝之竭力回報，尉遲敬德與魏徵屬是類；對才能出眾之臣子，亦能以非凡之殊恩換得彼等鞠躬盡瘁，死而後已之報答，溫彥博、岑文本屬是類。太宗之用人，取其所長而不計其短，雖云才德並重，在實際運作中卻只見有重才之處。法家之術，

〔註 18〕見《舊唐書・太宗本紀》，頁 34。

〔註 19〕同上註。

〔註 20〕《貞觀政要・公平》，頁 265。

〔註 21〕《資治通鑑》卷一百九十九，頁 6266。又：《貞觀政要・任賢・集論》，頁 75 亦誌此事。

〔註 22〕《貞觀政要・論任賢・集論》，頁 75。《資治通鑑》卷一百九十八，太宗貞觀二十一年，頁 6247。《資治通鑑》卷一百九十六，太宗貞觀十六年，頁 6180。朱子有言：「太宗之心，則吾恐其無一念之不出於人欲也，直以其能假仁借義，以行其和，而當時與之爭者，才能知術既出其下，又不知有仁義可飭，是以彼善於此，而得以成其功耳。」（見陳亮：《龍川文集》，頁 374。）

其積極面之性能爲以術擇人與以術考成，太宗取法家之術及儒家之恩德並用，可謂超越兩家而自成一格。

君王獨擅之術與人倫普有之情，太宗每將之合而爲用，其效百倍。以帝王及行軍統帥之尊，親爲攻戰中遭弩矢所中之部將吮血，親爲遭長槊刺中之將軍傅藥，親自操針爲勇戰傷足之部屬療傷止痛，若是之行徑，古今帝王中再無第二人。太宗在近、信諸臣瀕危之際所將見的死別之哀，以及大去後所發的悲思之痛，誠之於中而形之於外，其爲性情中人，是乃必然，其融情入術，尤屬統御臣下之更高一層境界，而法家諸子之言術者見不及此。太宗有善哭易流淚之特質，泣淚以宣洩悲慟情懷，泣淚以表述對臣下之愛顧，泣淚使已下令回師之諸軍返而復戰，太宗之泣淚，情在其中，術亦在其中，許其爲一代用術之大家，誰曰不宜！

貞觀時期，疆域之廣，超逾秦漢，太宗以其柔遠人，制夷狄，「取古人所不能取，臣古人所不能臣」傲視古人，所以能致此，「耀兵振武」與「布德施惠」，合威服與德化於一手之策略運用是也。威服乃威之以武，服之以兵，在此策略之下，突厥、吐谷渾、薛延陀、高昌、伊吾、焉耆、龜茲等大邦小國，次第在唐的攻略之下，成爲唐的郡縣，其鄰接之四夷部落，亦懾於唐之國力與兵威，紛紛歸附。四夷服則華夏安，文治諸端方得以在安定之環境中齊頭並進。「布德施惠」之德化策略，乃對四夷之上層人物授之以官爵，在彼等原來所據之土地，設置羈縻府州，以部族之首領爲都督、刺史，輕羈縻府州之傜賦，愼選通達藩情、廉潔幹練之官員以理羈縻府州之邊務。太宗在德化四夷之實施中，致力於夷夏之平，其云「自古皆貴中華，賤夷狄，朕獨愛之如一，故其種落皆依朕如父母。」〔註 23〕平（公平）爲法家治道之重要手段，此亦見太宗的入法之深。就單一「耀兵振武」之威服，或「布德施惠」之德化而言，或皆可視之爲國家大政方策之一部，但合兩者而爲用，且用於同一時段，則難免不被歸爲「胡蘿蔔與棒子」的術用。太宗以公主下嫁四夷君長之和親，由其所言「苟可利國，何愛一女！」〔註 24〕之言，乃爲國家利益而敀量之政治手段，術也！其利用外夷不同種族間之矛盾衝突，使之互爲牽制，以減省己方因應彼等時之損耗，以夷制夷，術也！徵召已歸附夷族之兵馬，以討伐制伏未歸附之夷族，更爲名副其實的以夷制夷。

〔註 23〕《資治通鑑》卷一百九十八，太宗貞觀二十一年，頁 6247。
〔註 24〕《資治通鑑》卷一百九十六，太宗貞觀十六年，頁 6180。

太宗對信徒眾多，民俗上有深遠影響之佛、道兩教，以抑、扶並用之策略，抑止佛教過度膨脹一枝獨大，扶持道教使能對佛教保持一定之牽制力量，另以敕令禁阻兩教徒眾之逾格之行爲，誘導彼等入於國之禮法，扶、抑並用，禁、導兼行，有霹靂之鐵腕，亦有適時之恩撫，術乃自太宗之兩手源源而出。

儒家論政言治，皆植本於仁，太宗亦自言「所好者唯堯、舜、周、孔之道」、欲「專以仁義，誠信爲治」，貞觀一朝，就事論事，所行仁義之事，其可以大書特書者，確不在少，自輕刑至以御府金帛贖回因饑饉所賣之子女歸其父母；憐鸚鵡之苦寒與美女之別家，歸還林邑、新羅進獻之五色鸚鵡與美女；不忍「得一人而滅一家」，廩賜遣回欲投效之七百加尸城士卒；以錢布贖所虜之高麗一萬四千口俘囚爲良民，免除彼等被賞予軍士爲奴而父子、夫婦離散之命運等等所在多是。

以儒家定位仁義之標準而言，太宗的仁義之事，利而行之或勉強而行之者多，安而行之者少，有所圖謀而行仁義者多，隨感而應，由仁義行者少。孟子曰：「人之所以異於禽獸者幾希，庶民去之，君子存之。舜明於庶物，察於人倫，由仁義行，非行仁義也。」〔註25〕朱子註云：「由仁義行，非行仁義，則仁義已根於心，而所行皆從此出。非以仁義爲美，而後勉強行之，所謂安而行之也。」〔註26〕後儒對太宗所行的仁義之事，批判遠多於讚美，戈直謂太宗之仁義，「外似而內違，名同而實乖」〔註27〕朱子更以爲太宗所行者，乃假仁借義，無一念之不出於人欲，〔註28〕以之歸結太宗所行仁義諸事，多屬法家治道之術用，雖不中亦應不遠。

三、治道思想歸於法家

法家以法、術、勢三者，皆帝王之「具」〔註29〕，亦即皆爲君王治國之工具，此亦本文探討貞觀治道由法、術、勢入手之原因。儒家論政，言語文

〔註25〕《孟子・離婁下》

〔註26〕《四書章句集注》，頁294。

〔註27〕《貞觀政要・論政體・集論》，頁35。

〔註28〕朱子有言：「太宗之心，則吾恐其無一念之不出於人欲也，直以其能假仁借義，以行其私，而當時與之爭者，才能知術既出其下，又不知有仁義之可飭，是以彼善於此，而得以成其功耳。」（見陳亮：《龍川文集》，頁374。）

〔註29〕「法」與「術」乃帝王之具，研究法家之學者均無異議，蓋《韓非子》原典中明載是言。「勢」之入於帝王之具，經論證後方始明確。詳見拙著《韓非政治思想探析》，頁81、82。

字上不落入「法」、「術」、「勢」之論述內，但其實質內容，則仍是「只在此山中」，不能脫出此一範圍。〔註 30〕韓非將「法」與「勢」結合，〔註 31〕成就其新而有力的「人設之勢」學說。「人設之勢」中，君王「抱法處勢則治」〔註 32〕徐師漢昌以爲，在「人設之勢」的抱法處勢中，「處勢」之道，在於用術，〔註 33〕是則「人設之勢」在融合「法」與「勢」之外，並須有「術」爲之輔佐。「人設之勢」以中等程度之主爲所「設」之對象，〔註 34〕「中主」且可倚此爲治，則睿智機敏如唐太宗，豈是一中等程度之主可比！在其手執法、術、勢三大利器之下而有貞觀之治，乃是順理成章之事。

學者言法家「爲政以法」的治道，直接函有政治的意義，早在入秦之前，即已成爲「治道」之勝出者，〔註 35〕「霸王道雜之」的漢家制度（治道），儒家思想所含之成分，無法脫出「緣飾」的地位而成爲主軸。重事功，尚實利，崇功務實爲法家學說之特色，貞觀全程的二十三年，至貞觀十六年時，尚且是德、仁、功、利之中「功利居多」〔註 36〕，貞觀十七年之後，更是東、西

〔註 30〕學者以爲，《尚書》、《左傳》言之再三的「重民」、「保民」、「恤民」、「民之主」、「視民如子」等思想，「民」皆相對於「君」而言，皆爲絕對的等級之中，上對下的恩賜、愛護與關懷，「從根本上講是一種統治策略，是君王爲維護自身的絕對統治而實行的懷柔政策。孔孟正是將這種「民本」思想與等級觀念完美地結合起來，構成了『仁政』這一範疇。」（見：錢弘道：《治道的選擇——由德治到法治的必然邏輯》，北京市：清華大學出版社，2006 年，頁 78。）

〔註 31〕結合的方式是：「法」成爲「勢」要遂行其統治的一種工具，而「法」亦爲「勢」的延伸，成爲「勢」的一部分。（見邱黃海：《從「任勢爲治」說的形成論韓非思想的蛻變》，頁 138。）

〔註 32〕《韓非子・難勢》，頁 70。

〔註 33〕徐師漢昌：《韓非子釋要》，臺北市：黎明文化事業公司，1994 年 10 月再版，頁 111。

〔註 34〕韓非之釋此：「中者，上不及堯、舜，而下亦不爲桀紂，抱法處勢則治，背法去勢則亂。」（見《韓非子・難勢》，頁 70。）

〔註 35〕牟宗三在論儒家德化的治道、道家道化的治道與法家物化的治道中，謂「春秋末戰國初，尚是儒墨的天下，自此以後，便是法家的天下，亦可說是道法的天下。惟此所謂道，不是獨立的道家自己，乃是被法家所吸收了的道。」（見氏著《政道與治道》，頁 38。）

〔註 36〕貞觀十六年，太宗問特進魏徵曰：「朕克己爲政，仰企前列。至於積德、累仁、豐功、厚利，四者常以爲稱首，朕皆庶幾自勉。人苦不能自見，不知朕之所行，何等優劣？」徵對曰：「德、仁、功、利，陛下兼而行之。然則內平禍亂，外除戎狄，是陛下之功。安諸黎元，各有生業，是朕下之利。由此言之，功利居多，惟德與仁，願陛下自強不息，必可致也。」（見《貞觀政要・君臣鑒戒》，頁 141。）

征伐，力圖開疆拓土，〔註37〕增益其「功」與「利」，則太宗之爲政，更傾向於法家精神之崇功務實，應是不容否認。儒家德治思想雖也扮演一定之浸潤角色，而學者也坦言其不足以支配貞觀政治的發展，「甚至也很難看出他（謂德治思想）對政策的實際影響。」〔註 38〕由「法者天下之至平」幾乎貫穿貞觀全期之致政理事觀之，指導貞觀治道之思想，當屬之法家。

〔註37〕貞觀十九年，太宗親征高麗；貞觀二十年，攻滅薛延陀；貞觀二十一年，降服回紇諸部族，置六府七州；貞觀二十二年，破焉耆、龜茲，西突厥來降。

〔註38〕羅彤華：《貞觀之治與德治思想》，頁39。

參考書目

一、古籍專書

1.《尚書》，秦皇島市：中華書局，1985 年 1 月。

2.《周易》（十三經注疏本），臺北市：藝文印書館，1973 年。

3.《左傳》（十三經注疏本），臺北市：藝文印書館，1973 年。

4.《禮記》（十三經注疏本），臺北市：藝文印書館，1973 年。

5.《論語》（十三經注疏本），臺北市：藝文印書館，1973 年。

6.《孟子》（十三經注疏本），臺北市：藝文印書館，1973 年。

7.〔春秋〕左丘明撰，杜預集解，竹添光鴻會箋：《左傳會箋》，臺北市：明達出版社，1986 年 10 月。

8.〔秦〕呂不韋撰，高誘注，畢沅校：《呂氏春秋新校正》，臺北市：世界書局。

9.〔西漢〕司馬遷撰，瀧川龜太郎會注考證：《史記》，臺北市：洪氏出版社，1982 年 10 月再版。

10.〔西漢〕董仲舒：《春秋繁露》，中國子學名著集成．珍本初編儒家子部 027 冊，臺北市：中國子學名著集成編印基金會，1978 年 12 月初版。

11.〔西漢〕劉向編，高誘注：《戰國策》，臺北市：世界書局，1977 年 10 月。

12.〔東漢〕班固撰，唐顏師古注：《漢書》，臺北市：宏業書局，1978 年 8 月再版。

13.〔東漢〕鄭玄：《禮記鄭註》，臺北市：學海出版社，1981 年 9 月。

14.〔魏〕王弼等撰：《老子四種》，臺北市：大安出版社，1999 年 1 月。

15.〔魏〕劉卲撰：《人物志》，臺北市：金楓出版社，1986 年 12 月。

16.〔晉〕陳壽撰，《三國志》，臺北市：鼎文書局，1991 年 4 月。

17.〔南朝宋〕范曄撰，唐李賢等注：《後漢書》，臺北市：宏業書局，1977年10月。
18.〔梁〕蕭統編，唐李善注：《文選》，臺北市：五南圖書出版公司，2002年10月。
19.〔唐〕王方慶：《魏鄭公諫錄》，北京市：中華書局，1985年。
20.〔唐〕李靖：《李衛公問對》，臺北市：臺灣商務印書館，1983年7月。
21.〔唐〕唐太宗：《帝範》，中國子學名著集成本，臺北市：中國子學名著集成編印基金會。
22.〔唐〕杜佑：《通典》，清咸豐九年崇仁謝氏刊本。
23.〔唐〕李肇：《國史補》，臺北市：世界書局，1968年11月。
24.〔唐〕柳宗元：《柳河東全集》，四部備要本，臺北市：臺灣中華書局，1970年6月。
25.〔唐〕吳兢：《貞觀政要》，臺北市：河洛圖書出版社，1975年。
26.〔唐〕長孫無忌：《唐律疏議》，臺北市：臺灣商務印書館，1973年臺二版。
27.〔唐〕溫大雅：《大唐創業起居注》，北京市：中華書局，1985年。
28.〔唐〕劉餗：《隋唐嘉話》載《筆記小說大觀》第十四編，臺北市：新興書局，1976年8月。
29.〔唐〕劉肅：《大唐新語》，秦皇島市：中華書局，1985年。
30.〔唐〕魏徵：《魏鄭公集》，臺北市：臺灣商務印書館，叢書集成簡編本。
31.〔唐〕魏徵：《隋書》，上海市：上海古籍出版社，1988年2月。
32.〔五代〕王定保：《唐摭言》，臺北市：新興書局，筆記小說大觀本，1977年。
33.〔後晉〕劉昫、趙瑩：《舊唐書》，臺北市：鼎文書局，新校本，1976年。
34.〔宋〕王欽若、楊億等編：《冊府元龜》，臺北市：中華書局，1981年8月。
35.〔宋〕王溥：《唐會要》，臺北市：世界書局，1974年。
36.〔宋〕司馬光編撰，宋遺民胡三省註：《資治通鑑》，臺北市：洪氏出版社，1980年。
37.〔宋〕朱熹輯，〔清〕張伯行集解，《近思錄》，北京市：中華書局，1985年
38.〔宋〕朱熹：《朱子大全》，臺北市：中華書局，1970年9月。
39.〔宋〕朱熹：《四書章句集註》，高雄市：復文圖書出版社，1985年9月。
40.〔宋〕宋綬、宋敏求編：《唐大詔令集》，上海市：學林出版社，1992年10月。

41.〔宋〕李昉：《太平廣記》，臺北市：新興書局，1973年1月。
42.〔宋〕馬端臨：《文獻通考》，臺北市：新興書局，1963年10月。
43.〔宋〕范祖禹：《唐鑑》，臺北市：臺灣商務印書館，國學基本叢書，1968年。
44.〔宋〕陳亮：《龍川文集》，秦皇島市：中華書局，1985年。
45.〔宋〕趙彥衛：《雲麓漫鈔》，北京市：中華書局，1996年。
46.〔宋〕歐陽修：《歐陽文忠公文集》，北京市：中國書店，1989年。
47.〔宋〕歐陽修、宋祁：《新唐書》，臺北市：鼎文書局，新校本，1976年。
48.〔宋〕鄭樵：《通志》，臺北市：臺灣商務印書館，1987年9月。
49.〔元〕托克托等撰：《金史》，臺北市：鼎文書局，新校本，1976年。
50.〔清〕王夫之：《船山全集》，臺北市：力行書局，1965年。
51.〔清〕王夫之：《讀通鑑論》，臺北市：河洛出版社，1976年。
52.〔清〕永瑢等撰：《四庫全書總目》，北京市：中華書局（影印），2003年8月。
53.〔清〕朱一新：《無邪堂問答・太史公先黃老後六經辨》，臺北市：世界書局，1963年4月。
54.〔清〕沈家本：《歷代律令》，臺北市：臺灣商務印書館，1976年11月。
55.〔清〕汪剛木：《長術輯要》，臺北市，臺灣中華書局，1971年6月。
56.〔清〕吳楚材：《綱鑑易知錄》，臺北市：新興書局，1955年8月。
57.〔清〕章學誠：《文史通義》，臺北市：史學出版社，1974年4月。
58.〔清〕彭定求等編：《全唐詩》，臺北市：復興書局，1967年。
59.〔清〕董誥等編：《全唐文》，上海市：上海古籍出版社，1990年12月。
60.〔清〕趙翼：《二十二史劄記》，臺北市：臺灣商務印書館，1968年12月。
61.〔清〕蘇輿：《春秋繁露義證》，臺北市：河洛圖書出版社，出版年月不詳。
62.〔清〕嚴萬里：《商君書箋正》，臺北市：廣文書局，1975年4月。
63.〔清〕顧亭林：《日知錄》，臺北市：臺灣商務印書館，1956年4月。
64. 王冬珍等校注：《新編管子》，臺北市：國立編譯館，2002年2月初版。
65. 王先愼：《韓非子集解》，臺北市：世界書局，1955年。
66. 尹知章注，戴望校正：《管子校正》，臺北市：世界書局，1969年。
67. 朱守亮：《韓非子釋評》，臺北市：五南圖書出版公司，1992年。
68. 朱師轍：《商君書解詁定本》，臺北市：華正書局，1975年3月。
69. 梁啓雄：《荀子柬釋》，臺北市：臺灣商務印書館，1965年。
70. 陳奇猷：《韓非子集釋》，臺北市：世界書局，1981年3月三版。

71. 陳啓天：《商君書校輯》，臺北市：臺灣商務印書館，1974 年。
72. 陳啓天：《增訂韓非子校譯》，臺北市：臺灣商務印書館，1974 年。
73. 陳鈜譯註：《四書集解》，臺南市：正言出版社，1972 年 10 月初版。
74. 楊伯峻：《春秋左傳注》，臺北市：洪葉文化，1993 年。
75. 楊家駱主編：《淮南子注》，臺北市：世界書局，1978 年 3 月。
76. 蔣錫昌：《老子校詁》，臺北市：東昇出版事業，1980 年。

二、近人著作：

1. 中文著作（含譯作）

專　書

1. 王邦雄：《韓非子的哲學》，臺北市：東大圖書公司，1993 年。
2. 王煥斗：《貞觀遺蹟見聞》，北京市：新華出版社，1986 年。
3. 王曉波：《儒法思想論集》，臺北市：時報文化出版公司，1983 年。
4. 牟宗三：《政道與治道》，臺北市：臺灣學生書局，1980 年 4 月初版。
5. 朱振宏：《大唐世界與「皇帝・天可汗」之研究》，新北市：花木蘭文化出版社，2009 年 3 月。
6. 曲昌春：《唐史並不如烟》，瀋陽市：遼寧教育出版社，2009 年 4 月。
7. 李定一：《中華史綱》，臺北市：傳記文學出版社，1986 年 8 月初版。
8. 李昱東：《西漢前期政治思想的轉變及其發展——從黃老思想到獨尊儒術的演變》，新北市：花木蘭文化出版社，2009 年 9 月。
9. 李甦平：《韓非》，臺北市：東大圖書公司，1998 年 10 月初版。
10. 李樹桐：《唐史考辨》，臺北市：臺灣中華書局，1965 年。
11. 李樹桐：《唐史新論》，臺北市：臺灣中華書局，1972 年。
12. 李樹桐：《唐史索隱》，臺北市：臺灣商務印書館，1988 年 2 月。
13. 余英時：《歷史與思想》，臺北市：聯經出版社，1976 年。
14. 杜維運：《史學方法論》，臺北市：三民書局，2001 年。
15. 吳秀英：《韓非子研議》，臺北市：文史哲出版社，1979 年 3 月初版。
16. 吳蔚：《帝國的神話——盛唐一百三十年》，西安市：陝西人民出版社，2008 年。
17. 吳楓：《隋唐歷史文獻集釋》，許昌市：中州古籍出版社，1987 年 9 月。
18. 吳福相：《呂氏春秋八覽研究》，臺北市：文史哲出版社，1984 年 6 月。
19. 汪籛：〈唐太宗〉，原載於 1979 年《北京大學學報》，收於《唐太宗與貞觀之治論集》，西安市：陝西人民出版社，1982 年 2 月。

20. 林平和：《鹽鐵論析論與校補》，臺北市：文史哲出版社，1984年3月。
21. 林金龍：《韓非書中史事考辨》，臺中市：必中出版社，1989年。
22. 林劍鳴：《秦史稿》，臺北市：谷風出版社，1986年12月。
23. 林緯毅：《法儒兼容：韓非子的歷史考察》，臺北市：文津出版社，2004年11月一刷。
24. 林聰舜：《西漢前期思想與法家的關係》，臺北市：大安出版社，1991年4月。
25. 周世輔：《中國哲學史》：臺北市，三民書局，1998年10月。
26. 周金聲：《中國經濟思想史》，臺北市：周金聲著作發行所，1965年7月。
27. 周勳初：《周勳初文集．韓非》，上海市：江蘇古籍出版社，2000年。
28. 施義勝：《唐太宗與貞觀之治》，臺北市：臺灣商務印書館，1970年。
29. 柏楊：《中國人史綱》，臺北市：遠流圖書出版公司，2003年8月初版四刷。
30. 侯家駒：《先秦法家統制經濟思想》，臺北市：聯經出版有限公司，1985年12月。
31. 高柏園：《韓非哲學研究》，臺北市：文津出版社，2001年4月初版二刷。
32. 高明士、邱添生、何永成、甘懷眞編著：《隋唐五代史》，臺北市：里仁書局，2010年3月增訂一版二刷。
33. 徐復觀：《中國思想史論集》，臺北市：臺灣學生書局，1975年。
34. 徐復觀：《學術與政治之間》，臺北市：臺灣學生書局，1980年。
35. 徐道鄰：《唐律通論》，上海市：中華書局，1947年。
36. 徐師漢昌：《先秦學術問學集》，高雄市：復文圖書出版社，2006年4月初版。
37. 徐師漢昌：《先秦諸子》，臺北市：臺灣書店，1997年9月初版。
38. 徐師漢昌：《韓非子釋要》，臺北市：黎明文化事業公司，1994年10月再版。
39. 徐師漢昌：《韓非的法學與文學》，臺北市：文史哲出版社，1984年10月修訂三版。
40. 徐師漢昌：《鹽鐵論研究》，臺北市：文史哲出版社，1983年8月。
41. 徐師漢昌：《管子思想研究》（中國學術思想研究輯刊十二編第23冊），新北市：花木蘭文化出版社，2011年9月。
42. 荊知仁：《韓非子政治思想》，臺北市：嘉新水泥公司文化基金會，1967年。
43. 韋政通：《中國思想史》，臺北市：水牛圖書出版公司，2003年9月13版二刷。

44. 袁剛：《隋唐中書體制的發展演變》，天津市：天津出版社，1994 年 6 月。
45. 章群：《唐史》，中華文化出版委員會，1958 年。
46. 張素貞：《韓非子思想體系》，臺北市：黎明文化事業公司，1979 年 2 月再版
47. 張純、王曉波：《韓非思想的歷史研究》，臺北市：聯經出版公司，1984 年第二次印行。
48. 陳寅恪：《唐代政治史述論稿》，中央研究院歷史語言研究所專刊二十，1944 年。
49. 陳寅恪：《隋唐制度淵源略論稿》，中央研究院歷史語言研究所專刊二十，1944 年。
50. 陳森甫：《韓非之政治思想研究》，屏東市：臺灣大成書局，1962 年 4 月初版。
51. 陳榮捷：《中國哲學文獻選編》，臺北市：巨流圖書公司，2005 年 7 月。
52. 陶希聖：《中國政治思想史》，臺北市：食貨出版社，1972 年。
53. 馮友蘭：《中國哲學史》，1930 年初版，臺北市：臺灣商務印書館，1996 年 11 月增訂臺一版三刷。
54. 馮友蘭：《中國哲學史新編》，北京：商務印書館，1964 年二版。
55. 康珮：《《商君書》與商鞅治道之研究》，新北市：花木蘭文化出版社，2008 年。
56. 曹翼遠：《治道與人性》，臺北市：中央文物供應社，1956 年 4 月。
57. 傅佩榮：《傅佩榮解讀老子》，臺北市：立緒文化事業公司，2003 年。
58. 傅佩榮：《傅佩榮解讀莊子》，臺北市：立緒文化事業公司，2002 年。
59. 傅傑選編：《韓非子二十講》，北京市：華夏出版社，2008 年 3 月一版一刷。
60. 黃源盛：《漢唐法制與儒家傳統》，臺北市：元照出版公司，2009 年 3 月。
61. 賀凌虛：《西漢政治思想論集》，臺北市：五南圖書公司，1988 年 1 月。
62. 雷家驥：《隋唐中央權力結構及其演進》，臺北市：東大圖書公司，1995 年 9 月。
63. 管力吾：《韓非政治思想探析》（中國學術思想研究輯刊十二編第 24 冊），新北市：花木蘭文化出版社，2011 年 9 月。
64. 齊廉允：《唐朝開國六十年》，濟南市：齊魯書局，2009 年 9 月。
65. 趙克堯、許道勳：《唐太宗傳》，北京市：人民出版社，2005 年。
66. 蔡磊：《隋亡唐興七十年》，桂林市：廣西師範大學出版社，2010 年 6 月。
67. 劉文典：《淮南鴻烈集解》，北京市：中華書局，2004 年 6 月。

68. 劉俊文：《唐代法制研究》，臺北市：文津出版社，1999 年。
69. 鄭良樹：《韓非之著述及思想》，臺北市：臺灣學生書局，1993 年 7 月初版。
70. 鄭壽彭：《中國古代的治道》，臺北市：臺灣商務印書館，1972 年 1 月二版。
71. 蔣重躍：《韓非子的政治思想》，北京市：北京師範大學出版社，2000 年。
72. 錢弘道：《治道的選擇——由德治到法治的必然邏輯》，北京市：清華大學出版社，2006 年。
73. 錢穆：《國史大綱》，臺北市：臺灣商務印書館，1978 年。
74. 錢穆：《秦漢史》，臺北市：東大圖書公司，1987 年 10 月五版。
75. 歷史研究編輯部編：《唐太宗與貞觀之治論集》，西安市：陝西人民出版社，1982 年 2 月。
76. 盧建榮：《魏晉自然思想》，臺北縣永和市：聯鳴文化公司，1981 年。
77. 謝雲飛：《韓非子析論》，臺北市：東大圖書公司，1989 年。
78. 韓復智編：《中國通史論文選集》，臺北市：臺灣學生書局，1976 年 3 月增訂版。
79. 戴炎輝：《唐律通論》，臺北市：正中書局，1977 年。
80. 薩孟武：《中國政治思想史》，臺北市：三民書局，1969 年。
81. 薩孟武：《中國社會政治史》，臺北市：三民書局，1975 年。
82. 蕭公權：《中國政治思想史》，臺北市：中國文化學院出版部，1980 年 10 月新一版。
83. 羅彤華：《貞觀之治與儒家思想》，（與《唐代的縣與縣令》合編）新北市：花木蘭文化出版社，2010 年。
84. 嚴耕望：〈唐代文化約論〉，收於韓復智編：《中國通史論文選輯》下冊，臺北市：臺灣學生書局，1976 年增訂版。
85.〔英〕崔瑞德編，中國社會科學院歷史研究所西方漢學研究課題組譯：《劍橋中國隋唐史》，北京市：中國社會科學出版社，1992 年 12 月初版。
86. ANDREW HEYWOOD 著，林文斌、劉兆隆譯：《政治學》，臺北市：韋伯文化事業出版社，1999 年 4 月再版。
87. Denis Twitchett 主編，張榮芳主譯：《劍橋中國史》，臺北市：南天書局，1987 年 9 月。

期刊論文

1. 王吉林：〈唐太宗的對外經略及其困境〉，《史學彙刊》第十六期。
2. 王邦雄：〈韓非子政治哲學「術」之界域與其性能〉，《鵝湖》第二卷第四期，1976 年。

3. 王邦雄：〈韓非子政治哲學「勢」之界域與其性能〉，《國魂》三百六十八期，1976 年。
4. 王環：〈唐太宗平定高昌的歷史意義〉，《歷史研究》，1979 年第 4 期。
5. 王曉波：〈漢初的黃老之治與法家思想〉，《食貨月刊》第十一卷第十期，1982 年 2 月。
6. 王曉波：〈法在韓非思想中的意義〉，《幼獅月刊》第三十七卷第一期，1973 年 1 月。
7. 王壽南：〈貞觀時代的諫諍風氣〉，《國立政治大學歷史學報》第 1 期，1983 年。
8. 王壽南：〈唐代公主與和親政策〉，收入氏著《唐代人物與政治》，臺北市：文津出版社，1999 年 6 月。
9. 宋家鈺：〈略說唐初的「立法」與「守法」〉，載於《唐太宗與貞觀之治論集》，西安市：陝西人民出版社，1982 年 3 月。
10. 李增：〈《韓非子》人性與功利論〉，《國立編譯館館刊》第 22 卷第 1 期，1993 年 6 月，頁 79～101。
11. 李樹桐：〈唐太宗怎樣被尊爲天可汗〉，《李氏文獻季刊》第一卷第 4 期。
12. 李樹桐：〈唐代借用外兵之研究〉，收入氏著《唐史索隱》，臺北市：臺灣商務印書館，1988 年 2 月。
13. 吳玉貴：〈唐代西域羈縻府州建置年代及其與唐朝的關係〉，《新疆大學學報》，1986 年第 1 期。
14. 沈世培：〈唐太宗政治思想探源〉，《中國史研究》，1995 年第 2 期。
15. 沈成添：〈韓非論「勢」〉，《政治學論集》，1978 年。
16. 沈剛伯：〈從古代禮、刑的運用探討法家的來歷〉，《大陸雜誌》第 47 卷第 2 期，1973 年 8 月。
17. 林超民：〈從突厥内徙看唐太宗的民族政策〉，《民族研究》，1980 年第 3 期。
18. 周佳榮：〈唐代「和親」考略〉，《陝西師範大學學報》（哲學社會科學版），第 29 卷第 1 期。
19. 胡如雷：〈論唐太宗〉，《中國史研究》，1982 年第 2 期。
20. 徐師漢昌：〈韓非的重勢學說〉，《靜宜文理學院學報》第一期，1978 年。
21. 高明士：〈從天下秩序看古代的中韓關係〉，《中韓關係史論文集》，1983 年第一版。
22. 馬起華：〈貞觀政論〉，《政大學報》第 1～3 期，1960～1961 年。
23. 馬馳：〈試論唐代蕃州的管理體制〉，國立政治大學《第二屆唐代文化學術研討會論文集》，1997 年 5 月。

24. 張弦：〈商鞅的農戰思想〉，《復興崗學報》第三期，1963 年 7 月。
25. 陳伯鏗：〈論韓非之人性觀及其政治思想〉，《復興崗學報》第 18 期。頁 93～112。
26. 陶希聖：〈儒法關係之社會史的考察——漢律系統的源流〉，《中山學術文化集刊》第 17 集，1976 年 3 月。
27. 章群：〈唐太宗的政治思想與政治措施〉，《自由學人》第 1 卷第 3 期，1956 年。
28. 章伯鋒：〈唐代對西域的開拓和經營〉，《社會科學》，1980 年第 3 期。
29. 崔明德：〈論隋唐時期的「以夷攻夷」，「以夷制夷」、「以夷治夷」〉、《中央民族大學學報》，1984 年第 3 期。
30. 梅仲協：〈管子·商君·韓非子的法律思想概述〉，《復興崗學報》第五期，1968 年 12 月。
31. 湯智君：〈韓非子法治思想述評〉，《文與哲》第 5 期，2004 年 12 月，頁 115～153。
32. 傅永聚：〈論唐代胡漢民族之間的混融互補〉，《山東大學學報》，1992 年第 3 期。
33. 管力吾：〈從聲、音、樂的觀點看嵇康的聲無哀樂論〉，《屏東教育大學學報》（人文社會類）2008 年 9 月。
34. 鄭力爲：〈韓非子治道論評析〉，《鵝湖》第九十九期，1983 年。
35. 鄭顯文：〈唐代《道僧格》及其復原之研究〉，《普門學報》第 20 期，2004 年 3 月。
36. 鄧育仁：〈韓非的術論〉，輔仁出版社，1987 年。
37. 蔡仁厚：〈韓非子論「法」與「術」——定法篇之思想解析〉，《東海哲學研究集刊》第 3 輯，1996 年 10 月，頁 57～66。
38. 黎明釗：〈秦代什伍連坐制度之淵源問題〉，《大陸雜誌》，第 79 卷第 4 期，1989 年 11 月。
39. 蔣輔義：〈唐太宗貞觀時期的邊疆問題及民族政策〉，《青海民族學院學報》，1985 年第 3 期。
40. 韓隆福：〈一個有偉大貢獻的「暴君」〉，《常德師範學院學報（社會科學版）》，第 27 卷第 5 期，2002 年 9 月。
41. 薩孟武：〈吾國古代的法家思想〉，《中華文化復興月刊》第 7 卷第 9 期，1974 年 9 月。
42. 瀾忠：〈道家與西漢儒法鬥爭〉，《歷史研究》，1975 年 3 月。

2. 學位論文

1. 王弘杰：《貞觀盛世之領導藝術與用人哲學——以「貞觀政要」爲例》，高雄市：國立高雄師範大學人力與知識管理研究所碩士論文，2007 年 6 月。
2. 朱心怡：《秦法家思想之發展研究》，高雄市：國立中山大學中文所碩士論文，1998 年 6 月。
3. 宋琫圭：《韓非的法術勢思想之分析與綜合》，臺北市：國立政治大學中研所碩士論文，1985 年。
4. 邱黃海：《從「任勢爲治」說的形成論韓非思想的蛻變》，中壢市：國立中央大學哲學研究所博士論文，2007 年 7 月 2 日。
5. 涂杏臺：《唐太宗與貞觀政治思想》，高雄市：國立中山大學碩士論文，2003 年 4 月。
6. 郭名浚：《《韓非子》人性觀究論》，臺北市：輔仁大學中國文學系碩士論文，1999 年 1 月。
7. 徐師漢昌：《愼子校注及其學説研究》，臺北市：輔仁大學中文研究所碩士論文，1973 年。
8. 高佳琪：《論韓非「法」思想之哲學基礎及其意義》，臺北市：輔仁大學哲學研究所博士論文，2003 年。
9. 陳德翰：《韓非之法律思想研究——以刑罰爲中心》嘉義市：國立中正大學法律學研究所碩士論文，2010 年 1 月。
10. 笹川明德：《貞觀政要版本之研究》，高雄市：國立高雄師範大學國文研究所碩士論文，1992 年 5 月。
11. 黃裕宜：《《韓非子》的規範思想——以倫理、法律、邏輯爲論》，臺北市：臺灣大學哲學研究所博士論文，2007 年。
12. 黃紹梅：《韓非尊君學説與兩漢政經形勢》，臺北市：東吳大學中國文學研究所博士論文，1999 年。
13. 鄭文肅：《儒家法律思想與唐律研究》，臺大碩士論文，1973 年。

3. 英文著作（含期刊）

1. Munro, Donald J. The Concept of Man in Early China. Stanfords: Stanford University Press, 1969.
2. Wechsler, Howard J. Mirror to the Son of Heaven: Wei Cheng at the Court of T’ang T’ai-tsung. New Haven: Yale University Press, 1974.
3. Wechsler,「The Confucian Impact on Early T’ang Decision-making」T’oung Pao, LXVI, 1～3, 1980.

4. Wechsler,「Factionalism in Early T'ang Government,」in Arthur F. Wright, Denis Twitchett, eds., Perspectives on the T'ang, 臺北市虹橋書局影印本，1973.

5. Hsiao, Kung-chuan.「Legalism and Autocracy in Traditional China」,《清華學報》，新 4 卷，第 2 期，1964。